13

함께 쓰는 역사

독일과 프랑스의 화해와 역사교과서 개선 활동

함께 쓰는 역사

독일과 프랑스의 화해와 역사교과서 개선 활동

김승렬 · 이용재 13

동북아역사재단
NORTHEAST ASIAN HISTORY FOUNDATION

동북아역사재단은 한 · 중 · 일 간의 역사 · 영토 갈등으로 인한 긴장을 완화하고 화해를 도모함으로써 동북아지역의 평화 공영을 위한 기반을 마련하고자 지난 2006년 9월에 설립되었습니다.

국가 간의 역사 · 영토 갈등은 근대국민국가가 수립되면서 국민적 정체성과 영토 개념을 확정한 이후 세계 여러 곳에서 나타나고 있으며, 그 극복과정이 용이하지 않은 것 또한 사실입니다. 그러나 지역 및 세계 통합의 진전과 함께 이미 오랜 적대관계를 극복하고 역사화해의 길을 성공적으로 개척하여 공동으로 역사교과서를 제작하기에 이른 프랑스와 독일, 독일과 폴란드의 사례도 있습니다.

동북아역사재단에서는 이 같은 프랑스와 독일, 독일과 폴란드의 교과서대화(협의)를 자세히 살펴보고 그로부터 동북아 지역의 역사 갈등을 해소하고 역사화해를 이룰 교훈을 얻으려는 모든 사람들에게 하나의 희망적 예시로써 이번에 『함께 쓰는 역사-독일과 프랑스의 화해와 역사교과서 개선 활동』, 『가해와 피해의 구분을 넘어-독일 · 폴란드 역사화해의 길』 2책을 발간하게 되었습니다.

두 책은 프랑스사와 독일사, 그리고 독일사 및 폴란드사를 전공한 연구자들의 공동작업으로 각각 집필되었지만 거의 유사한 체제를 갖추고 있습니다.

두 책 모두 앞 부분에 독일과 프랑스, 독일과 폴란드 관계사를 개괄적으로 다뤄 양국 관계사를 잘 알고 있지 못하는 한국 독자들의 이해를 돕고자 했습니다. 다음으로 각각 1930년대와 1950년대부터 시작되어 최근까지 진행되었거나 현재도 계속되고 있는 프랑스와 독일, 독일과 폴란드의 역사교과서 개선 활동의 역사를 정리하였습니다. 마지막으로 교과서 개선 활동의 소중한 성과인 양국 교과서에 대한 권고안의 전문 번역과 그 해설을 실었습니다. 독일과 프랑스를 다룬 책에서는 이러한 권고안이 양국의 교과서에서 실제 어떻게 반영되었는지에 대해서도 검토하여 권고안 작성을 통한 교과서 개선 활동이 학교 교육 현장에 미친 영향도 알아보았습니다.

이번에 발간한 책들을 통해 동북아시아의 역사갈등 해소를 위해 노력하는 연구자와 교사 나아가 정책담당자들이 많은 시사점을 얻기를 바랍니다. 끝으로 이번 연구에 참여해 주신 5명의 서양사 연구자 여러분과 이책의 출간을 위해 애쓰신 분들께 감사의 말씀을 드립니다.

2008년 4월

동북아역사재단 이사장 김용덕

| 차례 |

제3부 | 함께 쓴 역사 : 독일–프랑스 권고안과 역사교과서

부 록

유럽에 유학할 때 한동안 즐겨 보던 방송 드라마가 있었다. 아르테(ARTE : Association Relative à la Télévision Européenne 유럽텔레비전연합)에서 방영한 유럽 사극으로 제목은 잘 생각나지 않지만 내용은 아직도 생생하다. 스트라스부르(Strasbourg)를 주요 무대로 전개되는 이 드라마는 주인공들이 나치 시기를 기점으로 수십 년 전의 옛일들을 회상하는 방식으로 이야기를 전개한다. 나치 점령기에 독일에 속했던 스트라스부르는 지난 반세기 동안 프랑스와 독일 사이에서 여러 차례 국적이 뒤바뀐 비운의 장소다. 배우들은 독일어와 프랑스어를 능수능란하게 구사한다. 이곳에 사는 평범한 사람들, 하지만 전쟁이 발발하면 어느 한 편에 징집될 수밖에 없는 평범한 사람들에게 스트라스부르의 운명은 곧 자신들의 운명이었다. 친독일적인 할아버지 세대, 친프랑스적인 아버지 세대 그리고 그 사이에서 우왕좌왕하는 아들 세대가 엮어내는 이 드라마는 세대 간 갈등을 통해 독일과 프랑스의 민족주의적 갈등을 잘 보여주었다.

아르테의 드라마는 우리가 중학교 때 국어교과서에서 배운 알퐁스 도데(A. Daudet)의 단편소설 『마지막 수업』을 기억의 저편에서 불러온다. 1870년에 벌어진 독일과 프랑스 사이의 전쟁에서 프랑스가 패배한 이후, 프랑스 국경 지역인 알사스에서는 더 이상 프랑스어로 수업을 할 수 없게 되었다. 한 프랑스인 교사가 모국어로 마지막 수업을 하는 모습을 그린 짤막한 소설은 조국 프랑스에 대한 사랑과 적성국 독일에 대한 반감을 잔잔하고 아름다운 문체로 그

려냈다. 세세한 내용까지는 기억이 나지 않지만 소설에 담긴 조국애와 민족 정서의 울림은 지금도 뇌리에 강하게 남아 있다. 『마지막 수업』에 아르테의 드라마가 자연스럽게 겹쳐졌다. 도데가 그린 프랑스 교사의 민족주의적 감성은 아르테의 드라마 사극에서 그야말로 객관화되었다. 1991년 설립된 아르테는 독일과 프랑스가 도데류(類)의 반독 민족주의와 반불 민족주의를 서로 화해시키려는 수십 년에 걸친 노력의 결실이라고 할 만하다. 오늘날 도데의 민족주의는 알사스 주민에게, 그리고 독일인과 프랑스인에게 어울리지 않는 낡은 것이 되어버렸다.

무엇이 이렇게 바꾸어놓았을까? 제2차 세계대전 이후 꾸준히 추진된 두 나라 사이의 화해 노력이 결정적인 기여를 했음은 이미 잘 알려진 사실이다. 여기서 주목해야 할 것은 역사교육의 역할이다. 19세기에 접어들어 근대 국민국가들이 형성되면서 유럽 각국은 그동안 지역적으로 종교적으로 다양하게 나뉘어 있던 인민들을 하나의 '국민(nation)' 으로 만들기 위해 노력했다. 이때 중요한 역할을 한 것은 민족주의적 역사교육이었다. 그런데 '국민화 과정' 은 타민족을 배제하는 과정과 동시에 수행되었다. 자국의 역사교과서에 의해 함양된 민족 정체성은 그 안에 인접국과의 분쟁의 씨앗을 이미 배태하고 있었다. 이렇게 자국의 우월성을 강조하고 타국의 결점을 부각시키는 자민족 중심의 역사교육은 두 차례의 자기 파괴적인 세계대전을 겪으면서 근본적인 반성과 청산이 요구되었다. 이제 유럽인들은 배타적인 민족 정체성 대신에 인권과 민주주의 및 다원주의에 기초하여 다양한 정체성들 사이의 조화를 찾고 있다. 이때 극복 대상이 되는 것은 타민족을 적대시하는 민족주의이지 민족 그 자체가 아니다. 이제 민족 정체성은 유럽인, 기독교인, 지역 주민, 여성, 직업인 등 여러 다양한 정체성들 중의 하나로 자리잡을 뿐이다. 지난 반세기 동안 독일과 프랑스 사이에 진행된 역사교과서 협의 활동은 이러한 변화 과정에 중대한 영향을 미쳤다. 이제 두 차례에 걸친 세계대전의 장본인이던 두 나라가 평화와 번영을 약속하는 유럽 통합의 주역으로 등장했다.

이 책은 라틴 문명권과 게르만 문명권을 가르는 라인 강을 사이에 두고 이웃한 두 나라가 이룩해낸 역사교육 협의의 내용과 성과를 검토하려는 것이다. 이 책의 저자들은 독일-프랑스의 화해와 역사교육 문제에 대해 여러 편의 글을 발표한 바 있다. 중국의 '동북공정' 등 동아시아 역사 분쟁에 관심을 둔 연구자들에게 서양의 주요 역사분쟁 사례들을 소개하고 우리의 경우와 견주어 보려는 것이 저자들의 취지였다. 독 · 프 역사교과서 협의를 다룬 저자들의 글을 접한 한국사 연구자들이 보인 반응은 크게 두 가지로 나누어지는 듯하다. 하나는 유럽과 동아시아의 차이를 감안하더라도 배타적 민족주의를 극복한 대단히 훌륭한 사례로서 벤치마킹할 만한 대상으로 보는 적극적 시각이고, 다른 하나는 유럽과 동아시아 사이의 지역 편차가 너무 크므로 독 · 프 역사교과서 협의 활동은 유럽에 특수한 사례일 뿐이며 따라서 동아시아 역사분쟁의 해결에는 큰 도움이 되기 힘들다는 소극적인 시각이다. 동아시아 역사분쟁에 대해 전문가로서의 소양을 갖추지 못한 저자들로서는 이 문제를 직접 거론하기에는 물론 역부족이다. 하지만 이 책이 위의 양극단 사이의 어느 중간 시점에서 읽혀진다면, 그것만으로도 저자들의 노력은 헛수고가 아닐 것이다.

하지만 분명히 말할 수 있는 것은 독 · 프 역사교과서 협력의 역사가 매우 복잡하고 다층적이어서 단 한두 편의 논문으로는 그 의의와 시사점을 전달하기 힘들다는 사실이다. 우리에게는 이에 대한 더욱 풍부하고 정확한 정보가 필요하다. 더 나은 연구를 위해서 최소한 그동안 산출된 권고안들에 대한 완역본과 해제를 갖추어야 한다. 이러한 문제의식을 갖고 있던 저자들에게 마침 동북아역사재단에서 좋은 기회를 마련해주었다. 독일과 프랑스의 역사교과서 협의 활동을 분석하고 역사교과서 권고안들을 번역하는 작업이 바로 그것이다. 이 책이 독 · 프 역사교과서 협의 활동을 더 잘 이해하고 우리의 경우와 비교해볼 수 있는 좋은 바탕글이 되길 기원한다.

이 책은 물론 동아시아 역사분쟁이 계기가 되어 기획되었다. 하지만 서양사 연구자들에게도 사뭇 새로운 시도일 것이다. 그동안 국내의 서양 근현대사학계는 서양의 주요 국가들을 대상으로 한 각국사 연구에만 몰두해왔다. 국가 단위의 경계를 넘어서는 연구는 거의 찾아보기 힘든 것이 학계의 실정이었다. 국경을 넘어서면 새로운 시야가 열리지 않을까? 예컨대 세계체제론자로 유명한 이매뉴얼 월러스틴(I. Wallerstein)의 『근대 세계체제』를 읽는다면 프랑스대혁명을 새로운 시각에서 볼 수 있을 것이다. 프랑스가 18세기 중반 영국과의 식민지 경쟁에서 패배한 사실과 프랑스에서 혁명이 발생한 사실을 연결시키는 시도는 참신하고 자극적인 접근이며 새로운 전망을 열어줄 수 있다. 프랑스, 영국, 독일 등 경쟁국들 사이의 얽히고설킴을 도외시할 때 각국의 역사가 제대로 이해될 수 없다는 것은 너무나 당연한데도 그냥 지나치곤 하지 않았는가.

하지만 오늘날 서양의 역사학계에서는 꽤 오래전부터 '일국사'는 물론이거니와 국가별 '비교사'를 넘어서서 국경을 초월한 상호교섭에 주목하는 이른바 '교차 역사(histoire croisée)' 내지 '초국(超國) 역사(transnationale Geschichte)'로 나아가려는 노력을 보여주고 있다. 이제 우리도 이러한 시도를 해야 될 때가 온 것 같다. 동일한 주제가 각국별로 나타난 사례를 비교분석하는 것(전통적인 비교사)도 하나의 중요한 방안이다. 또한 국가들 사이의 관계사 또는 교섭사도 매우 중요하다. 이것은 그동안 한국에서 전통적인 외교사 및 정치사에 해당한다고 홀대받던 분야다. 정치 분야의 관계사도 물론 소홀히 취급되어서는 안 되겠지만 관계사에는 경제 · 문화 · 사상 등 다양한 영역이 뒤섞여 있다는 것을 잊어서는 안 된다. 언어와 자료에서 상당한 제약을 안고 있는 국내 서양사학계로서는 이를 시도하기란 물론 쉬운 일이 아니다. 하지만 해법은 있다. 협력하는 것이다. 이 책의 저자들은 각각 프랑스 현대사와 독일 현대사를 전공하는 연구자다. 국민국가들 사이의 관계사 또는 교섭사, 특히 20세기의 역사를 다루는 데에는 이 두 전공자 사이의 협조가 효과적이고 필수적이다. 저자들이 한정된 자료와 빡빡한 일정 속에서도 기꺼이 작업에 매달릴 수 있었던 것은 협력 작업에서 오는 색다른 긴장과 기대감 덕이었다. 이 책이 국내 서양사 연구자들 사이에 협동 연구를 자극하는 작은 계기가 되기를 바란다.

하지만 막상 책을 마무리하고 나니 여러 가지 아쉬운 점이 남는다. 저자들의 역량이 부족한 탓이기도 하지만 시간상의 제약 또한 컸다. 역사교과서 권고안들이 주요 역사적 사안들에 대해 어떤 입장을 취했고 또 그 해석들이 어떻게 변화되었는지 추적하는 한편 기왕의 중요 연구 성과들을 필요에 따라 해설에 반영하는 것으로 책을 마무리했다. 하지만 본격적인 권고안들에 대한 더 전문적이고 심층적인 해설은 각 조항별로 이루어져야 할 것이다. 이것은 사실 쉽지 않은 작업이다. 무려 200년이 넘는 양국 관계사에 대한 모든 연구 성과를 두 저자가 짧은 시간 안에 정리한다는 것 자체가 무리였다. 따라서 이 작업은 뒷날로 미룰 수밖에 없었다.

이 책의 구성에서 우선 중요한 것은 권고안의 번역과 해설이다. 하지만 일반 독자들을 염두에 두고 내용에 대한 이해의 폭을 넓히기 위해 독일-프랑스의 관계사를 소개하는 장을 마련했다. 그리고 독자들의 이해를 돕기 위해 연표와 지도를 넣었다. 독 · 프 역사교과서 협력 활동의 역사를 다룬 부분도 권고안의 내용과 성격을 이해하는 데 큰 도움을 줄 것이다. 그리고 역사교과서 권고안이 교육 현장에서 과연 얼마나 영향을 미쳤는가를 평가하기 위해 독일과 프랑스에서 시기별로 사용된 역사교과서를 분석하였다. 이 책의 제목인 '함께 쓰는 역사—독일과 프랑스의 화해와 역사교과서 개선 활동' 은 우선 150

년이 넘는 기간에 민족주의적 대립 관계를 형성했던 독일과 프랑스의 역사학자 및 역사 교사들이 서로의 입장을 이해하며 공유하는 역사 인식의 폭을 넓혀왔던 노력을 나타내기 위한 표현이다. 또한 독일사와 프랑스사를 전공한 한국의 학자들 사이의 협력을 나타내는 제목이다.

이 책의 재정 지원을 떠맡은 동북아역사재단에 감사의 뜻을 전한다. 동북아역사재단의 지원이 없었다면 이 책의 출판은 애당초 불가능했을 것이다. 그리고 연구 프로젝트의 실무를 맡아 애써주신 서현주 선생님에게 심심한 감사의 말씀을 전한다.

2008년 3월

김승렬 · 이용재

제1부

숙적에서 동반자로 : 독일–프랑스 관계사 변천

독일과 프랑스의 역사적 파노라마

본래 형제 나라로 출발하여 수백여 년 동안 앙숙으로 지내다가 약 반세기 전부터 동반자 관계를 지향해온 독일과 프랑스 사이에 펼쳐진 역사의 파노라마는 인접한 두 나라 사이에 펼쳐질 수 있는 영토 분쟁과 역사 주권 다툼의 우여곡절을 보여주는 대표적인 사례이다. 흔히 '마리안느(Marianne)'와 '게르마니아(Germania)'로 표상되는 이 두 이웃은 19세기 이후로만 네 차례의 사활을 건 전면전을 치렀을 뿐만 아니라 또 늘 상대방을 통해서 자신과 유럽의 현재와 미래를 가늠하는 역동적인 긴장 관계를 유지해왔다. 프랑스인들과 독일인들은 오래전부터 서로에 대해 여러 정형화된 이미지와 환상들을 키워왔다. 악착같은 '튜튼 족속(Teutonici)', 어쩔 수 없는 '독일놈(boche)'은 프랑스인의 상상 속에 닻을 내렸고, 독일인의 뇌리에 떠오르는 갈리아 족속은 '프랑스병(매독)'이나 옮기는 타락한 무리요 '철천지원수(Erbfeind)'였다. 프랑스와 독일 사이의 대립은 마치 라틴 문명권과 게르만 문명권 사이의 불가피한 충돌로 비쳐지기도 했다. 바로 이 같은 대립 과정에서 과거에 대한 국민의 기억이 정치화하고, 이 정치화된 기억이 자국 중심적인 역사학 및 역사교육과 맞물려서 물질적인 군비 못지않게 국민의 정신적 무장을 위한 주요한 수단으로 이용되어온 것이다.

사진 1_ 프랑스 상징 '마리안느'(N. Vallain 작, 1792)

사진 2_ 독일 상징 '게르마니아'(Ph. Veit 작, 1847)

I. 샤를마뉴 제국의 유산

흥미로운 사실은 영원한 '숙적' 프랑스와 독일이 지금으로부터 약 천 년 전인 중세 초기에는 하나의 거대한 통치권 안에 포함되어 있었다는 점이다. 오늘날 프랑스의 모태가 된 프랑크 왕국은 9세기 초 샤를마뉴 대제(Charlemagne, Karl der große, Carolus Magnus) 때 전성기를 맞이했다. 로마 제국의 계승자이자 기독교 세계의 우두머리를 자처한 샤를마뉴는 에스파냐와 접경한 피레네 산맥에서 라인 강을 넘어 엘베 강에까지 이르는 대제국을 건설했다. 오늘날 프랑스 지역과 독일 지역은 유럽 전역에 걸친 샤를마뉴 제국의 일부에 지나지 않았던 것이다.

하지만 샤를마뉴 제국은 곧 분열되었다. 샤를마뉴의 뒤를 이은 경건왕 루

지도 1_ 샤를마뉴 제국의 전성기

지도 2_ 샤를마뉴 제국의 분열(베르됭 조약, 843)

이가 사망하자 그의 세 아들 사이에 제국 상속권을 놓고 내란이 일어났다. 843년 베르됭(Verdun) 조약에 의해 제국은 장자 로타르(Lothar)가 차지한 로타랭기아(Lotharingia), 게르만 왕 루트비히(Ludwig)가 차지한 동프랑크, 대머리왕 샤를(Charles)이 차지한 서프랑크의 세 왕국으로 나누어졌다. 적어도 지리적인 입지로 볼 때, 루트비히의 동프랑크는 오늘날의 독일로, 샤를의 서프랑크는 프랑스로 발전했다고 할 수 있다. 로타랭기아는 오늘날 프랑스의 로렌(Lorraine, 독일어명 Lothringen) 지방에 그 어원을 남겼다. 하지만 라인 강의 양편에 걸쳐 유럽을 남북으로 가로지르며 성립한 로타랭기아 지역은 14세기 중엽에서 15세기 중엽까지 약 한 세기 동안 강력한 부르고뉴 국가(Etat bourgignon)가 성립하기도 했지만 독일과 프랑스의 틈새에 낀 지리적 여건으로 인해 결국 정치적 부침 속에서 서서히 양쪽으로 편입되어 사라질 운명이었다.[1)]

1) 프랑스 발루아(Valois) 왕가의 방계 가문인 부르고뉴 공국은 프랑스 동북부 알사스로렌에서 프랑슈콩테에 걸쳐 방대한 영유지를 거느렸다. 부르고뉴 공작들은 옛 로타랭기아 왕국을 재현하려는 구상 아래, 혼인, 상속, 전쟁, 매입 등을 통해 플랑드르와 에노에서 젤란트와 홀란드에 이르는 소위 '저지대 지방(Pays Bas)'을 세력권에 넣었다. 하지만 1477년 무모공 샤를의 죽음과 더불어 부르고뉴 공국의 영지는 프랑스와 신성로마

하지만 샤를마뉴 제국이 분할된 이후로도 동쪽과 서쪽으로 나뉜 두 왕국의 주민들 사이에 어떤 결정적인 귀속 의식이 자리잡은 것은 아니었다. 분열과 갈등의 조짐이 처음으로 나타나기 시작한 것은 11세기 무렵 서쪽에서 카페(Capet) 왕조가 정착하고, 동쪽에서는 작센(Sachsen) 왕조의 오토 대제(Otto I)가 신성로마제국의 황제로 즉위하면서부터였다. 이때부터 이웃한 '왕국(Regnum)'과 '제국(Imperium)' 사이의 분열이 싹트기 시작했다. 프랑스인들이 보기에 오토 왕조의 제국은 프랑크족과 무관한 게르만 일족의 '야만적인' 제국에 불과했다. 심지어 1214년 '존엄왕' 필립(Philippe Auguste)이 오토 2세의 군대를 격파한 부빈(Bouvine) 전투는, 양편의 제후들이 아군과 적군으로 복잡하게 뒤얽힌 봉건적 전쟁이었음에도 불구하고, '난폭한 튜튼인들'을 물리친 '용맹한 프랑스인들'의 찬란한 승리로 극화되었다.[2)]

두 지역 사이의 분열이 고착되어감에 따라 샤를마뉴 대제국의 유산을 자기 몫으로 돌리려는 이른바 '정통성 투쟁'이 벌어지기도 했다. 라인 강의 서쪽에서 샤를마뉴는 '축복받은' 왕국의 정통성을 떠받칠 뿐만 아니라 신성한 국왕의 영도 아래 혼연일체가 된 영광스러운 프랑스 왕국의 상징으로 자리잡았다. 반면에 동쪽의 제국 역시 역대 왕들이 샤를마뉴를 자기 왕국의 아버지요 건설자로 내세움으로써 로마 제국의 계승자이자 교회의 보호자로서의 권리를 주장했다. 이렇게 왕조의 정통성을 강화하는 수단으로 샤를마뉴의 기억을 독점하려는 '뿌리찾기 논쟁'은 근대기에 접어들어 프랑스와 독일 두 나라의 영토와 국경이 확실하게 다져진 이후에도 계속되었으며 두 나라가 맞설 때마다 서로 자신의 입지를 강화할 수 있는 명분이었다.[3)]

제국 사이에서 해체되었다.

2) 조르주 뒤비 저. 최생렬 옮김(2002), 『부빈의 일요일』, 동문선, 246쪽.

3) 샤를마뉴 제국의 유산을 둘러싼 정통성 논쟁에 대해서는 성백용(2007), 「샤를마뉴에 대

II. 프랑스와 신성로마제국의 대립

역사 주권 분쟁 못지않게 두 나라 사이에는 실질적인 전쟁 또한 끊이지 않았다. 15세기에 프랑스와 독일 사이에 위치한 부르고뉴(Bourgogne) 공국은 프랑스 왕가의 방계 가문이지만 남쪽 프랑슈콩테(Franche-Comté)에서 알사스(Alsace)와 로렌(Lorraine)을 거쳐 북부 저지대 플랑드르(Flandre)까지 이르는 방대한 영유지를 거느린 신흥 세력이었다. 프랑스의 루이 11세가 부르고뉴의 영토를 노리고 침략하자 부르고뉴의 상속녀는 영지를 지키기 위해 합스부르크 왕가의 막시밀리안(Maximilian)과 결혼했다. 이로써 프랑스와 오스트리아 사이에 전쟁이 벌어졌으며, 최후의 승자인 막시밀리안은 프랑스로부터 프랑슈콩테와 아르투아(Artois) 지역을 빼앗았다. 루이 11세와 막시밀리안 사이의 전쟁은 이후 끝없이 이어질 두 나라 사이의 분쟁의 서곡에 지나지 않았다.

16세기에 들어 프랑스와 독일 사이의 대립은 발루아 왕가의 프랑수아 1세(François Ier)와 합스부르크 왕가의 칼 5세(Karl V ; 프랑스어명 샤를 캥[Charles Quint]) 사이의 경쟁으로 구체화되었다. 1519년 공석 상태인 신성로마제국 황제 자리를 놓고 프랑수아와 칼이 입후보했으나 오랜 흥정 끝에 제위는 합스부르크 가문에 돌아갔다. 샤를마뉴 대제의 상속자로서의 위용이 칼 5세의 몫이 된 것이다. 더구나 신성로마제국의 황제 칼은 혼인과 상속을 통해 오스트리아, 에스파냐, 부르고뉴, 플랑드르, 홀란드, 시칠리아, 나폴리 등 유럽 땅의 거의 절반을 물려받은 유럽 최고의 군주였다. 프랑스는 합스부르크 가문의 대제국에 의해 포위된 형세가 되었다.

1525년 이탈리아 북부 파비아(Pavia)에서 프랑수아 1세와 칼 5세 사이에 대

한 중세 독일과 프랑스에서의 엇갈리는 기억」, 『프랑스사 연구』 제17집을 참조하라.

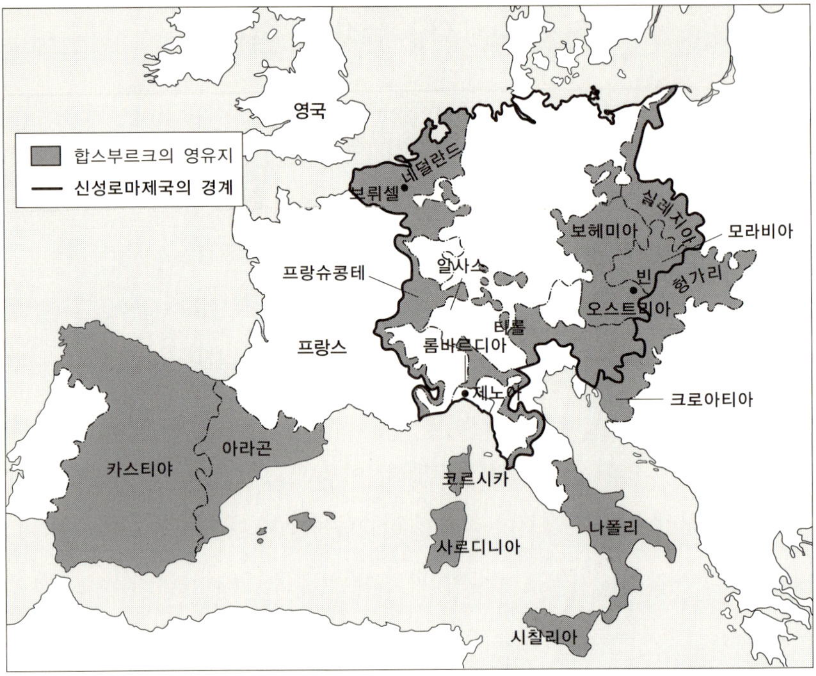

지도 3_ 합스부르크 왕조 칼 5세의 영유지(16세기)

혈전이 벌어졌다. 프랑수아 1세는 포로로 잡히는 수모를 당했다. 프랑수아 1세가 칼 5세의 누이와 혼인하는 타협안이 마련되기도 했으나, 프랑수아 1세에서 앙리 2세로 이어지고 칼 5세에서 펠리페 2세로 이어지면서 발루아 가문과 합스부르크 가문 사이에 거의 40여 년 동안 일진일퇴의 소모전이 줄기차게 벌어졌다(1521~1526년, 1527~1529년, 1536~1538년, 1542~1544년, 1552~1559년).

III. '프랑스'와 '독일'의 대립

17세기에 들어와서도 유럽 국제 관계는 프랑스의 부르봉 왕가와 독일의 합스부르크 왕가 사이의 경쟁과 대립으로 점철되었다. 가톨릭과 신교도 사이의 충돌에서 비롯된 30년전쟁이 1618년부터 1648년까지 독일 전역을 휩쓸었다. 오랜 전쟁을 통해 독일은 인구가 격감하고 황폐화되었다. 반면에 프랑스의 루이 13세와 재상 리슐리외(Richelieu)는 합스부르크 가문을 누르기 위해 신교도 편을 지원해 많은 이득을 얻었다. 1648년 베스트팔렌 조약에 의해 프랑스는 특히 1552년에 합스부르그 왕가와의 끈질긴 다툼 끝에 얻어낸 메스(Metz), 툴(Toul), 베르됭(Verdun) 등 동부국경 지역의 세 주교관구에 대한 영유권을 국제적으로 승인받는 성과를 올렸다. 근 한세기 동안 일진일퇴의 공방전을 벌이던 라인 강변의 세 요충지를 상실한 것은 오스트리아로서는 커다란 손실이었다.

주목할 점은 지금까지 프랑스의 발루아 왕가 또는 부르봉 왕가와 오스트리아의 합스부르크 왕가 사이에 펼쳐지던 왕조 간의 대립이 30년전쟁을 거치면서부터 서서히 '프랑스' 와 '독일' 사이의 대립이라는 양상을 띠기 시작했다는 사실이다.[4] 절대주의 시대에 접어들면서 프랑스 국왕은 왕국 전역에 걸친 중앙집권 통치체제를 완비했다. 라인 강의 오른편 지역에서도 비록 30년전쟁의 여파로 통치권의 분열이 가속화되기는 했지만 16세기부터 종교개혁을 거치면서 라인 강 왼편 라틴 문화권과 구별되는 게르만 독일의 정체성이 싹트기 시작했던 것이다. 더구나 양측의 대결이 주로 라인 강 연안 지역에서 펼쳐짐에 따라 자연적 경계를 사이에 둔 대립적 감정이 자리잡게 된 것이다. 특히 독일의 동부 변방 세력에 머물던 프로이센(Preußen)이 신흥 강국으로 등장하면서 독일 내 세력 관계에 큰 변화를 초래했다. 이후 독일에서는 합스부르크 왕가의 오스트리아와 호헨촐레른 왕가의 프로이센이 주도권 경쟁을 벌였다. 이 경

4) G. Zeller(1932), *La France et l'Allemagne depuis dix siècles*, Armand Colin, p. 116.

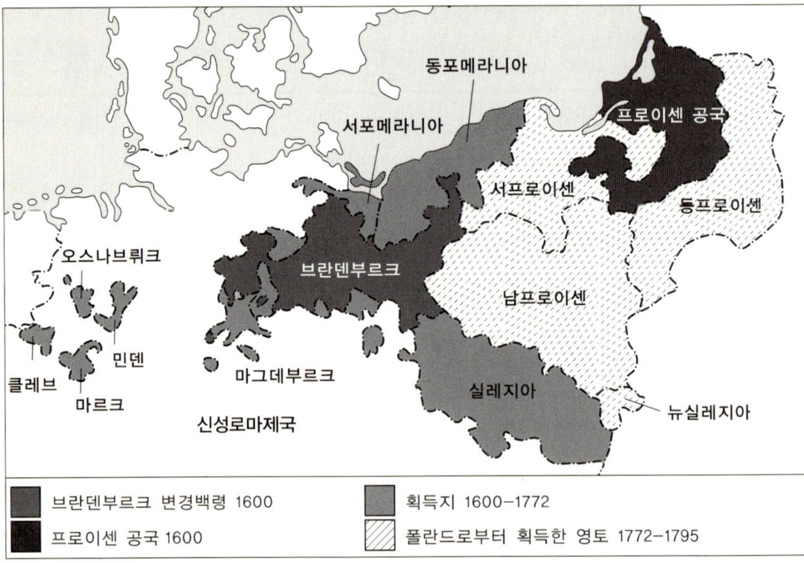

지도 4_ 프로이센의 성장(1600~1795)

쟁은 독일이 30년전쟁의 피해를 극복하는 과정이기도 했다. 프로이센의 대두는 프랑스의 경쟁 상대국이 더 이상 신성로마제국도 오스트리아도 아니라 오스트리아와 프로이센을 포함해서 게르만 문화권 안에서 서로 다투는 모든 크고 작은 군주국들, 즉 독일 자체가 되었음을 의미했다.

태양왕 루이 14세가 집권한 17세기 후반~18세기 초반은 프랑스의 전성시대였다. 태양왕의 권력과 영광은 유럽 전역에 미쳤으며 프랑스의 문화와 언어가 유럽의 모든 궁정에 퍼졌다. 루이 14세는 바다, 산맥, 강 등의 자연환경이 한 국가의 영토를 결정한다는 소위 '자연국경선(frontière naturelle)'을 내세우며 영토 확장 정책을 추진했다.[5] 루이 14세는 치세 초부터 전쟁을 통해 외국의 군주들에게 프랑스의 우월성을 강요할 준비가 되어 있었다. 상속

5) D. Nordman(1988), *Frontières de France, de l'espace au territoire XVIe-XIXe siècle*, Gallimard, pp. 308~322.

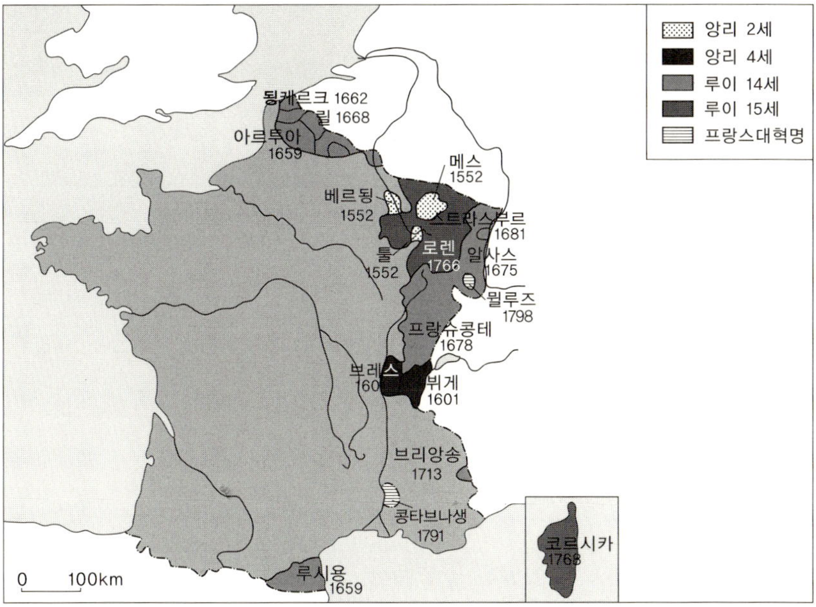

지도 5_ 프랑스 영토 확장 (앙리 2세부터 프랑스 대혁명까지, 1552~1798)

권전쟁(1667~1668)과 네덜란드전쟁(1672~1678)에서 아우구스부르크동맹전쟁(1688~1697)을 거쳐 에스파냐계승전쟁(1702~1713)에 이르기까지 유럽 열강이 모두 가담한 전쟁이 끊이지 않았으며, 이때마다 오스트리아와 프로이센은 늘 프랑스의 반대편에 섰다. 루이 14세의 대담한 침략전쟁에 늘 희생양이 된 것은 오스트리아와 에스파냐의 합스부르크 왕조였다. 프랑스는 상속권전쟁에서 플랑드르 지방의 됭케르크와 릴을 빼앗았으며, 네덜란드전쟁에서 프랑스콩테와 알사스를 얻었다.

18세기 후반에 유럽의 신흥 강국은 신교도 국가 프로이센이었다. 프랑스식 교육을 받고 자란 프리드리히 대왕(Friedrich der Große)은 계몽 철학자 볼테르(Voltaire)를 초청하는 등 프랑스 문화에 대한 호감을 잃지 않았다. 하지만 군사 강국으로 성장하던 프로이센으로서는 오스트리아와 마찬가지로 프랑스 역시 경계의 대상이었다. 1740년 오스트리아계승전쟁에서 프로이센이 승승장구하자 프랑스는 연이어 벌어진 7년전쟁(1748~1756)에서 프로이센의 상승세를 꺾기 위해 영원한 숙적 오스트리아와 동맹을 맺지 않을 수 없었다. 이때부터 프랑스와 독일 사이의 대립은 주로 프랑스와 프로이센 사이의 대립을 의미하게 되었다. 절대주의 시대에 루이 14세가 프랑스의 영광을 상징했다면, 프리드리히 대왕은 그에 맞선 독일의 자부심을 의미했던 것이다.[6)]

한편 프랑스의 루이 15세는 프리드리히 대왕과 마지못해 손을 잡고 오스트리아계승전쟁에 개입하여 거듭 실패를 맛보았지만, 그 대신에 로렌공작령에 대한 오스트리아의 영유권 주장을 포기시키는 실익을 얻었다. 상속과 혼인관계를 통해 부르봉왕가와 합스부르크왕가의 이권이 복잡하게 뒤엉켜 있던 로렌공작령이 1766년에 마침내 프랑스 영토로 병합되었다. 하지만 뒤늦게 프랑스로 편입된 로렌 지역은 한 세기 전에 얻어낸 알사스 지방과 함께 앞으로 독일과 프랑스 사이의 영원한 분쟁의 땅이 될 것이었다.

IV. 프랑스대혁명과 나폴레옹 제국

1789년, 프랑스에서 혁명이 발생하고 구체제가 붕괴되었다. 1792년, 새로운 헌법에 의해 소집된 입법의회는 혁명의 이념을 전파하고 오스트리아 등지에 망명해 있는 반혁명 세력을 소탕한다는 명분으로 유럽 전제군주체제에 맞서 '자유의 십자군'을 천명했다. 프로이센, 영국 등이 곧 오스트리아에 가담하여 반불동맹을 결성했다. 이로써 혁명 프랑스와 나폴레옹 제국을 걸쳐 앞으로

6) St. Krapoth(2005), *France -Allemagne, du duel au duo*, Privat, pp. 52~64.

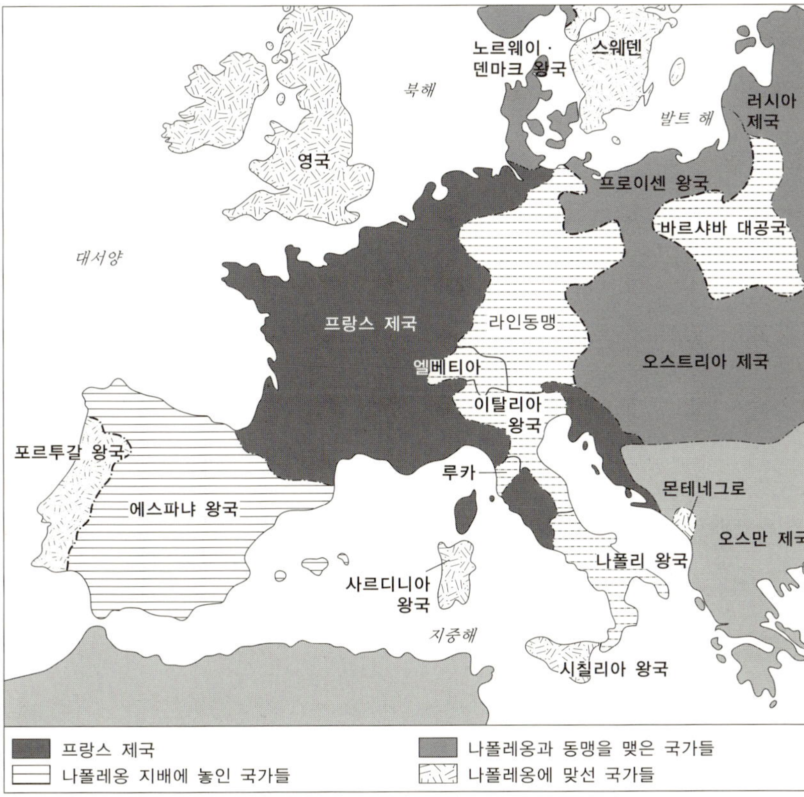

지도 6_ 나폴레옹 제국(1812년)

25년 동안 벌어질 유럽 전쟁이 시작되었다. 1795년에 혁명 프랑스는 벨기에 지역에 이어 이탈리아 북부 지역에서 연달아 오스트리아군을 퇴치했다. 1801년 황제로 즉위한 나폴레옹은 1805년 유럽 원정을 떠나 5월에 울름(Ulm)에서 오스트리아군을 격파한 데 뒤이어서 12월에 아우스터리츠 전투에서 오스트리아와 러시아 연합군에 맞서 대승을 거두었다. 수도 빈을 점령당한 오스트리아는 굴욕적인 강화를 맺고 중세 이후 존재해온 유서 깊은 신성로마제국을 완전히 해체해야 했다. 여세를 몰아 나폴레옹은 1806년에 예나(Jena)에서 프로이센군을 대파하고 수도 베를린에 입성했다. 독일의 두 강국 오스트리아와 프로이센이 무릎을 꿇자 나폴레옹은 유럽 대륙의 지배자가 되었다. 이제 유럽은 프랑스 제국, 나폴레옹 일가가 통치하는 이탈리아, 폴란드, 에스파냐 등 위성 국가들 그리고 오스트리아, 프로이센, 러시아 등 패전 후 좋든 싫든 프랑스와 동맹을 맺은 국가들로 나뉘었다. 영국만이 외롭게 나폴레옹의 위세에 저항했을 뿐이다. 프랑스와 인접한 서부 독일 지방, 즉 라인란트 지방의 군소 국가들은 라인 동맹이라는 이름 아래 나폴레옹의 속국이 되었다.

프랑스대혁명과 나폴레옹 전쟁이 자유와 민족자결권이라는 새로운 원리를 유럽에 가져다준 것은 사실이지만, 혁명 프랑스와 맞싸운 프로이센과 오스트리아는 나폴레옹의 침략으로 가장 많은 피해를 입은 당사자였다. 굴욕적인 패배는 프로이센을 중심으로 하여 독일인들의 민족정신을 각성시키는 계기가 되었다. 독일인의 단합과 정체성을 함양하기 위해 민족 신화가 만들어지고 독일어의 보급을 통해 프랑스 문화에 반격을 가했다. 철학자 피히테는 1807~1808년에 전국을 순회하며 「독일 민족에게 고함」이라는 애국적인 강연을 하여 큰 영향을 미쳤다. 언어와 문화의 동질성을 바탕으로 정치적 통일을 이루려는 민족주의 사상이 널리 자리잡기 시작했다. 1812년 러시아 원정을 떠난 나폴레옹 대군이 참패했다는 소식이 유럽 전역에 전해졌다. 나폴레옹의 정복과 지배에 신음하던 유럽은 궐기했으며, 1813년 독일인들은 라이프치히에서 나폴레옹에 맞서 소위 '민족들의 전쟁(bataille des nations)'을 벌이고 승리를 거두었다. 패배한 나폴레옹은 엘바 섬으로 유배되었으나 국민들의 환호 속에 다시 권좌에 복귀했다. 하지만 1815년 6월에 나폴레옹은 워털루 전투에서 영국과 프로이센 연합군에게 패하고 그의 '백일천하'도 끝났다. 마침내 나폴레옹 제국이 몰락한 것이다.

유럽의 질서를 프랑스대혁명 이전으로 되돌리는 1814년 이후의 빈 체제에서 국제 질서의 축은 오스트리아와 프로이센이었다. 프랑스의 국경은 1789년

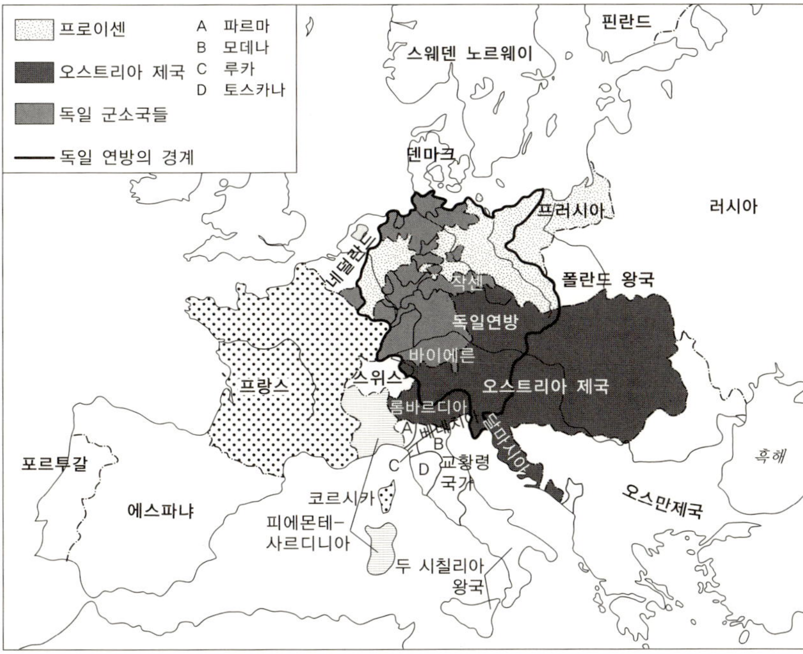

지도 7_ 1815년 프러시아, 오스트리아, 프랑스, 독일연맹

혁명 발생 이전의 상태로 되돌아갔다. 독일은 프로이센, 오스트리아를 포함한 35개의 군주국과 4개의 자유시로 독일연방(Deutsche Bund)을 구성했으며, 나폴레옹의 지배를 받던 서부 유럽 지역은 프로이센의 영토로 편입되었다. 19세기 상반기는 '혁명의 시대' 였다. 1830년 혁명에서 1848년 혁명에 이르기까지 유럽 전역에는 보수적인 빈 체제에 맞서 혁명의 물결로 뒤덮였다. 유럽 각국은 국내 문제의 처리에 골몰을 앓았으며 국제 관계는 소강상태에 접어들었다. 독일과 프랑스 사이에 비록 짧은 기간이었지만 상대적으로 우호적인 분위기가 넘쳐흐른 것도 바로 이 시기였다. 독일의 프랑스 애호가들과 프랑스의 독일 애호가들은 표면상의 정치 · 외교적 갈등과 대결을 넘어서 상대방을 이해하고 정신적 교감을 나누려는 움직임을 펼쳤던 것이다.

독일의 지성들에게 커다란 정신적 충격을 안겨준 프랑스대혁명은 또한 여러 프랑스 찬미자들을 출현시킨 직접적 계기이기도 했다. 칸트 등 혁명을 지지하던 많은 지식인들은 프랑스가 "바야흐로 인류 최대의 행복을 건설하고 있다" 며 갈채를 보냈다. 그러자 이번에는 프랑스에서 독일 찬미자가 등장했다. 스탈 부인(Madame de Staël)은 『독일에 관하여』(1808~1810)에서 "개인의 감수성을 거침없이 표현하는 시적 영혼" 과 "가히 사상의 조국이라 해도 손색이 없을 만큼 사색과 탐구에 몰두하는 내밀한 생활" 이 곧 독일 민족의 특성이라고 찬양했다. 한편, 나폴레옹전쟁 이후 피히테를 비롯한 프랑스 혐오가들의 목소리가 높아가던 상황에서, 독일 낭만파 시인 하이네(H. Heine)는 계몽과 이성의 땅 프랑스를 찬양하고 나섰다. 그는 민족주의를 앞세워 반동으로 치닫는 조국의 현실에 맞서 누구보다도 프랑스의 혁명과 자유를 옹호했고, 그래서 "삼색기를 휘날리며 스트라스부르에서 프랑크푸르트까지 가고파" 했던 것이다. 이렇게 라인 강을 사이에 둔 많은 시인과 사상가들이 상대방에 대한 우호적인 시선을 교환했다.

하지만 지식인들 사이의 우호적인 시선과 교감은 정치권의 다툼 속에 쉽사리 묻혀버렸다. 빈 체제를 주도하던 오스트리아와 프로이센에 대한 프랑스의 오랜 반감이 이집트에서의 이권 다툼을 계기로 터져나왔다. 외교 문제는 프랑스에서 국민 감정을 자극하고 이는 빈 체제 이후 잃어버린 라인 강 좌안 지역에 대한 요구로 불거졌다. 라인 강 주변의 영유권을 두고 두 나라 정치권과 지식인들 사이에 긴장이 고조되었다. 1840년의 '라인 강 위기(crise du Rhin)'[7]는 두 나라가 영토 문제를 곧 민족 문제로 보기 시작했음을 보여주는 사례라고 할 수 있을 것이다.

7) J. Bioche(1996), *Histoire des relations franco-allemandes de 1789 à nos jours*, Armand Colin, p. 22.

V. '민족의 숙적'－보불전쟁에서 양차 세계대전까지

19세기 후반 독일의 통일 문제를 앞두고 민족주의 시대에 접어들면서 상황은 돌변했다. 독일 통일의 주역은 프로이센 국왕 빌헬름 1세와 재상 비스마르크(Bismarck)였다. 비스마르크는 오스트리아와 프랑스가 독일의 통일을 가로막는 최대의 장애물이라고 생각했으며, "오늘날의 중요 문제는 연설이나 다수결이 아니라 오직 철과 피로써 해결될 수 있다"는 그의 의회 연설에서 알 수 있듯이 군사력 증강과 전쟁을 무릅쓰는 '현실정치(Realpolitik)'를 추진했다. 1866년 프로이센은 북독일 지방 슐레스비히－홀슈타인(Schleswig-Holstein) 문제를 놓고 오스트리아와 '7주 전쟁' 끝에 가볍게 승리를 거두었다.

1868년 에스파냐에서 혁명 정부는 이사벨라 여왕을 내쫓고 프로이센 왕가의 레오폴트 공작을 왕으로 추대하려 했다. 그러나 프랑스의 강력한 반대로 레오폴트는 왕위를 사양했으나, 프랑스 대사는 이에 만족하지 않고 독일 남부 엠스(Ems) 온천장에서 휴양 중인 빌헬름 황제를 방문해서 공식적인 다짐을 받으려 했다. 빌헬름은 이를 단호하게 거절하고 그 전말을 비스마르크에게 전신으로 알렸다. 엠스 전신을 받은 비스마르크는 독일 국민에게는 프랑스 대사가 프로이센 왕에게 무례한 짓을 범했다고, 프랑스 국민에게는 프랑스 대사가 모욕을 당한 인상을 주도록 전신 내용의 앞뒤를 잘라 발표했다. 이 엠스 전신 사건은 두 나라 사이에 민족 감정을 분출시켰으며 결국 프랑스 황제 나폴레옹 3세가 먼저 선전포고하는 계기가 되었다. 비스마르크는 프랑스 동부 세당(Sedan)에서 벌어진 전투에서 나폴레옹 3세를 포로로 잡는 대승을 거두었으며 연이어 수도 파리를 공격하고 항복을 받아냈다. 파리가 패전의 굴욕에 잠

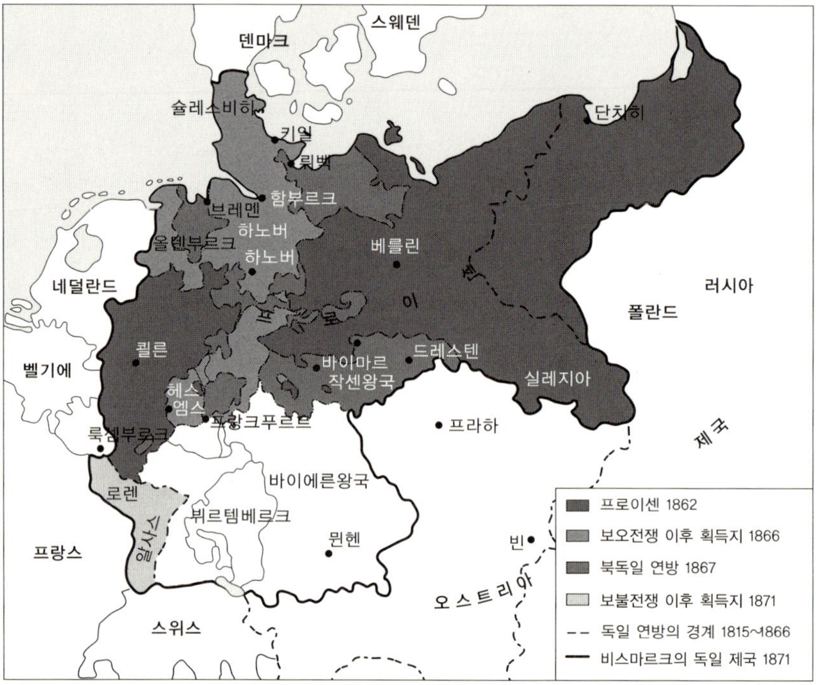

지도 8_ 1871년 독일 제국의 영토

겨 있는 동안 프로이센 왕 빌헬름 1세는 베르사유 궁전에서 독일제국 황제로 즉위했다. 바야흐로 통일 독일제국[8)]이 탄생한 것이다.

1870년 보불전쟁은 프랑스와 독일이 상대방을 '민족의 숙적(ennemie national)'[9)]으로 여기게 된 결정적인 계기였다. 민족주의 시대에 벌어진 전쟁의 승패는 양국 사이에 배타적인 민족 감정과 적개심을 부추기기에 충분했다. 프

8) 신성로마제국을 첫 번째 독일제국이라 하며, 1871년에 탄생한 제국을 독일의 제2제국이라 한다.

9) M. Jeismann(1997), *La Patrie de l'ennemi, la notion d'ennemi national et la représentation de la nation en Allemagne et en France de 1792 à 1918*, CNRS Editions, p. 207.

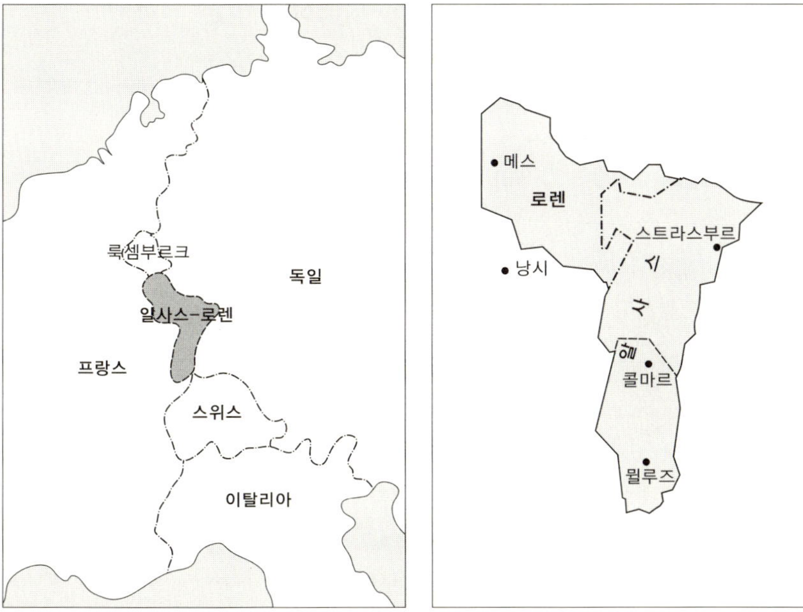

지도 9_ 알사스-로렌 지방

랑스는 50억 금화 프랑에 달하는 배상금을 지불해야 했을 뿐만 아니라 특히 루이 14세와 루이 15세 치세에 프랑스로 귀속된 알사스와 로렌 지방의 일부를 독일에 할양해야 했다. 알사스-로렌 지방이 독일인에게 독일 민족의 옛 영토를 회복한 승리의 상징이었다면, 프랑스에게는 영원히 아물지 않을 패전의 상처이자 언젠가 다시 찾아야 할 '잃어버린 조국'이었다.

결국 19세기 말의 양국 관계는 배타적인 민족 감정을 바탕으로 줄기찬 대립을 이어나갈 수밖에 없었다. 프랑스에서는 언젠가 독일에게 '복수(Revanche)' 하겠다는 국민 감정이 비등한 반면, 독일에서는 게르만인의 단결과 번영을 외치는 '범게르만주의'가 여론의 일각에서 힘을 얻었다. 양국의 긴장 관계는 동맹체제 사이의 대립과 해외 식민지 경쟁 등 국제 질서의 부침 속에서 결국 또 한 차례의 대규모 전쟁으로 이어지게 된 것이다.

지도 10_ 베르사유 조약에 의해 외국에 할양한 독일 영토

제1차 세계대전은 전방의 군인들뿐만 아니라 후방 민간인들도 총동원된 총력전(total war)이었다. 예상보다 오래 끈 전쟁의 혼돈 속에서 특히 독일과 프랑스 사이의 대결은 프랑스 영토 내 마른(Marne) 강 유역 베르됭 전장을 무대로 일진일퇴를 거듭하는 처참한 지구전으로 펼쳐졌으며, 양 국민 사이에는 반전 감정이 싹트는 만큼 상대방에 대한 적개심 또한 늘어갔다. 1918년 11월, 독일 전역에서 발생한 폭동의 여파로 제2제국이 붕괴하자 정권을 인수한 사회민주당 정부는 서둘러 휴전을 제안했다. 이로써 제1차 세계대전은 프랑스가 속해 있는 협상국 세력의 승리로 끝났다.

1919년 6월, 승전국들과 독일 사이에 베르사유 조약이 체결되었다. 독일은 해외 식민지뿐만 아니라 본토의 일부를 상실했으며, 잠수함과 공군 병력이 금지되는 등 군비도 극도로 축소되었다. 그리고 1,320억 금화 마르크라는 천문학적 액수에 달하는 배상금을 향후 30년 동안 지불해야만 했다. 더구나 베르사유 조약 제231조는 전쟁의 책임이 전적으로 독일에 있다는 것을 확인했다. 독일과의 전쟁에서 가장 큰 물적 손실과 인명 피해를 입은 프랑스의 입장은 단호했다. 프랑스는 알사스-로렌 지방을 되찾았을 뿐만 아니라 안전 보장을 위해 라인란트 지역의 비무장화를 요구했다. 베르사유 조약은 사실 독일인들이 베르사유의 '명령(diktat)'이라고 부를 정도로 가혹했으며, 종전 직후부터 전쟁 책임 문제와 배상금 지불을 둘러싼 국제적 논란을 예고하고 있었다. 1923년 봄에 프랑스군이 독일의 배상금 지불 지연을 이유로 루르(Ruhr) 탄전 지대를 점령하자 독일은 '수동적 저항'으로 맞섰다. 전후 처리문제를 놓고 두 나라 사이에 쌓인 불만은 라인 강 양편에 다시 긴장을 고조시키는 동시에 독일에서 극우파 나치가 득세하는 발판이 되었다.

하지만 양차 세계대전 사이에 비록 짧은 기간이지만 두 나라 사이에 긴장이 완화되고 화해 분위기가 감돌기도 했다.[10] 1924년에 미국의 중재로 도스안(Dawes Plan)이 마련되어 배상금 지불 문제가 약간 해소된 데 뒤이어서, 영국 · 프랑스 · 독일 · 이탈리아 등 교전 당사국들은 1925년에 로카르노(Locarno) 협정을 맺고 모든 분쟁을 평화로운 방법으로 해결할 것을 약속했다. 독일이 국제연맹에 가입한 1926년, 독일 외상 스트레제만(G. Stresemann)과 프랑스 외상 브리앙(A. Briand)이 노벨 평화상을 공동 수상하자 화해의 분위기가 무르익었다.

그러나 1929년 세계 대공황으로 이러한 평화적 분위기는 큰 변화를 겪을 수밖에 없었다. 특히 공황이 독일에 미친 영향은 엄청난 실업률 증가와 중산층의 급격한 몰락 등으로 나타났다. 이러한 어지러운 상황을 틈타 나치는 정

10) J. Bariéty & C. Bloch(1968), "Une tentative de réconciliation franco-allemande 1932~1934," *Revue d'histoire moderne et contemporaine*, t.15(juillet-septembre), pp. 137~150.

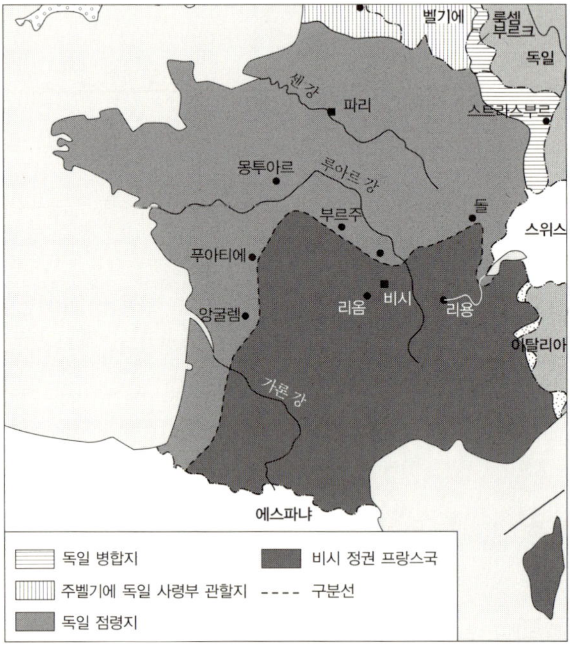

지도 11_ 1940년 6월 22일 이후의 프랑스

권을 잡을 수 있었다. 나치 정권은 독일 경제 문제를 성공적으로 해결하였지만, 그것은 베르사유 조약 폐기, 전쟁배상금 무효 선언, 라인란트의 재무장 그리고 군수산업 육성 등을 통한 것이었다. 이런 정책은 결국 제2차 세계대전으로 귀결되었다. 강력한 기계화 부대를 갖춘 나치군은 순식간에 전 유럽을 제패했다. 1940년 프랑스는 나치 독일에 항복하고 파리를 포함한 서부와 북부 프랑스를 독일에 넘겨주었다.

이때 알사스-로렌은 다시 독일 땅으로 편입되었다. 프랑스의 페탱(Pétain)원수는 동남부 작은 도시 비시(Vichy)를 수도로 한 '프랑스국(Etat français)'을 건국했다. 비시 정부는 나치 독일에 국가적 협력을 하는 하위 파트너였지만, 파시즘에 입각한 '민족 혁명(Révolution nationale)'을 시도하기도 했다. 그러나 본토의 항독 레지스탕스 세력과 드골 장군을 중심으로 한 해외의 '자유 프랑스' 세력은 반나치 전쟁에 참여했다. 1944년 프랑스 파리가 해방되고 다음해 5월 나치 독일은 항복했다.

독일과 프랑스의 화해와 유럽 통합

불과 한 세대의 간격을 두고 두 차례에 걸친 세계대전에서 엄청난 희생을 치른 영원한 앙숙 프랑스와 독일이 화해와 협력의 길로 접어들기란 사실 쉬운 일이 아니었다. 제2차 세계대전 직후 승전국의 일원으로 독일을 분할 점령했던 프랑스가 전쟁 상태의 공식 종언을 선언한 것은 1951년에 들어서였으며, 1950년대에 두 나라의 국민은 과거사의 앙금을 가라앉히지 못하고 여전히 서로를 잠재적 적성국으로 여기며 불신과 의혹을 감추지 않았다.

하지만 미 · 소 냉전 체제의 성립 및 유럽 통합의 실현이라는 급변하는 정세에 부응해서 두 나라는 한 걸음씩 평화 공존을 모색하는 방향으로 나아가지 않을 수 없었다. 독일과 프랑스는 유럽 통합을 견인하는 쌍두마차였다. 오늘날 유럽연합의 탄생은 독일과 프랑스 사이에 우호관계가 진전되지 않았더라면 생각조차 할 수 없는 일이다. 아래에서 살펴보듯이 유럽 통합이 전개된 한 세기 동안 그때그때의 국면마다 통합 유럽을 향해 한 걸음씩 나아갈 수 있게 한 것은 바로 독일과 프랑스의 견인력이었다.

라인 강을 사이에 두고 마주한 두 나라 국민이 상호 반목을 접고 교류와 협력의 길로 성큼 나아가기 위해서는 우선 정치적 타협에 의한 관계 정상화가 뒷받침되어야 했다. 독일과 프랑스는 1963년 1월에 흔히 '엘리제 조약' 이라고 불리는 '독 · 프 우호조약' 을 맺음으로써 '숙적' 에서 '동반자' 관계로 접어들었다. 놀라운 것은 지난 수세기에 걸쳐 갈등과 대립을 거듭해온 양국 관계가 화해와 공존을 모색한 최근 반세기 만에 완전히 바뀌었다는 사실이다. 최근의 조사에 따르면 엘리제 조약 직후만하더라도 프랑스인들은 독일인을 '잠재적 적성국' 으로 간주했으나 1970년대부터 두 국민 사이의 상호신뢰가 증진되어 1980년대부터는 상대방을 '가장 중요하며 가장 신뢰할 수 있는 동반자' 로 받아들이기 시작했다. 오늘날 유럽연합의 장래는 독일과 프랑스 사이의 선린 관계에 달려 있다고 해도 지나친 말이 아니다.

I. 독일-프랑스 화해에서 유럽 통합으로

프랑스는 항독 전쟁에 참여했지만, 미국, 소련, 영국과 같은 주요 연합국에 포함되지 못했다. 이런 이유로 프랑스는 전후 유럽 질서를 논의하는 포츠담 회담에 참여할 수 없었다. 하지만 프랑스는 곧 주요 연합국의 일원이자 독일 점령국의 일원으로 인정받았다. 프랑스는 서방 점령지역에서 독일연방공화국(서독)이 탄생하는 1949년까지 점령 세력으로 독일을 통치하였다.

당연히 알사스-로렌은 프랑스로 복귀했다. 프랑스는 더 나아가 자르란트(Saarland)도 자국 영토로 편입시키려 했으나 이는 성사되지 못했다. 미 · 소 냉전 시대의 도래와 미국의 유럽 문제 관여로 인해 프랑스로서는 다분히 보복적인 대독 정책을 근본적으로 수정할 수밖에 없었다. 이것이 유럽 통합 정책이 대두된 배경이다.

전란의 포연이 가라앉은 후 유럽의 정치인과 지식인들은 두 차례에 걸친

지도 12_ 독일 패전 직후 4대 연합세력의 독일 점령지역. 1949년 미 · 영 · 프 점령지역은 서독으로, 소련 점령지역은 동독으로 건국되었다.

공멸 위기의 배후에 화합과 공영을 가로막는 배타적인 민족주의가 도사리고 있다는 데 견해를 같이했다. 독일의 유럽 통합사가 립겐스(W. Lipgens)에 의하면, 제2차 세계대전 중 유럽 레지스탕스 및 망명정부들이 계획한 유럽 통합의 목적들 중 가장 중요한 것은 극단적인 민족주의의 극복이었다. 유럽 통합은 지난 두 세기 동안 유럽 대륙을 점철한 정복과 복수의 끝없는 민족 대립의 악순환, 특히 독일과 프랑스 사이의 영원한 숙적 관계를 청산하고 평화와 번영을 보장하는 길이었다. 그것은 또한 종전 후 전범 국가 독일 문제를 처리하기 위한 대안이기도 했다.[11]

이러한 이상적인 유럽 건설은 프랑스와 독일의 화해라는 토대 위에 건설

11) Walter Lipgens(1985), "Die Bedeutung des EVG-Projekts für die politische europäische Einigungsbewegung," H.-E. Volkmann et al. (eds.), *Die europäische Verteidigungsgemeinschaft*, Boppard am Rhein, pp. 9~31.

될 수 있는 것이었고, 독일과 프랑스의 화해는 민족주의 이념을 대체할, 인권과 민주주의에 바탕을 둔 유럽 이념의 토대 위에서, 달리 말하자면 민족적 정체성을 넘어선 유럽적 정체성을 확립하는 과정에서 추진될 수 있는 것이었다. 하지만 이것은 결코 쉬운 길이 아니었다. 독일에서는 패전국으로서, 그것도 서구의 근대 문명에 정면으로 반하는 인종말살(유대인 학살)을 자행함으로써 민족주의적 발상 자체가 금기시되었다. 문제는 나치 독일에 의해 피해를 입은 인접국들과 전승국들의 독일에 대한 태도였다. 보복적인 성격이 강한 베르사유 해법(제1차 세계대전의 처리 방식), 즉 미국 대통령 윌슨의 평화적 전후 처리를 부정한 베르사유 체제가 다시 부활될 가능성이 없지 않았다. 바로 이점에서 미국과 영국은 전향적인 태도를 취했지만, 나치 점령 경험을 비롯하여 전쟁에서 직접적인 피해를 본 프랑스, 150년 가까이 독일과 민족주의적 적대 관계에 있었던 프랑스는 그렇지 않았다. 종전 직후에 프랑스는 전쟁을 승리로 이끄는 견인차 역할을 한 미국과 영국의 입장을 완전히 무시할 수는 없었지만, 자신의 힘이 허용하는 범위 안에서 보복적인 대독일 정책을 취했다. 이로 인해 레지스탕스의 평화적인 유럽 통합 계획은 실현될 수 없었다.

이러한 상황은 1947년 초반부터 본격화된 냉전으로 인해 급변하였다. 그 중심에는 미국이 있었다. 미국은 냉전의 문제를 서유럽 통합으로 해결하고자 하였다. 유럽 경제통합에서 관건은 독일의 재건 문제였다. 독일이 유럽 경제에서 차지하고 있는 비중으로 볼 때 독일 경제의 재건 없이는 유럽의 재건을 생각하기 힘들었다. 그러나 독일 경제의 재건은 이웃 국가들에게 불안 요인이 아닐 수 없었다. 특히 프랑스와 독일의 역사적인 적대 관계가 해소되지 않을 경우 유럽의 경제 재건은 말할 것도 없고, 유럽의 안보는 불안해지는 것이었다. 따라서 미국에게 중요한 것은 독일의 재건이 그 이웃 국가들을 불안하게 하지 않으면서 가능한 한 신속하게 이루어지는 것이었다. 이에 대한 미국의 대안은 초국가적(supranational) 유럽 통합이었다. 이러한 목적으로 구상된 패키지 플랜이 마셜플랜이었다. 따라서 마셜플랜에는 초국가적 방식으로 유럽이 통합되어야 한다는 요구가 포함되어 있었다. 그러나 초국가적 방식의 경제통합은 오랜 국민국가 전통을 가지고 있는 유럽 국가들의 반발로 실패할 위험성이 있고, 따라서 마셜플랜 자체의 실패를 초래할 가능성이 높았기 때문에, 미 행정부는 이를 미국 원조의 절대적 조건으로 내세우지는 않았다. 그러나 막후에서 유럽 강대국들에게 이를 주도할 것을 강력히 촉구하였는데, 그 첫 번째 협상국이 영국이었다.[12)]

하지만 미국에게 유감스럽게도 영국은 이를 계속 거부하였다. 이 때문에 미국은 초국가적 유럽 통합의 주도 국가로서 영국 대신에 프랑스를 선택하게 되었다. 1949년 10월 30일, 미국 국무장관 애치슨(Dean Acheson)은 프랑스의 외무장관 슈만(Robert Schuman)에게, 독일이 장차 저주스런 존재가 될 것인지 축복을 주는 존재가 될 것인지에 대한 문제는 독일에게만 달려 있는 것이 아니라 서방 점령 국가들에게도 달려 있다고 경고하였다. "이 문제에 대한 해답에서 프랑스보다 더 큰 이해관계를 가진 나라는 없습니다. …… 이제 프랑스가 독일연방공화국을 서유럽에 즉각적이고 결정적으로 통합하는 데 필요한 이니셔티브를 취하고 리더십을 발휘할 때입니다. 연기한다면, 성공의 가능성은 심각할 정도로 줄어들 것입니다." 이러한 촉구에도 불구하고 프랑스는 즉각적인 답변을 하지 않았다. 미국은 결국 공산주의의 전방위적 위협에 직면하여 서독의 경제 · 군사 재건을 유럽 통합과 상관없이 추진할 수밖에 없었다. 워싱턴 정부는 1950년 5월 10일 런던 회의에서 루르 지역 철강산업에 부과된 모

12) 김승렬(2002a), 「제2차 세계대전 이후 미국의 유럽 통합정책 : 유럽석탄철강공동체를 중심으로(1945~1951)」, 『사총』 제55권, 362~364쪽.

든 제한 조치를 해제하고자 하였다.[13)]

프랑스는 제2차 세계대전 동안과 그 직후에 독일 문제를 해결하는 방안 중 하나로 유럽 통합을 고려하기는 했다. 하지만 대독 정책의 이러한 획기적인 방향전환은 여전히 독일에 대한 적개심과 보복 의지를 굽히지 않는 일부 정치권과 여론의 동향에 부딪혀 하루아침에 실현되기 힘들었다. 그렇다면 프랑스는 언제부터 대독 정책 전환을 진지하게 고려하기 시작했는가? 유럽 통합의 선구자 역할을 한 슈만(R. Schuman)에 따르자면, 이 정책은 비도(G. Bidault)가 시작하였지만, 독일의 최대 산업지대인 루르 지역의 생산 규제 완화에 관한 '런던 권고안' 을 둘러싸고 프랑스 측의 항의와 논의가 빗발치던 1948년 여름 이후에 본격화되었다고 한다.[14)] 프랑스 외무장관이 비도에서 슈만으로 교체된 것이 바로 이때였다.

1947년 12월 런던에서 열린 점령국 외무장관 회의가 결렬되자 독일의 분단은 기정사실화되고 서방 점령지역을 소련 점령지역과 분리하여 국가로 승격시킬 가능성이 대단히 높아졌다. 이와 함께 서방 점령지역의 경제 재건의 속도가 빨라질 가능성이 높아진 반면, 비도는 당시까지 프랑스가 추진하던 강압적 루르 정책을 비롯한 보복적 성격의 대독 정책의 실패에 직면하였다. 비도는 이에 대한 탈출구로 전통적인 적성국이던 독일과의 화해 정책을 꾀하기 시작했다. 1948년 1월 4일, 비도는 프랑스 군정장관 쾨니히(Koenig)에게 새로

13) 김승렬(2002a), 364쪽 ; 김승렬(2003), 「슈만플랜(유럽석탄철강공동체 계획)과 영국 : 영국 불참의 경제적 동기」, 『경상사학』 제19권, 221쪽.

14) 슈만은 1950년 3월 26일 프랑스의 인민공화운동(MRP) 전당대회에서 행한 국제정치 보고서에서 이와 같이 밝혔다. Raymond Poidevin(1986), "Le facteur Europe dans la politique allemande de Robert Schuman (été 1948~printemps 1949)," R. Poidevin (ed.), *Histoire des débuts de la construction Européenne* (mars 1948~mai 1950), Bruxelle, p. 312.

운 내용의 지침을 하달하였다. "독일은 가능한 한 신속히 유럽의 틀 안에서 회복되어야 한다. …… 점령의 첫 번째 시기는 이미 지나갔다. 우리 점령 정책의 주요한 목적은 지난날 자행된 불법적 행위를 처벌하고 보상을 받아내는 것이 아니라 미래를 준비하는 것이다. …… 독일인과의 유익한 관계를 발전시키기 위해 모든 노력을 시도해야 한다. …… 우리는 독일을 지배하고자 하지 않고 다만 통합되고 협력적인 유럽 안에서 명예로운 역할을 수행하고자 한다는 뜻을 독일인들에게 강조하여야 한다."

외무장관의 이러한 발상의 전환은 외무부 고위 관료들의 대독 정책의 시각을 점차적으로 변화시켰다. "보복적이며 억압적인 대독일 정책은 장기적인 관점에서 프랑스에게 이익이 되지 않는다. …… 유럽의 안정은 서독을 유럽 체제에 통합할 때만 달성될 수 있는 것이다. …… 유럽 통합을 통한 독일과 이웃 국가들 간 경제 관계의 정상화는, 프랑스에게 절대적으로 필요한 보장책을 독일에게 부과할 수 있는 동안에 달성되어야 한다." "서유럽의 결속은 독일이 그릇된 야망을 더 이상 품지 않게 해주는 중요한 역할을 할 것이다." 이 결속은 "독일을 구속하는 것과 마찬가지로 우리를 구속하지만 프랑스와 독일이 공통의 이해관계를 설정함으로써 독일에 대해 최소한의 보장을 약속" 하는 것이었다. 이러한 '서유럽의 결속' 은 먼저 석탄 · 철강 산업 분야에서 실현되어야 했다. 이 통합은 비록 '위험한' 것이지만, 아직 프랑스가 독일보다 강한 이 시점에서 독일에게 이러한 제안을 할 수 있고, 또 그 공동체에서 프랑스가 '지배적 위치' 를 차지할 수 있기 때문에, 이 계획은 시도할 만한 가치가 충분하다고 외무부 유럽국은 슈만에게 권유하였다. 1949년 1월에 슈만의 독일 문제 특별 보좌관 프랑수아퐁세(A. François-Poncet)는 독일 프라이부르크(Freiburg)에서 루르 지역을 위한 국제기구가 유럽의 석탄 · 철강 산업 통합의 첫걸음이라는 의견을 발표하였다. 1949년 11월 국회의 외무위원회에서 슈만은 이 통합 문제

에 대해서 긍정적인 입장이지만, 아직은 실행할 단계가 아니라 구상 단계임을 밝혔다.[15)]

그런데 이러한 준비에도 불구하고 프랑스는 1949년 10월 30일 미 국무장관 애치슨의 권유, 즉 프랑스가 주도적으로 유럽 통합을 추진할 것에 대한 강력한 권유에 왜 즉각적으로 아무런 답변을 하지 않았을까? 그것은 통합에 내포되어 있는 위험성 때문이었다. 프랑스 외무부 고위 관료들은 이 위험성에 대해서 일찍부터 주목하였다. 독일 지역 프랑스 점령군 군정장관 쾨니히의 정치고문 자크 타르베(Jacques Tarbé de Saint-Hardouin)는 "어제의 적이 동맹자로 나타나지만, 곧 적대자로 변신할 수 있고, 심지어는 맹주로 거드름을 피울 수 있다"고 우려했다. 독일 문제 해결을 위해 유럽 통합을 적극적으로 지지하고 있던 외무부 중유럽 담당 뢰스(Pierre de Leusse)도 "통합된 유럽에서 독일이 항상 추구해왔던 헤게모니의 위치를 차지할" 위험성이 있음을 경고하였다. 이러한 위험을 극복하기 위해서는 영국과의 협력이 절대적으로 필요하다고 뢰스는 강조하였다. 그런데 문제는 영국이 초국가적인 유럽 통합을 비판하고 이에 참여하지 않는 데 있었다. 프랑스는 여러 경로를 통해 영국과의 협조를 모색했지만, 초국가성에 대해 원칙적으로 거부하는 영국의 확고한 정책 때문에 1950년 봄에도 이에 대한 타협점을 찾지 못했다. 이때 미국은 루르 철강 생산에 부과됐던 모든 제한을 해제할 것을 고집하였고, 프랑스는 이를 계속 반대하기가 쉽지 않았다.[16)]

프랑스 정부는 이러한 국제 정세의 압력 아래 해묵은 자민족 중심의 역사

15) 김승렬(2002b), 「평화와 공동번영을 위한 '생산의 연대'? : 프랑스의 유럽석탄철강공동체 계획(슈만플랜)의 기원과 의미(1945~1950)」, 『프랑스사연구』 제6호, 44~45쪽.

16) 김승렬(2002b), 45~46쪽.

를 근본적으로 전환하는 결정, 즉 지난 두 세기 동안 뿌리내린 독일과의 민족주의적 '숙적' 관계를 청산하기 위해 이른바 '미지 세계로의 도약(un saut dans l'inconnu)'[17]을 단행한 것이다. 그것이 바로 1950년 5월 9일에 발표된 슈만플랜이었고, 이에 기초하여 프랑스, 서독, 이탈리아, 벨기에, 네덜란드, 룩셈부르크 등 유럽 6개국은 1952년 최초의 초국가적 통합기구인 유럽석탄철강공동체(EGKS/CECA)[18]를 설립하였다. 바야흐로 독일과 프랑스의 화해에 기초한 유럽 통합 시대가 열린 것이다.

1947/48년에 시작된 프랑스의 전향적인 대독일 정책은 두 나라 사이의 문화 협력의 장을 열었으며, 배타적인 자민족 중심주의를 넘어 인권과 민주주의 및 관용에 기초한 유럽주의로 나아가는 길을 닦았다. 화해와 협력을 위한 논의는 국제연합 산하 기구인 유네스코의 틀 내에서, 그리고 1949년에 설립된 유럽평의회(Council of Europe)의 틀 내에서 이루어졌다. 1930년대에 잠시 싹튼 양국 간의 화해 분위기 속에서 시작되었다가 독일에서 나치가 집권한 후 중단되었던 독일-프랑스 교과서 협의가 재개된 것은 바로 이러한 양국의 정치적 협력의 토대 위에 마련된 자유로운 문화 공간에서였다. 그러므로 전간기의 독일-프랑스 화해 노력이 1930년대 중반 양국의 교과서 협의를 가능하게 했던 것처럼 제2차 세계대전 직후의 유럽 통합 노력은 양국의 교과서 협의를 가능

17) Marlis G. Steinert(1975), "Un saut dans l'inconnu. La République fédérale d'Allemagne face au plan Schuman, de la déclaration du 9 mai 1950 à la signature du 18 avril 1951," *Relations internationales*, pp. 155~178.

18) 유럽 통합은 여러 나라의 동등한 참여를 통해 추진되었기 때문에 그 기구 명칭도 각국마다 다르게 사용하고 있다. 유럽석탄철강공동체 명칭도 마찬가지다. 독일 : Europäische Gemeinschaft für Kohle und Stahl(EGKS), 프랑스 : Communauté Européenne du Charbon et de l'Acier(CECA), 영국 : European Coal and Steel Community(ECSC).

하게 해주었다고 할 수 있다. 이러한 정치적 여건들이 마련되지 못했다면 양국의 교과서 협의가 불가능했다고까지는 말할 수 없겠지만, 오늘날과 같은 발전된 형태로 진척되지는 못했을 것이다.

II. 유럽 통합의 위기와 독일-프랑스 관계

1952년 5월에 유럽 6개국 사이에 체결된 유럽방위공동체(EVG/CED)는 막 출범한 유럽 통합 운동에 첫 위기를 몰고 왔다. 1950년의 한국전쟁을 계기로 냉전 구도가 세계적으로 확대되자 미국은 유럽에서 소련의 영향력 확대를 막기 위해 서독의 재무장과 나토 가입을 추진했다. 미국의 압력을 완전히 무시하기 힘든 상황에서 프랑스는 서독의 재무장을 받아들이는 대신 서독의 군대를 유럽 동맹의 틀 안에 묶어놓을 속셈으로 유럽 공동방위군의 창설을 제안했던 것이다. 요컨대 유럽방위공동체 조약은 경제 분야를 넘어서 보다 민감한 사안인 국방 분야에서 초국가적 기구를 설립하려는 시도였다. 하지만 유럽방위공동체 계획은 정작 제안국인 프랑스 국내에서 격렬한 반대에 직면했다. 초국가적 권력기구의 탄생에 따른 프랑스의 약화를 우려한 드골주의자들과 공산주의자들을 비롯한 반대 세력의 비판에 부딪혀 유럽방위공동체 조약은 1954년 8월에 의회에서 비준을 받는 데 실패한 것이다.

그렇지만 프랑스 입장에서는 그리 큰 손실이 아니었다. 프랑스에게 유럽 통합은 그 자체가 목적이 아니라 독일과의 관계 문제를 해결하기 위한 도구적 성격이 강했다. 1954년 여름 프랑스 정부는 서독 정부로부터 독·프 관계 개선을 위해 협력하겠다는 약속을 얻어냈으며, 같은 해 10월에 파리 근교 라셀르(La Celle-Saint Cloud) 성에서 이를 위한 회의를 개최했다. 비록 프랑스가 의도한 대로 양국 관계의 정례화에 대한 합의까지는 이르지 못했지만, 서독에 대한 프랑스 농산물 수출 협약과 프랑스–독일 문화 협력 증진 협약이 체결된 것은 상당한 성과였다.[19] 여기에 더 나아가 1957년 3월, 로마 조약으로 유럽경제공동체(EEC)와 유럽원자력공동체(Euratom)가 출범했다. 역내 관세의 철폐와 공동시장의 창출을 추진하고자 하는 유럽경제공동체는 프랑스에게는 농산물 판매 시장으로, 독일에게는 번창하는 공산품 시장으로 커다란 유인력을 발휘했다.

하지만 1958년에 알제리 문제를 해결한 후 집권한 드골 대통령은 국제 정치 무대에서 프랑스의 위상을 높이기 위한 강국 정책을 추진함으로써 결과적으로 유럽 통합에 다시 위기를 초래했다.[20] 민족주의자 드골은 반(反)유럽주의자는 아니었으며 유럽 통합을 고무하는 여러 정책을 취하기도 했다. 그러나 그는 프랑스가 통합 유럽의 기수가 되어 미국과 소련에 버금가는 강대국의 역할을 수행해야 한다는 야망을 품고 있었다. 이러한 계획이 실현되려면 유럽 문제에서 늘 프랑스가 주도권을 쥐고 있어야만 했다. 드골은 우선 미국과 긴밀한 관계를 맺고 있는 영국이 유럽경제공동체에 가입할 경우 유럽 문제에 대한 미국의 영향력이 증대되고 그만큼 프랑스의 주도력이 상실될 것을 염려해서 영국의 가입을 저지하고 나섰다. '대서양의 유럽' 에 맞서 '유럽인의 유럽' 을 내세운 드골은 영국의 가입이 '미국의 트로이 목마(cheval de Troie des

19) 김승렬(2005), 「1955 메시나 회의, 유럽 통합의 재도약(Relance européenne)? 유럽경제공동체 협상의 초기 조건들에 대한 새로운 해석」, 『역사문화연구』 제22집, 287~288쪽.

20) 드골의 유럽 구상에 대해서는 김승렬(2000), 「드골주의자들은 초민족적 유럽 통합의 찬성자인가 반대자인가? – 드골주의자들과 유럽 군사정치통합, 1950~1954」, 『역사학보』 제166집을 참조하라. 그리고 드골의 강국 정책에 대해서는 이용재(2006), 「샤를 드골, 현대 대중사회에서의 영웅의 탄생」, 『이화사학연구』 제33집을 참조하라.

américains)' 라고 비난하면서 비토권을 행사했다. 영국은 1962년에 이어 1967년에 다시 가입 신청을 했으나, 드골이 권좌에 있는 한 프랑스의 거부 의사는 명백했다. 영국이 유럽 통합의 일원이 된 것은 1973년에 이르러서였다.

드골은 국제무대에서 프랑스의 독자적 행동반경을 넓히려는 정책의 일환으로 유럽공동체의 초국가적 기능을 제한하고 일종의 정부 간 연합으로 만들려는 이른바 '푸셰 플랜(Plan Fouchet)' 을 내놓았다. 그러나 프랑스의 주도권 강화를 염려한 유럽공동체 회원국의 거부와 미온적 반응으로 푸셰 플랜은 무산되었다. 나아가 드골은 유럽공동체 각료이사회의 다수결 표결원칙에 맞서서, 회원국의 중요한 이익을 지키기 위해서는 만장일치제가 필요하다는 입장을 고수했다. 1965년에 공동농업정책을 둘러싸고 독일 등 회원국들과 프랑스 사이에 입장 차이가 드러나자 드골은 유럽공동체에 파견한 자국 대표단을 철수하는 소위 '공석 정책(chaise vide)' 을 취했다.[21] 프랑스의 참여 거부로 촉발된 유럽공동체의 위기는 이듬해 룩셈부르크 회담에서 타협안이 마련되면서 겨우 일단락되었다.

한편 독일(서독)로서는 동 · 서 데탕트 시대에 접어들어 미국이 소련과의 타협을 염두에 둔 나머지 서독의 후견자 역할을 계속하지 않을지도 모른다는 우려가 있었다. 따라서 서독은 프랑스와 강력한 동맹 관계를 구축함으로써 난국

---

21) R. Toulemon(1994), *La Construction européenne, histoire, acquis, perspectives*, Le Livre de Poche, p. 47 ; Wilfried Loth(1999), "Franco-German Relations and European Security, 1957～1963," Deighton&Milward (eds.), *Widening, Deepening and Accelaration:The European Economic Community 1957~1963*, Bruxelles, pp. 41～53 ; Georges-Henri Soutou(1999), "Le général de Gaulle et le plan Fouchet d'Union polique européenne : un projet stratégique," Deighton&Milward (eds.), *Widening, Deepening and Accelaration*, pp. 55～71.

사진 3_ 1963년 엘리제 조약에 서명하는 아데나워(왼쪽)와 드골(오른쪽)

을 극복하려 했다. 프랑스로서는 미국의 영향력에 맞서기 위해 서독의 지원이 필요했다. 이해관계가 일치한 독일과 프랑스는 획기적인 관계 개선을 모색했다. 1963년 1월 프랑스 대통령 드골과 서독 총리 아데나워(K. Adenauer)는 독·프 우호조약, 즉 엘리제 조약[22]을 맺고 양국 관계의 신기원을 열고자 했다.

엘리제 조약은 두 나라 사이의 뿌리 깊은 반목과 앙금을 청산하기 위해 앞으로 ① 모든 주요 외교 현안에 대한 정책을 사전 조율하고, ② 양국 정상회담을 연 2회로 정례화하며, ③ 인적 교류와 협력을 증진하기 위한 다양한 민관 기구를 창설하는 데 합의했다. 이것은 사실 푸셰 플랜의 핵심이기도 했다. 유럽공동체 차원에서 실패한 푸셰 플랜이 독일-프랑스 관계에서 실현된 셈이었다. 그러나 엘리제 조약은 드골 정부를 만족시키지 못했다. 서독이 프랑스 정부와의 사전 협의 없이 엘리제 조약의 국회 비준안에 미국과 서독의 기존 관

22) 이 조약은 프랑스 대통령궁 엘리제에서 체결된 관계로 흔히 '엘리제 조약(traité de l'Elysée/Elysee-Vertrag)'이라고 불린다.

계가 엘리제 조약에 의해 침해받지 않는다는 단서 조항을 달았던 것이다. 결국 드골은 미국과의 대치 구도에서 서독의 지원을 끌어낸다는 애초의 목적을 달성할 수 없었다. 더구나 아데나워 정부를 뒤이은 에르하르트(L. Erhard) 정부는 프랑스와의 관계보다 미국과 영국과의 관계에 더 많은 역점을 두었다. 이러한 상황은 드골 정부의 '공석 정책'과 더불어 독일과 프랑스 사이의 관계가 주춤하는 계기가 되었다.

III. 엘리제 조약과 독일-프랑스의 동반자 관계

하지만 1970년대부터 유럽 통합과 독·프 관계는 다시 개선되기 시작했다. 1974년부터 1981년까지 프랑스 대통령 지스카르 데스탱(V. Giscard d' Estaing)과 독일 총리 슈미트(Helmut Schmidt)가 경제와 통화 분야의 협력을 강화하였으며, 1982년부터 1990년까지는 프랑스 대통령 미테랑(François Mitterrand)과 서독 총리 콜(Helmut Kohl)이 양국의 협력 분야 가운데 특히 안보 정책에 더욱 중점을 두었다. 1985년에 접어들어 양국 정상은 소련의 군비 증강에 맞서 미국의 중거리 핵미사일을 유럽에 배치하는 데 합의했다. 1988년에 독·프 여단이 창설된 데 이어서 1992년에는 독일과 프랑스의 군대뿐 아니라 다른 유럽 국가의 군대도 포함한 유럽군단(Eurokorps)이 창설되었다. 무엇보다 미테랑과 콜은 동구권 붕괴와 독일 통일의 격변기를 함께한 동반자였다. 프랑스는 그동안 탄탄히 다져왔던 독일과의 제도적 유대와 신뢰를 바탕으로 1990년 독일의 통일에 동의할 수 있었다('2+4 조약').[23]

23) 제2차 세계대전을 종결짓고 독일 통일 문제를 다루기 위해 1990년 9월 모스크바에서 연합 세력 미국, 소련, 영국, 프랑스 4개국과 서독, 동독 2개국이 서명한 강화조약을

하지만 통일 독일에 대한 우려는 여전히 남아 있었다. 이 우려를 씻어내기 위해 마련된 것이 유럽의 통화 통합이었다. 유럽 단일 통화에 대한 논의는 독일의 통일을 계기로 더욱 가속화되었다. 그 결과 1992년에 유럽 12개국은 마스트리히트 조약을 체결하고 마침내 유럽연합(European Union ; 유럽연합의 핵심은 통화 통합이다)을 탄생시켰다. 마스트리히트 조약을 계기로 유럽의 경제 · 화폐 통합이 완성 단계에 이르고 정치적 통합을 위한 제도적 장치가 마련되었다. 21세기에 접어들어 유럽연합의 가맹국은 25개국으로 늘었으며, 프랑스와 독일은 유럽연합의 발전에 견인차 역할을 했다. 유럽연합을 견인해온 원동력은 바로 독일과 프랑스의 동반자 관계였다.

1970년대 이후 독일-프랑스의 우호관계가 발전된 데는 엘리제 조약의 역할이 컸다. 사실 1963년에 체결된 엘리제 조약은 정치권이 국민적 합의를 바탕으로 이룩해낸 것임에도 불구하고 두 국민 사이에는 여전히 의혹과 불신이 잠재해 있었다. 영토 반환이나 전범 처리의 문제는 종전과 더불어 이미 해결되었지만, 제2차 세계대전 중 독일에 강제로 징용된 70만 명의 프랑스 노동자들에 대한 보상 문제뿐만 아니라 약탈당하거나 반출된 문화재의 반환 문제 등 해결해야 할 난제가 산적해 있었다. 특히 프랑스 땅에서 아우슈비츠로 강제 이송된 유대인들에 대한 양국 정부 사이의 책임 규명 문제는 홀로코스트에 대한 역사적 심판과 관련하여 반드시 짚고 넘어가야 할 민감한 현안이었다. 그럼에도 불구하고 엘리제 조약이 단순한 국교 회복의 차원을 넘어 동반자 관계로 발전

말한다. 강화조약의 공식명칭은 '독일 문제에 대한 최종적 규정을 위한 조약(Vertrag über die abschließende Regelung in Bezug auf Deutschland)'이다. 1990년 10월 서독과 동독은 통일조약(Einigungsvertrag)을 체결했다. 조약 체결을 위해 예의 6개국으로 구성된 사전 '2+4 회담(Zwei-plus-Vier-Gespräche)'이 몇 차례 개최되었는데, 1990년 7월 파리에서 개최된 회의에 오데르-나이세 국경선 문제 당사자인 폴란드도 참가한 바 있다.

하는 데 놀라운 성과를 거둘 수 있었던 이유는 어디에서 찾을 수 있는가?

우선 조약에 의해 양국 정상 사이의 '만남' 이 제도화되고, 이후 지속적인 대화를 통해서 갈등 사안들에 대한 합의를 도출해낼 수 있었다는 데에서 찾을 수 있다. 엘리제 조약 40주년에 이르는 2003년까지 모두 80차례의 정상회담이 이루어졌으며, 그때마다 외교 · 국방 · 경제 · 문화 등 관련 부처의 장관 회담이 줄을 이었다. 20세기 국제관계사에서 그리 흔치 않은 이러한 '만남의 제도화' 가 두 나라 국민들 사이의 서로에 대한 의혹과 불신의 장벽을 허물어뜨리는 데 널리 기여했음은 두말할 나위가 없다.

둘째, 독일과 프랑스 정부는 두 나라 사이의 원한이 서린 갈등의 기억을 화합과 공영의 디딤돌로 만들기 위해 끝없는 노력을 기울였다. 중요한 사실은 양국의 정치권이 갈등의 골이 깊은 역사 현장과 기억들을 외면하기보다는 오히려 공론화시키고 합의를 도출하는 데 힘썼다는 점이다. 두 나라는 기억의 화해를 도모하기 위해 주기적으로 성대한 기념식을 개최하고 '화합' 의 기념물들을 축조했다. 엘리제 조약 체결을 앞둔 1962년 7월, 프랑스의 드골 대통령과 독일의 아데나워 총리가 제1차 세계대전의 격전지인 렝스(Reims)에서 만나 우호를 다짐했다. 그런가 하면 독일 항복 30주년을 앞둔 1975년 5월에 프랑스 대통령 지스카르 데스탱은 독일인의 아픈 상처를 건드리는 '독일 항복의 날' 행사를 앞으로 '유럽의 날' 행사로 대체하겠다고 선언했다. 1984년 6월에 성대하게 치러진 노르망디 상륙작전 40주년 기념행사로 인해 두 나라 국민들 사이에 '갈등의 기억' 이 재연되자, 그해 9월에 프랑스 대통령 미테랑과 독일 총리 헬무트 콜은 13만 양국 병사의 혼령이 잠들어 있는 '원한의 장소' 베르됭 전장을 방문하고 두 손을 굳게 맞잡았다. 이렇게 갈등의 역사를 공론의 장으로 끌어낸 양국 간 화해의 시대는 실로 '기념제의 시대' 였다.

셋째, 독일과 프랑스 정부는 갈등의 기억들을 화해시키기 위해 여러 차례

사진 4_ 베르됭 전장에서 손을 맞잡은 양국 정상(1984)

'과거사 조명작업'을 추진했다. 화해의 시대를 앞당기려면 지난 과거사를 미래지향적 관점에서 새롭게 재정립하려는 노력이 반드시 선행되어야 한다는 것은 두말할 나위가 없다. 독일과 프랑스 정부는 공동 역사연구소 설립을 지원하고 학자들 간의 교류를 촉진하는 등 양국 관계사 연구에 재정적 지원을 아끼지 않았다. 두 나라 역사가들은 서로 견해가 엇갈리는 역사적 주제들을 공동으로 연구하고, 역사적 진실을 규명하기 위해 머리를 맞대고 토론했다. 특히 두드러진 성과는 '살아 있는' 갈등의 역사인 제2차 세계대전에 대해 합의된 해석을 이끌어낸 것이었다. 이러한 성과를 바탕으로 1984년 미테랑은 "그 당시 우리의 적은 독일이 아니라 독일을 짓누른 권력과 체제와 이데올로기"였으며, "나치 정권에 희생된 독일인들과 프랑스인 모두 똑같은 피해자"였다고 공식 표명했다. 이는 지난 전쟁의 피해국과 가해국 모두를 너그러이 포용하려는 의식의 전환을 보여준 선언이었다. 오늘날 프랑스인들은 제2차 세계대전을 독일 국민과의 전쟁이 아니라 나치와의 전쟁으로 여긴다. 두 나라가 역사교과서의 공동 집필에 합의한 2005년 3월 프랑스 대통령 자크 시라크가 일본에 대해 "과거사 청산에서 독일과 프랑스의 모범을 본받아야 한다"라고 따끔하게 충고할 수 있었던 것도 바로 이러한 성과에 대한 자부심의 표현이었다.

넷째, 역사의 화해를 위한 정치권의 노력은 시민사회와 교육현장으로 확장되어 나갔다. 본 연구가 특히 중점을 두고자 하는 것은 양국 정부가 추진하는 문화 교류와 교육진흥 사업이다. 진정한 화해는 조약의 체결이나 기구의 설치에 그쳐서는 안 되며 두 나라 국민들 사이에 상대방을 이해하려는 진지한 노력으로 이어져야 한다. 양국 정부가 맺은 조약문들 속에 어김없이 문화와 교육 부문에서의 협력을 촉진하는 내용이 담겨 있는 것도 바로 이 점을 염두에 둔 것이다. 양국 간의 화해를 위한 민관기구들 중 특히 관심을 끄는 것은 독 · 프 문화위원회(Deutsch-Französischer Kulturrat/Haut Conseil culturel franco-allemand)와 독 · 프 청소년 교류원(Deutsch-Französisches Jugendwerk/Office franco-allemand pour la Jeunesse)의 활동이다. 1988년에 설립된 독 · 프 문화위원회는 두 나라 사이의 문화 교류와 학술 사업 전반을 총괄하고 있다. 독 · 프 문화위원회의 주도 아래 해마다 양국 간의 친선을 도모하는 기념사업이 열리고 있으며, 1992년부터 독일-프랑스 공동 방송인 아르테가 공중파를 탔고, 2천여 도시들이 자매시 결연을 맺어 민간 교류를 확대해 나갔다. 한편 엘리제 조약의 합의에 따라 1965년 두 나라 젊은이들의 친선을 도모할 목적으로 설립된 독 · 프 청소년 교류원은 화합과 친선을 위한 교육과 교류의 총본산이다. 해마다 양국 정부는 2천만 유로의 기금을 공동출자하여 20만 명에 달하는 양국 젊은이들의 상호방문을 지원하고 있으며, 또 7천여 회에 이르는 교육 및 친목 프로그램을 주선하고 있다. 독 · 프 청소년 교류원이 추진하는 연합교육 정책은 1972년부터 독 · 프 합동 중 · 고등학교의 설립으로, 1999년에는 독 · 프 연합대학의

사진 5_ 독 · 프 공동 역사교과서 『역사』의 독일어판과 프랑스어판 표지

설립으로 이어졌다.

엘리제 조약 체결 40주년을 맞이하여 지난 2003년 초에 발표된 양국 공동 선언은 획기적인 내용을 담고 있다. 프랑스와 독일은 각각 한 명씩의 상대방 각료를 자국 정부에 입각시키기로 합의했으며, 외교 · 군사 문제에서 양국 간의 사전 조율을 의무화했다. 또한 국제 체육행사에 공동 대표 선수단을 내보내기로 했을 뿐만 아니라, 특히 양국민의 공동 국적을 허용하기로 결정했다. 독일인이든 프랑스인이든 원할 경우 자국민과 똑같은 권리를 법적으로 보장받게 되는 것이다. 두 나라는 2003년부터 엘리제 조약 기념일인 1월 22일을 '독일 · 프랑스의 날'로 선포하고 우애를 다짐했다. 특히 양국 정상은 양국 청소년들이 요구하는 독 · 프 공동 역사교과서 편찬 요청을 수락하였다. 2006년 하반기에 그 첫 권이 출판되었다.

지금까지 살펴본 것처럼, 독일과 프랑스의 화해는 유럽 통합의 견인차 구

사진 6_ 이삭과 에케르트

실을 했으며, 유럽 통합의 진전은 거꾸로 독일과 프랑스의 우호 증진을 강화했다. 독일과 프랑스가 처한 냉전이라는 특수한 상황을 제외한다면 유럽 통합과 독·프 우호관계의 발전을 제대로 설명할 수 없을 것이다. 그렇지만 배경이나 조건을 결정적으로 평가하는 것 또한 그다지 바람직하지 않다. 정치적 여건의 성숙은 무대와 배경을 제공할 뿐 그 자체만으로는 바람직한 결실을 맺지 못한다. 변화무쌍한 현실 정치가 제공한 기회를 포착하고 평화와 공영의 이상에 걸맞은 미래를 앞당기는 원동력이 되는 것은 바로 이상주의와 열정을 간직한 사람들이다. 독·프 역사교과서 협의를 주도한 이삭(Jules Isaac)과 에케르트(Georg Eckert)와 같은 인물들이 바로 여기에 속한다. 독일과 프랑스 사이에 이루어진 역사교과서 협의 과정과 성과를 고찰할 때, 그 객관적인 여건뿐만 아니라 주체적 조건들도 균형 있게 고려해야 하는 이유가 바로 여기에 있다. 다음 장에서는 바로 이 주체적 조건들을 살펴보도록 하자.

독 · 프 우호조약(엘리제 조약) 1963년

(발 췌)

1963년 1월 22일자 프랑스 공화국 대통령과 독일 연방공화국 총리는 양국 사이의 협력 원칙들에 대한 공동 선언에 따라서, 아래와 같은 조항들에 합의한다.

(1) 조직

1. 국가와 정부의 수반들은 원하는 경우 필요한 지침들을 주며, 다음과 같이 정해진 계획안을 정규적으로 시행한다. 이를 위해 국가와 정부의 수반들은 필요할 때마다 그리고 원칙적으로 적어도 일 년에 두 번씩 회합을 갖는다.
2. 외무부 장관들은 계획안의 집행을 전반적으로 감독한다. 외무장관들은 적어도 3개월에 한 번씩 회합을 갖는다. 양국 대사관을 통해 이루어지는 정규적인 접촉과는 별도로, 정치 · 경제 · 문화 부문을 각각 담당하는 양국 외무부서의 고위 관료들은 파리(Paris)와 본(Bonn)을 오가며 한 달에 한 번씩 회합을 갖는다. 이는 현행 문제들을 점검하고 장관급 회담을 주선하기 위해서다. 다른 한편, 양국의 외교 사절과 영사들 그리고 국제기구들에 근무하는 양국의 상임 대표들은 공동의 관심사가 걸린 문제들을 놓고 모든 필요한 접촉을 갖는다.
3. 국방 · 교육 · 청소년 문제 등의 분야에서 양국의 책임 당국자들은 정규적인 회합을 갖는다. 이 회합은 이미 존재하는 기구들—독 · 프 문화위원회, 참모부 상임 단체들—의 활동에 아무 영향을 끼치지 않을 것이며, 기존 기구들의 활동은 더욱 늘어날 것이다. 외무부 장관들은 상호협조를 전반적으로 조정하기 위해 이러한 모임들에 직접 또는 간접으로 참여할 것이다.
   a) 국방부 장관들은 적어도 3개월마다 한 번씩 회합을 갖는다. 마찬가지로 교육부 장관은 독일 측에서 문화 부문에서의 협조를 수행할 목적으로 임명한 인사를 적어도 3개월마다 한 번씩 만날 것이다.
   b) 양국의 군 참모장들은 적어도 2개월에 한 번씩 회합을 갖는다. 불가피한 경우,

책임 있는 대표자들로 대체될 수 있다.

c) 프랑스 측의 청소년 및 체육 관계 고위 당국자는 적어도 2개월마다 한 번씩 독일 측의 가족 및 청소년부 장관 또는 그 대표자와 회합을 갖는다.

4. 양국에서 부처 간 위원회는 협조에 따를 문제들을 조정할 책임을 진다. 부처 간 위원회는 외무부 고위 공직자에 의해 주재되며 모든 관련 부처 대표자들로 구성된다. 부처 간 위원회의 역할은 관련 부처들 사이의 행동을 조정하는 것이며 독 · 프 협력의 현황에 대해 자기 정부에게 주기적으로 보고하는 것이다. 부처 간 위원회는 또한 협조 계획안을 집행하고 나아가 새로운 영역들로 협조를 확대할 목적에서 이에 유용한 모든 제안을 내놓는 책임을 진다.

(2) 계획안

A. 외교 부문

1. 양국 정부는 가능한 한 비슷한 결정에 도달하기 위해 외교 정책의 모든 중요 사안들에 대해, 특히 공동 관심 사안들에 대해 결정을 내리기 전에 서로 자문을 구한다. 이러한 자문은 특히 다음과 같은 주제들에 대해서다.
   - 유럽공동체와 유럽의 정치적 협조에 대한 문제들
   - 정치 경제 부문에서의 동서관계
   - 북대서양조약기구에서 다루어지는 문제들과 양국 정부가 관련된 여러 국제 조직들, 특히 유럽평의회, 서유럽 연합, 경제협력개발기구, 국제연합과 그 부속 기구들에서 다루어지는 문제들
2. 정보 영역에서 이미 확립된 협조는 파리와 본에 있는 관련 기구들 간에 그리고 제3국들에 있는 사절단들 간에 계속 추진된다.
3. 개발도상 국가들에 대한 원조에 관해서, 양국 정부는 긴밀한 협조를 유지할 목적으로 그들의 계획안을 체계적으로 비교한다. 양국 정부는 계획안을 공동으로 추진할 가능성을 연구한다. 독일 측과 프랑스 측의 몇몇 관련 부서들은 이 문제를 다룰 수 있는 지위를 가질 것이며, 이러한 협조를 위한 실질적인 토대 전체를 결정하는 일은 양국의 외무부에 속한다.
4. 양국 정부는 경제 정책의 여타 주요 분야들, 예컨대 농업 · 임업 정책, 에너지 정책, 공동 시장 안에서의 통상과 산업 개발 문제, 수출 신용 정책 등에서 협조를 강화할

수단을 함께 연구한다.

B. 국방 부문

I. 이 영역에서 추구하는 목표들은 다음과 같다.

1. 전략과 전술의 차원에서, 양국의 관련 당국들은 공통 개념에 도달하기 위해 그들의 기본 견해를 비교한다. 이를 위해 독 · 프 조사연구 위원회를 설립한다.
2. 양국 군대 사이의 인적 교류를 확대한다. 인적 교류는 특히 참모 사관학교의 교수진과 학생들 사이에 이루어진다. 전체 유관 기관들 중 일부의 일시적인 교류도 포함된다. 이러한 인적 교류를 원활하게 하기 위해, 양국은 견습생들에게 실제적인 언어 교육을 할 수 있도록 힘쓴다.
3. 군장비 분야에서, 양국은 적정 규모의 군장비 계획을 입안하거나 재정 계획을 마련할 때 공동 작업을 도모할 수 있도록 힘쓴다.
   이를 위해, 혼성 위원회들은 양국에서 이루어지고 있는 이 계획안들에 대한 현행 연구들을 점검하며 비교 연구를 진행한다. 혼성 위원회들은 제안사항들을 양국 국방부 장관에게 제출하며, 국방부 장관은 3개월마다 한 번씩 회합을 갖고 이를 토의하며 필요한 지침을 하달한다.

II. 양국 정부는 민간 방어 분야에서도 독 · 프 협력이 이루어질 수 있는 조건들을 연구한다.

C. 교육 및 청소년 부문

교육과 청소년 분야에 대해, 1962년 9월 19일과 11월 8일자 프랑스와 독일의 의정서에 담긴 조항들은 앞에서 명기한 절차에 따라 연구될 것이다.

1. 교육 분야에서 특히 다음과 같은 사항들에 중점을 둔다.
   a) 언어 교육
   양국 정부는 상대방 언어에 대한 이해가 독 · 프 협력에 기본이 된다는 점을 인정한다. 이런 목적에서 양국 정부는 프랑스어를 구사하는 독일 학생의 수와 독일어를 구사하는 프랑스 학생의 수를 증대시키기 위한 구체적인 조치들을 취한다.
   독일 연방정부는 관련된 독일 주(州) 정부와 함께 이러한 목적을 달성할 수 있는 학사규정을 도입할 방안을 연구한다.
   모든 고등교육 기관들은 모든 학생들을 대상으로 독일에서 프랑스어를 교육하고 프랑스에서 독일어를 교육할 실제적인 교육을 조직한다.

b) 학력 동등인정의 문제

양국의 관련 당국은 학사일정, 시험, 대학의 학위 등을 서로 동등화하는 조항들을 채택한다.

c) 학문 연구에서의 협력

연구 기구와 조직들은 더욱 강화된 상호 정보를 바탕으로 접촉을 추진한다. 가능한 한 분과마다 구체적인 연구 계획안들을 마련한다.

2. 서로의 유대를 긴밀히 하고 상호 협조를 강화하기 위한 모든 기회를 양국 젊은이들에게 제공한다. 특히 단체 간의 방문을 더욱 늘린다.
양국은 이러한 기회들을 늘리고 방문을 촉진할 기구를 설립하며, 이 기구는 자율권을 가진 행정 위원회에 의해 운영된다. 이 기구는 양국의 초등 중등 학생, 대학생, 청년 수공업자, 노동자 등의 상호 교환방문에 쓰일 독 · 프 공동 기금을 조성한다.

(3) 최종 조항들

1. 앞에서 언급한 사항들의 신속한 실행을 위해 양국은 필요한 지침을 마련한다. 양국의 외무부 장관은 회합을 가질 때마다 이행 사항을 점검한다.
2. 양국 정부는 유럽공동체 회원국 정부에게 독 · 프 협력의 추세에 대한 상황을 통보한다.
3. 국방에 관련된 조항들을 예외로 하고, 현 조약은 현 조약이 실효에 들어간 지 3개월 안에 독일연방공화국 정부로부터 프랑스 공화국 정부에게 반대 성명이 있지 않는 한, 베를린에도 마찬가지로 적용된다.
4. 양국 정부는 현 조약의 발효를 위해 바람직한 조정안들을 내놓는다.
5. 현 조약은 양국 정부가 각국 내부에서 조약을 발효하는 데 필요한 조건들이 갖추어졌다고 상대방 정부에게 통보하자마자 실효된다.

(자료 : *Documentation française*, 1963)

제2부

새로운 역사교육을 향하여 : 역사교과서 개선 활동

독일과 프랑스의 적대 관계와 역사교육

역사교과서 개선을 위한 독일과 프랑스의 협력

독일과 프랑스의 적대 관계와 역사교육

먼저 독일과 프랑스 간의 적대 관계에서 역사교육이 행했던 역할을 고찰한 후 독·프 교과서 협의 활동 역사를 살펴보겠다. 각각 시기별로 나누어 설명한다.

I. 제1차 세계대전 이전

청소년들은 교육을 통해 공동체의 주역이 되었을 때 올바로 생각하고 이성적으로 행동할 수 있을 정도로 지식, 판단 능력, 의지를 갖추게 된다. 공동체의 주역이 소수의 집단으로 제한된 신분 사회에서는 귀족 중심의 교육이 이루어졌다. 이러한 정치교육 목적을 지닌 중세의 『치자 귀감(Fürstenspiegel)』은 '완전한 군주(princeps perfectus)'의 이상에 따라 미래의 군주와 통치 집단을 교육하는 지침서였다. 군주는 이를 통해 통치술을 배웠다. '좋은 정부'와 '평화의 기초로서의 정의'가 가르쳐졌지만, 정의와 선을 판단하는 주체는 지배 집단인 귀족이었다. 인간의 전 영역에 걸쳐 커다란 변혁을 초래한 18~19세기의 혁명들은 새로운 주권자로서 국민(nation)을 만들어냈다. 귀족주의적 정치교육은 이로 인한 새로운 과제에 직면하게 되었다. 정치교육은 기존의 목적을 수행하지만, 새로운 방법을 활용해야 했다. 또 대상도 귀족에서 국민 일반으로 확대해야 했다. 새로운 엘리트의 충원지가 넓어질수록 정치교육은 이에 따라 변해야 했다. 국민교육의무는 국방의무보다 더욱 엄격하게 준수되었다. 이것은 절대주의 정치체제에서 입헌적 또는 민주주의적 정치체제로의 전환에서, 그리고 산업화로 인한 경제체제의 성공적 전환에서 필수적이었다. 빨리 성장하는 여론의 시대에, 정치 여론 형성에 대한 정당의 영향력이 점증하는 시대에, 그리고 근대국가의 형성 과정에서 모든 청년기의 국민들에게 더욱 더 정치교육이 필요했다. 이런 맥락에서 교과서들, 특히 역사교과서들은 새로운 주권자에게 정치적 판단력과 여론의 형성에 도움을 주는 정치교육의 텍스트가 되었다.[1]

이러한 역사교육의 변화는 근대의 기획인 인민의 해방과 계몽주의의 발전에 기인한다. 18세기 후반기에 유럽의 지식인들 사이에서 역사는 인민의 해방을 위한 새로운 역할을 해야 하며, 중세적 신분 질서를 유지하기 위한 역사교육 모델에서 해방되어야 한다는 확신이 널리 퍼졌다. 독일의 계몽주의자들은 계몽주의적인 교육의 핵심을 구성하는 코스모폴리터니즘(세계주의)의 정신과 부합하는 많은 역사교육을 위한 교재를 개발했다.[2] 칸트는 교수 계획이 코스

1) Karl-Ernst Jeismann(2000), "Who is Europe? Von der internationalen zur interkulturellen Schulbuchforschung," Ursula A. J. Becher and Rainer Riemenschneider(eds.), *Internationale Verständigung. 25 Jahre Georg-Eckert-Institut für internationale Schulbuchforschung in Braunschweig*, Hannover, pp. 236~237.

2) Luigi Cajani(2000), "Die Welt als Horizont. Plädoyer für den Unterricht über Weltgeschichte," Becher and Riemenschneider(eds.), *Internationale Verständigung*, pp. 75~82.

모폴리터니즘에 근거해야 한다고 역설했다. 이러한 확신에 따르면, 학생들이 세계 시민이 될 수 있도록 역사교육의 중심은 세계사가 되어야만 했다. 역사교육 이론가인 쉴뢰처(Ludwig August Schlözer)는 세계사 역사교육 모델로서 전체사(Gesamtgeschichte)를 제시했다. 이것은 세계사의 주요 사건들을 포함하되 특정한 민족이나 시대를 특별히 선호하지 않는 서술 모델이었다. 그렇다고 쉴뢰처의 전체사는 다수의 민족사를 단순히 종합한 것이 아니었다. "세계사로서 전체사는 세계의 모든 민족과 국가를 포함한다. …… 전체사는 특정 민족의 우월성에 바탕을 두고 있지 않다. 전체사는 사람들이 사는 모든 지역을 망라한다. 그리고 지역이 수행한 역사적 역할과 그 의미를 전체적인 맥락에서 보다 넓은 시각으로 관찰한다. 세계의 모든 지역은 서로 동등하다. 이 전체사는 주요한 4개의 군주국을 약 30개의 가난한 군주국들과 구분하여 다루지 않고, 신의 민족(유대인)이나 그리스나 로마도 특별히 다루지 않는다. 이 전체사는 나일 강이나 알렉산더나 시저를 아틸라나 잉카나 티무르보다 더 중요하게 다루지 않는다."[3] 쉴뢰처의 전체사에는 유럽, 아시아, 아프리카가 포함되었다.[4]

그런데 눈에 띄는 것은 독일이 빠졌다는 것이다. 쉴뢰처는 독일사를 자립적인 하나의 지위를 차지하는 민족의 역사로 보지 않고, 프랑크족 역사의 일부로 보았다. 오늘날의 시각에서 보면 이는 쉴뢰처가 민족사를 혐오했기 때문인 것처럼 보이지만, 사실 그렇지 않았다. 그가 활약했던 18세기 후반에는 민족사로서의 독일사가 존재하지 않았다. 1769년에 그는 세 명의 젊은 러

3) August Ludwig Schlözer(1772), *Vorstellung seiner Universal-Historie*, Göttingen und Gotha, bei Johann Christian Dieterch, p. 28 ; Luigi Cajani(2000), p. 75에서 재인용

4) 하지만 아메리카는 여기서 완전히 제외되었다. 아프리카는 페니키아와 관련된 카르타고 그리고 이집트만을 포함했다.

시아 귀족을 위한 '지구사 및 국가학과목(Erdgeschichts- und Staatskunde)' 교육계획을 만들 때에, 그들이 자기 나라의 역사를 근본적으로 잘 알아야 함을 강조했다. 그의 진정한 의도는 역사 수업이 보편사적 맥락에 위치해서 '민족적 우월감 없이' 이루어져야 한다는 계몽주의적 신념이었다. 이러한 예는 쉬뢰크(Schröckh)의 『어린이를 위한 일반 세계사(Allgemeine Weltgeschichte für Kinder)』(1779~1784), 푈리츠(Pölitz)의 『소세계사(Kleine Weltgeschichte)』(1808), 아이히호른(Eichhorn)의 『세계사(Weltgeschichte)』(1799~1800), 그리고 역사학의 대부인 랑케에게도 여실히 나타나는 경향이었다.[5)]

그런데 역사교육의 목적은 혁명적인 민족주의 시대를 거치며 크게 변했다. 역사교육은 점점 민족주의화되어 갔다. 이것은 대개 민족 공동체의 정치적 미래에 대한 기대와 요청에 봉사하는 특정의 역사관에 기초했다. 개별적인 많은 차이에도 불구하고 결국 민족사 중심의 역사교과서들은 국민의 정치교육 교재가 되었다. 다시 말하면, 코스모폴리터니즘 모델은 전 유럽을 휩쓸었던 민족주의에 의해 의문시되었다. '민족적 우월감 없는' 역사에 대한 비전은 피히테(Fichte)가 『독일 민족에게 고함(Reden an die deutsche Nation)』에서 열정적으로 요구한 바와 같은 민족 교육 프로그램과 정면으로 충돌했다. 세계사는 19세기의 민족국가의 정당화에 대한 요청과 충돌한 것이다. 계몽주의의 모델은 19세기가 경과하면서 확연히 홀대를 받았고, 결국 폐기되었다. 이것은 독일뿐 아니라 다른 유럽 국가들에도 마찬가지였다. 학생에게 가르치는 역사의 인식 지평은 유럽으로 좁혀졌고, 유럽사도 다양한 민족사의 배경으로서 가치만을 갖게 되었다. 이제 역사교육의 목적은 세계시민을 교육하는 것이 아니라 투철한 민족주의자를 양산하는 것이 되었다. 자기 나라의 역사가 역사 수업의 중

5) Luigi Cajani(2000), p. 76.

심이 되어야 하고 그 밖의 역사는 자국사와의 관계 속에서 그 중요도가 측정되었다. 세계사는 결국 정신적 지평에서 사라지게 되었다.[6)]

독일과 프랑스의 갈등 관계가 양국의 민족주의적 역사교육을 강화하고, 강화된 민족주의적 역사교육이 다시 양국의 갈등을 심화하는 과정을 살펴보자. 라인 강을 사이에 두고 이웃한 독일과 프랑스가 숙적 관계의 길에 접어들기 시작한 것은 1870년 보불전쟁부터였다. 나폴레옹의 독일 지역 침공과 이에 대한 저항이 양국 간 숙적 관계의 형성에 영향을 주었지만, 이것은 보불전쟁에 비하면 미미했다. 프랑스 제1의 경쟁 상대는 여전히 영국이었으며, 독일 지역은 당시 여러 국가로 분립되어 독일 민족의식이 전 사회계층과 지역으로 확산되지 않았다. 보불전쟁에서 제1차 세계대전에 이르는 반세기는 양국에서 민족사의 신화가 만발한 시기이자 적대적 타자관에 입각한 배타적 국민 정체성이 확립된 시기였다. 기원후 9년 토이토부르크(Teutoburg) 숲에서 헤르만(Hermann der Cherusker)은 로마의 바루스(Varus) 군단에 맞서 싸워 대승을 거둔 적이 있다. 독일의 선구적인 민족주의자들은 1813년 반나폴레옹 해방전쟁을 승리로 이끈 후 헤르만을 독일 민족의 영웅으로 추대하려고 했다. 로마의 침입을 격퇴한 헤르만은 로마화한 골(Gaul)족의 프랑스 침공을 막아낸 자신들의 전과를 상징하는 역사적 인물로 환치되었다. 하지만 이 계획은 보불전쟁 이후에 와서야 실현되었다. 1875년 토이토부르크 숲에 거대한 헤르만 동상이 건립됨으로써 독일 민족의 영웅이 탄생했다. 헤르만 기념비에는 여러 문구가 기록되어 있다. 길이 7m, 무게 600kg이나 되는 칼이 헤르만의 왼손으로부터 서쪽을 향해 있는데, 거기에는 다음과 같은 문구가 적혀 있다. “독일의 통일은 나의 힘/나의 힘은 독일의 힘.” 기단에는 다음과 같은 두 개의 또 다른 글귀가 새겨져 있다.

---

6) Luigi Cajani(2000), pp. 75~82.

사진 1_ 헤르만 기념비(니더작센 주의 토이토부르거 숲)

독일 인민들은 프랑스를 닮아가고 또한 분열되어 무기력해졌다. 이 때문에 프랑스 황제 나폴레옹 보나파르트가 독일인들의 도움으로 독일을 제압할 수 있었다. 그러나 1813년 드디어 모든 독일 영방국가의 인민은 치욕스런 조국의 자유를 되찾기 위해 프로이센이 높이 치켜든 칼 주위로 모여들었다. 1870년 7월 17일 프랑스 황제 루이 나폴레옹은 프로이센에 전쟁을 선포했다. 이때 모든 독일 영방국가의 인민이 일어서서 프로이센 왕 빌헬름의 영도 아래 1870년 8월부터 1871년 1월까지 프랑스의 교만을 응징하는 데 성공했다. 독일 민족은 프로이센 빌헬름을 1871년 1월 18일에 독일 황제로 등극시켰다.

게르만인이 1세기 초 토이토부르크 숲에서 로마 제국을 상대로 치룬 전투는 장차 독일의 대불전쟁에 대한 역사적 비유로 원용됐다. 뿐만 아니라 이 전투에 대한 기억은 군사적 승리와 외부의 적에 대한 단호한 응징을 통해 독일인들이 자신의 집단적 정체성을 획득하고 유지했다는 사실을 보여줌으로써 독일 민족의 연속성에 대한 환상을 생산해냈다. 또한 독일 민족주의자들은 종교개혁의 주역 루터를 독일 민족의 영웅으로 칭송하기도 했다. 그러나 헤르만이나 루터에게 중요한 것은 자기 부족이나 자기 종교였지, 독일 민족이 아니었다. 이러한 민족 신화는 알사스-로렌이 처음부터 독일 영토였다거나 8~9세기의 샤를마뉴/칼 대제가 독일 민족의 시조였다는 주장을 하는 데까지 이르렀다. 이러한 과정은 아직도 세계사를 중시했던 랑케와 달리 그의 제자들이 프로이센 중심주의(Borussianismus) 또는 독일 민족주의적 역사 서술로 경도된 과정과 맥을 같이한다.[7)]

이러한 과정을 통해 독일 민족은 제국 시기 모든 계급과 지역을 포괄하는 하나의 공통분모가 되었다. 대중매체(파노라마식 그림 전시회나 기념비 이외에 신문과 문학작품도 대중매체의 기능을 했다)나 군대만이 아니라 국민학교(Volksschule)도 독일인의 민족적 집단기억을 형성하는 데 기여했다. 이러한 매체를 통해 민족 신화는 계급을 초월하여 많은 사람의 마음 속에 자리 잡아갔다. 민족 신화는 네 개의 기둥이 떠받치고 있었다. 키프호이저(Kyffhäuser) 신화,[8)] 게르만족

---

7) 에드가 볼프룸 저, 이병련 · 김승렬 역(2007), 『무기가 된 역사. 독일사로 읽는 역사전쟁』, 역사비평사 ; 성백용(2005), 「샤를마뉴. 열두 세기에 걸친 황제의 전설」, 『역사비평』, 제72권, 388~416쪽.

8) 제국 도시 키프하우젠(Kyffhausen)은 남부 독일 튀링엔에서 한때 가장 강성했던 성으로 키프호이저 전설과 독일 통일의 상징으로서 널리 알려졌다. 전설에 따르면, 중세 시기 가장 강력했던 황제 바르바로사는 죽은 것이 아니라 키프호이저에 잠들어 있으며, 독일 민족을 위해 언젠가 부활한다는 것이다. 이 전설은 그림(Grimme) 형제에 의해 19세기 초 널리 알려지고 독일 통일과 더불어 그 영광을 상징하는 것으로 유명해졌다. 그래서 1896년 독일 통일의 주역 빌헬름 1세의 거대한 동상(쉬미츠[Bruno Schmitz]

숭배(Germanenkult),[9] '동유럽에 대한 문명화 사명(Ostmission)' 내지 '세계정책(Weltpolitik)', 그리고 반나폴레옹 전쟁기의 해방전쟁이 그것이다.

특별한 교훈을 간직한 민족 전설로 발전한 신화는 초등학교 교과서를 통해 널리 전파됐다. 단순하면서도 널리 유포된 이러한 전설 중 하나가 잠자는 프리드리히 바르바로사(Friedrich Barbarossa) 황제에 관한 키프호이저 신화다. 바르바로사 황제는 12세기 독일 제국을 신흥 강대국으로 발전시킨 영웅이었다. 1900년 한 교과서에 다음과 같이 기록됐다.

> 프리드리히(Friedrich)로서 그는 잠자러 가서
> 빌헬름(Wilhelm)으로 다시 일어났다.
> 그리고 그는 독일의 무기를 들고
> 새로운 승리의 행진을 했다.

키프호이저 신화와 함께 황제 바르바로사/프리드리히 2세와 황제 바르바블랑카/빌헬름 1세 간의 역사적 비유는 현재를 이해하고 현재를 과거와의 연속선상에서 자리매김하는 데 모범이 됐다.[10]

1890/1900년경의 세대교체는 역사의식 변화와 궤를 같이하며 진행됐다. 민족의 상징인 기념비들의 강조점이 군주를 위한 것에서 민족 통합을 위한 것

의 작품)이 바로 이 상징적인 곳에 세워졌다. 이것은 독일 민족의 연속성을 암시하는 기념비였다.

9) 18세기 후반 낭만주의 시기 독일 민족의 원형인 게르만족에 대한 평가가 바뀌기 시작했다. 로마 제국 시기부터 내려온 야만족으로서의 게르만족 이미지가 용맹스럽고 건강한 민족이라는 이미지로 바뀐 것이다. 고대의 헤르만으로부터 시작하여 중세에 만개한 게르만 문화를 중시하는 게르만족 숭배는 프랑스의 계몽주의와 합리주의를 신적 질서의 일부이자 하나의 완결된 조직체인 국가를 타락시키는 사상으로 폄하했다. 이 민족주의 경향은 나치 시기에 종교적 차원으로 발전하여 그 절정에 도달했다.

10) 에드가 볼프룸 저, 이병련 · 김승렬 역(2007), 34쪽.

사진 2_ 키프호이저 기념비

사진 3_ 키프호이저 기념비 중앙 부분

으로 전환되었다. 이것은 단지 비스마르크 기념비나 1896년 낙성된 키프호이저 기념비에서뿐 아니라 100년 전 반나폴레옹 해방전쟁을 기념하기 위해 1913년 라이프치히(Leipzig)에 건립된 민족 항쟁 기념비에서 확인된다. 강한 심리적 영향력을 지닌 민족 항쟁 기념비가 애국심을 더욱 자극했다는 점, 그리고 이 기념물이 지나간 것에 대한 기억과 함께 다가올 것에 대한 전망 속에서 민족 단결을 호소했다는 점이 그 변화된 내용을 보여준다. 이 민족 항쟁 기념비는 더 나아가 "인민(Volk)의 생물학적인 근원적 실체에 기초한 영원한 운명 공동체로서의 민족(Nation)을 상징하는 것" 이었다.[11]

프랑스에서도 이와 유사한 현상이 나타났다. 이 시기 대표적인 민족주의 역사가는 '민족의 교사' 라 불리는 라비스(Ernest Lavisse)다. 그는 여러 분야의 역

11) 에드가 볼프룸 저, 이병련 · 김승렬 역(2007), 40~41쪽.

사가들을 동원하여 거대한 프로젝트 방식으로 프랑스사를 종합적으로 개관한 대작들을 출판하는 동시에 어린이들에게 프랑스사를 쉽게 이해시킬 목적으로 교과서를 저술했다. 19세기 후반에 출판되어 수백만 부가 팔린 『프랑스사(Histoire de France : Cours élémentaire)』가 바로 그 교과서다. 이 책은 한 세대의 어린이들에게 확고하게 규정된 민족주의적 역사의식을 심어준 가장 영향력 있는 책 중 하나였다. 이 책을 통해 역사를 배운 사람들이 병사로서 제1차 세계대전에 참전한 세대라는 점을 기억할 필요가 있다. 그는 백년전쟁에서 프랑스 왕위를 구한 잔 다르크(Jeanne d' Arc)를 민족의 영웅으로 추대했다. 그는 어린이용이라는 목적에 걸맞게 많은 삽화를 활용하였는데, 잔 다르크의 경우도 예외는 아니었다. 샤를 7세의 축성 관련 삽화를 살펴보자. 국왕이 렝스 대주교 앞에서 무릎을 꿇고 왕관을 받는 모습이 화면의 왼편에 그려 있고, 그 오른쪽에 잔 다르크가 칼을 빼들고 한 손에 깃발을 들고 서 있다. 이는 곧 교회와 국가가 결합하여 왕의 정당성을 확인해주는 순간이다. 이 중요한 역사 사건을 민족의 영웅인 잔 다르크가 지켜주고 있다는 것이 이 그림의 중요한 메시지다.[12)]

라비스는 또한 알사스-로렌 문제를 크게 다루었다. 그가 일생 동안 독일에 대한 복수심, 독일을 눌러 이기려는 전투적 민족주의를 가지고 작업에 임했다는 점을 고려하면 이는 당연한 일이다. 그는 독일의 알사스-로렌 합병의 부당성을 지적했다.

> 알사스는 200년 이상, 로렌은 100년 이상 프랑스의 영토였다. 다른 모든 지방이 프랑스를 사랑했듯이 이 두 지방도 프랑스를 사랑했다. 어쩌면 적과 가까운 변경 지방이었기 때문에 더욱 프랑스를 사랑했을지 모른다. 독일은

12) 주경철(2007), 「에르네스트 라비스와 프랑스의 호전적 민족주의 : 『아동용 프랑스 사(Petit Lavisse)』 분석」, 『역사비평』 제79호, 284쪽.

JEANNE D'ARC AU SACRE DE CHARLES VII.
(Peinture de Lenepveu, au Panthéon).

Le roi est à genoux devant l'archevêque de Reims, qui lui met sur la tête la couronne royale; Jeanne est auprès de lui, tenant d'une main son épée, de l'autre son étendard.

사진 4_ 샤를 7세의 축성에 참여한 잔 다르크

LE BOMBARDEMENT DE STRASBOURG.

Les Allemands ont assiégé Strasbourg du 18 août au 28 septembre 1870. Depuis longtemps ils voulaient reprendre cette ville, qui avait été autrefois ville allemande. Ils disaient que les Strasbourgeois et les Alsaciens étaient leurs frères qui allaient rentrer dans la famille allemande. Pourtant ils ont bombardé cette ville atrocement; ils ont tué des femmes, des enfants, des malades dans les hôpitaux. Ils ont incendié des centaines de maisons. Leurs projectiles ont atteint et failli détruire la cathédrale, une des plus belles églises du monde.

사진 5_ 독일군에 의해 포격당하고 있는 스트라스부르

> 이 두 지방이 독일 영토가 될지를 묻지도 않은 채 병합했다. 프랑스가 니스와 사부아 지방을 병합했을 때에는 주민들의 동의에 따라 한 일이었다. 우리 프랑스에서는 주민들에게 묻지도 않은 채 주인을 바꾸어서 사람을 짐승처럼 취급하는 권리를 누구도 갖지 않는다고 믿는다.

프랑스 영토를 강제 합병한 독일은 분명히 '적' 으로 지목되어 있고, 더구나 사람을 짐승 취급하는 야만인으로 성격을 규정받고 있다. 앞부분까지 비교적 차분하던 톤은 이 부분에 와서 대단히 격앙되어 있다. 특히 포격을 받는 스트라스부르 성당의 그림을 함께 배치함으로써 더욱 감정을 고조시키는 효과를 내고 있다. 라비스는 프랑스 민족의 역사적 사명을 강조함으로써 민족주의적 역사학을 다음과 같이 정당화하고 있다.

> 전쟁이 일어날 개연성은 크지 않지만 가능성이 없지 않다. 이 때문에 프랑스는 무장을 해야 하고 언제나 방어 준비를 해야 한다. 비록 동맹과 우방이 있다고 하더라도 무엇보다 자기 자신이 직접 해야 한다. 프랑스를 지키는 것은 우리가 태어난 땅, 세계에서 가장 아름답고 가장 풍요로운 우리 땅을 지키는 것이다. 프랑스를 지키면서 우리는 훌륭한 아들처럼 행동하는 것이다. 우리 조국을 건설하기 위해 수세기 동안 그처럼 큰 노력을 기울였던 우리 조상들에 대한 우리 의무를 다하는 것이다. 프랑스를 지키면서 우리는 모든 나라의 모든 사람들을 위해 일하는 것이 된다. 왜냐하면 프랑스는 혁명 이래 전 세계에 정의와 인간성의 이념을 전파했기 때문이다. 프랑스는 가장 정의롭고 가장 인간적인 나라다.[13)]

끊임없이 반복되는 적대적 대립쌍은—'게르마니아'와 '마리엔느', '게르만족의 숭고한 사명'과 '정의와 인간성의 이념을 전파한 혁명 프랑스'—양국이 내부의 계급적, 지역적, 종교적 균열을 봉합하고 단일한 민족국가로 거듭나는 중요한 계기가 되었다. '국민교육'과 '역사', 즉 '국민화 역사교육'은 이 과정에 지대한 공헌을 한 셈이다. 비로소 당시에 정치적 주권자로 부상하기 시작한 국민은 기존 지배층의 강대국 전략에 정서적으로 호응하면서 자민족 중심의 역사관을 만들어냈다. 양국의 적대 관계는 마치 약속이나 한 듯 한편으로 자민족 우월성을 고양하고 민족 영웅의 계보를 만들어냈으며, 다른 한편으로 양국 간 펼쳐진 전쟁과 갈등의 역사에 많은 지면을 할애하면서 승리의 환호와 패배의 상처를 부각시켰다. 독일의 역사교육 관련자들은 프랑스 역사교과서 속에서 '프랑스의 영혼'을 볼 수 있다고 했다. 프랑스 관련자들도 독일 역사교과서가 독일 정치를 판단할 수 있는 '믿을 만한 준거'라고 평가했다. 프랑스 교육학자들은 세기 전환기의 독일 역사교육을 베를린의 명령을 충실히

13) 주경철(2007), 299~301쪽.

이행하는 종속적 신민을 그리고 국가주의적이며 팽창주의적인 민족주의적 신민을 양성하기 위한 것이라고 비판했다. 이에 비해 프랑스 역사교육은 고대의 우수한 문화를 보존하며 정치적 자유를 신장시키는 것으로 극찬했다. 이에 비해 독일인들은 프랑스 교과서가 1870~1871년 전쟁, 알사스-로렌의 역사를 자민족 중심으로 왜곡했다고 비난하였으며, 이것을 독일에 대한 분명한 보복 의지의 표현이라고 지적했다. 이들은 이에 비해 독일의 역사교육이 너무 평화 지향적이기 때문에 독일 민족을 강화하기 위해서 프랑스와 같은 정도의 민족주의 교육을 강화할 것을 요구했다.[14)]

II. 전간기

이러한 적대 관계는 제1차 세계대전 이후 유럽의 평화주의적인 분위기와 민주주의적인 헌정 체제인 바이마르(Weimar) 공화국 수립에도 불구하고 지속되었다. 특히 바이마르 공화국 헌법 제148조에 근거한 교육 개혁과 프랑스의 소수 선각자들의 교과서 개선 노력은 결국 성공하지 못했다. 오히려 제1차 세계대전 이전보다 양국 관계는 더 악화된 측면도 있었다. 문제는 베르사유 조약을 둘러싼 의견 대립이었다. 역사학자이자 역사교과서 저자인 슈나벨(Franz Schnabel)은 이 조약 작성에 주도적 역할을 한 프랑스가 "독일 인민 전체를 전쟁배상금의 노예로 만들려 한다" 고 비난했다.[15)] 이러한 민족적 적대감은 바

14) Rainer Bendick(2000), "Die Schulbücher der Feinde. Wahrnehmung und Wirkung in Deutschland und Frankreich vor und nach 1918," *Internationale Schulbuchforschung,* Vol. 22, pp. 303~304.

15) Franz Schnabel(1925), *Grundriß der Geschichte für die Oberstufe höherer Lehranstalten, Teil IV, Neueste Zeit (bis 1919)*, Leipzig/Berlin, p. 175.

이마르 공화국의 평화주의적 역사교육이 정착되는 데 커다란 장애로 작용하였고, 결국 다시 제국 말기의 민족주의적인 역사교과서가 사용되었다. 바이마르 시기 사용된 역사교과서들 대부분은 제1차 세계대전의 발발 책임을 협상국 측에 돌림으로써 자국민의 전쟁 책임을 완화하려 했다. 대전 직전 프랑스와 러시아가 취한 강경조치와 그 부당성, 이에 대한 독일 입장의 정당성을 강조했다. 더 나아가 역사교과서들 대부분은 패전 자체를 인정하지 않거나 언급하지 않고 넘어가려는 서술 태도를 보였다. 전쟁 관련 서술은 대개 1917년 말 러시아와의 강화조약 체결에 따른 독일의 승리로 끝나거나 1918년 봄 독일군의 성공적인 총공세로 끝을 맺는 경우가 많았다. 종전 후 1920년 초에 새로 출판된 독일 역사교과서들 중 일부는 자국의 패배를 인정하지 않을 요량으로 출판 연도를 1917년이나 1918년으로 허위 기록하기도 했다.[16)]

프랑스의 교과서 저자들은 제1차 세계대전의 책임을 독일에만 귀속시켰으며, 그만큼 사악한 독일의 상을 전파했다. 대전 직후 초등학교용 역사교과서로 널리 읽힌 라비스 및 고티에-데샹(Gauthier-Deschamps)의 교과서에서 이를 확인할 수 있다. 1920년대 말에 교과서 협의를 통한 양국의 화해를 모색하기 시작했던 이삭(Jules Isaac)도 1922년 자신이 제작한 역사교과서에서 반독일적 서술을 주저하지 않았다. "다른 누구보다 제국주의적인 독일의 지도층은 전쟁 이데올로기에 물들어 있었다. 이러한 독일의 심성 역시 유럽 전쟁의 깊은 원인들 중 하나로 간주될 수 있다. …… 많은 독일인들은 (프랑스를 파괴하려는) 계획을 실현하기 위해 전쟁 도발을 서슴지 않았다."[17)] 교과서 분쟁은 외교적 차원

---

16) 이용재(2007), 「갈등의 역사에서 화합의 역사로 : 프랑스 · 독일 역사교과서 합의와 제1차 세계대전의 문제」, 『프랑스사연구』 제17호, 197~198쪽

17) A. Malet & J. Isaac(1922), *Histoire de France et notions d'histoire générale de 1852 à 1920*, Hachette, pp. 236~237.

으로까지 확대되기도 했다. 1923년 카네기(Kanergie) 재단의 지원으로 미국, 영국, 프랑스가 독일의 역사교과서를 분석함으로써 독일의 역사의식을 평가하고자 했다. 미국과 영국은 민주주의와 평화주의에 기초한 바이마르의 교육개혁을 높이 평가하고 이 정신이 역사교과서에 부분적으로 반영되었다고 상대적으로 호평을 한 반면, 프랑스는 그 이전과 변한 것이 없다는 평가를 했다. 프랑스는 영국과 미국의 평가가 잘못되었음을 알리기 위한 외교적 노력을 아끼지 않았다. 프랑스의 이러한 외교적 노력에 대해 독일의 정치계나 교육계는 분노하여, 사실에 근거하지 않는 민족적 편견에 사로잡힌 역사적 진술들을 프랑스 역사교과서에서 찾아내어 이에 대응했다. 프랑스인들은 이에 분노했다. 자신의 잘못을 반성하지 않고 다른 나라의 교과서를 문제 삼는 것은 정당하지 않다고 독일인들을 비난했다. 교과서 분쟁은 적대적인 양국 관계를 더욱 악화시키는 악의 촉매제 역할을 했다.[18)]

III. 나치즘 시기

1930년대 프랑스에서는 여전히 민족주의적 경향이 지속되었다. 파시즘 세력이 이에 가세하여 어떤 면에서는 더욱 강화된 측면도 있었다. 하지만 이때부터 프랑스 역사교육계가 자신의 호전적인 민족주의에 대한 비판의 목소리를 내기 시작했다는 점 또한 주목해야 한다. 후술하겠지만, 이 움직임은 독·프 역사교과서 협의를 가능케 했던 중요한 요인이었다. 그러나 독일의 상황은 프랑스와 달랐다. 1933년 나치 세력이 집권하면서 독일 민족주의는 더욱 극

18) 김승렬(2003), 「숙적관계에서 협력관계로 : 독일-프랑스 역사교과서 협의」, 『역사와 경계』 제49집, 147쪽.

단화되었다. 인종주의와 결합한 독일 민족주의는 역사교육에도 지대한 영향을 미쳤다. 에르트만(Karl Dietrich Erdmann)을 통해 나치의 역사교육을 살펴보자.

에르트만은 1945년 이후 나치 전력이 없는 것처럼 당당하게 활동했다.[19)] 하지만 그는 나치 이데올로기에 대한 확신을 가지고 활동했던 대표적인 나치 역사가라고 할 수 있다. 그는 민족사회주의 교육 지침에 부합하는 교과서를 만들기도 했다. 1938년 나치의 새로운 교육과정이 확정되었다. 새로운 나치 역사 교육과정은 다섯 가지 원칙을 가지고 있었다. 첫째, 인종은 역사 발전의 결정적인 충동력이다. 둘째, 민족적 사유가 국제적 사유를 대체해야 한다. 셋째, 정치사가 문화사보다 우선되어야 한다. 넷째, 영웅들의 이야기가 중요하게 다루어져야 한다. 다섯째, 총통의 통솔 원칙이 특히 강조되어야 한다. 에르트만은 중등 과정 역사교과서 『선조의 유산(Erbe der Ahnen)』 중 제5장 '제2제국 및 제3제국의 역사(1871년부터 현재까지)'를 집필했다. 그는 나치 편에 서서 그들의 역사교육 지침을 기꺼이 수용했다. 개념쌍인 '민족–총통(Volk–Führer)'이 그 서술의 골격을 차지했다.

그는 역사란 다음과 같은 것이라고 서술했다. 독일 민족은 총통 히틀러 지배 체제에서 자신의 내적 모순과 외부의 압력을 극복하여 역사를 완성했다. 이로써 역사는 주체인 민족 공동체와 목표인 총통국가(Führerstaat)를 갖추게 됐다. 독일 민족이 여러 정파로 분열된 상태가 제2제국 시기를 넘어 바이마르 시기까지 지속되었다. 이와 반대되는 대안 체제가 바로 독일의 군사적 공동체

19) 에르트만은 전후 수많은 직책, 특히 국제적 직책을 가졌을 뿐 아니라 『겝하르트 독일사 시리즈(Gebhardt, Handbuch der deutschen Geschichte)』 제작에 주도적으로 참여했으며 1950년 이후 독일 역사교사협회의 학술지 『역사학과 역사교육(Geschichte in Wissenschaft und Unterricht)』을—역사의식 형성에 중요한 저널로서 널리 전파됐다—공동 창간하여 1990년 사망할 때까지 편집책임을 맡았다.

였다. 비스마르크가 민족 내부의 대립을 극복하는 데 성공하지 못한, '광야에서 외치는 자'[20]였다면, 히틀러는 독일 역사의 목적을 제시했다. 나치당이 권력을 쟁취함으로써 비스마르크의 목표가 달성됐고, 강한 통일 국가가 건설됐다. 히틀러는 독일인들이 고대하던 메시아다. 유대인들은 공공의 적이며 타락의 주범이었다. 그들은 모든 악의 근원이었다. 유대인들을 모든 공직, 언론계, 라디오 그리고 영화 부분에서 축출해야 독일 민족이 새로운 독에 오염되지 않을 것이다. 독일 총통과 반대되는 인물은 국제주의자이며 유대인인 칼 마르크스였다. 그의 학설은 바로 나치즘(민족사회주의)과 대립되었다. 유대인들에 의해 지배된 러시아 볼셰비즘 체제가 등장함으로써 마르크스주의는 민족사회주의 독일과 그 밖의 모든 유럽을 위협했다. 그러나 독일 제국은 충분히 무장됐다. 왜냐하면 독일 제국은 베르사유 조약을 무효화시켰고 강한 방위군을 건설했으며 강대국으로서 위상을 다시 획득했기 때문이다. 바로 이것이 에르트만이 서술한 현대사, 즉 인종주의적 민족사의 핵심이었다.[21]

나치 시기 독일 학생들은 나치가 지정한 주제로 논술 고사를 보아야 했다. "1789-1917-1933 : 자유주의 국가에서 마르크스주의 국가를 거쳐 전체적 국가(totaler Staat : 나치 국가를 가리킴)로 발전한 역사적 과정에 대하여", "독일 민족혁명의 선구자적 역할을 한 세계대전", "영웅적 삶의 모범, 힌덴부르크", "정당한 국제적 대우를 받기 위한 독일의 투쟁", "고통스러웠던 과거-자랑스러운 현재", "세 명의 제국 건설자, 하인리히 1세, 비스마르크, 그리고 히틀러", "1848년 독일 혁명은 왜 실패했는가? 어떻게 하여 1933년 민족사회주의 운동은 성공했는가?" 1930년대 초반 이후의 답안들을 분석해보면, 학생들이

20) 메시아 예수가 오기 전 이를 준비한 세례 요한을 광야에서 외치는 자라고 부른 성경 표현을 에르트만이 차용한 것.

21) 에드가 볼프룸 저, 이병련 · 김승렬 역(2007), 100~101쪽.

수업을 통해 심리적으로 어떻게 전쟁에 대한 준비를 해왔는지 알 수 있다. 이미 평화 시기에 전쟁은 영웅적 체험으로서, 진실한 활동으로서, 사회다윈주의에 따라 선택된 사람들과 민족공동체를 위해 헌신하는 시기로 가르쳤다. 세계대전 동안 졸업 논술 고사는 학생들이 고통을 호소하기보다 끝까지 인내하려는 의지를 갖고 있었음을 말해준다. 분석된 1000개 가량의 졸업 논술을 보면, 그것은 민족사회주의의 식상한 관념들이 나치 언어로 단순히 반영된 것임을 확인할 수 있다. 사유를 훈련하는 과목인 역사 수업이 민족적-민족사회주의적 신념을 전수하는 수업으로 변질되어 학생들의 수준과 능력이 얼마나 떨어졌는지, 이를 통해 알 수 있다. 학생들은 민족사회주의 교육 목적에 완전히 부합하는 교육을 받았다.[22)]

이러한 나치의 역사교육을 통해 독일 청소년들의 반프랑스 감정은 이전 시기보다 더욱 심화되었다. 독일의 반프랑스 정책은 나치의 프랑스 점령을 통해 실행에 옮겨졌다. 또한 독일이 건설하려던 유럽의 신질서에서는 네덜란드, 덴마크 등 게르만 계통의 국가들이 1등 유럽인으로, 프랑스를 비롯한 라틴계가 2등 유럽인으로 설정되었다. 하지만 갈등과 대립이 심화되는 순간 그 해법의 계기가 마련되었다는 점 또한 주목해야 한다. 양국의 민족주의적 대립 관계가 얼마나 참혹한 폐해를 초래하는지, 양차 세계대전은 명확히 보여주었다. 양국의 민족주의적 역사 갈등을 해결하려는 노력은 바로 이러한 결과에 대한 자기 성찰을 통해 싹트기 시작했다. 성찰의 방향은 먼저 민족국가를 최상의 삶의 단위로 설정하는 시각에 대해 반성하고 국가를 초월하는 인간 네트워크에 주목하는 것이었다. 이러한 문제의식에서 양국의 역사교육 관련자들은 양국 간 역사교과서 대화를 시도했다. 각국 역사 연구자들은 국민국가를 교차하는 다

22) 에드가 볼프룸 저, 이병련 · 김승렬 역(2007), 102~103쪽.

양한 시공간을, 예컨대 유럽이나 라인 지방 등을 연구 단위로 설정하거나 민족주의적 역사학을 강화하기 쉬운 정치사 중심의 역사 연구에서 벗어나 문화사 및 사회경제사를 개척했다.

역사교과서 개선을 위한 독일과 프랑스의 협력

I. 국제 역사교과서 협의 활동 일반

정치적 긴장과 군사적 갈등을 해소하고 공존의 길을 모색하려는 평화운동의 일환으로 역사교육의 중요성이 거론되기 시작한 것은 19세기 말이었다. 당시 유럽 각국은 협상국과 동맹국으로 나뉘어 군비 경쟁을 벌이고 있었다. 1889년 파리에서 개최된 세계평화대회(World Peace Congress)에 이어 제1회 유럽 각국 의회 협력회의(Interparliamentary Conference)가 개최되었고, 이듬해 스위스 베른(Bern)에서 이 협력회의 상임위원회(Permanent Interparliamentary Union)가 창설되었다. 평화적 국제 관계 조성을 위해 각국의 민족주의적 역사교육을 개선해야 할 필요성이 처음 거론된 곳이 바로 이 유럽 각국 의회 협력회의였다. 하지만 이러한 노력은 큰 성과를 거두지 못한 채 제1차 세계대전이 발발했다. 전쟁의 참화를 체험한 유럽인들은 비로소 민족주의적 역사교육을 개선하기 위한 국제적 협력을 본격적으로 시작했다.[23)]

독 · 프 역사교과서 협의와 관련하여 주목해야 할 것은 국제기구의 주도에 의한 협력 활동이다. 하나는 국제연맹/국제연합 산하 기구들의 활동과 또 다른 하나는 유럽 통합 차원에서 설립된 유럽평의회(Council of Europe)의 활동이다. 이 둘은 모두 국제평화를 정착시키기 위해 역사교육 문제에 자신의 활동을 집중함으로써 독 · 프 역사교과서 협의의 국제적 틀을 마련했다.

1. 국제연맹/국제연합의 활동—지식협력 국제위원회와 유네스코

1922년 국제연맹은 지식협력 국제위원회(International Committee on Intellectual Cooperation, ICIC)와 그 산하 연구소인 지식협력연구소(Institute of Intellectual Cooperation)를 설립했다. 이 위원회는 회원국 출신 12명(후에 15명)의 학자들로 구성된 자문기구였는데,[24] 나중의 유네스코 집행위원회와 비교될 수 있는 기구였다. 지식협력 국제위원회는 회원국들의 교과서들을 조사한 후 1926년 카자레스 결의안(Casares-Resolution)[25]을 채택했다. 그 내용의 핵심은 다음과 같다. "젊은이들에게 다른 나라에 대한 결정적인 오해를 야기할 가능성이 있는 표현을 교과서에서 제거하거나 개선하는 것은 각국 국민들의 지식협력을 가능하게 하는 가장 효과적인 방법 중 하나"라는 신념에서 지식협력 국제위원회는 각국에 지부를 설치했다. 각국 지부의 임무는 관련 상대국들의 교과서 내용에 대한 불만을 전달하고 개선에 대한 의견을 전달하는 것이었다. 하지만 1926년부터 1930년 사이에 이 결의안은 단지 3번 적용되었고, 이 중 한 경우만 다

23) 오토 에른스트 쉬데코프 외 저, 김승렬 역(2003), 『미래를 건설하는 역사교육. 1945~1965 유럽 역사교과서 개선활동』, 역사비평사, 35~36쪽.

24) 퀴리 부인(Marie Curie)과 아인슈타인(Albert Einstein)도 이 위원회에서 활동했다.

25) 이것은 이 결의안을 제출한 스페인 대표 카자레스의 이름을 따서 명명되었다.

른 국가의 교과서 내용에 대한 불만이 근거 있는 것으로 받아들여져 변경되었다. 지식협력 국제위원회는 '카자레스 결의안'이 구속력이 약하여 이러한 결과가 초래되었다고 판단하고 1932년 좀 더 강화된 결의안을 채택했다. 1934년에는 지식협력연구소가 역사교과서 개선을 위한 쌍무 협정 모델을 만들기도 했다. 그러나 이 계획도 미국, 영국, 프랑스 그리고 스위스의 격렬한 반대로 무산되고 말았다. 이 강대국들은 외부의 간섭을 금지하는 교육제도 때문이라고 그 반대 이유를 제시했다.

강대국의 이러한 태도를 강대국 이기주의로만 볼 수 없다. 여기에는 국가에 대한 교육의 자율성 관념이 내재되어 있기 때문이다. 바로 이런 점에서 각국 교육계의 자발적 협력의 필요성이 제기되는 것이다. 프랑스 역사 교사들은 이 결의안이 국가주의적 발상에서 나왔다고 비판하며, 독일 역사 교사들과 자발적으로 협력하는 길을 택했다. 이를 통해 독 · 프 역사교과서 협의가 시작되었다. 1937년 지식협력 국제위원회가 주도하고 15개 회원국이 서명한 '역사교육에 관한 선언(Declaration Regarding the Teaching of History)'에는 이 점이 고려된 조항이 첨가되었다. "각 회원국에 교과서 개선을 위한 위원회가 설립되어야 한다. 이 위원회는 교사단체 회원(역사 교사 포함)들로 구성되어야 한다"는 제3항이 바로 그것이다. 하지만 이 선언도 강대국들의 불참으로 별다른 영향력을 발휘하지 못했다. 제1차 세계대전 이후부터 유럽에서 이루어진 교과서 개선을 위한 노력은 제2차 세계대전의 발발과 더불어 중단되었다. 전간기에 다양한 노력들이 이루어지기는 했지만, 북유럽(덴마크, 스웨덴, 노르웨이)의 경우를 제외한다면, 실제적인 교과서 개선은 별로 이루어지지 않았다. 하지만 이 시기에 이루어진 작업은 전후 교과서 개선 작업의 기초가 되었다. 전후 교과서 개선 활동은 전전의 경험과 성과 없이는 생각할 수 없다.[26)]

전후 창설된 국제연합은 1945년 국제연맹의 지식협력 국제위원회를 발전

시킨 유네스코(교육 · 과학 · 문화기구 ; UNESCO)를 창설했다. 유네스코는 전후 국제 교과서 개선 작업을 세계적으로 활성화하는 데 결정적인 영향을 미쳤다. 유네스코 창설 취지는 명확했다. "전쟁은 인간의 마음속에서 생기는 것이므로 평화를 건설해야 할 곳도 인간의 마음속이다. 사람들은 다른 나라의 풍습과 생활에 대한 무지로 다른 나라 사람들을 의심하고 불신했으며, 여기서 초래된 갈등은 종종 전쟁을 일으켰다." 이것은 유네스코 창설 선언문의 도입부이다. 이러한 문제의식에서 창설된 유네스코의 목적은 "정의, 법의 지배 및 인권과 기본적 자유가 보편적으로 존중되는 국제 사회를 건설하기 위해 세계의 국민들 간 교육, 과학, 문화의 협력을 촉진하고 이를 통해 평화와 안정에 공헌하는 것"이다. 그러므로 유네스코에 국가 간 이해(international understanding) 문제는 매우 중요했다. 유네스코 설립자들은 국가와 민족 간 이해 증진에 교과서가 중요한 역할을 할 수 있다고 보았다. 유네스코는 1946년 설립 직후 열린 제1차 총회에서 국제 이해를 위한 교과서 · 교재 개선 프로그램을 발표했다. 이후 국제 교과서 개선을 위한 활동은 유네스코의 우선 활동 중 하나로 자리를 잡았다.

국제 교과서 개선과 관련된 유네스코의 활동은 크게 두 가지로 나누어볼 수 있다. 첫째, 국제 교과서 개선 활동 관련자들 간의 관계망 조성과 정보교류 센터의 역할이다. 유네스코는 세계 각국의 교사들을 불러 모아 세미나를 개최함으로써 각국 교사들 간에 직접적인 접촉을 촉진하는 데 각별한 노력을 기울였다. 이것이 국제 교과서 개선 관련 유네스코의 활동을 전전의 국제연맹의 활동과 구별 짓는 가장 중요한 특징 중 하나다.[27] 둘째, 국제 교과서 개선과

26) 오토 에른스트 쉬데코프 외 저, 김승렬 역(2003), 34~38쪽.

27) 초창기 특히 두 개의 세미나가 중요했다. 참석자들 간에 형성된 인적 관계망은 이후에 많은 교과서 쌍무 작업의 토대가 되었다. 하나는 1950년 벨기에 브뤼셀에서 6주간 열

교과서 분석을 위한 실질적 지침 제공이다. 유네스코는 전전의 교과서 개선 작업과 경험을 면밀히 검토하였고, 이를 토대로 1946년 제1차 총회에서 국제 이해를 위한 교과서 · 교재 개선 프로그램을 발표했다. 이 프로그램은 3년 후인 1949년에 결실을 보아 『국가 간 이해 증진과 교과서 및 보조교재 개선을 위한 안내서(A Handbook for the Improvement of Textbooks and Teaching Materials as Aids to International Understanding)』가 출간되었다. 이 안내서는 국제 이해(또는 국제 화해) 증진을 목표로 교과서를 개정하거나 집필하는 데 적용할 수 있는 일련의 기준들을 최초로 제시한 것으로서 아직까지도 교과서 비교연구 분야의 많은 연구자들에게 고전으로 남아 있다.[28]

1974년 유네스코는 '국가 간 이해, 협력, 평화를 위한 교육과 인권 및 기본적 자유의 교육에 관한 권고문(Recommendation concerning education for international understanding, cooperation and peace and education relating to human rights and fundamental freedoms)'을 채택했다. "국제 이해(화해) 교육의 개선을 위한 공동의 방향을 설정하고자 하는 유네스코의 노력에 일대 전기를 마련한"[29] 이 권

린 유네스코 여름 세미나. '교과서, 특히 역사교과서 개선'이라는 주제로 열린 이 세미나에 24개국에서 45명의 전문가들이 참석했다. 참석자들 중에는 게오르크 에케르트를 비롯하여 독 · 프 역사교과서 협의 활동에 중요한 역할을 한 사람들이 포함되어 있었다. 참석자들은 역사교과서를 서로 교환하고 검토하는 시스템에 관한 주요 방침을 수립했다. 다른 하나는 1951년 프랑스 세브르(Sèvres) 세미나. '국제 이해 증진의 도구로서의 역사교육'에 관한 이 세미나에 총 61개국에서 80여 명의 역사교육 관련 전문가들이 참석했다.

28) 이민호·김승렬(2002), 『국제이해를 위한 교과서 개선 활동에 관한 연구』, 교육개발원연구보고서, 7~9쪽 ; Pertti Luntinen(1988), "School history textbook revision by and under the auspices of UNESCO," *Internationale Schulbuchforschung*, No. 4, pp. 339~344.

29) Kaisa Savolainen(2000), "Das Georg-Eckert-Institut für internationale Schulbuchforschung und die UNESCO," Becher/Riemenschneider(eds.), *Internationale Verständigung*, Hannover, p. 307.

고문은 회원국들이 교과서를 교환하여 교과서 개선을 위한 쌍무 또는 다자간 협의를 실시할 것을 권고하는 내용도 담고 있다. 교과서 개정과 관련하여 39항과 45항은 주목할 필요가 있다.

- 39항 : 회원국은 교육 보조재, 그중에서도 특히 교과서가 오해, 불신, 인종 차별주의 또는 다른 집단이나 국민에 대한 경멸이나 증오를 불러일으키기 쉬운 요소가 전혀 없도록 보장해주는 적절한 조치를 장려해야 한다. 배우는 사람이 이 권고의 취지에 반하는 내용을 매스미디어에서 접했을 때 이를 제대로 평가하는 데 도움이 되는 배경 지식을 제공해야 한다.
- 45항 : 회원국은 폭넓은 교과서 교류, 특히 역사와 지리 교과서 교류를 장려해야 하며, 적절한 지역에서 그리고 가능하다면 쌍무 협정이나 다자간 협정을 체결해 그들 자료가 정확하고, 적절하며, 새로우며, 편견이 없도록 보장하고 다른 나라 사람과 지식을 나누고 이해를 촉진할 수 있는 상호 연구와 교과서 및 기타 교육 자료 개정을 위한 조치를 취해야 한다.

유네스코는 국제적 냉전 종식 이후 구공산권에서 민족주의와 인종주의가 대두함으로써 새로운 도전에 직면했다. 이에 유네스코 총회는 '평화, 인권, 그리고 민주주의 교육의 촉진을 위한 선언 및 통합실천계획(Declaration and integrated framework of action on education for peace, human rights & democracy)'을 수립했다. 1974년 권고문에서 평화란 기본적으로 국가 간 평화를 의미했다. 한 국가 안에 존재하는 서로 다른 인종적, 종교적, 문화적 그룹들과 언어 공동체들 간에 심각한 분쟁이 발생하는 새로운 상황에서 평화 개념은 전통적 의미의 국가 간 평화만이 아니라 한 국가 안의 사회 집단 간의 평화도 포괄해야 할 필요가 있었다. 또한 세계화 시대에 직면하여 일국 단위를 넘어선 문명 간 갈등 문제도 다루어야 했다. 사람 집단의 갈등은 이처럼 국가 단위를 비롯한 다양한 차원에서 다루어질 필요가 있었다. 1995년 '통합실천계획'은 다양한 단위의 갈등 문제와 새로운 평화 개념인 '다문화주의' 를 포함했다.

> 8항 : 교육은 개인, 성, 민족, 문화 등의 다양성에 존재하는 가치를 인식하고 수용하며 다른 사람들과 의사 교류하고 가진 것을 나누고 협력할 수 있는 능력을 개발시켜야 한다. 다원주의 사회와 다문화적인 세계의 시민들은 상황과 문제에 대한 그들의 해석이 그들의 개인적인 삶, 그들이 속한 사회의 역사 그리고 그들의 문화적 전통에 근원을 두고 있음을 ; 따라서 어떤 개인이나 그룹도 문제에 대한 유일한 해답을 갖고 있지 않음을 ; 그리고 각각의 문제에 대하여 여러 개의 답이 있을 수 있음을 수용해야 한다. 그러므로 사람들은 공통된 지반을 찾기 위해 서로를 이해하고 존중하며 동등한 자격으로 협상해야 한다. 교육은 개인의 정체성을 강화해야 하고 개인과 사람들 사이의 평화, 우정, 연대를 강화시키는 생각과 대안들을 한데 모으는 것을 장려해야 한다.[30)]

『국가 간 이해 증진과 교과서 및 보조 교재 개선을 위한 안내서』(1949)는 좀 더 상세히 살펴볼 필요가 있다. 왜냐하면 독 · 프 역사교과서 협의가 바로 이 모델의 정신에 따랐기 때문이다. 이 안내서에서 가장 중요한 부분은 「교과서 분석/개선 모델(A Model Plan for the Analysis and Improvement of Textbooks and Teaching Materials as Aids to International Understanding)」이다. 「교과서 분석/개선 모델」은 ⓐ분석 목적의 설정, ⓑ분석 대상 교과서의 선정, ⓒ분석 주제(themes) 또는 유목(categories)의 설정, ⓓ분석원칙과 기준의 설정, ⓔ실제 내용 분석 작업, ⓕ분석 결과에 대한 평가의 순서로 방법론을 소개하고 있다. 분석 원칙과 기준은 질적 분석에 적용되는 것인데, 「교과서 분석/개선 모델」은 이러한 질적 분석 이외에 양적 분석도 소개하고 있다. 여기서 주목해야 할 것은 분석 원칙과 기준이다.

30) 이민호·김승렬(2002), 10~13쪽 ; Falk Pingel(1999), *UNESCO Guidebook on Textbook Research and Textbook Revision*, Paris : Unesco, pp. 12~13.

정확성(Accuracy) : 교과서와 보조 교재의 서술들은 정확하며 최근의 자료에 기초해야 한다. 사실의 측면에서 왜곡은 허용되지 않는다. 사건에 대한 해석과 그 해석에 기초한 어떤 일반화된 명제들은 제시된 사실과 구체적인 연관성이 있어야 한다. 즉, 사실적 근거가 없거나 희박한 경우는 피해야 한다. 사용된 어휘나 개념들은 구체적인 예에 따라 정확히 그리고 명확하게 규정되어야 한다. 화보, 차트, 그래프 그리고 지도들도 위의 기준에 적합해야 한다.

공정성(Fairness) : 한 국민국가 내의 소수 그룹, 다른 인종, 다른 민족 구성원들이 공정하게(fairly) 다루어져야 한다. 한 국가에 적용되는 학문성, 정의 그리고 도덕은 이전이나 현재의 적대 관계 국가들에도 동일하게 적용되어야 한다. 자국에 바람직하지 않은 사실들이나 행위들이 무시되어서는 안 되며, 오히려 화해 증진이라는 전망 속에서 적절히 서술되어야 한다. 그리고 논쟁적인 문제들도 객관적으로(objectively) 서술되어야 한다. 만약 협의에 참여한 학자들이 사건에 대한 해석에 합의점을 찾지 못한다면, 최소한 양자 또는 다자간의 의견과 입장들이 교과서에 모두 서술되어야 최소한의 공정성을 확보할 수 있다. 편견, 오해, 갈등을 야기할 소지가 있는 개념들이나 표현들은 되도록 피해야 한다.

현대 문명에의 적합성(Worth) : 교과서와 보조 교재에 나타난 서술, 문제, 화보 등은 현대의 가치에 적합한 지식, 태도, 기술의 발전에 연관성을 가져야 한다.

포괄성과 균형성(Comprehensiveness and Balance) : 제시된 자료의 선택과 그 자료에 대한 해석은 포괄적이며 균형적이어야 한다. 교과서를 배울 학생들의 수준에 적합하게 세계사와 지리, 다른 민족문화, 현대사들이 서술되어야 한다. 전쟁과 국제적 갈등은 국제적 관계의 총체성 속에서 다루어져야 한다. 정치뿐 아니라 예술, 음악, 문학, 종교, 교육, 여가 문화, 과학, 건강, 산업, 노동, 농업

그리고 기타 삶의 다른 측면들이 모두 균형 있게 다루어져야 한다.[31)]

보편적 가치 지향성(World-mindedness) : 자유, 인간의 존엄성, 평등 그리고 우애라는 이상들이 특히 강조되어야 한다. 따라서 인간 상호관계에 대한 도덕적 기준들과 인류에 대한 공통의 책임감도 함께 강조되어야 한다. 문명의 발전, 인류 진보에 대한 장애, 세계의 이상과 영웅, 세계의 상호 의존성, 국제기구와 국제 협력의 필요성도 마찬가지로 분명히 서술되어야 한다.

국제 협력(International Cooperation) : 국가들 간의 평화적 관계의 성취를 위한 노력들과 현재 유엔과 기타 국제기구들의 성과에 대해 적절한 정보가 제공되어야 한다. 평화를 성취하기 위한 국제적 노력을 다루는 것은 국제 협력을 통한 정의 성취의 중요성을 강조하는 것이어야 한다. 이때 최고의 목적은 무조건적인 평화가 아니라 국제법과 자유와 안전에 기초한 평화이어야 한다.[32)]

이상 유네스코가 제시한 교과서 분석의 원칙들과 평가 기준들을 살펴보았다. 정확성 항목에서는 사실 관계 서술이 정확해야 하며 최근 정보에 기초해야 한다는 상식적인 차원뿐 아니라 해석과 이를 입증할 수 있는 해석의 사실적 근거들 간의 연관성도 함께 지적되었다는 점이 중요하다. 현대 문명에의 적합성(Worth) 항목은 모호할 뿐 아니라 진보주의 사관에 기초한 것이기 때문에 근대성과 진보 사관에 대해 문제 제기를 하고 있는 포스트모더니즘도 가치

31) 포괄성과 균형성 항목에 다음과 같은 사항이 더 첨가되어야 한다. 역사적 사건은 대부분 복합적 원인에 의해 야기되기 때문에, 이 자체만으로도 다양한 해석이 가능하고, 또한 이해관계나 인간관, 역사관 등의 이데올로기적 차이로 인하여 다양한 해석이 있을 수 있다. 학생들이 역사 비판 능력을 배양하기 위해 사건의 이러한 다양한 측면을 되도록 제시해 주어야 하며, 이것이 포괄성과 균형성 항목에서 다루어져야 한다. 특히 국제 이해를 위한 교과서 분석에서 국가의 차이에 따른 해석의 차이를 역사교과서가 제시하는 것은 매우 중요하다.

32) UNESCO(1949), *A Handbook for the Improvement of Textbooks and Teaching Materials as Aids to International Understanding*, Paris, pp. 78～79.

있는 것으로 고려되고 있는 오늘날의 관점에서 교과서 분석에 고려해야 할 필수항목이라고 볼 수 없다. 보편적 가치 지향성 항목과 국제 협력 항목은 결국 하나의 항목으로 설정해도 무리가 없을 것이다. 따라서 「교과서 분석/개선 모델」의 분석 원칙을 정확성, 공정성, 포괄성과 균형성, 보편적 가치 지향성으로 다시 구분할 수 있을 것이다. 그런데 문제는 위에서 제시한 '공정하게(fairly)' '객관적으로(objectively)' 그리고 '포괄성과 균형성'에 대한 해석에 있어서 갈등관계에 있는 국가들 간에 이견을 보일 가능성이 높다는 것이다. 이에 대한 구체적인 해답은 「교과서 분석/개선 모델」이 제시하지 않고 있다. 바로 여기에 「교과서 분석/개선 모델」의 한계가 있다.[33] 하지만 이 원칙은 아래에서 확인하겠지만, 독 · 프 역사교과서 협의에서 중요한 분석 원칙으로 활용되었으며, 다른 국가 간 역사교과서 협의에 일반적으로 활용되었다.[34]

2. 유럽평의회

유네스코가 세계 문제를 다루면서도 유럽 문제에 집중하는 기관이라면, 유럽평의회는 처음부터 유럽 문제를 해결하기 위해 창설된 기관이었다. 그것도 유럽 통합의 일환으로 설립된 것이다. 독일과 프랑스의 화해가 유럽 통합의 토대인 점을 감안할 때, 유럽평의회는 독 · 프 역사교과서 협의와 직접적으로 연관된 기구라 할 수 있다. 이뿐만이 아니다. 유럽평의회는 통합되어가는 유럽의 문화적, 역사적 정체성 확립에 큰 관심과 노력을 기울여왔다. 유럽평의회의

---

33) 이민호·김승렬(2002), 55～56쪽.

34) 이 분석 원칙을 동아시아 역사교육에 적용한 분석 사례가 있다. 김정인(2007), 「동아시아 공동 역사교재 개발, 그 경험의 공유와 도약을 위한 모색」, 『역사교육』 제101집, 35～63쪽.

지향점은 민족주의 시대에 각국 민족사의 배경으로만 설정되던 유럽사를 이제 민족사와 새롭게 유기적으로 연결하는 작업이었다. 독 · 프 역사교과서 협의가 결국 유럽 통합의 시각에서 민족사를 새롭게 보는 데로 귀결되었다는 점에서 유럽평의회의 활동은 독 · 프 역사교과서 협의에 큰 틀을 제공했다는 것을 알 수 있다. 또한 유럽평의회는 미 · 영 · 프 점령 독일 지역이 1949년 독일연방공화국(서독)으로 재탄생한 후 처음으로 공식적으로 참여한 국제기구였다.

프랑스는 1948년 겨울부터 보복적이고 억압적인 대독일 정책의 전환을 모색하고 있었다. 마침 1948년 유럽 통합운동 단체들이 네덜란드의 헤이그에 모여 각국 정부가 유럽 통합을 추진하도록 촉구했다. 프랑스는 독일을 프랑스와 영국이 주도하는 유럽 통합의 틀 내에서 통제하는 한편 공영의 길을 마련하기 위해 헤이그의 촉구를 적극적으로 수용했다. 하지만 영국의 불참으로 프랑스의 목적은 달성될 수 없었다. 이 때문에 헤이그 대회가 촉구한 유럽 통합기구는 유럽 통합을 주도할 명실상부한 통합기구가 되지 못했다. 1949년 창설된 이 기구의 명칭은 협의기구임을 나타내는 '유럽평의회(Council of Europe)'로 명명되었다. 그렇지만 이 기구는 향후 유럽 통합에 필수적인 문화 통합을 선도하는 역할을 하게 되었다. 유럽평의회는 유럽 분쟁과 독 · 프 갈등의 상징인 알사스 지방의 중심지 스트라스부르에 위치해 있다. 유럽평의회 설립자들은 교과서가 국수주의, 공격적 민족주의, 인종적 · 문화적 우월감을 조장하고 있음에 주목했다. 이러한 인식에 따라 역사교육 및 역사교과서와 관련된 활동은 유럽평의회 활동에서 특별한 위치를 차지하고 있다. 유럽 국가들 간 역사교과서 개선 활동은 유럽평의회의 첫 번째 교육 관련 활동 영역이었다.[35)]

---

35) Council of Europe(1995), *Against bias and prejudice-The Council of Europe's Work on History Teaching and History Textbooks*, Council for Cultural Cooperation, Strasbourg, p. 5.

유럽평의회는 처음 유럽의 문화적 정체성을 확립하는 일에 매우 조급했다. '유럽 공동의 유산(common European heritage)'을 찾으려는 노력이 실패한 것에서 이를 확인할 수 있다. 먼저 연방주의자들과 반연방주의자들의 논쟁을 보자. 유럽연방주의자들은 '샤를마뉴 이후 존재했던 기독교적 전통과 게르만인들의 강인함', '데카르트, 칸트, 괴테 등의 위대한 인류 교사의 전통', '16세기 이래 대항해의 유럽적 전통', '19세기의 산업혁명', '프랑스대혁명' 등의 공동의 문화유산을 유럽연방의 정당화 논리로 사용한 반면, 반연방주의자들은 '각 국민국가의 독특한 민족적 전통, 정치적 사상의 상이성' 등을 근거로 내세우며 유럽 공동의 문화유산의 존재 자체를 부정했다. 이러한 대립의 결과 '정치 통합은 문화적 현상이 아니라 정책 결정자들의 정치적 의지에 따른 것'이라는 점에 모두 동의함으로써 연방주의의 정당화 논리로서 유럽 공동의 문화적 유산에 대한 논의는 중단되었다.

다음은 유럽 국민국가들 간의 문화 협력을 강화하기 위한 '유럽 문화의 개념' 정립에 대한 논의를 살펴보자. 유럽 공동의 문화유산에 대한 적극적 개념 정의에 관한 토론에서 인간의 가치와 민주주의적 전통을 그리스의 민주적 전통에서, 기독교적 전통에서, 그리고 프랑스대혁명에서 각각 도출하고자 하는 입장들이 서로 대립되었다. 각각의 주장들에 대해, 그리스 민주주의는 노예제가 전제되었다는 점, 기독교는 반민주적인 역사적 경험을 많이 지니고 있다는 점, 프랑스대혁명은 폭력적으로 귀결되었다는 점 등이 반대 논거들로 제시되었다. 그래서 다음과 같은 결론이 제시되었다. "유럽 문화는 그리스-로마적 휴머니즘에서 태동하여 기독교에 의해 발전되고, 그리고 자유를 추구하는 노력에 의해 수세기에 걸쳐 풍부해졌다." 그러나 문화 협력을 강화하기 위해 대중에게 호소할 수 있는 간단한 상징적 슬로건이 필요한데, 위의 표현은 너무 복잡하다는 이유에서 결국 채택되지 못했다. 그래서 '유럽 공동의 문화유산은 전체주의, 민족주의적 분리주의, 이데올로기적 대립 그리고 비인간적인 자본주의적 생활방식과 다른 그 무엇이" 이라는 부정적 개념 정의만이 채택되었다. 앞의 두 논의와 달리 1950년에 채택된 '유럽 인권 선언' 에 대한 회의 시 유럽 문화는 최소한 인간의 존엄성을 지키고 고양하고자 하는 노력을 핵심으로 한다는 점이 인정되었다. 유럽평의회 논의는 유럽의 문화적 정체성이 정의될 수 있을 것 같지만, 실제로는 정의되기 매우 어려운 복잡한 것임을 보여주었다.[36)]

유럽의 문화적, 역사적 정체성을 확립하는 길은 시간과 인내를 요하는 긴 여정이었다. 하지만 유럽 공동의 문화유산에 대한 부정적 개념 정의는 역사교육과 관련한 유럽평의회 활동에 중요한 밑거름이 되었다. 이후 유럽평의회는 유럽사와 각국 민족사의 연관성을 찾아나가면서 유럽의 정체성을 조심스럽게 확립해나갔다. 1950년대 유럽평의회는 여섯 번에 걸쳐 역사교육 관련 회의를 개최했다. 이들 회의는 회원국들의 교과서에서 유럽의 역사가 어떻게 다루어지고 있는가를 다루었다. 이를 위해 회원국들의 학교에서 사용 중인 총 2,000여 종의 교과서 중에서 900여 종을 교육부 관계자, 교과서 저자, 교사들이 분석했다. 편견의 성격과 유형, 어휘의 모호성, 역사 시대 구분 문제, 비유럽 국가들의 역사와 식민주의, 전쟁과 평화, 과학과 기술의 역사, 종교, 문화와 예술의 역사, 여성 해방 등 다양한 관점에서 매 회마다 권고문이 작성되기도 했다.

36) 김승렬(2004), 「다양성 속의 통일 : 통합 유럽 문화사 연구 시론」, 김수업 외, 『인문학의 새길을 찾기 위한 반성과 실천』, 박이정, 205~207쪽 ; Aleksandar Pavković(1999), "What is Common European Heritage? The Debates in the First Consultative Assembly of the Council of Europe, 1949," *Journal of European Integration History*, vol. 5, no. 2, pp. 63~73.

1965년 회의 '중등 과정에서의 역사교육'에서 참가자들은 유럽 국가들이 단일한 내용의 유럽사를 가르칠 수는 없겠지만, 최소한 다루어야 할 유럽사 내용요소에 대한 권고가 필요하다는 점에 합의했다. 이들이 제시한 최소 내용요소는 다음과 같다. 그리스 문명, 로마 문명, 비잔틴 문명, 유대교, 기독교, 이슬람교 등 과거와 현재의 여러 문명들이 유럽에 미친 영향, 유럽사와 관련된 민족 이동(게르만, 노르만 등), 봉건제도, 교회, 중세의 농촌과 도시, 십자군 전쟁, 중세의 여러 제도와 법, 중세 사상과 예술, 인문주의와 르네상스, 종교개혁 운동들, 신항로 개척과 해외 팽창, 자본주의의 발달, 근대국가의 대두, 절대주의 정체와 대의제 정체, 고전주의와 바로크, 계몽주의, 산업혁명과 농업혁명, 18~19세기의 혁명들 및 자유주의와 민족주의, 사회주의, 19~20세기 지적 · 예술적 · 과학적 · 기술적 발전, 유럽의 팽창과 식민 제국 형성, 두 차례의 세계 대전, 민주주의, 공산주의, 파시즘, 오늘날의 유럽, 유럽 역사의 여러 시기에서 나타난 유럽 통합 추세가 바로 그것이다. 1991년 회원국의 교육부 장관들은 정기 회의에서 "유럽의 민족 및 국가들의 기원, 그들의 변화 과정에 영향을 미친 사회적 · 정치적 · 이데올로기적 · 종교적 운동들, 힘의 갈등, 이념, 문화적 작업, 이주와 이민"을 젊은이들이 학습해야 한다고 권고했다. 이들은 1993년 회의에서 유럽사에 나타난 국가 간, 종교 간, 이념 간 긍정적인 상호 영향을 강조하고, 이를 통해 각국의 역사교육에서 타자에 대한 부정적 고정관념을 순화할 필요성을 제기했다. 그리고 유럽의 청소년들이 자신들이 속한 지역과 국가의 시민으로서만이 아니라 유럽과 보다 넓은 세계의 시민으로서 스스로 인식할 수 있도록 교육이 이루어져야 한다는 점 또한 강조했다.

1980년대 유럽평의회는 산하에 '문화 협력을 위한 평의회(Council for Cultural Cooperation : CDCC)'를 창설했다. 이 기구는 교사를 비롯한 회원국의 역사교육 관계자들의 연수 프로그램을 운영한다. 특히 새로운 민주주의 체제를 도입한 구공산권 국가들에 이 프로그램이 많은 도움을 주고 있다. 이 또한 유럽평의회가 유럽의 문화적 정체성을 확립하는 데 작지만 지속적인 영향을 미치는 중요한 계기다. 이처럼 유럽평의회는 다양성에 기초한 유럽의 문화적 정체성에 대한 인식을 확대하고 그 계발을 장려하며 유럽 민주주의의 안정을 공고히 하는 것을 목표로 유럽 사회가 직면하는 주요 문제들(인권, 언론, 교육, 문화, 환경 등. 단 방위문제는 제외)에 관련된 활동을 수행하고 있다.[37]

II. 독일-프랑스 역사교과서 협의 활동

1. 1920~1930년대 독일과 프랑스의 역사교육의 변화

앞서 보았듯이 양국 관계는 1920년대 중반에 개선될 조짐이 보였다. 교전 당사국들은 1925년에 로카르노(Locarno) 부전조약을 맺고 분쟁을 평화로운 방법으로 해결할 것을 약속했다. 독일이 국제연맹에 가입한 1926년, 독일 외무장관 스트레제만(G. Stresemann)과 프랑스 외무장관 브리앙(A. Briand)이 노벨 평화상을 공동 수상하자 양국의 화해 분위기는 무르익었다. 1929년 프랑스는 독일을 비롯한 유럽 국가들에 유럽 통합을 제안하기도 했다. 이 계획은 세계대공황과 독일의 우경화로 논의조차 하지 못했지만, 이 시기 시작된 양국 간 역사교과서 협의에 우호적인 환경을 조성한 것은 분명하다.

---

37) 이민호 · 김승렬(2002), 16~23쪽 ; Maitland Stobart(1992), "Fifty years of European cooperation on history textbooks : The role and contribution of the Council of Europe," *Internationale Schulbuchforschung*, Vol. 21, pp. 165~179.

제1차 세계대전 후 양국에서 양국 관계 및 민족주의에 대해 새로운 사고를 하는 소수의 역사 교사와 역사가들이 영향력을 발휘하기 시작했다. 독일에서 1920년 초 교육개혁 시기에 '교육개혁주의자 연맹(Bund enstschiedener Schulreformer)'은 소위 평화교육의 헌장이라 불리는 카베라우스(Siegfried Kaweraus) 교육개혁 프로그램에서 다음과 같이 요구했다. 독일 역사교과서에 입증되지 않은 모든 비진실의 제거, 이중 도덕의 폐기, 외국의 긍정적인 성과에 대한 인정, 다른 민족이나 인종을 멸시하는 내용의 지나친 일반화의 자제, 제1차 세계대전의 책임 문제에 대한 공정한 서술 그리고 국제연맹에 대한 강조가 그것이다. 1929년 독일 브라운슈바이크(Braunschweig)에서 이러한 정신에 기초한 역사교과서 『역사와 역사관』이 출간되었다. 이것은 이전의 교과서를 대체했지만, 안타깝게도 1930년에 권좌에 오른 나치 정권에 의해 사용 금지 처분을 받았다.[38)]

프랑스에서도 1919년 카베라우스의 교육개혁 프로그램과 같은 내용이 선언된 바 있다. 즉, 프랑스(Anatole France)는 투르(Tours)에서 개최된 1919년 프랑스 초등교육대회에서 "증오를 가르치는 모든 교과서는 불태워라"고 요구했다. 그리고 역사교과서 개선 활동의 선구자 중의 한 명이자, 수년 동안 프랑스 전국교원노조(Syndicat National des Instituteurs)의 서기장이었던 라피에르(George Lapierre)도 1919년부터 각국의 역사교과서에서 다른 민족을 폄하하고 자민족만을 숭고하게 묘사하는 태도를 비판하여 왔다. 그는 1926년 프랑스 전국교원노조 스트라스부르 연례 총회에서 다음과 같은 보고를 했다.

---

38) Otto-Ernst Schüddekopf(ed.) (1967), *History Teaching and History Textbook Revision*, Strasbourg, pp. 14~15.

> 우리는 매일 프랑스 젊은이들을 '전쟁 공포의 박물관' 으로 인도하는 그런 역사교과서와 독본을 더 이상 원하지 않는다. 우리는 불신, 경멸, 증오 그리고 전쟁의 씨앗을 뿌릴 수 있는 그런 왜곡된 역사교과서를 더 이상 원하지 않는다. 우리는 역사적 진실을 밝히는 데 실패하고 증오를 환영하는 저자의 교과서를 추방할 것이다.[39)]

위에서 소개한, 널리 활용된 프랑스 교과서의 저자인 이삭(Jules Isaac)도 1920년 말에 입장을 전향적으로 바꾸기 시작했다. 그는 다른 많은 동료들과 달리 프랑스 역사교과서를 향한 독일인의 비판을, 타자의 관점에서 자신을 바라볼 수 있게 해주는 가치 있는 것이라고 보기 시작했다. 그의 태도 변화의 원인은 그 자신도 사용한 프랑스의 공식 독일 전쟁보상 금액 산정이 잘못되었음을 알았기 때문이다. 그는 다자적 관점(multiperspektiv)에서 자국의 교과서를 보아야 한다는 이론을 전개했는데, 특히 독일에 관한 서술 부분에서는 독일의 시각도 참조하는 소위 '두 가지 시각(deux points de vue)' 이론을 발전시켰다.[40)] 이러한 소수의 노력은 큰 결실을 맺었다. 7만 명이 넘는 프랑스 교사들은 타민족을 경멸하는 표현이 강한 프랑스 교과서 26권을 고발하고 더 이상 활용하지 않기로 결의한 것이다. 교과서 출판사들은 문제 있는 초등학생용 교재 28종(역사교과서 7종)을 자진 수거하고 일부 내용을 수정했다. 수거된 역사교과서에는 고티에-데샹(Gauthier-Deschamps) 교과서도 포함되었다.

프랑스의 새로운 역사 연구 경향은 프랑스 역사교육계의 새로운 모색에 큰 도움이 되었다. 1929년 블로흐(M. Bloch)와 페브르(L. Febvre)의 주도로 닻을 올

39) "Rapport tendant à la radiation des livres scolaires de tendances bellicistes figurant sur les listes départementales," 1926 ; 오토 에른스트 쉬데코프 외 저, 김승렬 역(2003), 40~41쪽에서 재인용.

40) Rainer Bendick(2000), p. 312.

린 『아날(Annales)』은 민족국가를 최고의 단위로 설정하는 정치사에서 탈피하여 다양한 시공간의 역사에 대한 비교 연구를 시도했다. 19세기 실증 사학을 계승한 세뇨보(Ch. Seignobos) 역시 국가 중심의 정치제도사의 시각에서 탈피하여 "농업, 산업, 통상, 인구 등 지금까지 어둠에 묻혀 있던 일상적 삶의 관점에서" '프랑스 민족'을 논하고자 했다. 양국 간의 화해 분위기 속에서 1930년대 초반부터 독일인과 독일 역사에 대해 비교적 공정한 평가를 담으려 애쓴 역사서들이 등장하기도 했다. 역사가 젤레(G. Zeller)는 『천 년 동안의 프랑스와 독일』(1932)에서 지난 세월 동안 두 나라 사이에 전쟁과 침략만 있었던 것이 아니라 화해와 공영의 시대도 있었으며 두 나라는 원래 한 뿌리에서 나왔다는 점을 강조했다.[41]

페브르는 젤레와 같은 입장에서 라인 강의 역사를 새롭게 썼다. 『라인 강. 역사와 경제의 문제(Le Rhin. Problèmes d' histoire et d' économie)』(1935)가 바로 그 책이다. 이 책은 지금까지 정치적 목적을 위해 봉사하던 독일과 프랑스의 민족주의 역사학의 한계를 명확히 인식하고 새로운 차원에서 접경 지대 역사를 이해할 필요를 제기했다. 그는 "역사학과 지리학이 정치적 목적에 휘둘려서는 안 되며, 연구 대상을 사실 그 자체로 이해해야 한다"고 말했다. 이런 맥락에서 그는 라인 강에 대한 역사 서술에서 독일인들에 의해 만들어져온 '독일의 라인' 신화를 거부하였으며, 프랑스의 '라인 강을 자연적 경계'로 바라보는 시선 역시 거부했다. 그는 라인 강이 16세기부터 프로이센과 프랑스 사이를 나누는 경계로 생각되었으며, 19세기에 들어 민족주의자들 사이에서 라인 강을 둘러싼 치열한 대립이 형성되었다는 점을 밝혔다. 이런 접근을 통해 그

41) 이용재(2007), 201쪽 ; Ch. Seignobos(1933), *Histoire sincère de la nation française*, P.U.F ; G. Zeller(1932), *La France et L'Allemagne depuis dix siècles*, Armand Colin.

는 역사(학)의 민족주의적 오용을 비판했다. 그에 따르면, 민족주의 역사학은 현실적인 적대 관계를 먼 과거에 투영함으로써 정치적 공격 행위를 합리화할 뿐만 아니라, 장기적으로 경계 지역을 둘러싼 이웃과의 연결망을 파괴하는 것에 다름 아니었다. 그가 주목한 것은 수세기 동안 이 지역에 거주했던 사람들의 삶이었다. 이런 관점에서 그는 라인 지방을 둘러싸고 전개되던 로마 문명과 게르만 문명 사이의 종합에 주목하였으며, 교회, 도시, 군주, 왕가의 틈바구니에서 '살고, 일하고, 기도하고, 사랑하며, 증오하고, 사회적이고 자연적인 환경과 대결해온' '실제적인 인간들' 을 다루고자 했다. 이런 그의 관심이 지향하고 있는 바는 명백했다. 그는 19, 20세기에 들어 극한을 향해 치닫는 갈등은 지역민들의 구체적인 삶의 역사에 비해 '비교적 최근의 현상' 에 불과하며, 이런 갈등을 '천 년의 전사' 를 통해 입증해내려는 시도는 불합리하고 이치에 어긋난 행위라고 비판했다.

물론 라인 강을 바라보는 페브르의 시각에도 문제점이 있었다. 1930년대의 정치적 상황과 그에 따른 애국주의적 논리의 영향으로 이 책 역시 독일에 대한 선입견을 담고 있었다. 그는 루이 14세의 알사스 점령을 평화정착이라는 점에서 긍정적으로 파악한 반면, 프로이센을 '동부적 속성', '아시아적 속성을 내포한 야만성' 의 구현으로 파악하는 등 부정적으로 서술했다. 아울러 19세기 프로이센의 헤게모니 정책을 '재정복(Reconquista)' 이라고 묘사함으로써 독일과 프랑스 간의 균형 잡힌 인식에 이르지 못한 점도 보이고 있다. 그러나 그는 라인 강을 다루면서 '경계 지대에 사는 사람들' 의 문제를 중심에 놓았으며, 그들의 심성이 결코 인종이나 민족 혹은 언어와 같은 장기적 요소나 단기적 정치적 대결에 의해 좌우되는 것이 아니라는 점을 명확히 밝혔다. 또한 그의 접근법이 갖는 강점은 라인 강을 독일이나 프랑스의 강이 아니라 '유럽의 강' 으로 발견하는 데 있었다.[42]

제1차 세계대전의 원인에 대한 인식에서도 새로운 시각이 등장했다. 앞서 소개한 이삭이 그 주인공이다. 그는 『역사적 토론 : 전쟁의 기원 문제』(1933)에서 전쟁 책임 문제 권위자인 르누뱅(P. Renouvin)과 블로흐가 독일과 오스트리아의 동맹 관계에서 전쟁의 기원을 찾는 데에 이의를 제기하면서 "만일 중부 제국들(동맹국)이 의도적으로 전쟁을 제공했다면, 유럽(협상국)은 적들조차 놀랄 정도로 신속하게 의도적으로 전쟁을 수용했다"는 주장으로 맞섰다. 그에 따르면, "엄정한 역사적 시각으로 볼 때, 책임이라는 문제는 있을 수 없다." 따라서 "중부 제국들이든, 프랑스 · 러시아든, 삼국 협상국이든, 어느 한 쪽만을 겨냥한 일방적인 전쟁 책임론은 받아들일 수 없다"고 결론짓는다.[43)]

바이마르 공화국이든 나치 체제든 독일은 이 당시 베르사유 조약 및 독일 단독 책임론을 강하게 비판했다는 점을 생각하면, 프랑스 역사학계의 이러한 주장들은 획기적이다. 전반적으로 볼 때, 적어도 1930년대까지는 역사교과서 개선 활동에서 프랑스가 한발 앞서가고 독일이 머뭇거리며 그 뒤를 따라가는 형편이었다고 평가할 수 있다. 그 결과 1930년대 중반 독 · 프 역사교과서 대화는 프랑스의 주도로 시작될 수 있었다.[44)]

2. 「1935년 합의안」

1932년에 역사교육 국제위원회가 헤이그에서 발족했다. 여기서 르누뱅,

42) 박용희(2008), 「'분쟁'의 역사학에서 '공존'의 역사학으로」, 김승렬 편, 『유럽의 영토 분쟁과 역사 분쟁』, 동북아역사재단(근간).

43) Jules Isaac(1933), *Un débat historique, le problème des origines de la guerre*, Rieder Editeurs, p. 228.

44) 이용재(2007), 205쪽.

이삭, 라피에르 등 프랑스 측 대표자들은 헤레(P. Herre), 라이만(A. Reimann) 등 독일 측 대표자들과 양국 간의 역사교과서 내용을 개선할 필요가 있다는 데 의견을 같이했다. 하지만 구체적인 협의에 들어가기도 전에 독일에서 1933년 나치 정권이 들어서고 국제 관계의 긴장이 고조되기 시작하자 역사교육 국제 위원회는 실질적인 활동을 중단할 수밖에 없었다. 하지만 독일과 프랑스의 역사가들이 별도로 모여서 역사교과서 개선 문제를 논의하자는 제의가 놀랍게도 독일 측 역사가 라이만에게서 나왔다. 사실 독일에서는 1933년에 나치가 정권을 장악한 후, 민족사회주의에 입각한 국민교육을 강화하기 시작했으며 새로 발족한 독일 역사협회는 민족사회주의 이데올로그이며 내무상인 로젠베르크(Rosenberg)의 후원 아래 독일인의 긍지와 우월성을 강조하는 새로운 공식 역사교과서를 준비하고 있었다. 독일로서는 자국 역사교육을 강화하는 일환으로, 독일에 대해 지나치게 부정적인 해석을 싣고 있다고 판단된 프랑스 역사교과서의 편파성을 부각시킬 기회를 잡을 요량으로 라이만의 교섭을 지원하고 나선 것이었다. 라이만 스스로도 나치의 입장을 부분적으로 공유했다. 그는 랑케 이래 지속적으로 발전한 실증 사학의 전통으로 독일 역사학과 역사교육은 프랑스보다 더 객관적이라는 생각을 하고 있었다. 그는 민족주의적 역사학을 객관성이라는 이데올로기로 정당화한 셈이다. 따라서 프랑스 측으로서는 독일의 제안을 의심할 수밖에 없었다. 하지만 그들은 반신반의하면서도 기꺼이 환영하였으며, 정부로부터 어떤 지침이나 훈령을 기다리지 않고 자율적으로 협의에 나섰다.[45)]

45) 이용재(2007), 205쪽 ; Rolf Wittenbrock(2006b), "Deutsch-französische Schulbuchgespräche im 20. Jahrhundert", 동아시아 상호인식과 역사교육, BK21 고려대학교 한국사학교육연구단 제1회 국제학술심포지엄(2006. 11. 27~28) 발표문.

쟁점 사항들에 대해 상대방의 교과서 내용을 검토한 보고서를 바탕으로 양측이 회동한 것은 1935년 11월이었다. 프랑스 측에서는 보고서 작성자 5명을 포함하여 7명이 참석했으나 독일 측에서는 약속과 달리 2명만 참석했다.[46] 양측은 미리 작성해온 보고서를 서로 교차 검토하면서 일주일 동안 주로 프랑스 대혁명 이후의 독·프 현대사의 주요 국면들에 대해 열띤 토의를 벌였다. 절대왕정 시기 프랑스의 루이 14세와 프로이센의 프리드리히 2세의 치적에 대한 평가, 프랑스대혁명의 의의와 독일에 미친 영향, 나폴레옹의 유럽 제패와 이에 맞선 독일의 해방전쟁, 19세기 상반기 독일과 프랑스의 우호관계 등에 대해서는 비교적 순조롭게 의견 조정과 합의가 이루어졌다. 하지만 1870~1871년 보불전쟁부터 제1차 세계대전과 그 이후 시기, 즉 전쟁의 상처가 채 아물지 않은 양국 국민들에게 분노와 증오의 기억으로 남아 있는 사안들에 대해서는 합의를 도출하기 힘들었다.

견해차가 가장 큰 사안은 물론 여전히 양국 간에 분쟁의 불씨를 안고 있는 제1차 세계대전의 기원 및 책임 문제였다. 이 문제는 승전국 프랑스든 패전국 독일이든 국민 감정을 심각하게 상하게 할 수 있기 때문에 양보하기 힘든 사안이었으며 두 나라 사학계의 집요한 논쟁의 대상이었다. 의견 조율이 힘든 민감한 사안들에 대해서는 합의 조항 하단에 양측의 견해차를 명시한 '유보'를 다는 방식으로 처리했다. 총 39개 조항 중 유보가 달린 조항은 나폴레옹 3세와 비스마르크의 대립에 대한 제8조, 독일과 프랑스 사이의 갈등을 부른

46) 프랑스 측 참석자 : P. Renouvin파리(소르본 대학교 교수, 국제관계사 전공), J. Isaac(중등학교 교사, 교육부 장학관, 역사교과서 저자), M. Morizet(역사교원협회 회장), P. Mantoux(학예연구소 교수), G. Pagès파리(소르본 대학교 교수), Weill-Reynal(중등학교 교사), P. Lapierre(중등학교 교사, 전국교원노조 대표). 독일 측 참석자 : A. Reimann(역사교원협회 회장, 베를린 역사협회 회장), P. Herre(라이프치히 대학교 교수, 제국기록보관소 소장).

1911년의 모로코 위기에 대한 제15조, 그리고 제1차 세계대전과 전후 처리에 관련된 7개 조항(제20조, 제26~29조, 제35조, 제37조) 등 모두 9개 조항에 이른다. 이로써 1935년에 처음으로 「독일-프랑스 역사교과서 합의안」이 탄생했다. 양측 대표는 "모든 교과서 제작자와 저자들에게 전달되고 일선 교사들에게 알릴 수 있도록, 채택된 권고안(유보 조항 포함)을 하나도 빠짐없이 가능한 한 빨리 출판" 하기로 합의했다.[47)]

이 권고 합의안은 독일 측이 출판 연기를 요청하는 진통을 겪은 끝에 프랑스에서 1937년 5월이 되어서야 역사교원협회 기관지인 『역사 · 지리교원협회보(Bulletin de la Société des Professeurs d'Histoire et de Géographie)』를 비롯해서 전국교원노조 기관지 『해방학교(L'école émancipateice)』 등에 실렸으며, 여러 시사 주간지들이 양국 역사가들의 활동을 소개하는 기사를 실었다. 하지만 독일에서는 권고 합의안은 나치의 산하 단체 기관지인 『민족사회주의 교육(Nationalsozialistische Erziehung)』의 베를린 지부판에 실려 관심 있는 독일인들이 볼 수 없었다. 프랑스 측은 이에 실망했다. 더구나 독일 역사교원협회의 회보 『과거와 현재(Vergangenheit und Gegenwart)』가 권고안 대신 이에 대한 비판을 담은 논평을 싣자 프랑스 측의 실망은 더욱 컸다. 이듬해 초 『베를린 월보(Berliner Monatshefte)』(1938. 2)에 실린 익명의 논설은 권고안 자체를 폐기할 것을 주장했다. 민족사회주의 교육을 강화하려는 나치 정부의 개입과 이에 따른 독일 역사가들의 태도 변화 때문에 「1935년 합의안」은 무산되었다. 이삭은 독일과 프랑스의 첫 교과서 권고안 합의가 "프랑스 측의 성급한 기대에 훨씬 미치지 못하면서" 막을 내렸다고 평가했다.[48)]

---

47) 이용재(2007), 206쪽.

48) Jules Isaac(1938), "Une tentative d'accord franco-allemand au sujet des manuels d'histoire," *Revue d'histoire de la Guerre mondiale(avril)*, p. 130.

사실 1933년 나치가 정권을 장악한 후 독일에서 국제 교과서 협의 활동은 더 이상 진전을 보지 못했다. 나치 집권기에도 독일 역사가 및 교사들이 프랑스 또는 폴란드의 역사가 및 교사들과 역사교과서 개선을 위해 자못 진지한 자세로 협의에 임했지만, 이는 어디까지나 나치 정권의 정치적 책략 안에서 이루어진 것이었다. 독일의 협의 당사자들은 효과가 없다고 판단될 때에는 가차 없이 협의를 중단했다. 더구나 나치의 침략으로 1939년 제2차 세계대전이 발발하자 유럽에서의 모든 교과서 협의 활동은 중단되었다. 프랑스와 독일 사이뿐만 아니라 유럽의 교전 당사국들 사이에서 역사교과서 개선 활동이 일정한 성과를 얻기 위해서는 또 한 차례의 전쟁을 겪어야만 했다.[49] 그러나 이 활동은 제2차 세계대전 이후 독일-프랑스 교과서 협의의 중요한 기초 기능을 하게 되었다.

3. 「1951년 합의안」

앞서 설명했듯이, 1945년 이후 유네스코와 유럽평의회의 활동은 독일과 프랑스의 역사교과서 대화에 직간접적으로 큰 도움을 주었다. 하지만 양국 간 역사교과서 협의는 양국의 역사가와 역사 교사들 간의 자발적인 협의가 없었다면 불가능했다. 그것도 국가기관이 주도한 것도 아니었다. 1930년대 중반처럼 이번에도 프랑스에서 시작되었다. 1930년대에 프랑스 역사교과서 개선을 위해 많은 활동을 했던 라피에르는 1944년 2월 독일 브란덴부르크의 한 포로수용소에서 프랑스 친구들에게 보낸 편지에서, 장차 교사들 간의 국제적

---

49) 이용재(2007), 206~207쪽.

연대를 구축하기 위한 시도를 새롭게 해줄 것을 당부했다. 하지만 민족의 가치를 너무 성급하게 무시하는 것은 일을 그르칠 수 있다고 경고하기도 했다. 그에 의하면 교육은 시대를 앞서 나아가 미래 세대의 수준에 적응해야 할 의무를 지고 있다. 그는 이 편지를 쓰고 난 후 바로 포로수용소에서 유명을 달리했다. 그의 뜻은 1945년 독 · 프 역사교과서 협의 활동에 중요한 밑거름이 되었다.[50)]

라피에르의 후임인 교원노조 서기장 카발리에(Marie-Luise Cavalier)와 옹부르제(Emile Hombourger)는 라피에르가 소망했던 바와 같이 전후 독 · 프 역사교과서 협의 활동을 준비했다. 전쟁이 끝난 후 1948년 이들의 주도로 독일, 오스트리아, 벨기에, 프랑스, 스위스의 역사가들이 스피르(Spire)에 모여 독일 교과서를 검토하기 위해 각국 정부로부터 독립된 '교과서 연구 국제위원회(Commission Internationale d'Etude des Manuels Scolaires)'를 세웠다. 전후 독 · 프 역사교과서 협의에 중요한 역할을 하게 될 독일 브라운슈바이크 칸트 교육대학교 교수 에케르트(G. Eckert)도 여기에 참가했다. 옹부르제는 이 국제위원회의 위임을 받아 '교육국제연대 준비위원회(Commission Préparatoire Internationale de l'Enseignement, Budapest)'에 『독일 교과서 개선에 대한 연구(Première Etude sur la Révision des Manuels Scolaires Allemands)』(1948)라는 보고서를 제출했다. 여기서 그는 네 개의 독일 점령지역에서 사용되는 교과서들을 비판적으로 검토했다. 그는 이 연구 활동이 독일 동료들과의 협력 속에서 계속되어야 한다고 주장했다.[51)]

역사교과서 개선에 관심 있던 독일인들은 그의 주장을 환영했다. 세 개

50) 오토 에른스트 쉬데코프 외 저, 김승렬 역(2003), 63~64쪽.
51) 오토 에른스트 쉬데코프 외 저, 김승렬 역(2003), 64~65쪽.

의 서방 연합국 점령지역의 교원노조 대표자 총회(Vertreter-Versammlung der Lehrergewerkschaft)는 1949년 에케르트가 책임을 맡고 있는 '독일 교사협회들의 작업공동체 역사교육 위원회(Ausschuß für Geschichtsunterricht der Arbeitsgemeinschaft deutscher Lehrerverbände)'에 나치의 집권으로 단절된 국제 관계의 재구축과 외국 동료들과 함께 "진정한 관용의 정신 속에서 자유로운 토론을 할 수 있는" 학술대회의 개최를 위임했다. 이에 따라 1949년 프랑스, 영국 그리고 덴마크의 역사교사협회들[52]과 최초의 협정을 체결했다. 이때 프랑스 전국교육연맹(Fédération de l'Education nationale)은 "프랑스와 독일 교사들이 평등성과 상호성에 기초한 그리고 완전히 자유로운 분위기 속에서 협력하려는 노력 없이는 의미 있는 교과서 개선은 실효를 거둘 수 없다"는 시기 적절한 결정을 내렸다. 전후 독·프 관계에서 점령기에 이미 중요한 접촉이 이루어졌다는 사실이 중요하다. 바로 이 접촉들이 1950년대 초의 교과서 대화를 가능하게 할 것이었다.

프랑스의 점령정책 중 문화정책은 영·미 점령지역에서보다 훨씬 더 나은 것으로 평가된다. 독일에 대한 우호적인 문화정책과 독일과의 화해를 위해 노력한 그로세(Alfred Grosser), 로방(Joseph Rovan) 등 지식인들은 교과서 대화에 유리한 환경을 마련해주었다. 독일과의 교류를 위한 프랑스위원회(CFEAN)도 중요한 가교 역할을 했다. 또한 슈미틀렝(Raymond Schmittlein), 모로(Jean Moreau) 등 문화/교육 담당 관리들의 역할도 언급되어야 한다. 슈미틀렝은 프랑스의 독일 점령지에서의 문화 활동을 지원하는 데 적극적이었다. 스피르의 만남뿐 아니

---

52) 프랑스 : 역사 · 지리교원협회(Société des Profeseurs d'Histoire et de Géographie, Edouard Bruley가 책임자임), 영국 : 역사협회 국제위원회(International Committee of the Historical Association, E. H. Dance가 책임자), 덴마크 : 역사교사협회(Foreningen af Gymnasie-og Semniarielaerere I Historie, Lindhardt-Hansen이 책임자).

라 이후의 독 · 프 역사교과서 협의 활동도 그의 지원을 통해서 원활히 진행될 수 있었다. 이러한 교류들은 1950년대 초의 독일-프랑스 교과서 협력을 가능케 한 토대가 되었다.[53)]

프랑스 측에서는 프랑스 역사 · 지리교원협회가, 독일 측에서는 브라운슈바이크 대학 교수 에케르트가 운영하는 국제교과서연구소가 민간 차원에서의 회합과 논의에 주도적 역할을 담당했다. 역사교과서 문제를 논의할 전문가 위원회가 설립되어 두 나라 역사가 및 역사 교사들의 첫 회합(제1차 회의)이 1950년 8월 독일의 프라이부르크(Freiburg)에서 개최되었다. 풍부한 교육 경험을 가진 프랑스 역사 교육자 10명, 독일 역사 교육자 23명[54)]이 모인 프라이부르크 회합에서는 역사교과서 개선을 위한 정지 작업의 일환으로 양국 교육제도와

---

53) C. Zimmerman(2005), *Die Aufbanphase der deutsch-frenzöszsche und der deutsch-polmischem Schulgerpräche 1950~1967 bzw. 1972~1976. Versuch einer Vergleichs*, Diplomarbeit, p. 188.

54) 양측 참석자는 다음과 같다.
프랑스 측 : MM. Aubert, 파리 콩도르세(Condorcet) 고등학교 교사 ; Bonnet, 파리 미슐레(Michelet) 고등학교 교사 ; Bruley, 역사 · 지리교원협회 회장 ; Droz, Professeur à la Faculté des Letrres de Clermont-Ferrand ; Fouret, Agrégé d'allemand Inspecteur général de l'Instruction publique ; d'Hoop, 파리 볼테르(Voltaire) 고등학교 교사 ; Renouvin, 파리 소드본 대학교 교수 ; Sigmann, 스트라스부르 게르만연구소(Institut d'études germaniques Strasbourg) 교수
독일 측 : Dr. G. Bonwetsch, 교육부 심의관, Detmond, 독일 역사교원협회 의장 ; Prof. Dr. G. Eckert, 브라운슈바이크 칸트 대학교(Kant-Hochschule, Braunschweig) 교수, 독일 교사협회들의 작업공동체 역사교육 위원회 의장 ; Prof. Dr. Göhring, 마인츠 유럽사연구소(Institut für Europäische Geschichte, Mainz) 연구원 ; Prof. Dr. Herzfeld, 자유베를린 대학교 교수 ; Dr. H. Krausnick, 뮌헨 현대사연구소 연구원 ; Dr. K. Mielcke, 교육부 심의관 ; Prof. Dr. G. Ritter, 프라이부르크 대학교 교수 ; Dr. H. Röhr, 마르부르크 필립스 대학교(Philipps-Universität, Marburg) 강사 ; Dr. O. E. Schüddekopf, 브라운슈바이크 칸트 대학교 부설 국제교과서연구소(Internationale Schulbuchinstitut) 연구원.

〈표 1〉 1935년 합의안과 1951년 합의안의 주제별 내용 비교

주 제	1935년	1951년	주 제	1935년	1951년
절대왕정 시기	1, 2조	1, 2조	제1차 세계대전의 발발 1914년 7월~8월	20~30조	18~27조
프랑스대혁명과 19세기	3, 4조	3~5조	제1차 세계대전 결과	31~33조	28조
알사스-로렌과 보불 전쟁	5~8조	6~8조	베르사유 조약	34~37조	29~35조
독 · 프 관계 1871~1900년	9~12조	9~12조	전후 처리	38, 39조	36, 37조
독 · 프 관계 1900~1914년	13~19조	13~17조	바이마르 공화국 제3제국(히틀러)		38~40조

학교 수업 운영 실태 및 교과서 편제에 대한 비교 검토 작업에 들어갔다. 이어 이들은 1951년 5월 파리에서 회합을 갖고 「1935년 합의안」의 전반 20개 항목을 개정하였으며, 동년 10월에 독일 마인츠(Mainz) 회합에서는 나머지 19개 항목을 재검토했다. 이로써 마침내 40개 조항으로 된 「1951년 합의안」을 만들어내는 데 성공했다. 이것은 약간의 수정과 검토 작업을 거쳐 1952년 독일과 프랑스에서 일선 교육자들이 쉽게 접근할 수 있는 회보지에 게재되었다.[55]

「1951년 합의안」은 1935년에 다룬 주제들을 항목별로 재검토했으며, 시간의 경과를 반영해서 독일 바이마르 공화국의 의의(38~39조)와 히틀러 제3제국의 등장(제40조)까지를 다루고 있다. 양국의 역사교과서 편제와 교육과정으로 볼 때 중등과정 현대사 교육은 1939년까지만 다룬다는 점을 고려해서 제2차 세계대전에 대한 논의는 훗날로 미루어졌다.[56] 「1951년 합의안」은 1935

55) *Bulletin de la Société des Professeurs d'Histoire et de Géographie*(1952) ; *Geschichte in Wissenschaft und Unterricht*(1952) ; *Internationales Jahresbuch für Geschichtsunterricht*(1953) ; Allain Choppin(1992), *Les Manuels scolaires : Histoire et actualité*, Paris, Hachette, pp. 177~180 ; 오토 에른스트 쉬데코프 외 저(2003), 64~65쪽.

년에 합의된 사항을 보다 명확하게 기술했을 뿐 아니라 합의에 이르지 못한 채 미결로 남겨놓았던 유보 사항들을 모두 삭제하면서 합의의 폭을 확대했다. 이 점에서 「1951년 합의안」은 「1935년 합의안」보다 진일보했음을 알 수 있다. 「1935년 합의안」과 「1951년 합의안」에서 다룬 내용들을 주제별로 분류해보면 표 1과 같다.

1950년대는 독일과 프랑스뿐 아니라 유럽 각국이 역사교육 개선 사업에서 상당한 결실을 얻은 시기로, 당시 교과서 개선 국제 활동에 적극적으로 참여했던 독일 역사가 쉬데코프(O.-E. Schüddekopf)의 표현처럼 실로 '교과서 개선 활동의 영웅적 시기' 라고 할 수 있다.[57] 그의 조사에 따르면, 1945년에서 1965년까지 20년 동안 역사교과서 개선을 위한 다자간 또는 양자 간 국제협의가 모두 146회 개최되었다. 특히 유럽 교육 당국이나 역사가들의 주목을 끈 것은 독일과 프랑스의 협의 활동이었다. 「1951년 합의안」으로 고무된 독일과 프랑스의 교과서 개선 활동은 앞서 살핀 바와 같이 유럽 통합과 양국의 우호 관계와 궤를 같이하면서 1960년대 말까지 이어졌다. 1954년 10월에 파리 인근 라셀르(La Celle-Saint Cloud) 성에서 체결된 '프랑스-서독 문화협정' 은 양국 간 문화 교류의 활성화를 위해 역사교과서를 개선해야 할 필요성을 새삼 강조했다. "13조 : 협정 당사국은 모든 수단을 다해 그리고 자국 법의 범위 안에서 교육의 모든 영역에서 상대방과 관련된 문제들을 가능한 한 가장 객관적으로 제시하도록 노력하며, 양국 국민의 우호를 해칠 수 있는 감정적 표현도 교과서에서, 특히 역사교과서에서 제거하도록 노력한다. 협정 당사국은 이러한 취지를 향한 모든 노력을 지원한다." 이러한 독 · 프 관계는 1963년 독 · 프 우

56) 제2차 세계대전의 발발과 그 이후의 시기에 대해서는 「1987년 권고안」이 만들어졌다.
57) 오토 에른스트 쉬데코프 외 저(2003), 50쪽.

〈표 2〉 1950년대 독 · 프 역사교과서 협의회 활동

차수	시기	장소	논의 주제
1	1950. 8	Freiburg i. Breisgau	현대의 독 · 프 관계
2	1951. 5	Stuttgart	독 · 프 역사교과서 합의안
3	1951. 5	Paris	독 · 프 역사교과서 합의안
4	1951. 8	Mainz	독 · 프 역사교과서 합의안
5	1951. 10	Mainz	독 · 프 역사교과서 합의안
6	1952. 7/8	Tübingen	역사교과서에 나타난 독 · 프 관계 서술 문제
7	1952. 9	Braunschweig	역사과를 포함한 모든 교과서에 서술된 양국 관계 및 양국 역사
8	1953. 2	Paris	역사과를 포함한 모든 교과서에 서술된 양국 관계 및 양국 역사
9	1953. 8/9	Tours	독 · 프 간 문화적 영향(1750~1850)
10	1953. 9	Wiesbaden	역사교육 일반
11	1954. 7/8	Sankelmark/Flensburg	양국 고3용 역사교과서에 서술된 19세기 역사
12	1955. 7	Sèvres	19세기 말~20세기 초 제국주의와 식민주의 문제
13	1956. 7	Bamberg	중세 시기 양국 관계사와 역사교과서 서술 문제
14	1956. 7/8	Paris/München	중세 시기 두 민족 간의 관계와 고등학교용 역사교과서 서술 문제
15	1957. 8	Clermont-Ferrand	양국 중학교용 역사교과서와 15~17세기 양국 관계사
16	1959. 7/8	Goslar	18세기 이후 양국의 역사 서술의 역사
17	1961. 8	Aix-en-Provence	프랑스와 독일 바이마르 공화국
18	1961. 12	Paris	민족사회주의 역사교육 문제
19	1962. 12	Braunschweig	민족사회주의 역사교육 문제
20	1963. 8	Kiel	독일 정치 변동(1933~1939)과 독 · 프 관계
21	1965. 8	Dijon	1914년 전쟁 발발에 대한 양국 역사교과서 서술 문제
22	1967. 7/8	Königswinter a. R.	바이마르 시기 프랑스와 독일의 정치

호조약, 즉 '엘리제 조약(traite de Élysée/Elysee-Vertrag)'에 의해 더욱 발전했다. 여기서 역사교과서 문제뿐 아니라 양국의 청소년 교류의 체계화 문제가 제기되었다. 앞서 보았듯이, 그 결과 독일-프랑스 청소년 교류원이 창설되었다. 이 교류원은 양국 청소년들의 상호 이해를 크게 진작시키며 현재까지 지속되고

있다. 특히 2006년 독 · 프 공동 역사교과서 제작에 결정적 계기를 마련해주었다.[58]

독 · 프 역사교과서 협의회는 양국의 화해 분위기 속에서 「1951년 합의안」 완성 이후 1967년 쾨닉스빈터(Königswinter) 회의까지 모두 17차례나 개최되었다. 「1951년 합의안」을 위한 회의 5번을 모두 합치면 이 협의회는 총 22차례 회의를 가진 셈이다. 회합 때마다 정해진 해당 주제에 대해 상대방 교과서를 분석한 보고서를 토대로 교차 토론이 진행되었으며, 「1951년 합의안」에서 다루어지지 않은 중세 시대까지 논의가 연장되었다. 예컨대 독일 역사가들은 4~5세기의 '민족 대이동(Völkerwanderungen)'을 프랑스 교과서들이 '야만족의 침입(invasions barbares)'이라고 기술하고 있는 것에 대해 '야만족'이라는 다소 경멸적인 표현은 당시 로마 제국의 입장에서 보았을 때만 가능하다는 이유로 '게르만족'이라는 중립적인 표현을 사용해줄 것을 요청했다(1956년 뮌헨 회의). 한편 프랑스 역사가들은 독일 교과서들에서 프랑스의 종교개혁을 주로 루터교의 역할로 한정하고 칼뱅교를 소홀히 다루는 점에 대해 이의를 제기했다(1957년 클레르몽-페랑[Clermont-Ferrand] 회의). 논의가 진행될수록 서로의 견해 차이가 좁혀졌으며 거시적 전망에서 양측 모두를 만족시킬 수 있는 통합적 서술 모델이 제시되었다.[59]

58) 독 · 프 청소년 교류원은 최근 새로운 고민을 하고 있다. 단체의 설립 목적인 양국 청소년 교류가 그간 성공적으로 진척되어 특별히 더 할 일이 없어질지 모른다는 고민이었다. 관계자들은 새로운 활로를 모색 중이다.

59) 이용재(2007), 211쪽.

4. 「1987년 권고안」과 「1999년 권고안」

프랑스와 독일의 역사가와 역사 교사가 정기적으로 개최하는 회의는 여론에 영향을 주었다는 점에서 그 자체가 의미 있는 일이었다. 하지만 교과서 협의의 성과에 따라 교과서를 개선하기 위해 1967년 이후 양국 교과서 회의는 일시 중단되었다. 1981년 독 · 프 교과서 협의회는 활동을 재개했다. 이때의 상황은 그 이전 시기에 비해 상당히 달라졌다. 곳곳에서 새로운 교육과정이 실행되고 있었고, 새로운 교과서로 배운 세대가 성장했으며, 20세기 역사가 이미 역사학의 핵심 연구 대상이 되었다. 이것은 역사교과서 협의 활동에서 20세기 역사를 상세히 다루는 계기가 되었다. 새로운 교과서들에서 가장 문제되는 것은 더 이상 상대방 역사에 대한 진술 내용이 아니었다. 자료와 진술 선정 기준, 생략 및 공백, 강조 사항 선정, 시대 개관에 들어갈 내용 선정에 따르는 문제들이었다. 역사 수업 시간이 짧아질수록 이러한 요소들이 중요해진다. 독일 역사교과서에서는 절대주의와 프랑스대혁명에 비해서 프랑스 제3공화국이 형편없이 무시되고 있었다. 그러나 프랑스 역사와 정치를 제대로 이해하려는 사람이라면 제3공화국의 중요한 사건들을 알고 프랑스인의 역사의식에서 제3공화국이 차지하는 의미를 고려해야만 한다. 이와 달리 프랑스 역사교과서는 현재 서독인들의 정체성 형성에 중대한 의미를 지닌 바이마르 공화국 역사를 너무 짧고 피상적으로 다루었다. 프랑스 역사교육이 바이마르 공화국 시기를 상세히 다루기를 바라는 희망을 포기하더라도, 바이마르 공화국이 프랑스 역사교과서에서 민족사회주의의 전단계로만 다루어진다는 점이 문제라고 독일인들은 지적했다.[60]

60) La France et l'Allemagne, *Espace et histoire contemporaine* : *Deutschland*

양국의 역사교육에서 확인된 이와 같은 문제들을 해결하기 위해 독일의 게오르크-에케르트 연구소와 프랑스의 역사 · 지리교사협회는 1981년부터 1987년까지(총 8회) 다시 협의 활동을 시작했다.[61] 협의 대상은 당연히 20세기

und Frankreich, Raum und Zeitgeschichte(1988), Braunschweig/Paris, pp. 12~14.

61) 참석자 명단
Burkhard Abel, 프랑켄탈 카롤리넨 중등학교 교사 ; Jacques Aldebert, 루이 르 그랑 고등학교 교사 ; Jean-Pierre Azéma, 파리 정치연구소 교수 ; Jean-Claude Allain, 멘 대학교 현대사 교수 ; Jacques Bariéty, 파리 4 대학교 현대사 교수 ; Gérald Chaix, 괴팅엔 프랑스 연구소 연구원 ; Karlheinz Deberke, 베를린 교육감 ; Jean-Marie D'Hoop, 프랑스 역사 · 지리교원협회 명예회장 ; Jacques Droz, 파리 1 대학교 현대사 교수 ; Michael Erbe, 자유베를린 대학교 사학과 교수 ; Hildegard Ernst, 마인츠 구텐베르크 중등학교 교사 ; Robert Fossier, 파리 1 대학교 중세사 교수 ; Etienne François, 괴팅엔 프랑스 연구소 연구원/낭시 2 대학교 교수 ; Raoul Graille, 튀렌 고등학교 교사 ; Alfred Grosser, 파리 정치연구소 교수 ; Ernst Hinrichs, 브라운슈바이크 게오르크-에케르트연구소 소장 ; Andrea Homeister-Hunger, 브라운슈바이크 게오르크-에케르크연구소 연구원 ; Peter Hüttenberger, 뒤셀도르프 대학교 교수 ; Hans A. Jacobsen, 덴마크 참관인 ; Eberhard Jäckel, 슈투트가르트 대학교 교수 ; Pierre Jardin, 프랑스국립과학연구소 연구관 ; Karl-Ernst Jeismann, 브라운슈바이크 게오르크-에케르트연구소 소장(1984년까지) ; Klaus-Dieter Kaiser, 독일 역사교원협회 베를린 지부(고등학교 교사) ; Annette Kleszcz-Wagner, 파리 소재 고등학교 교사 ; Otdette Lacueva, 파리 엘렌 부쉐 고등학교 교사 ; André Laronde, 그레노블 2 대학교 사학과 교수 ; Georges Muller, 룩셈부르크 역사교사협회/고등학교 교사 ; Jean Peyrot, 파리 정치연구소 교수/프랑스 역사 · 지리교원협회 회장 ; Arnold Rauber, 독일 역사교원협회 자르란트 지부(고등학교 교사) ; René Rémond, 파리 10 대학교 현대사 교수, 국립정치대학원 학장 ; Rainer Riemenschneider, 브라운슈바이크 게오르크-에케르트연구소 연구원/파리 소재 독일사연구소 연구원(1983~1987) ; Bernd Schönemann, 뮌스터 대학교 역사 · 정치 · 교육학 교수 ; Gustav A. Süss, 독일 역사교원협회 회장(1980~1986) ; Rudolf von Thadden, 괴팅엔 대학교 교수/게오르크-에케르트연구소 학문자문단 ; Dieter Tiemann, 도르트문트 대학교 강사 ; Hubert Tison, 작크 드쿠르 고등학교 교사/파리 정치연구소 강사 ; Hermann Weber, 마인츠 대학교 교수 ; Karl Ferdinan Werner, 파리 소재 독일사연구소 소

독일사와 프랑스사 및 양국 관계사였다. 1980년대의 협의가 이전의 것과 다른 점은 이것만이 아니었다. 교육제도 및 교육과정의 변화로 인해 이번 협의 활동은 양국 교육과정 및 제도에 이전보다 더 많은 고려를 했다. 또한 지리 교과 협의 활동도 병행되었다.[62] 역사 분야와 지리 분야를 분리하여 회의를 진행했고, 총회에서는 두 분과가 함께 모여 논의했다. 「1987년 권고안」의 주요 내용은 바이마르 공화국과 제3공화국, 비시 체제와 나치 체제, 1945년 이후 양국 역사와 양국 관계사다. 이 권고안은 이전 권고안에 비해 유럽 통합의 시각에서 양국의 역사 및 관계사를 고찰할 필요성을 더 강조했다. 하지만 「1987년 권고안」은 이전 안과 마찬가지로 분석 대상 시기에 대한 광범위한 서술을 시도한 것이 아니다. 역사학자, 교육학자, 교사가 볼 때 양국의 교과서 서술에 중요하며 상호 이해 증진에 기여할 것이라고 판단된 중요한 사항들을 오늘날의 학문 연구 수준에 근거해서 종합한 것이다. 또한 「1987년 권고안」은 장기간 변함없는 규범적 서술이 아니다. 대상에 따라, 전공에 따라, 작업 밀도에 따라, 그리고 무엇보다 편집진의 선호에 따라 권고안이 작성되었다. 1981년 이래 매년 공동으로 작업했던 독일과 프랑스의 교과서협의회 구성원들은 진

장 ; Rolf Wittenbrock, 자르브뤼켄 독 · 프 고등학교 교사/독일 역사교원협회 자르 지부

62) 지리교과의 문제점은 다음과 같다. 1970년대 말/1980년대 초 이웃 국가는 지리교육 개혁의 희생물이 되었다. 프랑스의 지리교육에서도 그렇고 독일의 지리교육에서도 그렇다. 독일과 프랑스의 지리교육은 문제 중심 교육으로 변했다. 토질과 지형은 그것이 지리교과가 취급하는 문제와 관계있을 경우에 한해서 다루어질 수 있었다. 특히 독일 각주의 지리교과서는 이웃 국가인 프랑스를 전혀 다루지 않거나 일부분만을 다루었다. 프랑스에서도 독일은 '유럽' 항목에서 반드시 다루어야 하는 나라 군에서 제외되었다. 독일을 다루는 것은 교사들의 재량에 맡겨진 셈이다. 그러므로 양국의 지리교과서는 이웃 국가에 대한 일방적이고 낡아빠진 이미지를 전달했다. 독일의 지리교과서가 파리 이외의 프랑스 지역은 농업문제를 다루는 부분에서 취급하고, 프랑스의 지리교과서가 산업문제를 다루는 부분에서 독일을 취급하는 경우가 바로 그것이다.

술의 길이와 논리구조에 대해 합의할 수 없었다. 프랑스 측이 가장 핵심적인 사항을 되도록 짧게 작성된 권고안을 선호한 반면, 독일 측은 사건을 상세히 묘사하고, 배경을 설명하며, 현재 연구 상황에 대한 정보를 제공하는 데 큰 가치를 부여했다. 이런 차이는 서로 다른 과거의 유산에 기인했다. 이런 차이에도 불구하고 대부분의 회의는 호의적 분위기 아래 진행되었다. 양측은 무리하게 통일을 달성하기보다 차이를 있는 그대로 드러내는 데 합의했다.[63)]

이제 「1999년 권고안」에 대해 알아보자. 「1987년 권고안」에서 독 · 프 교과서협의회는 처음으로 역사과와 지리과가 공동으로 작업을 하지만, 권고안은 각각 작성되었다. 「1999년 권고안」에서는 이 둘이 공동 작업을 하였을 뿐 아니라 공동의 권고안을 작성했다. 이는 양 분과가 교육과정상 서로 깊은 연관을 맺고 있는 독일의 연방주들과 프랑스의 상황을 고려하였기 때문이다. 노르트라인-베스트팔렌(Nortrhein-Westfalen)과 니더작센(Niedersachsen)의 교육과정은 1990년대 이후 이 두 과목의 연계를 더욱 강화했다. 독 · 프 교과서협의회는 여러 번의 회의에서—자르브뤼켄, 파리, 베를린, 툴루즈—'산업화와 산업지대' 를 집중적으로 다루었다. 이 주제는 역사과와 지리과가 협력할 수 있는 최적의 영역이다. 왜냐하면 사회적 · 경제적 · 환경적 · 공간적 문제가 이 두 교과목에서 뚜렷하게 중첩되기 때문이다. '1999년 권고안' 은 정치적 국경이 경제적 국경과 반드시 일치하지 않는다는 점을 강조했다. 이것이 이 권고안의 특징 중 하나다.[64)]

---

63) 지리교육 권고안은 촌락과 도시로 나뉘어 있는데, 각각의 권고안이 시작되기 전에 양국 촌락과 도시의 공통점과 차이점을 설명하는 장이 별도로 마련되어 있다. 여기서 도시에 대한 프랑스와 독일의 접근방식을 비교할 수 있다.

64) R. Riemenschneider (ed.)(1999), "Empfehlungen zur Behandlung des Themas Industrisierung und Industrieregionen in deutschen und frazösischen Schulbüchern für Geschichte und Geographie,"

5.「2004년 독 · 프 공동 역사교과서 편찬 지침」

독 · 프 교과서협의회 활동은 양국 교과서 편찬에 대한 권고안을 공동으로 작업하는 것이었다. 이것은 독 · 프 공동 교과서 제작을 목적으로 명시하지 않았지만, 이를 암시해왔다. 양국이 역사교과서를 대상으로 협력한 지 약 70년 만에 공동 교과서가 나왔다. 역사상 초유의 이 프로젝트는 그 자체만으로도 주목받는 일이지만, 그간의 교과서 협력의 정신과 경험이 이 작업의 중추를 구성하고 있다는 점에서도 그렇다. 그간의 권고안은 그야말로 강제성이 없는 민간단체의 '권고', 더 정확히 말하면, '기대' 내지 '희망'이었다. 이에 비해 이 편찬 지침은 양국의 관계 당국이 참여한 명실상부한 '교육과정'이다.

앞서 설명한 바와 같이 1963년 엘리제 조약(독-프 우호조약)으로 독일과 프랑스 사이에 청소년 문화 교류가 활성화되었다. 독일-프랑스 청소년 교류원의 설립은 양국의 청소년 교류에 큰 공헌을 했다. 독일-프랑스 청소년 교류원은 2003년 엘리제 조약 40주년을 맞이하여 양국 청소년으로 구성된 임시 의회 기구를 발족했다. 독일-프랑스 청소년의회(Deutsch-Französisches Jugendparlament/parlement franco-allemand des jeunes)는 2003년 1월 23일 베를린에서 서로에 대한 심층적 이해를 도모하기 위해 동일한 내용으로 구성된 독일-프랑스 공동 역사교과서 편찬 작업을 추진해주도록 슈뢰더(Schröder) 독일 총리와 시라크(Chirac) 프랑스 대통령에게 요청했다. 두 정상은 이 요청을 받아들였다. 일련의 준비 끝에 양국은 독 · 프 공동 역사교과서를 편찬하기로 결정했다. 공동 교과서 편찬 계획의 목적은 통합되어가는 유럽에서 성장하는 독일과 프랑스

Industrialisierung und Industrieregionen. Ergebnisse der deutsch-französischen Schulbuchkonferenzen in Geschichte und Geographie, Hannover, p. 48.

학생들이 공동의 역사의식을 함양할 수 있는 토대를 만드는 데 기여하는 것이다. 이 계획을 구체화하기 위해 '독일-프랑스 역사교과서'를 위한 양국 특별위원회(Bilaterale Arbeitsgruppe "Deutsch-französisches Geschichtsbuch" /Groupe de pilotage bilatéral du "manuel d'histoire franco-allemand")가 발족됐다. 특별위원회는 양국의 외교부와 교육부 관료와 학자들로 구성되었다.[65] 독 · 프 관계장관회의(파리, 2004. 5. 13)는 이 계획의 실행을 다시 한 번 확인하고 특별위원회에 공동 역사교과서를 위한 편찬 지침 제작을 위임하였고, 2004년 10월 26일「편찬지침(Deutsch-Französisches Geschichtsbuch. Projektbeschreibung/Manuel d'histoire franco-allemand. Cahier des charges)」이 마련되었다.[66]

공동 역사교과서는 양국의 역사 및 관계사를 다루지만 유럽의 관점에서 재

---

65) 독일 측 : 수석대표 Stefan Krawielicki/2005년 여름부터 Michael Ott(외무부/독 · 프 협력 관련 조약 이행을 위한 독일연방공화국 문화담당 전권위원실 I국장) 및 Christine Klos(독 · 프 협력 관련 조약 이행을 위한 독일연방공화국 문화담당 전권위원실 II국장, 자르란트 수상청), Wilfried Burger(작센 문화부, 드레스덴), Dr. Stefan Krimm(바이에른 교육 · 문화부, 뮌헨), Dr. Ursula Lange(프리드리히-에버트 김나지움, 본), Prof. Dr. Dr. h.c. Horst Möller(뮌헨 대학 교수, 현대사연구소 소장), Dr. Rainer Riemenschneider(게오르크-에케르트 국제교과서연구소, 브라운슈바이크), Andrea Schwermer(연방주 교육부장관회의 상임 대표), Prof. Dr. Dr. h.c. mult. Rudolf von Thadden(독 · 프 협력 前수석대표, 베를린-브란덴부르크 독 · 프 협력연구소 소장, 겐스하겐/괴팅엔), Dr. Rolf Wittenbrock(자르브뤼켄 독 · 프 김나지움 교장)
프랑스 측 : 수석대표 Jean-Louis Nembrini(교육부 총감), Yves Beauvois(교육부 국제관계 · 협력국), Dominique Borne(교육부 총감), Gérald Chaix(뚜르 대학 역사학과 교수, 스트라스부르Strasbourg 학구장), Jean-Pierre Dubois(외무부 독 · 프관계과), Etienne François(베를린 공대 역사학 교수 겸 프랑스센터 소장), Pierre Monnet(파리 사회과학고등연구원 교수), Yves Poncelet(교육부 총감), Marcel Spisser(스트라스부르 학구 장학관), Michel Tarpinian(교육부 국제관계 · 협력국)

66) Etienne François(2007), "Le manuel franco-allemand dhistoire : une entreprise inédite," *Vingtième Siècle. Revue d'histoire*, Vol. 94(avril-juin), pp. 73~76.

고찰한다. 이것은 그간의 유럽 통합을 깊이 고려한 결과이면서 동시에 그간 진전되어온 양국 간 역사교과서 협의 활동의 기본 시각에 부합한다. 하지만 공동 역사교과서는 유럽 역사를 중점적으로 다루되 유럽 이외 지역의 역사 가운데 비중 있는 사례들도 포함한다. 이때 다루어지는 테마는 양국의 입장에서 볼 때 중요도를 기준으로, 즉 독일 및 프랑스의 역사교육이 전통적으로 다루던 테마를 중심으로 선정될 것이다. 양국 관계는 유럽사에서 특별한 의미를 지닐 때에 한해서 관심 사항으로 부각된다. 양국 관계사를 기술할 경우 '유사한 것-상이한 것-상호 영향관계', '보다 큰 틀에서의 위치 설정', '인지-수용-해석'이라는 관점에 따른다. 「2004년 편찬 지침」은 기왕의 권고안을 충실히 반영했다. 예를 들면, 「1987년 권고안」에서 강조된 '바이마르 공화국 역사'와 '프랑스 제3공화국 역사'가 「2004년 편찬 지침」에 충분히 강조되었다.

공동 역사교과서에 주도적으로 참여한 프랑스와(Etienne François)는 이 협력 작업의 기본 정신에 대해 다음과 같이 술회하고 있다.

> 상대방의 입장에서도 생각해보는 여유가 있어야 한다. 가령 우리가 '독일은 전쟁을 일으킨 가해자고 나쁜 놈'이라고 몰아붙인다면 더 이상 진행될 수 없다. 물론 한쪽에서 자기의 과거에 대해서는 변명하고 미화하는 식이라면 이 역시 어렵다. 일례로 독일 측이 '당시 베르사유 조약 등 시대적 배경으로 나치가 등장할 수밖에 없었다'는 식의 자세라면 더 이상 함께 작업할 수 없었을 것이다. 그리고 어떤 역사에든 빛과 그림자가 있다. 우리에게 멋진 역사가 주변 나라에는 고통이 될 수 있는 것이다. 가령 프랑스대혁명이나 나폴레옹 시절 우리는 주변 국가를 괴롭혔다. 각자가 자신의 어두운 역사를 스스로 드러낼 수 있는 용기가 있어야 공동 역사교과서 작업이 가능한 것이다. (『조선일보』, 2006. 7. 10)

이러한 기본 취지에도 불구하고 양국 간에는 분명 차이가 존재한다. 얼핏 유사한 의미를 가지는 양국의 단어가 실은 나라마다 다른 의미를 가진다는 사실을 누구나 잘 알고 있고 또 감지할 수 있다. 예를 들어 국가, 민족, 문화, 종교 등과 같이 빈번히 사용되는 개념의 경우도 그렇다. 양국에서 이 개념들의 사용법과 전통, 위상은 서로 다르다. 이때 필요한 것은 차이를 인정하고 상대방의 시각에서 스스로를 바라보는 교차 접근(approche croisée)이다. 이를 통해 학생들은 양국 역사 발전의 비슷한 점과 차이점을 분명히 파악하고 역사를 바라보는 시각을 전환하는 훈련을 할 수 있다. 그러므로 공동 역사교과서는 양국이 함께 성장하고 교류하며 협력한 시대뿐 아니라 분쟁의 시대에도 상당한 분량을 할애한다. 이는 독 · 프 역사교과서 협의의 기본 입장이었다.

공동 역사교과서 독어판은 김나지움 상급반(Gymnasium, Oberstufe) 학생들을 대상으로 하며, 프랑스어판은 리세(Lycée : 고등학교 과정) 학생들을 대상으로 한 수업에 사용될 예정이다. 고등학교 3년 과정에서 배울 공동 역사교과서는 세 권으로 구성된다. 제1권은 고대 그리스 · 로마 역사에서부터 프랑스대혁명 및 나폴레옹 전쟁이 끝나는 1815년까지를 다룬다. 제2권은 그 이후부터 제2차 세계대전이 끝나는 1945년까지를 다룬다. 끝으로 제3권은 그 이후부터 현재까지 다룬다. 하지만 「2004년 편찬 지침」은 교육제도 및 교과서 형식에서 나타나는 양국 간의 차이도 고려해야 했다. 연대기적 서술 지향, 많은 삽화, 다양하고 많은 사료, 정치사 중심, 많은 과제 부여, 자습서 형식이 프랑스 교과서의 특징이라면, 독일 교과서의 특징은 주제 주심의 서술 지향, 광범위한 교과서 저자의 설명, 긴 사료 분석, 다양한 주제 제시, 상대적으로 적은 과제 부여, 교과서 형식이다. 「2004년 편찬 지침」은 이를 고려하여 다음과 같은 편찬 원칙을 수립했다. 교과서 분량은 약 330쪽으로 한다. 이 중 20~25%는 교과서 저자의 기술을 담고, 75~80%는 지도 · 도표 사진과 같은 자료와 사료를 제시함으로써 학생들 스스로 탐구하고 비교하도록 한다. 각자의 언어로 만들지만, 내용은 완전히 동일한 형태의 교과서를 제작한다. 다른 교과서들과 시장에서 경쟁할 수 있는 교과서를 제작한다. 공동 역사교과서의 출판사는 독일과 프랑스의 출판사 중 공모를 통해 선정된다. 해당 출판사들은 긴밀하게 협력하고 양측의 교과서 편집 책임자를 각각 임명한다. 양국의 편찬 책임자는 양국 언어에 능숙한 역사 교사 중에서 필진을 구성한다.[67]

교과서는 아니지만 독 · 프 역사교과서 협의 활동의 정신에 부합하는 보조교재가 최근 개발되었다. DEUFRAMAT라는 온라인 자료 사이트, http : // www.deuframat.de가 바로 그것이다. DEUFRAMAT는 '**Deu**tsch-**fra**nzösische **Mat**erialien für den Geschichts-und Geographieunterricht(역사와 지리를 위한 독일-프랑스 자료)'에서 따온 약자다. 현재까지 60개 이상의 원고들이 회고, 갈등, 사회, 문화관계, 지역, 유럽화라는 큰 테마별로 분류되어 수록되어 있으며 각각의 원고에는 분석과 서술 외에도 다양한 사료, 그림, 사진, 음성 및 영상 자료, 통계 자료, 참고 문헌과 관련 인터넷 사이트에 대한 소개가 들어 있다. 이 프로젝트를 주도한 사람은 전임 독일 수상청 독 · 프 관계 담당 보좌관 소제(Brigitte Sauzay)와 외무부 독 · 프 협력 자문관인 역사가 타덴(Rudolf von Thadden) 교수다. 그들은 양국이 역사와 문화를 비롯한 모든 측면에서 긴밀한 연관을 맺고 있기 때문에 양 시민사회의 접근, 특히 통합되어가는 유럽에서 젊은이들이 인접 국가에 대해 관심을 갖고 배우도록 하는 것이 당대의 중요한 정치적 과제라고 생각했다. 새로운 인터넷 미디어는 청소년들이 다른 세계에 대한 관심을 갖게 하는 데 유용하며 다양한 소통의 가능성을 제공하는 도구이다. 그들은 게오르크-에케르트 국제교과서연구소를 통해 전문가

67) Rolf Wittenbrock(2006), "Ein deutsch-französisches Geschichtsbuch : Ziele und Inhalte," 『역사대화의 경험공유와 동아시아 협력모델 찾기』, 아시아평화와역사교육연대 주최 국제학술대회(2006. 11. 25) 발표문.

팀을 구성하여 중요한 시기의 독일-프랑스 관계와 다양한 테마에 대한 강의 자료를 디지털화하는 프로젝트를 가동했다.

여기서 제공되는 모든 자료는 다음과 같은 원칙에 기초하고 있다. 첫째, 독어본과 프랑스어본 두 종류로 만든다. 둘째, 한 전공 분야를 넘어서는 포괄적 연관성을 보여주기 위해 학제간적 성격을 띤다. 셋째, 독일과 프랑스의 시각과 인식 간에 공통점과 차이점을 보여주는 간문화적 성격을 띤다. 넷째, 각 테마를 시간적으로, 공간적으로 혹은 사회적으로 다양한 관점에서 파악할 수 있도록 다중 관점을 취한다. 다섯째, 인터넷 미디어를 최대한 활용한다. 인터넷은 독일과 프랑스 사이의 협력과 소통을 더 용이하게 해줄 것이다. 인쇄된 자료집에 비해 인터넷 자료실은 수정과 보완이 훨씬 수월하다. 예컨대 교사들이 여기에 수록된 원고를 활용한 수업의 지도안을 작성하여 올릴 수도 있고, 참고 문헌에 대한 정보를 추가적으로 제공할 수 있으며 학생들이 글에 대한 자기의 생각이나 비평을 올릴 수도 있다. 이메일을 통한 저자와의 소통도 가능하다. DEUFRAMAT는 독 · 프 역사교과서 권고안의 정신에 부합하는 역사교육에 크게 기여할 것으로 기대된다.

이상을 잠시 정리해보자. 독 · 프 역사교과서 협의 활동은 네 단계(1930년대, 1950~1960년대, 1980년대, 2000년대)로 나뉜다. 1930년대에는 주로 정치사 문제를 다루었다. 서로 합의할 수 없는 부분에 대해서는 양 입장을 명기하는 형식의 권고 합의안이 만들어졌다. 이를 개정한 「1951년 합의안」은 그 내용은 비슷하지만, 합의 안 된 부분에서 많은 타협점을 찾았다. 그리고 그 후 지속된 일련의 협의 과정에서 작업 범위를 중세로까지 확장하였고, 기존의 권고안들에 대한 계속적인 검토 작업과 함께 양국 관계사에 대한 학술회의가 진행되었다. 1980년대에는 양국 관계에 대한 교과서 서술을 문화사, 경제사, 지리 그리고 유럽 통합의 시각에서 비판적으로 검토했다는 것이 그 특징이다. 2000년대에는 앞선 모든 권고안을 반영한 독 · 프 공동 역사교과서가 편찬되었다. 공동 역사교과서 제작이 양국 역사교과서 협의 활동의 직접적인 목적은 아니었지만, 이를 통해 협의 활동이 크게 도약할 것으로 기대된다. 하지만 공동 역사교과서는 아직 다 제작되지 않았고, 2006년에 출간된 제3권에 대한 평가도 시간을 더 두고 보아야 하기 때문에 아직 속단하기 어렵다.

독 · 프 역사교과서 협의 활동은 상대방의 교과서를 검토한 후 검토 의견서를 상대방에게 보내 다시 검토케 한 후 학술대회를 통해서 이를 서로 토론하는 방식으로 진행되었다. 1920년대 후반 이삭이 창안한 '두 가지 시각(deux points de vue)' 이론에 따른 것이다. 이 시각은 2000년대 양국 공동 역사교과서에까지 이어져온 역사교과서 협의 활동의 기본적인 방법론이다. 학술회의에서 참가자들은 상대방의 입장을 서로 이해하고 합의할 수 있는 부분은 합의하고 그렇지 못한 부분은 서로의 유보 사항을 인정함으로써 주제별로 논의되었던 사안에 따라 테제를 만들어 권고안을 작성했다. 이 논의에 전문 역사가들과 일선 역사 교사들이 참가하였고, 더러는 교과서 출판사 대표도 참석했다. 그리고 정부 당국자는 이에 직접적으로 간섭하지 않았지만 후원자의 역할을 했다. 그러므로 이 논의는 학문적 성과뿐 아니라 교육학적 문제와 출판사의 입장, 그리고 정부의 입장이 골고루 고려될 수 있었다. 하지만 일본의 우익 역사가들이 주장하듯이,[68] 권고안이 양국의 화친이라는 정치적 목적을 위해 양국 관계의 어두운 역사를 은폐함으로써 역사적 진실을 외면한다는 평가는 적

68) Takahiro Kondo(2000), "Internationale Zusammenarbeit über Geschichtsbücher in Europa : Ein Vorbild für Ostasien?," Ursula A. J. Becher et al. (eds), *Internationale Verständigung. 25 Jahre Georg-Eckert-Institut für internationale Schulbuchforschung in Braunschweig*, Hannover, pp. 322~331.

절하지 않다. 양국의 입장을 고려하여 진실에 보다 가까이 도달하는 노력의 소산이었다. 이것은 권고안의 내용을 보면 쉽게 확인할 수 있을 것이다. 권고안은 민족적 편견에 의해 일방에게 편향적인 해석을 지양하고 양국의 입장을 고려한 보다 개방적인 해석을 지향했다. 즉, '역사 분쟁'을 '역사 소통'의 장으로 옮긴 것이 양국 역사교과서 협의 활동이다.

제3부

함께 쓴 역사 : 독일-프랑스 권고안과 역사교과서

권고안 들여다보기

역사교과서 들여다보기

권고안 들여다보기

「1935년 합의안」과 「1951년 합의안」이 양국 간 역사교과서 협의 활동의 기본 정신이자 최소 목적인 타자에 대한 편향적 역사인식 문제를 해결하기 위한 것이라면, 「1987년 권고안」은 이와 달리 양국 간 역사교과서 협의 활동의 최대 목적인 타자에 대한 정확한 이해, 이를 통한 양국 관계 강화를 지향한다. 「2004년 편찬 지침」은 「1987년 권고안」의 이러한 목적을 실현한 것이라고 볼 수 있다.

이제 양국 관계에서 쟁점이 됐던 주제들이 권고안들과 편찬 지침에서 어떻게 다루어졌으며, 그 변화의 방향이 어떠했는지를 추적해보겠다. ① 절대왕정과 프랑스대혁명, ② 보불전쟁과 알사스-로렌, ③ 19세기 말~20세기 초의 독일-프랑스 관계, ④ 제1차 세계대전과 베르사유 조약, ⑤ 독일 바이마르 공화국과 프랑스 제3공화국, ⑥ 나치 독일과 비시 프랑스, 그리고 제2차 세계대전, ⑦ 1945년 이후의 역사 등이 여기서 다룰 중심 주제다.

권고안들과 편찬 지침은 서로 다른 시기를 다루고 있다. 「1935년 합의안」과 「1951년 합의안」이 절대주의 시대부터 제1차 세계대전 및 베르사유 조약까지를 다루었다면, 「1987년 권고안」은 프랑스 제3공화국/독일 바이마르 공화국 역사와 그 이후의 역사를 다루었다. 그리고 「2004년 편찬 지침」은 모든 시기를 총괄적으로 다루고 있다.[1)] 위에 열거된 중심 주제들 중 ①·②·③·④는 주로 「1935년 합의안」과 「1951년 합의안」을, ⑤·⑥·⑦은 「1987년 권고안」과 「2004년 편찬 지침」을 대상으로 분석했다.[2)]

I. 절대왕정과 프랑스대혁명

독일과 프랑스 사이의 영토 분쟁이 민족 감정의 차원으로 발전하기 시작한 것은 17세기부터였다. 프랑스 절대왕정의 상징 루이 14세는 바다, 산맥, 강 등의 자연환경이 한 국가의 영토를 결정한다는 소위 '자연국경선(frontière naturelle)'을 내세우며, 특히 라인 강 유역으로 침공해 들어갔다. 프랑스 북부의 플랑드르(Flandre) 지방과 피레네 산맥 남단 루시용(Roussillon) 지방뿐만 아니라 오늘날의 독일과 국경을 마주하고 있는 알사스와 프랑슈콩테(Franch-Comté) 지역이 차례로 프랑스 영토로 편입되었다. 따라서 독일인들이 볼 때, 두 나라 사이의 반목과 갈등은 루이 14세의 무모한 침략 야욕에서 비롯하는 것이었다. 1920년대에 출판된 독일 측 역사교과서들은 루이 14세의 치세에 대해 여전히 다음과 같은 부정적인 평가를 담고 있었다.

1) 「1999년 권고안」은 시기보다는 산업화라는 주제를 중심으로 다루었기 때문에 본 해제 부분에서 제외하기로 한다.

2) 권고안과 편찬 지침에 대한 분석을 제대로 하려면 위에 열거한 중심 주제에 대한 학계의 연구 결과를 총괄적으로 고려한 뒤에 수행되어야 하나, 필자들의 역량이 이에 미치지 못하고 그 분석 대상이 지나치게 광범위하여 본고에서는 중심 주제의 강조점과 변화 추이만을 추적하는 것으로 권고안과 편찬 지침 분석을 갈음하려 한다. 하지만 필자들이 아는 범위 내에서 이러한 학계 동향도 부분적으로 고려했다. 개별 주제에 대한 학계 동향을 기초로 한 상세한 권고안 분석은 후일로 미룬다.

> 이때부터 루이 14세는 갈수록 대담한 영토적 야욕을 드러낼 수 있었다.[3)] 루이 14세의 궁전 예절은 에스파냐 궁전보다 더욱 정교하게 규정되어 있었다. 그러나 겉보기의 화려함 뒤에 궁정과 국왕의 사생활의 방만함에 따르는 도덕성의 결여가 숨어 있었다.[4)]

이에 대해서 독 · 프 합의안은 프랑스 국왕들의 '자연국경' 정책이 특별히 라인 강 방면으로만 추진된 것은 아니며 더구나 자연국경설은 프랑스대혁명 이전에는 몇몇 정치 이론가들이 만들어낸 개념에 지나지 않는다는 데에 견해의 일치를 보았다. 나아가 두 나라 사이의 평화 노력을 부각시킬 의향으로 18세기 프랑스 정치인 베르젠느(Vergennes)의 평화정책(「1935년 합의안」)이나 라이프니츠(Leibniz), 생피에르 신부(abbé Saint-Pierre), 칸트 등의 평화사상(「1951년 합의안」)을 양국 교과서에 소개하자는 합의가 이루어졌다.

프랑스대혁명이 국민주권의 원리를 바탕으로 역사의 신기원을 열었으며 나폴레옹의 대륙 원정을 통해 유럽 전역에 영향을 미쳤다는 사실은 의심할 나위가 없었다. 이러한 점에서 합의안은 프랑스대혁명이 민족자결권이라는 새로운 원리를 유럽에 가져다주었다는 사실을 우선적으로 명기하고 있다. 하지만 프로이센과 오스트리아는 혁명 프랑스와 맞싸운 전제 군주국이었으며 나폴레옹의 침략으로 가장 많은 피해를 입은 당사자였다. 따라서 프랑스대혁명의 해방전쟁은 독일인들이 볼 때 침략 전쟁일 수 있었다. 프랑스의 대외 정책이 혁명 이데올로기를 외국에 전파하고자 하는 욕구에서 비롯되었지만 1795년부터는 나폴레옹의 개인적 야망에 의해 좌우되었다는 결론을 이끌어낸

3) M. Stoll(1928), *Deutsches Werden, Geschichtsunterricht für die höheren Unterrichtsanstalten*, Mittelstufe, 3, Band Neuzeit, Buchners Verlag, p. 122.

4) H. K. Stein & H. Kolligs(1919), *Lehrbuch der Geschichte für die oberen Klassen höherer Lehranstalten*, 3, Paderborn, p. 348.

「1951년 합의안」은 독일의 입장을 수용한 선택으로 보인다.

II. 보불전쟁과 알사스-로렌

독일과 프랑스의 경계선에 위치한 알사스-로렌은 영원한 분쟁의 땅이었다. 중세 이후 주로 신성로마제국의 통치권에 속했던 알사스 지방은 1648년 베스트팔렌 조약 이후 프랑스에 편입되었다. 하지만 1870년 보불전쟁에서 프로이센이 승리하자 알사스 지방과 로렌 지방의 일부는 독일 제국에 할양되었으며, 제1차 세계대전 후 다시 프랑스 측으로 넘어왔으나, 제2차 세계대전 발발 후 히틀러의 프랑스 침공과 더불어 잠시 독일에 편입되었다가 종전 후 또 다시 프랑스 땅이 되었다. 따라서 「1935년 합의안」과 「1951년 합의안」은 알사스-로렌에 대한 프랑스의 영토주권을 당연히 인정하는 토대 위에서 이루어졌다. 따라서 두 합의안은 알사스 지역이 중세 이후 게르만의 언어와 문화를 지닌 땅이었으나 1648년 이후부터는 독자적인 언어와 문화를 유지했으며 1789년 이후부터 프랑스 민족공동체에 속하겠다는 의지를 표명했다는 내용을 담고 있다. 나아가 합의안은 1871년에 독일인들이 알사스-로렌의 독일 병합을 정당하다고 간주했던 까닭을 프랑스 교과서에 싣도록 권고했다. 두 합의안은 알사스-로렌을 둘러싼 양국의 일방적 주장을 상대방이 이해할 수 있도록 함으로써 상호 불신의 지역을 상호 소통의 장으로 전환시키려 애썼다.

1935년 합의에서 양국 역사가들 사이에 심각한 이견이 노출되기 시작한 것은 1870년 보불전쟁과 이를 전후한 프랑스 황제 나폴레옹 3세와 독일 재상 비스마르크의 정책에 대한 평가 문제였다. 보불전쟁이 승전국 프로이센에게 마침내 통일 독일 제국의 탄생의 길을 열어준 민족적 영광의 상징이었다면, 패전국 프랑스에게는 언젠가 독일에게 '복수(Revanche)' 하겠다는 민족적 울분을 낳은 국치의 사건이었다. 1870년 전쟁의 '승리' 가 독일에게 자국의 우월성과 정당성을 증명하는 사례였다면, 그 '패배' 는 프랑스에게 자라는 세대의 애국심을 고양하고 다가올 전쟁을 준비하게 해주는 쓰라린 교훈이었다. 제1차 세계대전 직전에 두 나라에서 출판된 초등생용 역사교과서에는 전쟁의 승패를 통해 '자국' 의 긍지를 높이고 '적국' 에 대한 적개심을 부추기는 내용들로 가득 차 있다.

> 모든 국민이 손에 무기를 들고, 자신의 영예와 평화를 헤치는 공격을 격퇴할 채비가 되어 있었다. …… 독일 전역에 프랑스의 경솔한 도발에 대한 분노가 끓어 넘쳤다. …… 모든 사회계급이 민족의 영예를 구하기 위해 기꺼운 희생정신으로 뭉쳤다.[5)]
>
> 1870년에 프랑스와 독일 사이에 큰 전쟁이 벌어졌다. 독일 병사는 우리보다 훨씬 많았다. 그들은 우리보다 전쟁에 더 잘 준비가 되어 있었으며, 더 훌륭한 대포를 갖고 있었다. 우리 병사들은 놀라울 정도로 용감했지만 패했다. …… 프랑스는 이 불행한 전쟁 후에도 용기를 잃지 않았다. 우리는 이제 전쟁에 아주 잘 준비되어 있다.[6)]

1935년 합의에서 양측 참가자들은 나폴레옹 3세와 비스마르크 모두 상대방의 정책을 우려할 만한 것으로 받아들였으며, 독일 국민과 프랑스 국민 모두 서로 자신들이 도발을 당했다고 확신하면서 전쟁에 나섰다는 사실에 대해서는 선뜻 동의했다. 요컨대 전쟁의 직접적인 계기에 대해서는 견해를 같이한

---

5) F. Neubauer(1910), *Lehrbuch der Geschichte für höhere Lehranstalten, Teil V, Vom westfälischen Frieden bis auf unsere Zeit*, Halle, p. 163.

6) E. Lavisse(1913), *Histoire de France, cours élémentaire*, Armand Colin, pp. 175~176.

것이다. 하지만 전쟁에 이르게 되는 장기적인 원인, 즉 나폴레옹 3세와 비스마르크가 취한 정책의 세부 사항들에 대해서는 견해 차이를 좁힐 수 없었다. 따라서 양측은 각자의 견해를 밝히는 '유보'를 달았다. 즉 독일 측 참가자들은 비스마르크의 정책이 단지 독일의 통일이라는 정당한 목적을 실현하고자 했을 따름이며 프로이센에 맞선 동맹망을 구성하려 하는 나폴레옹 3세의 시도로 인해 행동의 제약을 받았다는 유보를 덧붙였다. 반면에 프랑스 측 참가자들은 1868년부터 알사스를 요구하는 프로이센의 정책이 프랑스에 대한 위협이 되었으며 나폴레옹 3세의 정책은 남부 독일을 프랑스의 영향권 안에 두려 한 것이 아니라 오스트리아와 연결된 제3의 독일을 세우려는 것이었다는 유보를 덧붙였다.

이에 비해 「1951년 합의안」에서는 양측의 견해차를 좁히고 원만한 합의를 이끌어 내기 위한 세심한 배려를 엿볼 수 있다. 「1951년 합의안」이 「1935년 합의안」보다 훨씬 많은 지면을 나폴레옹 3세와 비스마르크의 정책에 대해 할애하고 있는 것도 바로 이 때문이다. 「1951년 합의안」 제7조는 프랑스와 독일의 외교 정책이 자국의 진정한 의도 여부를 넘어서 상대국에서 어떻게 받아들여질 수 있는가에 초점을 맞추었다는 점에서 진정한 합의 정신에 걸맞은 조항이라고 할 만하다. 다음에서 제7조의 주요 골자를 살펴보자.

「1951년 합의안」 제7조

A. 나폴레옹 3세의 정책

나폴레옹 3세의 정책은 전혀 다른 목적들 사이에서 오락가락했다는 점에서 아주 애매하며 이해하기 어렵다. 한편으로 나폴레옹 3세의 정책은 유럽 전역에서 프랑스의 열망을 촉진함으로써 프랑스의 위업을 증대하려는 욕구, …… 그리고 프로이센과의 선린관계를 유지하려는 욕구에 의해 좌우되었다. 다른 한편으로 나폴레옹 황제는 독일과 이탈리아에서의 완벽한 통일이 프랑스에게 심각한 위험을 초래하지나 않을까 하고 염려했다. ……
나폴레옹 황제는 한편으로 …… 프로이센의 강국 정책을 부추김으로써, 다른 한편으로 마침내는 프로이센과 이탈리아 사이의 군사 동맹 체결을 부추김으로써, 오스트리아와 프로이센 사이의 적대감을 의식적으로 조장했다. 두 주요 게르만 강국 사이의 무장 투쟁이 발생할 경우, 통일된 독일의 프랑스에 대한 우월권을 막아줄 평형 상태가 확립될 수 있을 것으로 기대한 듯하다.
1866년 전장에서 프로이센이 거둔 결정적인 승리는 당연하게도 프랑스에서 나폴레옹 3세가 취한 정책의 가장 심각한 패배로 받아들여졌다. 적어도 남부 독일 국가들이 북독일연방에 가입하지 못하도록 하려는 그의 노력은 프랑스의 정치적 이해관계라는 관점에서 이해될 수 있다. …… 그러나 당연하게도 이러한 노력은 독일에서 통일 운동의 주창자들에 의해 부당한 간섭이자 일종의 위협으로 받아들여졌다.

B. 비스마르크의 정책
독일 민족국가를 수립하려는 비스마르크의 노력은 지난 수세기 동안 서유럽 국가들이 추구해온 정책과 부합되는 것이었다. 따라서 비스마르크로서는 남부 독일 국가들의 병합 문제에서든 영토적 '보상' 문제에서든 나폴레옹 황제의 정책을 독일의 사활적 이해관계에 대한 장애물로 간주할 만한 충분한 이유가 있었다. 비스마르크는 물론 전쟁을 자신의 민족 정책을 성취하기 위한 유일한 수단으로 간주하지는 않았지만, 필요하다면 전쟁에 호소해서라도 이러한 장애물을 제거하기로 결심했다. ……
1867년부터 1869년까지 비스마르크가 취한 정책은 독일에서 프랑스에 대한 점증하는 적개심을 완화시키는 데 조금도 이바지하지 않았다. 그는 심지어 이러한 태도를 거부하기보다는 오히려 조장했다. 그의 행동은 프랑스에서 독일 전체의 임박한 통일에 대해 프랑스인들이 느끼는 의구심을 더 강화시켰다.
비스마르크는 나폴레옹 3세의 체제가 국내에서 봉착한 난국으로 인해 프랑스 정부로서는 독일의 통일이 평화적으로 완수되는 것을 지켜볼 수밖에 없을 것이라고 생각했다. 하지만 비스마르크는 사태가 이런 식으로 전개되지 않을 경우에 프랑스의 저항을 무력으로 분쇄할 결심을 굳혔다.

III. 19세기 말~20세기 초의 독 · 프 관계

보불전쟁 이후부터 제1차 세계대전의 발발 이전까지 약 40여 년 동안의 독 · 프 관계에 대해서는 비교적 순탄하게 합의가 이루어졌다. 「1951년 합의안」은 「1935년 합의안」의 내용을 별다른 수정이나 첨삭을 거치지 않고 그대로 싣고 있다. 단지 「1935년 합의안」에서 프랑스의 모로코 정책을 취급한 제15조와 1908년과 1912년의 발칸 위기를 다룬 제17조(부칙 포함)가 「1951년 합의안」에서는 삭제된 점이 눈에 띈다. 프랑스가 모로코에서 원주민 부대를 충원한 것은 프랑스가 취한 식민 정책의 결과일 뿐 그 목적이 아니었다는 점, 그리고 독일과 프랑스가 발칸 문제에 개입한 것은 서로 상대방에게 위해를 가하려는 의도에서가 아니었다는 점은 굳이 다시 논의할 필요가 없을 만큼 명백한 사실로 확립된 것이다.

주요 합의 사항을 간략하게 살펴보자.

- 두 나라의 교과서들은 상대방의 전쟁 위협에 대해 언급을 가능한 한 삼간다. 실질적인 전쟁 위협보다는 차라리 전쟁에 대해 서로 느끼는 불안감이 있었을 따름이다.
- 프랑스 교과서들은 독일에서 범게르만주의 운동이 갖는 영향력을 강조하고, 독일 교과서들은 프랑스에서 '복수(Revanche)'의 관념이 갖는 영향력을 강조한다. 하지만 범게르만주의든 '복수'의 관념이든 일부 여론의 동향이었을 뿐 양국 사이의 적개심을 부추기는 역할을 하지는 않았다.
- 프-러 동맹(1894)은 독-오 동맹(1879)과 마찬가지로 방어적인 성격을 지니고 있었을 따름이다.
- 영-프 협약(1904)은 결코 동맹의 성격을 지니고 있지 않았으나, 모로코에서 독일의 경제적 이익을 해칠 수 있었다. 모로코에서 독일이 취한 정책은 프랑스의 경각심을 불러일으키기에 충분했다.

- 영-러 조약(1907)은 정치적 협조를 위한 언질을 담고 있지 않았으나, 독일에서는 이를 독일 제국에 맞선 봉쇄정책의 일환으로 받아들였다.
- 독일과 프랑스의 교과서들은 프랑스의 병역법(3년 복무법)과 독일의 병역법이 1913년에 거의 같은 시기에 토의되고 입안된 것이라는 사실을 고려해야만 한다.

IV. 제1차 세계대전과 베르사유 조약

1935년에 합의안을 도출하는 과정에서 가장 많은 논란을 불러일으킨 문제는 물론 여전히 기억이 생생한 제1차 세계대전에 대한 해석과 평가였다. 제1차 세계대전의 문제는 전쟁 책임과 배상금 문제를 놓고 다투는 양국 정치권의 현안이자 이와 맞물린 역사교육의 관건이기도 했다. 따라서 「1935년 합의안」에서 제1차 세계대전과 관련된 문제들에 가장 많은 유보 조항이 달려 있다는 것은 당시 양국 정치권과 학계의 실정으로 볼 때 어쩌면 예정된 일이기도 했다. 그것은 또한 두 차례에 걸친 합의안 도출에 따라 일정한 합의점을 마련했음에도 불구하고 오늘날 두 나라가 공동 역사교과서를 만드는 과정에서 여전히 가장 열띤 논쟁점 중 하나로 남아 있는 문제다. 1945년 이후의 현대사를 다룬 고교 3년용 독 · 프 공동 역사교과서(프랑스 Nathan 출판사, 독일 Klette 출판사)가 2006년 가을 신학기에 두 나라에서 나란히 선보였다. 하지만 19세기 초부터 제2차 세계대전 직전까지를 다룬 고교 2년용 공동 교과서는 2008년 하반기에 출판될 예정이다. 출판이 예상보다 늦춰진 것은 제1차 세계대전의 문제에 대한 합의 서술이 어려운 탓으로 보인다.

「1935년 합의안」과 「1951년 합의안」 사이의 달라진 내용을 중심으로 제1차 세계대전과 베르사유 조약에 대한 양국 참가자들의 견해차와 합의점들을 살펴보자.

① 전쟁의 원인 : 「1935년 합의안」에서는 전쟁 발발의 원인에 대한 견해 차이가 뚜렷하게 나타난다. 양측 참가자들은 전쟁을 벌이려는 어떤 계획된 의도를 어느 한쪽 편에게만 지울 수 없으며 양측 모두에 주전파들이 있었다는 데에는 의견의 일치를 보았다. 하지만 프랑스 측 참가자들은, 상황이 불리하게 돌아가는 것을 눈치 챈 독일과 오스트리아가 시간을 미룰수록 승리 가능성이 적어질 것이라고 생각했으며 주전파들이 프랑스보다 독일에서 더 강했다는 유보 조항을 덧붙였다. 반면에 독일 측 참가자들은 프랑스의 푸앙카레(Poincaré)와 러시아의 이스볼스키(Isvolsky)의 정책이 유럽을 전쟁으로 몰고 가는 위기를 초래했다는 유보 조항으로 반박했다. 1913년 겨울부터 러시아가 유럽 전쟁을 유발할 위험을 무릅쓰고 근동 지방으로 세력을 확장했다는 것이다(「1935년 합의안」 제20조).

이에 대해 「1951년 합의안」은 양측의 견해를 조율한 합의점을 찾았다. 독일과 프랑스 국민 대다수는 전쟁을 원하지 않았으나 독일, 특히 군 진영은 프랑스보다 기꺼이 전쟁을 받아들이려 했다. 이는 독일 사회에서 군부가 차지하는 지위와 관련이 있으며 더욱이 지리적으로 유럽 중심에 위치한 관계로 항상 적성국들에게 포위되어 있다고 느낄 수밖에 없었던 독일의 지리적 위치와 관련이 있다는 것이다. 독일 측 참가자들은 푸앙카레가 전쟁을 유발하는 정책을 썼다는 종래의 입장에서 한 걸음 물러선 대신 프–러 동맹이 독일에게 직접적인 위협이 되었다는 합의를 이끌어냈다(「1951년 합의안」 제19조). 이것은 독일 측 참가자들이 1935년 당시와는 달리 프랑스 측의 주장을 전폭적으로 수용한 결과로 보인다.

② 벨기에 중립 문제 : 「1935년 합의안」에서는 독일군에 의한 벨기에의 국경 침입 문제에 대해 첨예한 논전이 오갔다. 벨기에의 중립성 여부는 독일과

프랑스 사이의 전쟁 책임과도 관련된 중요 사안이었던 만큼 양측 대표들은 긴 유보 조항을 첨가했다. 독일이 벨기에의 영토를 침범한 것은 벨기에의 중립성에 대한 국제 협약을 위반한 것이며 이에 따라 영국이 전쟁에 가담하게 되었다는 것이 당시 연합국 측의 일반적인 주장이었다. 이에 대해 독일 측 참가자들은 벨기에가 1913년 이후 영국과 새로운 군사 협정을 체결했을 때 이미 벨기에 스스로 중립성 의무를 저버렸으며 독일의 벨기에 침공은 당시 연합국이 그리스의 중립성을 침해했던 것과 마찬가지로 전쟁 상황으로 인한 불가항력적인 군사 작전일 뿐이었다고 주장했다. 반면에 프랑스 측 참가자들은 영국과 벨기에 사이의 군사 협정은 벨기에의 중립성 여부와는 아무 관련이 없으며, 벨기에 침범이 어쩔 수 없는 '군사적 긴급 사태' 였다는 주장은 독일의 국제 협약 위반에 대한 '해명' 이지 '정당화' 논리가 될 수 없다고 반박했다. 그리고 프랑스 측 참가자들은 연합군이 그리스의 일부를 점령한 것이나 프랑스가 벨기에에 진주한 것은 독일이 벨기에 영토를 침범한 것과 어떤 유사성도 없다는 유보를 달았다(「1935년 합의안」 제29조).

벨기에의 중립성 침해 여부가 「1935년 합의안」에서는 격론의 대상이었던 반면, 「1951년 합의안」은 아주 짤막하고 명쾌한 합의안을 도출해냈다. 양측 대표는 제1차 모로코 위기 때 영국과 벨기에 사이에 군사 회담이 오고간 것은 사실이지만 대전 직전에 벨기에가 엄격한 중립의 의무를 준수했다는 사실에 대해 합의를 이끌어냈다. 이는 벨기에의 중립성을 침범한 독일의 책임을 독일 측이 뒤늦게나마 받아들인다는 것을 의미했다(「1951년 합의안」 제25조).

③ 베르사유 조약 : 베르사유 조약에 명기된 독일의 전쟁 책임과 배상금 지불 문제는 대전 직후부터 양국 간에 첨예한 정치 현안이자 학계의 논쟁 사안이었던 만큼 1935년 합의에서도 양측 대표 사이에 견해차가 극명하게 나타났다. 베르사유 조약에 관한 한 「1935년 합의안」은 합의라기보다는 상대방의

주장에 대한 보류와 반대 의견의 개진에 가까웠다.

「1935년 합의안」에서 독일 측 참가자들은 베르사유 조약이 책정한 엄청난 액수가 독일인에게 배상금이라기보다는 공물(tribut)로 받아들여졌으며 베르사유 조약에 따라 알사스-로렌을 비롯해서 유럽과 식민지의 영토를 빼앗아간 것은 정의를 거스르는 승전국 측의 무력 행위라고 해석했다. 더욱이 전쟁 책임에 대한 조항은 독일에 대한 도덕적 규탄마저 담고 있다는 것이 독일 측 참가자들의 주장이다. 이에 대해 프랑스 측 참가자들은 배상금 명목으로 독일이 지불한 액수는 프랑스가 실제로 입은 물질적 피해에 훨씬 못 미치는 수준이고 영토 병합과 루르 탄전의 점령은 배상금 지불 이행을 위한 일종의 담보였다는 견해를 내놓았다. 그리고 전쟁 책임 조항을 도덕적 규탄으로 해석하는 독일의 관점은 정치적 의도를 담고 있는 것이라는 유보 의견을 덧붙였다(「1935년 합의안」 제35조~제37조).

반면에 「1951년 합의안」은 베르사유 조약을 공정하게 평가하기 위해서는 전후의 해결책에 수반되는 수많은 어려움을 고려해야만 한다고 전제하면서, 양측 대표가 동의할 수 있는 절충안을 찾고자 했다. 「1951년 합의안」은 우선 베르사유 조약 231조가 독일의 법적 책임을 물을 뿐 도덕적 규탄을 의미하지 않음에도 불구하고 독일에서 일방적인 범죄 자백으로 간주되었으며 따라서 큰 반감을 불러일으켰다는 점을 인정했다. 합의안은 또한 독일의 배상금 지불 불이행을 둘러싼 양측의 갈등은 지불된 액수를 산정하는 데에 따르는 기술적인 어려움에서 나온 것이고 프랑스가 받은 액수는 전쟁으로 입은 피해에 훨씬 못 미친다는 사실을 인정했다. 그리고 프랑스가 루르 지방을 점령한 것은 독일에게 지불 이행을 강요하기 위한 담보였지만 결과적으로 독일의 민족 감정을 자극했다는 점에 동의했다(「1951년 합의안」 제29조~제35조).

그리고 「1951년 합의안」의 제27조는 전쟁을 촉발시킨 직접적인 원인들에 대해 양측이 이끌어낼 수 있는 최대치의 합의 내용을 보여준다는 점에서 특히 주목할 만하다.

「1951년 합의안」 제27조

1914년에 독일의 정계는 유럽 전쟁을 도모하려는 것이 아니었다. 하지만 독일 정계의 행보는 무엇보다도 오스트리아-헝가리와 맺은 의무 사항에 달려 있었다. 위협이 될 수밖에 없는, 오스트리아-헝가리의 붕괴를 막기 위해서 베를린 정부는 비엔나 정부에게 백지수표에 가까운 보장을 주었다. 베를린 정부는 세르비아와의 충돌을 1908~1909년 때와 마찬가지로 국지화시킬 수 있을 것이라는 생각을 강하게 갖고 있었다. 하지만 베를린 정부는 필요할 경우 유럽 전쟁을 감수할 채비가 되어 있었다. 따라서 베를린 정부는 적절한 시기에 오스트리아의 정책에 대한 중재 행동을 취하는 것을 게을리했다. 베트만-홀베크가 이러한 방향으로 조취를 취한 것은 단지 7월 28일부터였다. 반면에, 유럽 전쟁이 불가피하다고 확신한 몰트케는 7월 30일에 독일 총사령관으로서 순전히 군사적 이유에서 오스트리아-헝가리에서의 총동원령 공포를 앞당길 것을 주장했다.

7월 30일에 발효된 러시아의 총동원령은 필연적으로 독일 정부가 총동원을 결정하게 만들었다. 7월 31일부터 독일의 태도는 다른 열강의 태도와 마찬가지로 정치적인 고려보다 군사적인 고려에 의해 결정되었다. 독일 정부의 결정은 독일과 러시아 사이에 전쟁이 일어날 경우 프랑스가 결코 중립을 지키지 않을 것이며 두 전선에서 전쟁이 벌어진다면 프랑스군을 신속하게 포위하고 섬멸하기 위해 벨기에를 침공해야만 승리를 거둘 수 있을 것이라는 단호한 확신에서 나왔다.

이러한 군사적 고려는 도처에서 군사동원령을 유발하고, 독일의 경우 최후통첩과 전쟁 선포를 앞당기는 치명적인 결과를 초래했다.

대전의 발발로 치닫는 각 단계들이 시간의 흐름에 따라 서술되고 있으며 긴장이 증폭되는 국면마다 정치적 의도보다 군사적 이유가 강조된다. 이러한 절제된 서술 방식은 지난 한 세대 동안 양측의 외교 문서에 대한 연구를 통해 얻은 학문적 성과를 반영한 것인 동시에 쟁점을 부각시키기보다는 가능한 만큼의 합의를 도출해내고자 한 양측 대표의 노력이 맺은 결실로 보인다. 양측 대표는 상대방에게 더 많은 전쟁 책임을 떠안기려 하기에 앞서 전쟁에 가담하게 된 상대방의 입장과 의도를 공정하게 평가하려 노력했다. "누구에게 전쟁 책임이 있는가" 라는 문제에서 "왜 모두가 전쟁에 말려들게 되었는가" 라는 문제로 논의의 초점이 이동한 것이다. 「1951년 합의안」이 제1차 세계대전에 대한 연구와 교육에서 가지는 의의가 바로 이것이다.

V. 독일 바이마르 공화국과 프랑스 제3공화국

「1935년 합의안」과 「1951년 합의안」은 프랑스 제3공화국 역사를 부분적으로 다루었다. 「1935년 합의안」과 「1951년 합의안」이 단지 내용만을 문제 삼았다면, 「1987년 권고안」과 「2004년 편찬 지침」은 내용뿐 아니라 교과서에서 다루어지는 분량도 문제 삼았다. 「1935년 합의안」과 「1951년 합의안」이 다룬 내용이 양국 관계에 초점을 맞추었다면, 「1987년 권고안」과 「2004년 편찬 지침」은 상대국 역사에 대한 깊은 이해를 위해 이를 문제 삼았다. 이 차이를 구체적인 예를 통해 살펴보자. 1871~1890년, 즉 프랑스 제3공화국 초반기에 해당하는 시기에 대한 「1935년 합의안」과 「1951년 합의안」의 주요 내용은 다음과 같다.

> 이 기간에 프랑스의 대외정책을 책임진 정치인들은 줄곧 평화를 유지할 목적으로 움직였다. 불랑제 장군의 선동은 독일의 경각심을 불러일으키기는 했지만 프랑스 여론의 일부만을 움직였을 뿐이다. 불랑제 장군의 태도는,

그가 내각의 일원이었음에도 불구하고, 외무부 장관과 공화국 대통령의 지지를 얻지 못했다. 게다가 1887~1889년의 사건들은 불랑제파의 준동이 완전히 실패했음을 명확하게 보여준다. (「1935년 합의안」 제9조, 「1951년 합의안」 제9조)

이것은 양국의 민족주의적 경쟁과 대립이 극심할 때의 역사교육 내용을 집중적으로 문제 삼았다. 프랑스에서 성공하지 못한 불랑제의 선동도 독일의 입장에서 보면 성공 여부를 떠나 그 자체가 큰 위협으로 인식되었다. 이에 권고안은 "독일 교과서들은 불랑제파의 준동이 정작 프랑스에서 직면한 저항과 불랑제파의 준동의 완전한 실패를 언급" 할 것을 권장한다.

「1987년 권고안」은 「1951년 합의안」이 작성된 이후 양국의 선린 관계가 유럽 통합의 틀 내에서 큰 진전을 이룬 상황을 반영했다. 이제 문제의식은 양국 간 민족주의적 대립을 해소하는 데서 선린 관계를 심화시키는 방향으로 옮겨졌다. 그래서 「1987년 권고안」은 제3공화국 역사를 독일 역사교과서에서 제1차 세계대전의 배경 정도로만 다루지 말고 독자적인 시기로 다루어야 한다고 권장하고 있다. 왜냐하면 제3공화국 역사에 대한 지식 없이—공화주의, 세속주의, 정당제도, 경제 질서, 해외 팽창 등—오늘날의 프랑스 정치와 사회 상황을 이해할 수 없기 때문이다. 그래서 「1987년 권고안」은 독일 역사교과서에서 제3공화국 역사를 하나의 단위로 다루거나, 이것이 불가능하다면, 1871~1919년과 1919~1940년으로 나누어 다룰 것을 권장하고 있다. 그리고 프랑스 제3공화국과 비스마르크 제국 및 바이마르 공화국을 비교할 것을 권장하고 있다(「1987년 권고안」: 29~31).

「2004년 편찬 지침」은 「1987년 권고안」을 부분적으로 반영했다. 독·프 공동 역사교과서 제2권 두 번째 장 제목은 '비스마르크 제국과 제3공화국'(1871~1914)으로 정해졌다. 제3공화국 역사가 편제상 하나의 단위로 다루어지지는 않았지만, 「1987년 권고안」과 같이 제1차 세계대전을 기점으로 나누어 다루었다. 내용 요소도 이 시기 제3공화국의 핵심 사항들을 포함하고 있다. 더 나아가 「2004년 편찬 지침」은 「1987년 권고안」에 따라 공동 역사교과서가 제3공화국과 독일 제국을 다음과 같이 비교할 것을 명기했다.

> 1871~1914년 시기 양국의 정치 발전에 대해서는 다음과 같은 여러 가지 요소들을 연속적으로 설명할 수 있다 : 의회의 역할(제국의회 및 프랑스 국회), 정당제도의 정착, '관헌국가' 정치문화(독일)와 공화주의 정치문화(프랑스), 체제의 사회적 기반 구축[중산층(독일과 프랑스), 전통적 엘리트(독일), 새로운 공화주의 엘리트(프랑스)], 사회를 분열시킨 갈등['두 개의 프랑스' 사이의 분쟁, 드레퓌스 사건(프랑스), 문화투쟁 및 사회주의자법(독일)]과 이러한 갈등으로 인한 상이한 결과[세속주의(프랑스), 국가와 교회의 동반자 관계(독일)], 양국의 노동운동 발전(독일의 사회민주주의가 모델이었다), (독일을 시작으로 한) 양국 모두에서 추진된 새로운 사회(복지)정책.
> (「2004년 편찬 지침」)

바이마르 공화국 역사는 「1951년 합의안」에서 사실상 처음, 「1987년 권고안」과 「2004년 편찬 지침」에서 본격적으로 다루어졌다. 「1951년 합의안」은 3개항(38조, 39조, 40조)을 통해 바이마르 공화국의 탄생부터 붕괴까지 '객관적'으로 서술할 것을 권장한다. 주목할 것은 바이마르 공화국이 1918년 패전과 군주제의 붕괴로 인해 독일 국민에게 주어진 정치체제일 뿐 아니라 이전부터 존재했던 독일 민주주의 세력들의 투쟁 결과이기도 하다는 점(38조)을 「1951년 합의안」이 명시한 점이다. 이 시각은 분명 바이마르 공화국 역사가 나치의 전사(前史)로만 다루어져서는 안 된다는 것을 암시한다. 「1987년 권고안」은 이 시각을 명확히 강조했다.

> 조사 결과 프랑스 고등학교 역사교과서는 바이마르 역사를 제2제국(제국 시기)과 나치 독재 사이에 낀 가벼운 에피소드나 또는 주로 민족사회주의의 전사로 다루고 있다는 것이 밝혀졌다. …… 하지만 이전 시기 민주–공화 세력의 발전 상황과 연방공화국(서독)에서 이들의 발전에 대한 지식은 독일의 과거와 현재를 이해하는 데 필수적이다. 독일 최초의 의회–민주 공화국의 부침은 독일 정체성 이해에 대단히 중요한 역사적 사건이다. …… 바이마르 공화국은 독일인들에게 공화국이라는 국가 형태에 대한 최초의 경험이었으며, 이 경험은 19세기 민주적 전통과 맞닿아 있으면서 동시에 연방공화국(서독) 건국 당시 그 역사적 뿌리로서 기능했다는 점을 분명히 밝힐 필요가 있다. (「1987년 권고안」 : 22～23)

프랑스 제3공화국의 경우와 달리 바이마르 공화국 역사는 「2004년 편찬 지침」에서 「1987년 권고안」보다 덜 강조된 듯하다. 「2004년 편찬 지침」에서 바이마르 공화국 역사는 별도의 단원으로 취급되지 않고 제1차 세계대전과 나치 등장 사이의 역사로 취급되었다. 하지만 제1차 세계대전 이후 전개된 민주주의의 위기(단원 6 : 유럽 민주주의의 위기와 전체주의 정권)라는 큰 틀에서 바이마르 공화국 역사의 비극이 조명되었다. 시각을 유럽적 차원으로 확장하는 것은 좋았으나 제1차 세계대전 이후의 시기를 '유럽 민주주의의 위기' 라고 명명하는 것에 필자는 동의하기 어렵다. 제1차 세계대전 이후 성인 남녀에게 보통선거권이 주어짐으로써 유럽 민주주의가 형식적으로 완성되었기 때문이다. 완성과 동시에 위기가 닥친 것이라면, 이는 민주주의의 위기라기보다는 형성 초창기에 겪게 된 민주주의의 산고라고 보아야 한다는 것이 필자의 견해다.

「2004년 편찬 지침」이 「1987년 권고안」보다 한 걸음 더 나아간 측면도 있다. 「2004년 편찬 지침」은 프랑스 제3공화국 문화가 절정을 이룬 1890～1910년('아름다운 시대[Belle Epoque]')과 바이마르 공화국 문화가 절정을 이룬 1920년대('황금의 20년대[goldene zwanzig Jahre]')를 비교하는 부분을 하나의 단원으로 설정했다. 정치사와 사회경제사에 치중되었던 이전 권고안과 달리 문화사로까지 대폭 확장되었다는 것이 「2004년 편집 지침」의 큰 특징이다. 이는 문화와 기억 연구가 크게 진척된 세기 전환기의 연구 상황을 반영한 것이다.

VI. 나치 독일과 비시 프랑스, 제2차 세계대전

이 주제는 「1951년 합의안」부터 극히 부분적으로, 「1987년 권고안」과 「2004년 편찬 지침」에서 본격적으로 다루어졌다. 「1951년 합의안」은 나치 정권 성립 배경만을 다루었다. 한 가지 눈에 띄는 것은 나치 정권 성립 과정의 가장된 '합법성' 이 가능했던 배경을 상세히 설명하는 대목이다.

> 독일 국민 상당수는 민족사회주의에 합류했다. 하지만 민족사회주의는 자유선거가 이루어지는 한 결코 절대 다수를 획득할 수 없었다. 독일 국민의 상당수는 소위 '바이마르 체제' 라 불리는 것에 대한 가장 신랄한 경멸을 설파하는 과도한 선전에 의해 오도되었다. 하지만 다른 한편 그들은 히틀러를 국내의 해묵은 대립들을 해소하고 새로운 기반 위에서 독일의 국력을 신장시킬 자로 보았다. 즉 진정한 민족 의지를 실현할 자로 보았다. 히틀러는 1923년의 실패한 쿠데타를 다시 도모하려 하지 않았으며 1933년 1월에 연립 정부의 수반 자격으로 '합법적인' 방식으로 재상 직에 올랐기 때문에, 국민의 눈앞에서 자신의 궁극적 의도를 숨길 수 있었다. 권위주의 체제 수립을 기대하며 히틀러를 찍은 유권자 대다수는 그가 막강한 독재 체제를 수립하고 입헌 국가를 파괴하기 위해 권위주의 체제를 이용할 것이라는 위험성을 너무 늦게 깨달았다. 알았다 하더라도 이를 너무 과소평가했다. (「1951년 합의안」 제40조)

1951년 역사교과서 협의 활동에 참여했던 사람들은 국적을 떠나서 나치 정권의 문제점을 공유했다. 문제는 나치 이전의 독일사를 나치와 어떤 방식으로 연관시킬 것인가, 일반 국민과 나치의 관계를 어떻게 보아야 하는가를 둘러싼 대립이다. 앞에 인용한 제40조는 히틀러를 비롯한 나치의 문제와 아울러 국민들의 문제점도 균형 있게 지적했다. 이것이 양측이 1951년 당시 합의할 수 있는 최소한의 수준이었으리라 짐작된다. 나치 정권에 대한 역사적 연구는 1970년대 이후에야 비로소 본격화되었다.

「1987년 권고안」은 나치 문제를 본격적으로 다루었다. 제2차 세계대전은 나치 문제의 결과로서 다소 부수적으로 다루었다. 다른 주제와 달리 나치의 역사는 프랑스 역사교과서들이 지나칠 정도로 상세하게 다루고 있다. 심지어 나치의 역사는 프랑스 역사과 교육과정이 강조하는 핵심 사항이기도 하다. 그렇지만 프랑스 역사교과서들이 과거 민족주의 역사교육이 유행하던 때처럼 독일을 단순히 비난하기 위해 나치의 역사를 상세하게 다룬다고 볼 수 없다. 나치가 프랑스를 침공했을 뿐 아니라 이에 대한 저항의 역사가 전후 프랑스 역사의 중심이기 때문에 프랑스 역사교과서들에서 이를 중요하게 다루고 있는 것이다. 「1987년 권고안」은 나치의 역사에 대해 "전체적 틀에 대한 권고는 불필요" 함을 시인하기도 했다. 다만 "약간의 해석상의 오류와 결함" 을 수정하고 보충할 것을 권장했다(「1987년 권고안」 : 36~37).

나치의 역사에 대한 「1987년 권고안」 중 가장 중요한 토대는 독일 파시즘의 특수성인 불법성과 반유대주의를 특히 강조할 필요성을 시인했다는 점이다. "학살수용소의 잔혹 행위와 인종 말살은 부수적으로 다루어서는 안 된다(46~47)." 하지만 「1987년 권고안」은 프랑스 역사교과서에서 프랑스인들의 레지스탕스 운동뿐 아니라 독일인들의 반나치 운동도 함께 기술하는 것이 필요하다는 점을 밝혔다(44~45). 「1987년 권고안」은 이러한 토대 위에서 나치 역사에 대한 그간의 연구 성과를 충실히 반영한 것으로 평가된다.

먼저 나치 독재와 일반 국민의 관계 문제를 살펴보자. 앞서 살펴보았듯이, 독일인들조차 극우주의 진영이 아니라면 나치 정권을 옹호하지 않는다. 문제는 '일반 국민이 나치즘을 어느 정도 옹호했으며 저항했는가' 이다. 연합 세력은 점령 초기 독일 국민 모두가 나치 범죄의 공범('집단책임론')이라는 인식을 갖고 있었다. 그러나 독일인의 저항에 부딪치자 연합 세력은 이 주장을 슬그머니 철회하고 서독의 서방 세계 통합이라는 냉전 정책을 취한 결과 독일 일반 국민의 무죄론이 대세를 이루게 되었다. 즉, 나치 범죄에 대해서 대다수의 독일인들은 무관하며 독일인들 나름대로 나치에 대해 저항했다는 독일 내 일부의 주장이 힘을 얻게 되었다. 하지만 1960년대 후반부터 서독의 나치 과거 청산 작업이 진척되면서 국민 무죄론이 비판의 도마 위에 오르게 되었다. 그렇다고 과거의 '집단책임론' 이 다시 힘을 얻게 된 것은 아니었다. 1980년대 일상사 연구가 발전하면서 당시 독일인의 일상이 많이 밝혀지기 시작했다. 독일 국민은 자신이 처한 위치와 신념에 따라 나치에 대해 적극적 지지와 저항 사이에서 다양한 입장을 견지했다는 것으로 요약될 수 있다. 그러므로 일괄적으로 나치 범행에 대해 국민에서 면죄부를 부여하거나 싸잡아서 공범으로 보아서는 안 된다.[7] 「1987년 권고안」이 이러한 학계의 연구 결과를 충실이 반영하고 있음은 다음을 통해 확인할 수 있다.

> 입장의 다양함은 광적인 지지에서 확신에 찬 거부까지 광범위하게 펼쳐 있다. 기회주의, 협력, 수동적 포기, 국내 · 외 망명 등 이 사이에 위치한 다양

7) 김승렬(2004), 「대중에 대한 독재 또는 대중에 의한 독재? 나치 독재의 대중적 기반」, 김용우 · 임지현 편, 『대중독재』, 책세상, 235~264쪽 ; 이진모(1998), 「나치의 유태인 대학살과 평범한 독일인들의 책임-골드하겐 테제를 둘러싼 논쟁」, 『역사비평』 제42호, 249~268쪽.

한 입장이 함께 고려되어야 한다. 이때 개인적 경력과 직업적 경력이 민족사회주의 운동에 적극 참여하게 된 결정적 원인이라는 점을 강조할 필요가 있다. 나치 국가에 대한 독일인의 태도를 서술할 때, 대중적 지지가 경제적, 외교적 성공과 긴밀하게 연관되어 있었고, '제3제국'의 다양한 국면에 따라 이 관계가 변화했다는 점을 분명히 밝힐 필요가 있다. 국가적 차원의 테러와 감시 체제 아래에서 체제 저항자들이 어떠한 형태의 저항을 할 수 있었고, 그 한계가 무엇인지에 대한 문제를 함께 설명해야 한다. (「1987년 권고안」: 42~43)

나치 체제가 "자발적 집행자들의 행정적, 기술적 도움으로 자신의 비합리적인 인종 이데올로기를 인종학살의 형태로 실행했다." (「1987년 권고안」: 46~47)

나치에 대한 논쟁 중에 가장 중요한 것 중 하나는 1920~1930년대 선진 산업사회의 위기가 가장 극단적인 파시즘으로 귀결된 곳이 왜 하필 독일이었는가라는 질문을 둘러싸고 벌어졌다. 이것은 '피셔 논쟁(Fischer-Kontroverse)'[8]으로부터 촉발된 독일의 '특수한 길(Sonderweg)' 논쟁과도 연결된 문제다. 이 논쟁은 1970~1980년대 한창 전개되었다. 위로부터의 강력한 근대화와 급속한 산업화, 그러나 여전히 강력한 영향력을 갖고 있는 권위주의 제도 및 문화가, 즉 자유주의적 투쟁과 전통의 부재가 위와 같은 산업사회의 위기를 계기로 발현된 것이 나치즘이라는 주장과 영국이나 프랑스도 근대화 과정은 독일과 그리 다르지 않았다고 보는 반대 주장이 맞서 있었다. 재미있는 것은 독일

8) 1961년 출간된 『세계권력의 장악(Griff nach der Weltmacht)』에서 함부르크의 역사가 프리츠 피셔(Fritz Fischer)는 독일이 제1차 세계대전을 의도적으로 일으켰고 전쟁의 발발에 결정적인 원인을 제공했다고 주장했다. 이것은 다른 나라처럼 독일도 어쩔 수 없이 전쟁에 끌려들어 갔다는 독일 학계의 주장을 정면으로 반박했다. 이에 대해 다음을 참조하시오. 이민호(1982), 『현대사회와 역사이론-서독 사회사론의 전개』, 문학과지성사.

의 진보적인 사회사가들이 전자의 입장을, 외국의 독일사 전문가들이 후자의 입장을 취하고 있다는 사실이다.[9] 이 논쟁은 양편 모두 극단적인 주장들에 대해서 양보했지만 아직 완전한 결론을 맺지 못했다. 「1987년 권고안」은 후자의 입장에 서 있는 듯하다. 권고안은 독일사의 특수성보다 1920~1930년대 선진 산업사회의 전반적 위기, 즉 자유민주주의의 위기, 볼셰비즘에 대한 두려움, 제1차 세계대전의 사회경제적 영향, 세계 대공황, 사회적 지위 하락에 대한 두려움을 갖고 있던 중산층 등을 더욱 강조했다. 이에 따르면, "민족사회주의는 독일사의 필연적이며 불가피한 산물이 아니었다. 민족사회주의는 또한 오직 독일사적 시각에서만 설명될 수 없다. 그렇기 때문에 민족사회주의가 출현하고 성공할 수 있었던 독일의 특수한 조건과 함께 유럽 전체의 상황을 고려해야 한다.(「1987년 권고안」: 38~39)" 그렇지만 앞서 보았듯이, 「1987년 권고안」이 나치즘의 특수성을 간과한 것은 아니었다.

하지만 서유럽 강대국의 책임에 대한 권고 사항에 대해서는 학계의 논의를 일방적으로 반영한 것 같다. "서유럽 강대국들의 대응은 히틀러의 팽창정책을 수월하게 만들었다. …… 프랑스와 영국이 조기에 효과적으로 억제했다면 이 팽창정책은 그리 수월하게 전개될 수 없었다는 점 또한 분명히 밝힐 필요가 있다(「1987년 권고안」: 44~45)." 이것은 영국의 전쟁 영웅 처칠이 체임벌린의 '유화정책(Appeasement Policy)'를 비판한 내용과 흡사하다. 하지만 공산주의 국가 소련의 존재, 장기전이 될 수밖에 없었던 당시의 상황과 영국 경제력의 한계 등을 감안하면 1939년 이전 유화정책은 결국 영국에게, 그리고 자유민주주의

---

9) 고재백(1993), 「독일의 '특수한 길'(Sonderweg) 논쟁과 그 이후」, 『서양사연구』, 261~283쪽; 이대헌(1996), 「소개의 글」, 한스-울리히 벨러 저 · 이대헌 역, 『독일 제2제국』, 신서원, 10~37쪽.

진영에게 적절한 정책이었으며 합리적인 정책이었다는 연구 결과도 있다.[10)]

「2004년 편집 지침」은 나치 문제를 바이마르 공화국 역사가 포함된 '유럽 민주주의의 위기와 전체주의 정권' 단원과 '제2차 세계대전' 단원으로 나누어 다루었다. 「2004년 편찬 지침」은 나치의 반유대주의에 대하여 비판적 입장을 분명히 밝혔지만, 독일의 '특수한 길' 논쟁에 어떤 뚜렷한 입장을 표명하지 않은 채 문제 제기로 그쳤다. 또한 1980년대 독일의 '역사가 논쟁(Historikerstreit)'[11)]을 의식한 듯 다음과 같은 문제를 제기했다.

> 나치 정권과 공산주의 독재정권, 그리고 1936~1938년 스탈린의 '계급 학살(Klassenmord/meurtre de classe)' 및 공산당의 내부 '청산'과 히틀러 및 그의 추종자들의 '인종 학살'을 서로 비교할 수 있는 것인가? (「2004년 편찬지침」)

'역사가 논쟁'은 「1987년 권고안」 작성 당시에 한참 진행되고 있었으므로 「1987년 권고안」이 이를 반영하기란 힘들었다. 이런 시간적 한계를 벗어난 「2004년 편찬 지침」은 최근 학계의 논쟁을 충실히 반영했다고 볼 수 있다.

「2004년 편찬 지침」은 나치의 역사를 제2차 세계대전의 틀에서 설명하도

---

10) 벨(P. Bell)(1995), 「히틀러의 전쟁? 유럽에서의 2차대전의 기원들」, 『유럽 현대사의 제문제 1890~1945』, 명경, 301~330쪽.

11) 이것은 1986/87년에 독일의 역사가들 사이에 벌어진 나치 독일의 유대인 인종 말살(홀로코스트)에 대한 역사적 평가를 둘러싼 논쟁이다. 역사가들 사이에서뿐 아니라 광범위한 여론의 관심 속에서 진행됐다. 한쪽 진영에서는 히틀러의 유대인 인종 말살을 소련의 계급 학살과 비교하며 나치즘이 공산주의의 위협에 대한 반응이라고 주장한 데 반해, 다른 한편에서는 이 테제가 나치의 범죄를 많은 학살 중의 하나로 '상대화' 또는 '역사화'하려는 것이라고 비판했다. 이에 대해 다음을 참조하시오. 이민호(1990), 『독일, 독일민족, 독일사. 분단독일의 역사의식』, 느티나무, 139~164쪽 ; 구승회(1993), 『논쟁. 나치즘의 역사화? 독일현대사 논쟁의 중가결산과 비판』, 온누리.

록 요구했다. 즉, 제2차 세계대전으로 나아가는 나치의 정책을 면밀히 분석할 것을 요구했다. 나치 역사가 독립된 단원으로 설정되지 않은 결과 나치 독재와 국민의 관계 면에서 「2004년 편찬 지침」은 「1987년 권고안」에 비해 후퇴한 느낌이다. 하지만 「2004년 편찬 지침」은 제2차 세계대전을 「1987년 권고안」보다 상세하게 다루었으며, 더 나아가 독일과 프랑스의 대전에 대한 기억문화의 차이까지 언급할 것을 요구했다.

다음은 프랑스 비시 정권 역사의 경우를 보자. 1945년 해방 직후 프랑스 역사학계는 비시 정권을 독일 점령으로 이루어진 괴뢰정권으로 간주하여 프랑스 역사에서 예외적인 사건으로 소외시켜왔다. 하지만 1970년대 프랑스 역사학계는 비시 정권이 독일에 의해 강요된 정권이 아니라 의회의 만장일치로 이루어진 자발적인 정권이었고, 제3공화국을 합법적으로 승계했다는 사실을 받아들였다. 그리고 오히려 프랑스인들이 비시 정권을 초기에 지지하고 이에 참여했다는 것을 인정했다.[12)]「1987년 권고안」은 "이 짧지만 중요한 시기에 대한 해석과 평가를 둘러싸고 곳곳에서 격렬한 논쟁이 전개되고 있음을 알고 있다(34~35)." 고 진술함으로써 이러한 논쟁을 고려했다.

당시 서독 역사교과서는 비시 정권 역사를 전혀 다루고 있지 않았다. 이에 「1987년 권고안」은 서독 역사교과서가 다음과 같은 기본적인 사실만이라도 진술하도록 권고했다. 프랑스인들은 처음에는 권위주의적인 페탱 정권과 비시 체제를 '프랑스의 방패' 로 여기며 지지했지만, 시간이 지날수록 비시 체제의 대독 협력정책(Collaboration)이 오히려 자신들의 삶을 궁핍하게 한다는 사실을 깨닫고 비시 정권을 비판하고 이에 저항하는 입장을 취했다. 또한 「1987년

12) 김용우(2005), 『호모 파시스투스. 프랑스 파시즘과 반혁명의 문화혁명』, 책세상 ; 신행선(2004), 「비시프랑스 : 민족혁명의 이상과 현실」, 김용우 · 임지현 편, 『대중독재 : 강제와 동의 사이에서』, 책세상, 84~113쪽.

권고안」은 드골과 레지스탕스가 이끈 항독전쟁을 서독 역사교과서에서 강조할 것을 권고했다.

「2004년 편찬 지침」은 비시 정권 역사를 '제2차 세계대전' 단원에서 부분적으로만 다루었다. 그 내용도 「1987년 권고안」보다 더 나아가지 못하고 오히려 축소된 느낌이다. 「2004년 편찬 지침」도 「1987년 권고안」과 같이 레지스탕스에 대해서는 강조하고 있다. 하지만 나치 점령 시기 양국 관계, 교류, 영향(점령자와 피점령자의 관계, 자원 근로자 및 강제 노역자, 알사스-로렌 지방의 강제 징병자)과 이러한 일들이 훗날 양국 관계에 미친 영향에 대해 서술할 것을 권고하고 있다는 점에서 새롭다.

VII. 1945년 이후의 역사

이 시기 양국 역사는 앞에서 다룬 것과 달리 대립보다 화해와 협력의 시대라고 볼 수 있다. 대립과 갈등의 역사 해석을 해소하기 위한 노력보다 더 중요한 것은 양국의 역사 자체를 서로 이해하는 것이다. 이 주제에 대해서는 시기상 「1951년 합의안」에서는 전혀 다루어질 수 없었다. 따라서 「1987년 권고안」과 「2004년 편찬 지침」만을 살펴보겠다. 이 두 문건은 이 시기의 역사에 이전 시기보다 더 많은 지면을 할애하여 다루었다. 이것은 현대사를 중시하는 양국의 역사교육에 기인하는 것이다.

「1987년 권고안」에 따르면, 당시까지 프랑스 역사교과서는 1945년 이후 독일사, 특히 서독과 동독 건국의 중요한 토대와 발전 조건을 소홀히 했다. 서독의 경제 발전만을 많이 다루었고, 민주화를 비롯한 서독의 정치 · 사회 변화, 동 · 서독 관계 등은 지나치게 소홀히 취급했다. 「1987년 권고안」

은 이러한 진단에 기초해서 다음과 같은 기본적인 사실을 프랑스 역사교과서에서 다루어주기를 권고했다. 첫째, 독일 점령 세력의 정책과 재건의 특수한 정치 · 경제적 조건, 그리고 '이중의 국가 건설(Doppelte Staatsgründung)' 이다. 둘째, 서독의 서방 통합과 의회민주주의 발전. 여기서 서독의 의회민주주의는 바이마르 공화국의 전통과 서방 의회민주주의 제도를 계승한 것이다. 셋째, 동독의 동구블록 통합과 공산주의 체제, 그리고 동서독 관계, 베를린 문제다. 재미있는 것은 프랑스의 점령 정책을 있는 그대로 다루었다는 것이다. 독일을 약화시키려는 프랑스 점령정책과 독일을 어느 정도 안정화시키려는 영국과 미국의 점령정책 간의 갈등, 자르(Saar)를 독일에서 분리시키려던 프랑스의 정책, 루르 지역에 대한 프랑스의 경제적 야심이 바로 그것이다. 또 하나 주목할 것은 「1987년 권고안」이 유럽 통합사를 전면에 부각했다는 점이다. 유럽평의회, 유럽석탄철강공동체, 유럽경제공동체 등에서 보인 서독과 프랑스의 견인차 역할을 특히 강조했다. 이는 이 시기 역사에서 빠트릴 수 없는 핵심 사항이다.

「1987년 권고안」은 독일 역사교과서가 프랑스사의 경제 · 사회적 연속성을 보여주어야 하며 이를 위해 프랑스 제4, 5공화국[13]을 전체적으로 서술할 것을 권장했다. 1950~1960년대의 경제성장, 이에 따른 인구 변화, 새로운 가치의 수용, 1968년 학생운동 등을 조명할 것을 주문했다. 눈에 띄는 것은 식민지 관계의 변화다. 프랑스는 1950년대 인도차이나와 북아프리카에서 큰 피해와 불명예를 감수하고 철수해야 했다. 「1987년 권고안」은 독일 역사교과서가 이 사실도 상세히 서술할 것을 권장하고 있다.

13) 제4공화국은 1946년에 시작되었고, 제5공화국은 드골의 헌법 개정을 통해 1958년부터 시작되어 현재까지 지속되고 있다.

독 · 프 공동 역사교과서는 총 3권으로 구성되었다. 이 중 제3권 전체가 이 시기를 다룬다. 현대사를 중시하는 독일과 프랑스의 역사교육을 여기서 다시 한 번 확인할 수 있다. 「2004년 편찬 지침」은 제3권을 5단원으로 나누었다. 이 중 세 단원은 정치사 위주로 시기 별로(전후~1949년, 1949~1989년, 1989년~현재) 나누었고, 한 단원은 이 시기를 총괄하는 경제, 사회, 문화 변동을 다루었다. 독일과 프랑스의 국내사 및 양국 관계사는 별도의 한 단원에서 다루어진다. 바로 이 마지막 장이 「2004년 편찬 지침」의 특성이다. 양국의 기존 역사교과서에서 이런 주제를 별도의 단원으로 설정한 예는 없었기 때문이다. 또한 정치사는 시기별로 나누고 경제 · 사회 · 문화사에 대해서는 총괄적으로 다루었다는 점도 주목할 대목이다. 공동 역사교과서 기획자들은 이것이 다른 국가들의 공동 역사교과서나 유럽 역사교과서의 모델이 되기를 희망한다. 이때 정치사는 시기별로 나누어 따로 다루지만 경제 · 사회 · 문화사는 총괄적으로 다루는 형식은 대단히 바람직하다. 왜냐하면 이 분야는 정치적 사건만큼 짧은 시기로 나누기 어렵기 때문이다.

「2004년 편찬 지침」은 기억(문화)에 대한 최근의 연구를 충실히 반영하고 있다. 1980년대부터 문화사 연구 경향이 강화되면서 (집단)기억의 문제도 전면에 부각되었다.[14] 역사와 기억의 관계, 민족사와 민족 구성원의 기억의 관계, 더 나아가 유럽사와 유럽인의 기억의 관계가 「2004년 편찬 지침」이 관심을 갖는 영역이다. 양국의 나치(비시) 과거 극복과 정체성 확립에서 집단기억이 행한 역할이나 도시, 수용소, 안네 프랑스의 집 등 제2차 세계대전에 대한 '기억의 터(lieu de mémoire/Erinnerungsort)' 에 대한 유럽적 기억 문제를 언급하는 데서 이를

14) 이용재(2004), 「피에르 노라와 '기억의 터전' : 프랑스 국민정체성의 역사 다시 쓰기」, 『역사비평』 제66권, 324~342쪽 ; 전진성(2005), 『역사가 기억을 말하다 : 이론과 실천을 위한 기억의 문화사』, 휴머니스트, 187~226쪽.

확인할 수 있다.

「1987년 권고안」이 유럽 통합에 대한 연대기적 권장 사항을 나열한 데 그친 반면 「2004년 편찬 지침」은 독 · 프 화해를 넘어 유럽 이념을 표방한 역사 교과서를 만들고자 한 만큼 이에 대해 매우 상세하게 기술하고 있다. 유럽 통합에 대한 학계의 주요 관심 중 하나는 '국민국가의 주권과 유럽 통합의 관계, 즉 국민주권에 기초한 국민국가와 국민주권의 또 다른 현상 형태인 민족주의를 극복하려는 유럽 통합 사이의 관계가 어떻게 진행되었으며, 어떻게 설정되어야 하는가' 라는 문제다. 1980년대까지 학계는 주로 한쪽이 강화되면 한쪽은 약화되는 제로섬(zero sum) 게임 관계로 보았다. 1990년부터 이와 사뭇 다른 시각이 대두됐다. 유럽 통합이 전후 거대해진 국민국가의 기능(경제, 노동, 복지, 사회 정책 등)을 보충해주는 한 양쪽 모두 강화된다는 포지티브섬(positive sum) 게임이라는 시각이 그것이다. 또한 "유럽 통합은 공간적으로 어디까지 확대될 수 있으며, 유럽적 정체성이란 무엇이었으며 무엇이어야 하는가" 등 다양한 문제들이 아직도 논쟁 중에 있다.[15)]「2004년 편찬 지침」은 이러한 복잡한 학계의 논쟁을 반영한 듯 다음과 같은 점을 고려할 것을 권장한다.

> 유럽연합은 앞으로 어떤 정체성을 가지고 어떤 형태로 발전할 것인가에 대해 숙고 중이다. 국민국가가 자신의 주권을 유럽연합에 어느 정도나 양도할 수 있을 것인가? 유럽연합의 경계를 어디에 설정할 것인가? (예컨대, 터키의 회원국 가입 문제) 이러한 문제들은 유럽 통합 과정에서 각 단계마다 제기되어왔기에 새삼스럽지 않지만, 유럽연합이 확대를 거듭할수록 더욱 복잡한 문제가 될 것이다. (「2004년 편찬 지침」)

15) 김승렬(2001), 「초기단계(1945~1957) 유럽 통합사의 연구 방법론들과 쟁점들에 대한 고찰」, 『독일연구』 제2권, 117~151쪽.

독일과 프랑스를 별도로 다룬 5단원 '독일과 프랑스, 1945년 이후' 도 새롭다. 먼저 독일과 프랑스의 정치 · 경제사를 각각 다룬 다음 양국 관계사 및 양국 경제 · 사회 비교(사회보장제도 개혁, 실업 대책, 이민가정의 사회통합, 무역 자유화, 통신망 구축 등)를 시도하도록 권했다. 끝으로 양국 화해와 협력에 중요한 역할을 했던 정치가들을 다루었다. 이뿐 아니라 동독사 및 프랑스와 동독의 관계사도 간과하지 않았다. 특히 독 · 프 합작 방송국 아르테와 공동 역사교과서 탄생 배경인 엘리제 조약 40주년 행사 등 양국 문화협력을 강조했다.

2005년 독일의 클레트(Klett) 출판사와 프랑스의 나탕(Nathan) 출판사가 독 · 프 공동 역사교과서 편찬 책임 출판사로 선정되었다. 이들 출판사는 독일 가이스(Peter Geiss) 박사와 프랑스의 캥트렉(Guillaume le Quintrec)을 편집 책임자로 임명하고 각각 5명, 총 10명으로 구성된 집필진을 꾸렸다. 집필진 전원은 양국 언어에 능통한 현직 고등학교 교사들이다. 2006년 여름 독 · 프 공동 역사교과서 3권이 첫 번째로 출판되었다. 제2권이 2007년에 2권, 2008년에 1권이 출간될 예정이다.[16] 다음은 야심에 찬 공동 역사교과서의 출판의 변이다.

> 현대사에 대한 문제의식, 학생과 교사에게 있어 대입자격시험 준비가 차지하는 교육적 중요성, 그리고 사학자들의 기대와 일반인들의 관심을 반영해, 1945년 이후를 다룬 교과서를 우선 만들고, 이후에 1945년 이전 시기를 다루는 두 권의 책을 제작하기로 결정했다. 이것은 현재로부터 과거를 되돌아보는 방법이 과거의 영향과 유산, 그리고 현재의 특성을 더 잘 부각시킬 수 있다는 확신에 따른 결정이었다. 본서는 이러한 교육학적, 역사학적 요구를 고려했다. 이 교과서는 또한 역사적으로 제2차 세계대전 동안 짓밟힌 인권과 민주주의라는 보편적 가치에 근거한 유럽적 의식을 계몽하자는 시민적 요구도 고려했다.

16) 하지만 제2권은 아직 출간되지 않았다.

따라서 여기 학생과 교사, 관심 있는 독자들에게 내놓는 역사는 사실, 유사점/차이점, 의미, 그리고 재현 방식을 설명하는 하나의 역사 고찰이다. 그러나 동시에 이 모든 것을 해석하고자 애쓴 역사서이자, 때로는 양 국민이 자신의 과거는 물론 상대방의 과거까지도 자기식대로 해석하려고 시도했던 서로 다른 방식을 보여주는 역사서이기도 하다. 그러므로 복합적이고 다면적인 역사를 공동으로 서술하려는 이 유일무이한 실험은 세계의 다른 나라와 지역에서도 전용될 수 있을 것이다.

유럽연합의 표어는 '다양성 속의 통일'이 아니던가? 이 역사교과서는 바로 이를 예증할 것이다. 동시에 학생들에게 역사학자의 야망과 한계도 전달해 줄 것이다. 역사학자는 최고의 지식과 양심에 따라 미래를 내다보려 하며, 이를 위해 과거의 빛으로 현재를 해명하려 한다.[17]

위 서문은 공동 교과서의 특성과 가치를 명시해준다. 그것은 독 · 프 역사교과서 협의 활동의 기본 정신이자 방법론인 '두 가지 시각(deux points de vue)' 또는 '교차 접근(approche croisée)' 그리고 유럽적 관점이다. 하지만 양국 간에 평가의 차이를 보인 역사적 사건도 있다. 제2차 세계대전 후 미국과 소련의 역할에 대한 평가가 바로 이에 해당된다. 독일 측은 경제적 지원과 민주주의 정착을 위한 전후 미국의 역할을 긍정적으로 평가해왔다. 대신 동독과 관련된 나쁜 기억으로 소련에 대해서는 부정적이다. 반면 프랑스 측은 미국에 대해 "무슨 소리냐, 자기 나라의 이해관계에 얽혀 그랬던 것 아니냐"는 식이다. 소련의 스탈린에 대해서는 가치 판단을 떠나 "당시 그렇게 많은 사람들이 스탈린과 공산주의를 왜 지지했는가"라는 역사적 맥락이 중요하다는 쪽이었다. 팽팽하게 맞설 수밖에 없는 사안이었다. 하지만 이로 인해 작업이 중단될 정도의 어려움은 없었다. 의견 대립은 있는 그대로 나란히 병기했다.

17) Peter Geiss et. al.(2006), *Histoire/Geschichte. L'Europe et le monde depuis 1945/Europa und die Welt seit 1945*, Nathan/Klett, pp. 2~3.

"만약 독일 측과 프랑스 측이 다른 한쪽을 완전히 눌렀다면 아마 공동 교과서는 불가능했을 것" 이라는 프랑수아(Etienne François)의 지적은 적절하다(『조선일보』, 2006. 7. 10).

역사교과서 들여다보기

I. 독일-프랑스 역사교과서 권고안과 프랑스 역사교과서

독 · 프 역사교과서 합의 내용이 프랑스 교과서들에 어떻게 반영되고 있는지를 검토하기 위한 준비 작업으로 우선 프랑스의 교육과정과 교과서 체제를 살펴보도록 하자. 프랑스의 교육 편제는 시대에 따라 약간의 변화를 겪기는 했지만 중등교육(enseignement du 2e degré)은 중학교(collège)와 고등학교(lysée)로 나뉘어 7년 동안 이수하게 된다.

중등 교육 enseignement du 2e degré				
제2과정 2e Cycle	고등학교 Lycée	3학년	Terminale	17-18세
		2학년	Première	16-17
		1학년	Seconde	15-16
제1과정 1er Cycle	중학교 Collège	4학년	Troisième	14-15
		3학년	Quatrième	13-14
		2학년	Cinquième	12-13
		1학년	Sixième	11-12

역사 교과목의 경우 지난 한 세기 동안 교육과정의 개편이 있을 때마다 약간씩 달라졌지만 대체로 중학교든 고등학교든 저학년에서 고학년으로 올라가면서 고대사, 중세사, 근세사, 현대사 순으로 배운다. 1988년대 이후 확정된 중학교와 고등학교의 학년별 역사 교과목 편제를 살펴보면 다음과 같다. 이 교육과정은 세월이 흐르면서 교과서가 집필되는 당시까지 서술 시기가 연장되어왔을 뿐 지난 한 세기 동안 대체로 비슷한 틀을 유지해왔다.

<table>
<tr><th>학년</th><th>교과 내용</th><th>학년</th><th>교과 내용</th></tr>
<tr><td>고3년</td><td>1939년에서 오늘날까지
제2차 세계대전
1945년에서 오늘날까지의 세계
1945년 이후의 프랑스</td><td>중4년</td><td>1914년에서 오늘날까지
전쟁, 민주주의, 전체주의
오늘날 세계의 성립과 구조
1945년 이후의 프랑스</td></tr>
<tr><td>고2년</td><td>19세기 중엽부터 1939년까지
산업 시대와 그 문명
민족들과 국가들
전쟁에서 전쟁으로</td><td>중3년</td><td>근세에서 현대로
17세기와 18세기
혁명의 시대
19세기의 유럽과 팽창</td></tr>
<tr><td rowspan="2">고1년</td><td rowspan="2">현대 세계의 기원
고대의 시민성 사례
기독교의 탄생과 확산
17세기의 지중해
휴머니즘과 르네상스
프랑스대혁명과 1851년까지의 프랑스
19세기 초반 유럽의 전개</td><td>중2년</td><td>중세와 근세의 탄생
로마 제정에서 중세로
서구 기독교 세계
근세의 탄생</td></tr>
<tr><td>중1년</td><td>고대 세계
이집트 : 파라오, 신들과 인간
헤브라이인들과 그리스
로마 : 공화정에서 제정으로
기독교 세계의 시작</td></tr>
</table>

위 표에서 알 수 있듯이 근대사와 현대사 부분은 고등학교와 중학교 상급반 과정에서 교육된다. 독 · 프 교과서 협의에서 문제로 삼은 시기는 주로 2,000년에 걸친 양국의 뒤엉킨 역사 중에서도 가장 갈등이 첨예했고 그만큼 역사 교육에서 논란의 소재가 되었던 17세기 이후 특히 프랑스대혁명 이후였다. 교과서들 중에서 고등학교 2, 3학년용과 중학교 3, 4학년용만을 분석 대

상으로 삼은 것은 바로 이런 까닭에서다.

프랑스에서 중학교와 고등학교의 교과서는 단일 국정교과서 체제가 아니라 다양한 집필과 선택이 가능한 검인정 체제를 바탕으로 하고 있다. 신학기마다 여러 출판사의 교과서들이 교육 시장에서 경합을 벌이며 최종적으로 교과서를 채택할 권한은 일선 학교의 담당 교사에게 있다. 물론 많은 판매부수를 자랑하는 권위 있는 교과서들이 있기 마련이다. 따라서 여기서 분석 대상으로 삼는 교과서들은 그 시대를 대표할 만한 주요 교과서들이다. 출판사마다 약간의 차이가 있지만 1970년대 이후 고등학교 역사교과서는 일반적으로 350~380쪽에 달하며, '지리'와 합본으로 되어 있는 중학교 역사교과서의 경우 '역사' 분량이 대개 180~200쪽 정도다. 초등학교용 교과서까지를 포함해서 주로 인용한 역사교과서들은 다음과 같다.

〈고등학교용〉 2e Cycle, enseignement du 2e degré

A. Malet & J. Isaac(1929), *Histoire contemporaine depuis le milieu du XIXe siècle*, Hachette.

J. Isaac, A. Alba & A. Bonifacio(1955), *Histoire contemporaine 1852-1939, Classes Terminales*, cours d'histoire Malet-Isaac, Hachette.

A. Malet & J. Isaac(1922), *Histoire de France et notions d'histoire générale de 1852 à 1920*, Hachette.

Ch. Aimond(1928), *Histoire, cours supérieur, 1852 à nos jours*, J. de Gigord.

A. Alba(1940), *Histoire contemporaine, Classe de Troisième*, Hachette.

J. Sentou & Ch. O. Carbonell(1962), *Le Monde contemporaine, cours d'histoire, Classe de Terminale*, Delgrave.

J. Marseille(dir.)(1998), *Histoire Terminale*, Nathan.

L. Bourquin(dir.)(2004), *Histoire Terminale*, Belin.

H. Bernard(dir.)(2000), *Histoire Terminale*, Magnard.

P. Milza(dir.)(1983), *Histoire Terminale*, Hatier.

M.-H. Baylac(dir.)(1998), *Histoire Terminale*, Bordas.

J. M. Lambin(dir.)(1998), *Histoire Terminale*, Hachette.

S. Berstein & P. Milza(dir.)(1998), *Histoire Terminale*, Hatier.

P. Wagret(dir.)(1989), *Histoire Terminale*, Istra.

R. Frank(dir.)(1995), *Histoire Terminale*, Belin.

V. Zanghellini(dir.)(1999), *Histoire Terminale*, Belin.

J. Marseille(dir.)(1997), *Histoire Première*, Nathan.

L. Bourquin(dir.)(2003), *Histoire Première*, Belin.

J. Marseille(dir.)(2001), *Histoire Seconde*, Nathan.

L. Bourquin(dir.)(2006), *Histoire Seconde*, Belin.

〈중학교용〉 1er Cycle, enseignement du 2e degré

E. Lavisse(1920), *Histoire de France, cours moyen*, Armand Coiln.

V. Tapié(1959), *Les temps modernes*, Hatier.

M. & S. Chaulanges(1968), *Histoire de France, cours moyen, classes de 7e et 6e*, Delgrave.

R. Knafou(dir.)(1993), *Histoire-Géographie, Troisième*, Belin.

R. Knafou & V. Zanghellini(dir.)(1995), *Histoire-Géographie, Troisième*, Belin.

J. Marseille(dir.)(1999), *Histoire Géographie, Troisième*, Nathan.

〈초등학교용〉 enseignement du 1e degré

E. Lavisse(1913), *Histoire de France, cours élémentaire*, 'Petit Lavisse', Armand Colin.

L.-E. Rouie & P. Despiques(1916), *Histoire de la France et de ses institutions et notions sommaires d'histoire générale, nouveau cours d'enseignement primaire*, Rieder.

A. Bonifacio & P. Maréchal(1962), *Histoire de France, cours moyen*, Hachette.
Gauthier-Deschamps(Mlle Miallier Souvigny)(1923), *Cours d'histoire de France, cours moyen*, Hachette.
D. Blanchet & J. Toutain(1928), *L'Histoire de France à l'Ecole, cours du certificat d'études primaires et cours supérieur*, Belin.

1. 보불전쟁

라인 강을 사이에 둔 두 이웃이 화해할 수 없는 길로 접어들기 시작한 것은 특히 1870년 보불전쟁부터였다. 전쟁을 승리로 이끌며 민족 통일의 숙원을 달성한 독일은 유럽의 질서를 자국 중심으로 재편하고 프랑스를 국제적으로 고립화시키는 정책을 썼다. 반면에 프랑스에서는 알사스-로렌 땅마저 독일에게 할양하는 패전의 굴욕 속에서 언젠가 '복수' 하겠다는 호전적인 민족주의가 불타올랐다. 보불전쟁에서 제1차 세계대전에 이르는 반세기는 양국에서 민족사의 신화가 만발한 시기이자 적대적 타자관에 입각한 배타적인 국민 정체성이 확립된 시기였다. 민족사의 유구한 전통을 확립하는 작업은 오랜 세월 동안 맞서 왔던 '민족의 숙적(ennemi national)'[18]이라는 실제적이거나 또는 가상적인 실체를 전제로 했다. 독일인들이 라인 강 저편의 '철천지원수(Erbfeind)' 에게 경계를 늦추지 않는 만큼, 프랑스인들은 '독일놈(boche)' 에게 증오의 눈길을 던졌다.

18) M. Jeismann(1997), *La Patrie de l'ennemi, la notion d'ennemi national et la représentation de la nation en Allemagne et en France de 1792 à 1918*, CNRS Editions, p. 207.

사진 1_ 라비스의 『프랑스 역사』(1913) 표지

프랑스에서 보불전쟁은 패배의 상처를 쓰다듬고 '설욕'을 다짐케 하는 쓰라린 기억이었다. 19세기 말~20세기 초에 가장 많이 읽힌 역사 교재는 라비스(E. Lavisse)가 쓴 『프랑스 역사』였다. 특히 '아동용 라비스(Petit Lavisse)'라고 불린 초등생 저학년용 교과서(1913년판)는 아동들에게 패전의 슬픔을 딛고 분발을 촉구하는 내용으로 가득 채워져 있다(175~176쪽).

> 1870년에 프랑스와 독일 사이에 큰 전쟁이 벌어졌다. 독일 병사는 우리보다 훨씬 많았다. 그들은 우리보다 전쟁에 더 잘 준비가 되어 있었으며, 더 훌륭한 대포를 갖고 있었다. 우리 병사들은 놀라울 정도로 용감했지만 패했다. …… 독일인들은 우리에게 50억 프랑의 배상금을 강요했다. 프랑스로서는 도저히 갚을 수 없는 엄청난 액수였다.
> 독일인들은 또한 아름다운 두 고장, 알사스와 로렌을 빼앗아갔다. 알사스인과 로렌인은 프랑스인들이었다. 그들은 여러분이 프랑스를 사랑하는 만큼, 프랑스를 사랑했다. 그들은 강제로 독일인이 된 것이다. 그러나 그들은

항상 프랑스를 사랑하며, 이 때문에 독일인들에게 고통을 받는다. 그러므로 우리 프랑스 아동들은 알사스인과 로렌인을 형제처럼 사랑해야 한다. 프랑스는 이 불행한 전쟁 후에도 용기를 잃지 않았다. …… 우리는 이제 전쟁에 아주 잘 준비되어 있다.[19]

제1차 세계대전 중에 출판된 초등생 상급반용 『프랑스 역사』는 독일과 프랑스 사이의 오랜 '숙원' 을 강조하며 전쟁 발발의 책임을 비스마르크에게 돌린다.

〈전쟁의 원인들〉

프랑스와 독일은 수세기 동안 라인 강 지역을 놓고 다투어왔으며 이러한 투쟁들에서 두 국민 사이에 증오의 전통이 생겼다. 독일은 19세기 말에도 여전히 루이 14세와 나폴레옹 황제의 침략을 두고 상대방을 비난했다. 독일은 프랑스인들의 전쟁 열기를 비난했으며, 나폴레옹 3세의 서투른 팽창 기도는 독일의 주장에 타당성을 주는 듯했다. 독일은 여러 국가들로 분열되어 있었으며 그중에 자신의 이익을 위해 자신의 주도권 아래 독일을 통일하려는 거리낌 없는 신흥 국가 프로이센이 있었다. ……

이 전쟁의 책임을 져야할 자는 특히 프로이센 재상 비스마르크였다. 음흉한 술책(manoeuvres tortueuses)을 동원해서 전쟁을 불가피하게 만든 것은 바로 비스마르크다.[20]

비스마르크의 '음흉한 술책' 과 권위적 통치 스타일은 보불전쟁과 관련하여 프랑스 교과서들에 어김없이 등장하는 비난거리였다. 특히 전쟁 발발의 도화

---

19) E. Lavisse(1913), pp. 175~176.

20) L.-E. Rouie & P. Despiques(1916), *Histoire de la France et de ses institutions et notions sommaires d'histoire générale*, nouveau cours d'enseignement primaire, Rieder, pp. 455~456.

선이 된 엠스 전신 사건은 비스마르크의 술책을 보여주는 전형적인 사례로 기술되었다. 1926년판 중등교육용 『역사』는 이런 점에서 대표적인 사례라고 할 수 있다.

> 거의 30여 년 동안 비스마르크는 유럽을 지배하게 될 것이었다. 그의 연설 중 하나는 "힘이 법에 앞선다(la Force prime le Droit)" 라는 유명한 구절로 요약된다. '철의 재상' 이라고 불렸던 비스마르크가 오직 무력(force brutale)만을 믿었다는 것은 사실이다. 그가 독일의 통일이라는 '커다란 문제' 의 해결책을 기대한 것은 바로 무력뿐이었다. ……
> 베를린에서 비스마르크는 국왕의 전신을 받고 즉시 이 사건을 알아차렸다. 그는 프로이센 국왕이 프랑스 대사를 모욕했다고 사람들에게 믿게 할 요량으로 전신 내용을 뒤바꿨다. 그는 이렇게 위조한 엠스 전신을 독일 언론들에 실었으며 외국에 있는 프로이센 첩자들에게 보냈다.[21]

이렇게 프랑스 교과서들이 비스마르크를 법보다 힘을 앞세우는 독재자로 묘사하거나 그가 엠스 전신 사건을 조작했다고 서술하는 것은 사실 사료에 대한 엄정한 해석을 넘어서는 만큼 독일인들로서는 받아들이기 힘든 내용이었다. 따라서 「1935년 합의안」은 "힘이 법에 앞선다" 라고 말한 장본인이 바로 비스마르크라는 식으로 서술하는 일을 삼가야 한다고 권고하고 있으며(제6조), 「1951년 합의안」은 비스마르크가 프랑스를 도발하기 위해 엠스 전신 원문의 축약을 통해 빌헬름 황제와 프랑스 대사의 의견 불일치를 치명적인 대립으로 '격화' 했지만, 전신 내용을 위조했다고 서술해서는 안 된다고 밝히고 있다(제8조). 나아가 합의안은 1870년 전쟁의 기원에 관하여 독일과 프랑스 양측 모두

21) Ch. Aimond(1926), *Histoire, cours supérieur, 1852 à nos jours*, J. de Gigord, pp. 27, 34.

긴장을 증대시키는 데 관여했으며 독일 국민과 프랑스 국민 모두 자신들이 도발을 당했다고 믿으며 전쟁에 나섰다는 점을 강조해야 한다는 절충안을 내놓았다.

1950년대 이후에 프랑스에서 출판된 역사교과서들은 이러한 권고 내용을 충실히 이행하고 있는 듯이 보인다. 당시 최고 판매부수를 자랑하던 중등학교용 역사교과서의 대명사 '말레-이삭(Malet-Issac)' 시리즈의 1955년판 『현대사 1852~1939』를 보자.

> 권좌에 오르자마자 비스마르크는 "현재의 커다란 문제는 토론과 다수결로는 결정될 수 없으며 철과 피에 의해서 결정될 수 있다" 라고 선포함으로써 의원들을 술렁이게 했다. 사실상 비스마르크가 독일의 통일이라는 '커다란 문제'를 해결한 것은 6년 동안에 걸친 세 차례 전쟁을 통해서였다. ……
> 빌헬름 황제의 명에 따라 엠스에서 발송된 전신을 받고 비스마르크는 사건의 전모를 알아차렸다. 국왕은 이 사실에 관해 신문에 성명을 발표할 재량을 그에게 주었다. 그날 저녁에 비스마르크는 프랑스에 대한 모욕(affront à la France)으로 여겨질 수 있는 형태로 엠스 전신을 발표했다.[22]

요컨대 「1935년 합의안」의 권고대로 "힘이 법에 앞선다" 라는 표현은 더 이상 비스마르크 통치의 성격을 규정하는 용어로 등장하지 않는다. 반면에 비스마르크가 프로이센 의회에서 직접 한 연설 구절('철과 피에 의해서')이 그의 호전성을 규정하는 데 주로 사용된다. 그리고 엠스 전신 내용을 '위조' 했다는 표현 대신에 '프랑스에 대한 모욕으로 여겨질 수 있는 형태' 라는 다소 완화된 구절을 사용하고 있는 점도 「1951년 합의안」의 권고를 존중한 표현이라고 할 수

22) J. Isaac, A. Alba & A. Bonifacio(1955), *Histoire contemporaine 1852~1939, classes terminales*, cours d'histoire Malet-Isaac, Hachette, pp. 135, 153.

있다. 더구나 『현대사 1852~1939』가 '비스마르크가 받은 전신문'과 '비스마르크가 발표한 전신문'을 나란히 하단에 도움자료로 싣고 독자들의 판단을 구하고 있다는 것은 괄목할 만하다.

그렇다면 전쟁 발발의 원인은 어떻게 서술되는가? 대부분의 교과서들은 1990년대에 들어서도 여전히 전쟁의 직접적인 책임을 비스마르크의 호전적인 정책 탓으로 돌리고 있다. 예컨대 1997년판 중등생용 교과서 『역사』는 비스마르크에 대한 노골적인 비난은 삼가고 있지만, "전쟁은 독일 남부 국가들을 결집시키기 위해 반(反)프랑스 정서를 이용하려 했던 재상 비스마르크에 의해 의도적으로 도발되었다"라는 점을 강조하고 있다.[23] 하지만 전쟁 도발의 책임을 일방적으로 독일 측에 지웠던 이전의 서술 양식에서 한 걸음 벗어나서 독일만이 아니라 프랑스에게도 일정한 몫을 지우려 하는 교과서들도 눈에 띈다. 1960~1970년대에 줄곧 출판된 초등생 상급반용 『프랑스 역사』가 그 대표적인 사례다.

> 1870년 7월에 프랑스와 프로이센 사이에 발생한 전쟁은 프로이센 재상 비스마르크가 원한 것이다. 비스마르크는 사실상 프로이센의 승리가 독일의 다른 국가들을 프로이센 측에 결합시켜주고 독일 통일을 가져다줄 것으로 기대했다. 이 전쟁은 마찬가지로 나폴레옹 3세의 몇몇 장관들이 원한 것이다. 장관들은 전쟁 승리가 제국 정부에게 공화파 정적들을 무찌를 기회를 가져다줄 것으로 생각했다.[24]

독일과 프랑스 양측이 모두 긴장을 고조시키는 데 기여했으며 따라서 프랑

23) J. Marseille(dir.)(1997), *Histoire, Première*, Nathan, p. 134.

24) A. Bonifacio & P. Maréchal(1962), *Histoire de France, cours moyen*, Hachette, p. 123.

스도 전쟁 책임에서 완전히 벗어날 수는 없다는 것이다. 이러한 양비론적 입장은 1960년대 이후 보불전쟁에 대한 학문적 연구가 축적된 결실이기도 하거니와 독일-프랑스 화해의 정신이 역사교육에 일정하게 반영된 결과라고 할 수 있을 것이다.

2. 제1차 세계대전과 전쟁 책임 문제

전쟁 직후 승전국 프랑스의 역사교과서는 애국적이고 민족주의적 어조를 누그러트리지 않고 있었으며, 독일의 전쟁 책임에 대해 단호한 입장을 취했다. 제1차 세계대전 직후에 초등생용 역사교과서로 널리 읽힌 것은 '아동용 라비스(Petit Lavisse)'와 '고티에-데샹(le Gauthier-Deschamps)'이었다. 라비스가 "1871년 1월 18일은 독일의 무력과 오만함이 승리한 날이었다면, 1919년 6월 28일은 독일을 응징하는 날이었다"[25]라고 적었다면, 고티에-데샹은 "전쟁의 주요 원인은 세계 지배를 위해 신의 선택을 받았다고 자부하는 독일의 야욕에 있었다"라거나 "이 20세기의 야만족들이 마치 5세기의 훈족처럼 평화로운 프랑스 북부 마을로 쳐들어왔다"[26]라고 적었다. 한편 중등학생용 역사교과서의 대명사로 군림한 '말레-이삭(le Malet-Isaac)'의 경우에도, 독일의 전쟁 도발과 그에 따른 책임은 의심할 여지가 없었다.

다른 누구보다 제국주의적인 독일의 지도층은 전쟁 이데올로기에 물들어

25) E. Lavisse(1920), *Histoire de France, cours moyen*, Armand Coiln, p. 214.
26) Gauthier-Deschamps(Mlle Miallier Souvigny)(1923), *Cours d'histoire de France, cours moyen*, Hachette, pp.134, 142.

> 있었다. 이러한 독일의 심성 역시 유럽 전쟁의 깊은 원인들 중 하나로 간주될 수 있다. …… 독일의 경계는 너무 좁으므로 인구가 적은 반면 식민지를 많이 보유한 프랑스를 헤치고 영토를 넓혀야 한다는 여론이 독일인들 사이에 자리잡았다. …… 이러한 계획을 실현하기 위해서 많은 이들이 전쟁 도발이라는 생각 앞에서 머뭇거리지 않았다. 프리드리히 2세와 비스마르크 시절에 교육받은 거의 모든 독일 엘리트들은 오직 무력만이 정의를 창조하며 [원저자 강조] 따라서 정치에서 전쟁에 호소한다는 것은 필요하고도 정당한 조치였다. 이러한 교리는 독일 국민 모두가 공유한 확신, 즉 세계의 어떤 군대도 독일군에 저항할 수 없을 것이라는 확신에 의존하고 있었다.[27)]

요컨대 1920년대에는 라인 강을 사이에 두고 이웃한 두 나라의 역사교과서에는 자라는 세대에게 서로에 대한 불신과 적개심을 심어줄 수 있는 내용이 적나라하게 서술되어 있었다. 전쟁을 막고 평화 공존으로 나아가는 새로운 역사교육의 필요성을 느끼게 된 것은 바로 이러한 팽배한 적대의식 속에서였다.

1930년대에 괄목할 만한 것은 '말레–이삭'의 변모다. 제1차 세계대전에 참전했던 역사 교사 쥘 이삭은 전쟁의 기원과 책임 문제를 직접 연구해서 『역사적 토론 : 전쟁의 기원 문제』(1933)를 내놓기도 했다. 1923년에 도입된 새 교과 과정에 맞추어 교과서를 다시 쓰면서 이삭은 독일의 도발 의도를 일방적으로 강조하던 지금까지의 서술 형태에서 한 걸음 물러서서 독일 측의 주장과 관점을 어느 정도 반영한 새로운 내용을 담은 교과서를 내놓아 눈길을 끌었다.

> 공식적으로 열강들 사이의 관계는 그리 어긋남이 없었다. 하지만 불신이 팽

---

27) A. Malet & J. Isaac(1922), *Histoire de France et notions d'histoire générale de 1852 à 1920*, Hachette, pp. 236~237.

> 배했다. 각자가 침략 야욕을 상대방에게 돌렸으며 군사적 채비를 서둘렀다. 독일에서 1913년 7월 3일 통과된 군비증강법은 병력과 군비를 엄청나게 증대시켰다. 프랑스에서 군 복무 기간은 3년으로 연장되었다. ……
> 연합국의 합의에 따라 독일 대표단이 베르사유에 불려왔다. 온갖 노력에도 불구하고 독일은 몇 가지 조항에 대해 중요한 수정을 얻어낼 수 없었다. …… 결렬의 위협에 못 이겨 독일은 베르사유 조약에 서명하지 않을 수 없었다. 독일인들은 이것을 '강요된 평화(Friedensdiktat, paix dictée)'라고 불렀다.[28)]

이삭이 선보인 교과서 서술 방식, 즉 '두 가지 시각(deux points de vue)'은 당시로서는 매우 혁신적이었다. 그는 사건들을 서술할 때 하단부에 같은 사건에 대해 독일 교과서에 실려 있는 내용을 발췌해 실음으로써 "독일 학생들은 그 문제에 대해 어떻게 생각하는가"를 보여주고자 했다고 술회한다.[29)] 1935년에 독일과 프랑스 교원들 사이에 역사교과서 개선 협의가 개최되기 이전에 이미 프랑스에서 1920년대 말 이삭에 의해 양국 간 화해의 정신을 담은 역사교과서가 출판되었다는 사실은 괄목할 만하다. 1935년에 처음으로 양국 간의 교과서 수정 합의안을 이끌어내는 데 주도적인 역할을 한 사람도 바로 이삭이었다.

제1차 세계대전에 대해 1960년대 이후에 출판된 프랑스 교과서들은 전반적으로 「1951년 합의안」을 충실하게 반영하는 내용을 싣고 있는 듯이 보인다. 고등학교 상급반용 교과서로 1962년부터 1975년까지 판본을 거듭한 『현대 세계』가 그 대표적인 사례라고 할 수 있다.

---

28) A. Malet & J. Isaac(1929), *Histoire contemporaine depuis le milieu du XIXe siècle*, Hachette, pp. 665, 740.

29) J. Isaac(1961), "Regards sur le passé," *Bulletin de la Société des Professeurs d'Histoire et de Géographie*, Numéro spécial 173(novembre), p. 155.

> 사건들의 급속한 전개 앞에서 당대인들은 어떤 불가항력적인 논리, 인간의 힘으로서는 어찌할 수 없는 어떤 연쇄(enchaînement)의 논리가 작용한다는 인상을 받았다. 그들에게 전쟁은 피할 수 없는 것으로 보였다. 그리고 천만 명의 사망자를 내고 전쟁이 끝났을 때, 그들에게 전쟁은 어처구니없는 어리석은 일로 보였다. …… 독일 황제 빌헬름 2세는 그 호전적인 허장성세로 인해 상당한 [전쟁]책임을 지고 있다. 독일과 오스트리아의 참모부도 마찬가지로 결정적인 승리를 갈구했다. 하지만 프랑스에서 전쟁 반대를 외치던 사회주의자 장 조레스가 광신적인 왕당파에게 암살당한 일이나 발칸 반도에서 세르비아와 러시아가 해방 전쟁을 부르짖는 호전적인 선동을 늘어놓은 일 따위로 미루어 볼 때, 패전국 측에게만 무조건 전쟁 책임을 지울 수 없을 듯하다.
>
> 전쟁 책임자로 간주됨으로써 독일은 전쟁으로 말미암은 손실을 보상해야 했다. …… [베르사유] 조약의 기본 조항들이 이러했기 때문에 독일 여론은 거침없이 이를 부당한 '명령(diktat)'이라고 불렀다. 전쟁에서 진 것은 단지 정치가와 외교관들의 배신 때문이라는, 당시 독일 참모부가 용의주도하게 퍼트린 생각에 고무되어 독일 국민은 이러한 상황을 참으려 하지 않았다.[30]

이러한 서술은 베르사유 조약이 독일 국민에게 얼마나 부당하게 느껴졌는가를 강조한 것으로 종전 직후 독일 국민들 사이에 움튼 불만이 충분히 그럴 만한 이유가 있었다고 인정하는 것이다. 1960년대 양국의 교과서가 제1차 세계대전의 발발에 관해 원인 규명에서 전후 처리에 이르기까지 기왕의 모든 논쟁점들에 대해 완전한 합의를 이루어냈다고까지는 말하기 힘들지만, 적어도 상대방의 입장을 참작하고 상대방의 관점을 수용하려는 서술 내용을 교과서에서 쉽게 찾아볼 수 있다. 요컨대 지난 20여 년 동안 끈질기게 진행된 양국 역사가들의 교과서 개정 노력은 교과서들에서 상호 불신을 조장하는 내용을

---

30) J. Sentou & Ch. O. Carbonell(1962), *Le Monde contemporaine, cours d'histoire*, Classe de Terminale, Delgrave, pp.11, 26.

제거하고 비교적 공정한 내용을 전달하는 데 상당한 결실을 거두었다고 평가할 수 있을 것이다.

1990년대의 역사교과서들은 1970년대 이전의 교과서들과는 완전히 달라진 면모를 선보이고 있다. 서술 양식에서 우선 눈에 띄는 것은 교과서 구성에서 집필 부분이 대폭 줄어든 반면 지도, 도표, 화보, 사료 등 자료 부분이 거의 절반 이상의 분량을 차지한다는 점이다. 이것은 출판 기술의 발달과 교과서의 고급화 추세에 따라 시각적 자료가 확충된 탓이기도 하지만, 가능한 한 집필자의 주관적 서술을 배제하고 일차적인 자료들을 통해 독자들의 자율적인 판단을 유도하는 방향으로 교과서 편집 지침이 바뀐 탓으로 보인다. 교과서 서술의 개방성과 자율성이 확충된 것이다. 서술 내용에서 달라진 점은 사건의 흐름이 객관적으로 나열되는 반면 주관적인 판단을 담은 문구들이 예전에 비해 훨씬 줄어들었다는 사실이다. 이것은 유럽연합으로 상징되는 화합과 공영의 시대를 맞아 역사 해석에서 자국 중심의 역사관에서 벗어나 인접국들과의 견해 차이를 줄이려는 노력의 일환이라고 할 수 있다.

따라서 제1차 세계대전에 대해 1990년대의 역사교과서들은 주로 상충된 해석을 낳을 수 있는 서술을 줄이고 전쟁의 경과를 시간적으로 기술하는 것으로 그치는 경향이 있다. 이제 역사교과서에서 제1차 세계대전의 기원과 전쟁 책임 문제에 대한 서술을 찾아보기 힘들다. 반면에 전방 병사들의 참상과 후방 민간인들의 고된 삶이 새롭게 조명되고, 전쟁 결과에 대한 서술에서는 양국의 전사자와 희생자 수를 열거하며 전쟁 참상을 고발하는 데 초점이 맞추어진다. 이제 제1차 세계대전은 전쟁의 책임을 묻는 '갈등의 장'에서 전쟁의 참상을 고발하고 평화 의지를 확인하는 '화합의 장'으로 바뀐 것이다. 1997년에 출판된 중등생용 『역사』에 실린 베르사유 조약에 대한 서술은 독일 측의 입장을 충분히 반영하고 있다는 점에서 1990년대의 이러한 달라진 서술 경향을 잘 보여준다고 할 수 있다.

> **[베르사유] 조약의 군사 조항은 매우 가혹했다.** 독일군은 10만 병력으로 줄어들었으며 전투기, 탱크, 중화기, 잠수함 등을 빼앗겼다. 라인 강 좌안은 15년 동안 연합군에 의해 점령되었으며 따라서 비무장화되었다.
> **재정 · 경제 조항도 혹독했다.** 독일은 외국에 있는 모든 자산과 특허를 빼앗겼으며 15년 동안 자르 탄전을 채굴할 권리를 프랑스에 넘겼고, 1,320만 금화 마르크에 달하는 배상금을 지불해야만 했다. 독일은 베르사유 조약을 정당성이 없는 명령(diktat)으로 받아 들였다.[31)]

3. 독일 바이마르 공화국

제1차 세계대전의 종전에서 히틀러의 집권 사이에 끼어 있는 바이마르 정권의 문제가 양국의 교과서 협의에서 처음 등장한 것은 「1951년 합의안」에서이다. 「1951년 합의안」은 바이마르 공화국의 성립(제38조)과 붕괴(제40조)에 대한 짤막한 내용을 끝부분에 덧붙였을 뿐이다. 바이마르 공화국에 대한 본격적인 논의가 이루어진 것은 「1987년 권고안」에서다. 1987년 합의에서 독일 측 참가자들은 프랑스 역사교과서에 나타난 바이마르 공화국에 대한 서술을 검토한 후 바이마르의 역사가 독일 제2제국과 나치 제3제국 사이에 낀 가벼운 단막극이나 나치즘의 전사(前史) 정도로 소홀히 취급되는 점에 대해서 수정 · 보완을 권고했다.

사실 1950~1960년대에 출판된 중학교 역사교과서들을 살펴보면, 바이마르 공화국에 대한 서술 분량은 대개의 경우 채 반 쪽을 넘지 않는다. 이것

31) J. Marseille(dir.)(1997), p. 210.

은 '양차 대전 사이 독일의 역사'에 할애된 지면의 8분의 1 정도다. 인색한 지면 할애는 고등학교용 교과서의 경우에도 마찬가지다. 1955년판 『현대사 1852~1939』는 「양차 대전 사이 독일」이라는 소제목 아래 15쪽 중에서 단지 2쪽만을 '바이마르의 성립과 붕괴'에 할애하고 있으며 대부분 지면을 '히틀러의 등장과 제3제국의 성격'으로 메우고 있다.[32] 반면에 1960년대에 출판된 『현대 세계』는 제11장 「히틀러의 독일」(13쪽)과는 별도로 제8장에 「바이마르 공화국의 탄생 · 경과 · 붕괴」를 두고 상당한 지면(9쪽)을 할애하고 있으나, 이는 예외적인 경우로 보인다.[33]

「1987년 권고안」이 나온 후 1990년대에 출판된 교과서들의 경우에도 적어도 분량 면에서 볼 때 사정은 그리 달라지지 않은 듯하다. 오히려 바이마르 공화국에 대한 서술 분량은 더 줄어들었다. 이것은 1988년에 발표되어 1990년대에 적용된 새로운 교육과정 지침에 따라 서사와 연대기의 비중을 대폭 줄이고 이론적인 접근과 추상화된 모델을 중시하는 구성 방식이 널리 채택된 결과로 보인다. 1999년판 중학교용 교과서 『역사-지리, 오늘날의 세계』는 바이마르 공화국에 가장 많은 분량을 할애한 교과서 중 하나인데, 바이마르 공화국 15년 역사를 다음과 같은 짤막한 두 단락으로 정리하고 있다.

> ① 빌헬름 2세가 양위한 직후 1918년 11월 9일에 선포된 [바이마르] 공화국은 즉시 극좌 혁명파와 충돌했다. 극좌 혁명파는 1919년 1월에 베를린에서 봉기를 기도했다. 봉기는 사회민주당 정부의 명령을 받은 군대에 의해 피로 진압되었다. 이로써 공화국은 공산주의자들과 단절되었다.
>
> ② [바이마르] 공화국은 또한 민족주의자들의 저항에 부딪혔다. 민족주의자

32) J. Isaac, A. Alba & A. Bonifacio(1955), pp. 618~632.
33) J. Sentou & Ch. O. Carbonell(1962), pp. 131~144, 95~104.

들은 공화국이 베르사유의 '명령'을 수용했다고 비난했다. 제국의 향수에 젖은 자들, 사회에 적응하지 못한 재향군인들, 빈곤해진 소부르주아들, 실업 노동자들은 1921년에 히틀러가 당권을 장악한 나치 당 안에서 위안을 찾았다.[34)]

「1987년 권고안」에서 제시한 권고 사항, 즉 바이마르 공화국은 민주주의를 근본적으로 경험한 시기이자 공화제적 자유의 확립과 사회적 발전을 이룩한 시기라는 내용이 전혀 눈에 띄지 않는다. 바이마르 민주주의가 갖는 중요성과 의미는 전혀 부각되어 있지 않고 공화국은 제2제국에서 제3제국으로 넘어가는 연결고리로서만 지나가듯 언급될 따름이다. 물론 이러한 공백은 프랑스 교과서들이 「1987년 권고안」의 수용에 미온적이었던 까닭이라기보다는 새로운 교육과정의 도입에 의해 서술 분량이 줄어든 데서 오는 불가피한 선택인 듯하다. 따라서 적어도 바이마르 공화국에 관한 한 1990년대의 교과서들에 「1987년 권고안」의 내용이 충실하게 반영되어 있다고 보기는 힘들 것이다.

4. 독일 나치 정권과 제2차 세계대전

제2차 세계대전을 전후한 시기의 역사, 즉 독일 나치 정권과 프랑스 비시 정권에 대한 내용이 프랑스 역사교과서에 등장하기 시작한 것은 1960년대부터였다. 1957년에 새로 마련된 교육과정 지침에 따라 현대사 교육이 프랑스혁명기에서부터 1948년까지 연장된 것이다. 「1987년 권고안」에 따르면,

34) J. Marseille(dir.)(1999), *Histoire-Géographie, Troisième, Le Monde d'aujourd'hui*, Nathan, p. 68.

1970~1980년대의 프랑스 교과서들은 독일 민족사회주의(나치즘)에 대해서 비교적 상세하고 광범위하게 다루고 있으며 경제 · 사회 · 문화의 각 영역에서 나치 체제를 다각도로 조명하고 있다. 사실 프랑스로서는 독일이 제2차 세계대전이라는 대재앙을 초래한 전범 국가라는 점에서나, 아니면 독일의 침공으로 엄청난 피해를 입은 당사자였다는 점에서, 나치 체제는 현대사 교육에서 결코 소홀히 할 수 없는 주제였다. 중학생용 교과서들을 살펴보면, 바이마르 공화국에 대한 내용은 채 한 쪽도 넘지 못하는 반면에 나치 체제에 대한 서술이 평균적으로 12여 쪽에 달하는 것을 알 수 있다. 뿐만 아니라 다양한 시각자료와 도표, 지도 등이 풍부하게 소개된다.

따라서 「1987년 권고안」은 민족사회주의에 대한 교과서 서술에 대해 그 전체적인 내용과 구성보다는 해석과 평가의 문제를 거론하고 있다. 예컨대 민족사회주의의 등장과 득세는 필연적인 과정이 아니었으며 오히려 서유럽 국가들의 대응 방식이 나치의 도발을 도와주는 결과를 낳았다는 점, 그리고 독일인들의 나치에 대한 저항과 나치의 인종 말살에 대해 더 역점을 두고 서술해야 한다는 점 등을 권고 사항으로 내놓았다.

나치 체제에 관해 1990년대의 교과서들은 「1987년 권고안」을 비교적 충실하게 반영하고 있는 듯하다. 1970~1980년대 교과서들에 비해 전반적으로 나치 체제에 대한 서술 분량이 약간 늘어났을 뿐만 아니라, 특히 눈에 띄는 점은 대개의 교과서들이 「제2차 세계대전」을 서술하는 장(章)의 뒷부분에 2쪽 분량에 달하는 '제노사이드' 항목을 따로 설정해서 나치의 인종 말살이 초래한 비극을 소상히 전달하려 노력하고 있다는 사실이다. 각종 사진 자료와 도표 등을 동원해서 나치의 말살정책, 독가스 수용소의 위치와 분포, 수용소의 참상, 각국별 유형자 수와 인종 말살 희생자 수 등을 낱낱이 소개하고 있다. 그리고 절제된 서술이 뒤따른다.

> 나치 사상 속에 포함되어 있는 인종주의는 20세기 역사를 특징짓는 엄청난 죄악을 초래했다. 제노사이드, 즉 출생에 따른 죄목으로 수백만 인간을 학살한 일이 바로 그것이다. 500만 명의 유대인과 22만 명의 집시들이 관료집단과 기술공학이 총동원된, 조직화되고 미리 계획된 학살의 희생자가 되었다. 유대인 절멸 계획은 1941년부터 결정된 듯하다. 리가 지방에서 1941년 11월 30일에 만 오천 유대인을 총살한 일, 러시아에서 트럭 속에 가스실을 설치한 것은 1942년 1월 반제 회담에서의 결정, 즉 '유대인 문제의 최종적 해결'을 미리 예고하고 있었다. 나치에 의해 '유럽 외부의 피를 가진 족속'으로 버려진 집시들도 유대인들과 마찬가지로 비극적인 운명을 맞았다. 절멸 계획의 중심 장치는 바로 수용소였다. 건장한 자는 죽을 때까지 노동을 해야 했으나 그렇지 않은 사람들, 특히 여자와 아이들은 즉시 가스실과 소각장으로 보내졌다.[35)]

고등학생용 교과서의 경우, 분량이 늘어난 만큼 나치의 인종 말살에 대해 더 풍부한 정보를 싣고 있으며, 특히 별도의 소제목 아래 독일 나치 체제에 대한 협조(collaboration)와 저항(résistance)에 관한 내용을 상세하게 전달하고 있다. 독일의 침략을 받은 프랑스와 동유럽 국가들에서의 저항운동뿐만 아니라 독일 안에서의 히틀러에 맞선 반독재 투쟁도 소개한다. 대개의 교과서들은 독일 내부에서 반(反)히틀러 투쟁의 선봉에 섰다 희생당한 학생 조직인 '백장미(Rose blanche)' 사건에 대한 문건과 사진을 참고용 자료를 제시한다. 이것은 독일인들의 나치에 대한 저항을 상세하게 소개해야 한다는 「1987년 권고안」을 수용한 결과라고 할 수 있다. 적어도 나치 문제에 관한 한 1990년대의 프랑스 교과서들은 전반적으로 1987년의 권고 사항을 충실하게 반영하고 있는 것으로 보인다.

---

35) R. Knafou & V. Zanghellini(dir.)(1995), *Histoire-Géographie, Troisième*, Belin, p. 80.

II. 독일-프랑스 역사교과서 권고안과 독일 역사교과서

프랑스의 경우와 달리 독일은 연방 주별로 역사교육 과정이 다르기 때문에 일괄적 정리가 어렵다. 우리의 경우로 바꾸어 말하면 고등학교 1, 2학년에 해당하는 Sekundarstufe I, II 과정의 역사교과서들을 분석 대상으로 삼았다. 프랑스와 마찬가지로 독일도 자유발행제에 가까운 검인정 제도이기 때문에 다양한 교과서가 시장에서 경쟁한다. 사용 여부는 현장 교사들이 결정한다. 필자는 영향력 있는 교과서를 선정하려고 애썼다.[36] 아래 소개된 교과서의 영향력을 중심으로 분석된 독일 역사교과서는 다음과 같다. 다행히 연도별(1930년대, 1950년대, 1970년대, 1990년대)로 교과서를 수집할 수 있어서 각 주제에 대한 분석도 연도별로 진행했다. 제목이 우리에게 시사하는 바가 적지 않기 때문에 이를 모두 번역했다.

1930년대 교과서

『독일 청년을 위한 역사책(Geschichtsbuch für die deutsche Jugend)』 (Verlag von Quelle & Mener, 1935) (이하 『Geschichtsbuch, 1935』)

『토이브너의 역사수업. 제3권 부록(Teubners Geschichtliches Unterricht. Ergängzungsbogen zu Band III)』 (1935) (이하 『Teubners, 1935』)

『독일 학생을 위한 독일민족사. 제2권. 루터부터 세계 전쟁까지 (Geschichte des Deutschen Volkes für die deutsche Schuljugend.

36) 하지만 영향력을 판매 부수나 시장 점유율로 표시할 수 없어 정확도를 기하기 어렵다. 교과서 선정은 교과서를 가장 많이 소장하고 있는 브라운슈바이크 게오르크-에케르트 국제교과서연구소 사서의 도움을 받았다. 사서는 시대별로 비중 있는 교과서를 추천해주었다.

2. Von Luther bis zum Weltkrieg)』 (Verlag Emil Roth Siegen, 1934) (이하 『Geschichte des Deutschen Volkes 2, 1934』)

『독일 학생을 위한 독일민족사. 제3권. 세계 전쟁으로부터 현재까지(Geschichte des Deutschen Volkes für die deutsche Schuljugend. 3. Vom Weltkrieg bis zur Gegenwart)』 (Verlag Emil Roth Siegen, 1937) (이하 『Geschichte des Deutschen Volkes 3, 1937』)

『독일민족사. 1648년부터 현재까지(Geschichte des Deutschen Volkes. Von 1648 bis zur Gegenwart)』 (Verlag und Druck von B. D. Teubner in Leipzig/Berlin, 1935) (이하 『Geschichte des Deutschen Volkes, Teubner, 1935』)

1950년대 교과서

『클레트의 역사교과서. 제3권. 군주국가 시대에서 시민적 자유의 시대까지(Kletts Geschichtliches Unterrichtswerk für die Mittelklassen. Ausgabe B. III. Vom Fürstenstaat zur Bürgerfreiheit)』 (Ernst Klett Verlag Stuttgart, 1955) (이하 『Kletts III, 1955』)

『클레트의 역사교과서. 제4권. 민족국가 시대에서 민족들의 공동체의 시대까지(Kletts Geschichtliches Unterrichtswerk für die Mittelklassen. Ausgabe B. IV. Um Volksstaat und Völkergemeinschaft)』 (Ernst Klett Verlag Stuttgart, 1956) (이하 『Kletts IV, 1956』)

『역사의 개요. 제3권. 베스트팔렌 평화부터 1850년까지(Grundzüge der Geschichte 3. Vom Westfälischen Frieden bis zum Jahre 1850)』 (Verlag Moritz Diesterweg, 1956) (이하 『Grundzüge 3, 1956』)

『역사의 개요. 제4권. 빈체제에서 현재까지(Grundzüge der Geschichte 4. Vom Wiener Kongreß bis zur Gegenwart)』 (Verlag Moritz Diesterweg 1957), (이하 『Grundzüge 4, 1957』)

『서양의 유산. 제3권. 근대사(1). 신대륙 발견의 시대로부터 빈체제까지(Erbe des Abendlandes. Lehrbuch der Geschichte für höhere Schulen. III. Die Neuzeit(1). Vom Zeitalter der Entdeckung bis zum Wiener Kongreß)』 (Pädagogischer Verlag Schwann

Düsseldorf, 1955) (이하 『Erbe des Abendlandes III, 1955』)

『서양의 유산. 제4권. 근대사(2). 빈체제로부터 독일연방공화국까지(Erbe des Abendlandes. Lehrbuch der Geschichte für höhere Schulen. IV. Neuzeit(2). Vom Wiener Kongreß bis zur Bundesrepublik. Ausgabe A)』 (Pädagogischer Verlag Schwann Düsseldorf, 1954) (이하 『Erbe des Abendlandes IV, 1954』)

1970년대 교과서

『시대의 거울. 제3권. 절대주의 시대부터 제국주의 시대까지(Spiegel der Zeiten 3. Vom Absolutismus bis zum Imperialismus)』 (Verlag Moritz Diesterweg, 1970) (이하 『Spiegel der Zeiten 3, 1970』)

『시대의 거울. 제4권. 러시아혁명부터 현재까지(Spiegel der Zeiten 4. Von der Russischen Revolution bis zur Gegenwart)』 (Verlag Moritz Diesterweg, 1971) (이하 『Spiegel der Zeiten 4, 1971』)

『역사 속의 인간. 제3권. 근대(Menschen in ihrer Zeit 3. In der Neuzeit)』 (Ernst Klett Stuttgart, 1974) (이하 『Menschen in ihrer Zeit 3, 1974』)

『역사 속의 인간. 제4권. 현대(Menschen in ihrer Zeit 4. In unserer Zeit)』 (Ernst Klett Stuttgart, 1976) (이하 『Menschen in ihrer Zeit 4, 1976』)

『세계사. 제2권. 신대륙 발견의 시대부터 19세기 말까지(Geschichtliche Weltkunde 2. Vom Zeitalter der Entdeckungen bis zum Ende des 19. Jahrhundert)』 (Verlag Moritz Diesterweg, 1975) (이하 『Geschichtliche Weltkunde 2, 1975』)

『세계사. 제3권. 제국주의 시대부터 현재까지(Geschichtliche Weltkunde 3. Von der Zeit des Imperialismus bis zur Gegenwart)』 (Verlag Moritz Diesterweg, 1976) (이하 『Geschichtliche Weltkunde 3, 1976』)

1990년대 교과서

『발견과 이해. 제3권(Entdecken und Verstehen. Geschichtsbuch für Realschulen und Gesamtschulen 3)』 (Cornelsen, 2000) (이하

『Entdecken und Verstehen 3, 2000』)

『발견과 이해. 제4권(Entdecken und Verstehen. Geschichtsbuch für Realschulen und Gesamtschulen 4)』 (Cornelsen, 1999) (이하 『Entdecken und Verstehen 4, 1999』)

『우리가 만드는 역사. 제3권. 절대주의 시대부터 제국주의 시대까지(Wir machen Geschichte 3. Vom Absolutismus bis zum Imperialismus)』 (Verlag Moritz Diesterweg, 1997) (이하 『Wir machen Geschichte 3, 1997』)

『우리가 만드는 역사. 제4권. 제1차 세계대전부터 현재까지(Wir machen Geschichte 4. Vom Ende des Ersten Weltkrieg bis zur Gegenwart)』 (Verlag Moritz Diesterweg, 1998) (이하 『Wir machen Geschichte 4, 1998』)

『당시에는. 제3권(Anno 3. Von der Französischen Revolution bis zum Ersten Weltkrieg)』 (Westermann 1996) (이하 『Anno 3, 1996』)

『당시에는. 제4권(Anno 4. Das 20. Jahrhundert)』 (Westermann 2000) (이하 『Anno 4, 2000』)

『당시에는 그랬다. 제3권(Das waren Zeiten 3)』 (C. C. Buchner, 1998) (이하 『Das waren Zeiten 3, 1998』)

『당시에는 그랬다. 제4권(Das waren Zeiten 4)』 (C. C. Buchner, 1999) (이하 『Das waren Zeiten 4, 1999』)

교과서 제목을 시대순으로 읽은 독자는 이미 그 변화 추이를 파악할 수 있었을 것이다. '독일 청년을 위한 역사책', '독일 학생을 위한 독일민족사' 등 건조한 계몽적 이름이 주류였던 1930년대의 제목은 1990년대 들어 '발견과 이해', '우리가 만드는 역사' 등 구성주의적 역사 이해를 반영하는 이름으로 바뀌었다. 새로운 제목들은 학생들이 역사에 다양한 방식으로 접근하도록 촉구한다. 이 제목들은 역사학 발전의 성과가 반영된 결과라고 볼 수 있다. 특히 '우리가 만드는 역사'는 미시적 시각에서 그리고 다각적 시각에서 거대 담론적 역사를 해체해야 한다는 문화사 및 포스트모던주의의 주장이 많이 반영된 것이라고 판단된다. 또한 새로운 제목들에는 '민족' 이란 단어가 빠져 있다. 이는 민족 문제에 대한 새로운 접근을 의미한다. 민족 문제에 다양한 방식으로 접근할 때 기존의 독 · 프 갈등에 대한 새로운 접근도 가능하다.

교과서 제목의 변화는 교과서들의 목차에서도 확인된다. 나치 집권 시기에 사용된 『Geschichte des Deutschen Volkes 3, 1937』는 제1차 세계대전을 다루는 장의 제1절에 '적들이 어떻게 세계에 불을 질렀는가' 라는 도발적이며 자극적인 제목을 달았다. 『Geschichte des Deutschen Volkes 2, 1934』에서는 프랑스대혁명을 다루는 절의 제목이 '프랑스대혁명의 위험한 잘못된 가르침' 으로 되어 있다. 이 교과서는 프랑스대혁명을 기점으로 역사 시기를 구분하지 않고 '베스트팔렌 평화로부터 신성로마제국의 종말(1806)' 이라는 장에서 확인되듯이 독일 국사를 중심으로, 보다 정확히 말하자면, 프로이센 중심의 독일 국사를 기준으로 역사 시기를 구분했다. 이 교과서들은 프랑스 민족에 대한 경멸을 통해 자민족의 우월성을 강조하는 경향을 농후하게 드러낸다고 볼 수 있다.

1950년대 사용된 『Kletts III, 1955』에는 프랑스대혁명을 다루는 장의 제목이 '대혁명(Die Große Revolution)' 으로 표기되어 있고, 이 장 마지막 절 '나폴레옹의 시대' 에 신성로마제국의 멸망을 다루고 있다. 프랑스대혁명의 공과를 보다 객관적으로 평가하고 유럽사의 일반적 흐름에 독일사를 자리매김하는 이러한 입장은 이전보다 객관적인 것으로서 「1951년 합의안」의 정신을 부분적으로 반영했다고 볼 수 있다. 『Grundzüge 4, 1957』는 '기술과 산업에 있어서 거대한 변화의 세기' 라는 한 장을 할애하여 19세기의 산업, 사회제도, 도시와 농촌의 삶의 변화, 가족구조의 변화, 인구 이동, 위생 등을 집중적으로 다루었다. 이 교과서는 1950년대 이미 사회사적 분야를 깊이 고려했다.

1970년대와 1990년대의 교과서들은 프랑스에 대한 적대의식이 없어졌다는 점, 사회사적 연구 성과를 반영하고 있다는 점에서 목차상으로는 1950년대와 별다른 차이를 보이지 않는다. 다만 1990년대의 교과서들은 사회사뿐 아니라 문화사 및 일상사의 연구 성과를 풍부하게 반영하고 있다는 점이 주목되어야 한다. 예컨대 『Entdecken und Verstehen 3, 2000』는 프랑스대혁명을 다루는 장에서 '여성과 프랑스대혁명', '프랑스대혁명과 어린이', 제국 시기의 '여성의 평등권' 등의 장과 절들을 다수 포함하고 있다. 1990년대의 교과서 중에서 비시 정권을 특별히 다루는 부분은 목차 상에서 확인되지 않는다. 이것은 「1987년의 권고안」이 잘 반영되지 않고 있다는 사실을 말해준다.

제목과 목차의 변화를 보았을 때, 「1935년 합의안」과 「1951년 합의안」은 반영되었다고 볼 수 있으나, 「1987년 권고안」은 거의 반영되지 않은 것으로 확인되었다.

1. 프랑스대혁명, 나폴레옹 대외정책 그리고 독일 민족의식의 자각

1) 1930년대

『Geschichtsbuch, 1935』는 프랑스대혁명이 프랑스에 가져온 자유, 평등, 인민주권은 분명히 인정하지만, 나폴레옹이 오히려 독일 지역을 지배자로서 군림했다는 점을 특히 강조하고 있다.

『Teubners, 1935』는 프랑스대혁명이 실현한 자유와 평등조차 부정적으로 평가한다. 예컨대 자유와 평등은 무질서한 대중에게 선거권을 부여했고, 유대인을 해방했다는 측면은 게르만의 전통적인 사상과는 맞지 않는 것이기 때문에 환영할 만한 것이 아니라고 이 교과서는 지적하고 있다. '자연경계론'은 1792/3년 프랑스 조국 방위전쟁을 시작하면서부터 나왔다는 점도 지적하고 있다. 그런데 이 교과서는 루이 왕조가 추진했던 프랑스의 팽창을 이제 혁명 공화국이 민족의 이름으로 추진하고 있다는 점을 강조했다. 나폴레옹은 이를 더욱 강력히 추진했고 독일 지역을 굴복시켰던, 독일 인민들의 적으로 묘사되어 있다. 특이한 것은 프로이센의 개혁이 나치주의자들의 민족사회주의 혁명과 흡사하다고 강조한 점이다. 이것은 온갖 좋은 과거의 사건을 나치의 정책을 정당화시키기 위한 도구로 사용하고 있는 단적인 예라고 할 수 있겠다. 이러한 교과서 내용은 양국의 역사교과서 협의 활동이 시정하고자 하는 그런 내용들이다.

2) 1950년대

『Kletts III, 1955』는 프랑스대혁명의 인류사적 의미를 높게 평가할 뿐 아니라 나폴레옹이 점령된 독일 지역에서는 직접적으로, 그리고 프로이센과 같이 점령되지 않은 지역에 간접적으로 프랑스대혁명의 자유와 평등을 실현했다고 지적한다. 이것은 「1951년 합의안」(프랑스대혁명에 대한 적절한 평가)을 반영한 것이라고 볼 수 있다.

> 바이에른, 뷔르템베르크, 바덴 그리고 헤센에서는 …… 모든 신분적 특권이 폐지되고 모든 사람이 법 앞에 평등하게 되었다. 유능한 시민의 아들이나 농민의 아들은 귀족의 자제와 같이 장관이나 장군이 될 수 있다는 희망을 갖게 되었다. (p.103)

그러나 이 교과서는 프랑스대혁명의 급진화와 나폴레옹에 의한 영토 정복 그리고 이에 따른 약탈로 인해 프랑스대혁명을 환영했던 많은 독일 지식인들이 민족 감정을 갖게 되었다고 지적한다. 프랑스대혁명 초기에 이들은 혁명을 중세 신분제와 절대군주의 압제에서 인민이 벗어날 수 있는 보편적인 해방혁명으로서 환영하였던 세계시민적 지향을 갖고 있던 계몽주의자들이었다. 이 교과서는 이러한 지적 변화를 겪은 인물로 괴레스(Josef Görres), 아른트(Ernst Moritz Arndt), 괴테(Goethe)를 예시하고 있으며, 프로이센의 개혁도 반프랑스 감정에 연원한 것이라고 지적하고 있다. 특히 프로이센은 프랑스를 이기기 위해서 인민들을 프랑스군이 가지고 있는 자기 조국에 대해 충성심과 같은 애국적 열정을 품은 프로이센 인민으로 교육하고자 했다. 여기에 프랑스의 자유와 평등 이념의 영향과 함께 프랑스대혁명의 민족주의가 서서히 독일 지역에도 전파되고 있었음을 지적하고 있는 것이다. 이러한 서술도 「1951년 합의안」(프랑스대혁명에 대한 적절한 평가)이 보다 구체적으로 반영된 것이라고 평가할 수 있다. 『Grundzüge, 1956』, 『Erbe des Abendlandes III, 1955』도 위와 유사한 내용을 담고 있어서, 권고안에 관련된 위와 동일한 평가가 가능하다.

3) 1970년대

『Spiegel der Zeiten 3, 1970』은 프랑스대혁명이 인류사에 미친 영향에 대해서는 1950년대의 교과서들보다 더 상세히 설명하고 있다. 여기에 '자연경계론'이 언급되지만(p. 93), 그 기원과 기능에 대한 어떠한 설명도 하고 있지 않다.

『Menschen in ihrer Zeit 3, 1974』와 『Geschichtliche Weltkunde 2, 1975』도 『Spiegel der Zeiten 3, 1970』과 비슷하게 프랑스대혁명을 설명하고 있다.

위 두 교과서는 1950년대의 교과서와 마찬가지로 나폴레옹 점령과 독일 민족의식의 관계를 묘사하고 있다. 전체적으로 권고안과 관련된, 1950년대

교과서들에 대한 평가가 위 두 교과서에 대해서도 적용된다.

4) 1990년대

『Wir machen Geschichte 3, 1997』은 프랑스대혁명에 대한 독일인들의 태도를 다각적인 시각에서 묘사하고 있다. '독일 농민들은 프랑스대혁명의 이념을 통해 이익을 보았다' 라는 절과 '독일인과 프랑스대혁명' 이라는 절에서 독일인들 각자가 프랑스대혁명으로 인해 얻은 이익과 손실 사이에서, 프랑스대혁명의 인류사적 의미에서의 보편성과 프랑스 민족에 대한 특수성 사이에서 유동하는 독일인들의 다양한 입장들이 충실히 묘사되어 있다. 프랑스대혁명의 영향으로 독일 인민들이 상당히 해방되었고, 이 바탕 위에 약탈적인 나폴레옹과 프랑스인들에 대해서 독일인들이 지역적 정체성과 권리에 대한 무의식 상태를 극복하고 독일의 민족의식을 서서히 갖게 되었다는 것이 이 교과서가 제시하고자 하는 역사상이다. 이것은 「1951년 합의안」(프랑스대혁명의 가치)의 내용을 독일 민족주의 형성의 맥락에서 섬세하게 묘사하고 있는 것으로 평가된다.

『Entdecken und Verstehen 3, 2000』[37)]과 『Anno 3, 1996』도 프랑스대

37) 이 교과서는 나폴레옹의 압제적 통치가 그 이전에 지역적 정체성을 갖던 인민들이 독일인이라는 민족의식을 자각하는 과정을 당시의 몇 가지 사료에 근거해서 세밀하게 묘사하고 있다. 이 내용은 본 연구와 직접적인 관련성은 없지만, 독일 민족주의를 이해하는 데 훌륭한 서술이기 때문에 여기서 소개한다. '민족의식과 자유를 위한 전쟁' 이라는 소단락에 다음과 같은 사료가 인용되었다. 1809년 시인 클라이스트(Heinrich von Kleist)는 다음과 같이 자신의 책에 적고 있다.

문 : 아가야 너는 누구인가?
답 : 나는 독일인입니다.
문 : 독일인? 너 지금 농담하는구나. 너는 마이센(Meißen)에서 태어났고, 마이센은 작센에 속해 있네.
답 : 나는 마이센에서 태어났지만, 내 조국(Vaterland)은 독일입니다.
문 : 누가 너의 적이니, 내 아들아?

혁명의 인류사적 가치를 높이 평가하고 있다는 점에서 권고안과 관련한 위의 평가가 이 두 교과서에도 적용된다.

종합적으로 볼 때, 1930년대 나치 시기의 역사교과서의 내용은 양국의 교과서 협의 활동이 시정하고자 하는 내용들을 많이 담고 있었다. 그러나 1950년대, 1970년대, 1990년대의 역사교과서들은 모두 프랑스대혁명의 인류사적 가치를 높이 평가했다는 점에서 「1951년 합의안」을 충실히 반영한 것으로 평가할 수 있다. 그러나 17~18세기의 평화적 노력에 대한 강조는 반영되고 있다고 볼 수 없다. 이것은 역사교과서가 양국 관계만을 집중적으로 다루는 것이 아니기 때문에, 이 부분을 프랑스대혁명과 같이 인류사적 중요한 사건과 동일한 정도로 역사교과서에서 강조할 수 없다는 이유로 설명될 수 있겠다.

2. 보불전쟁

1) 1930년대

『Geschichte des Deutschen Volkes 2, 1934』는 나폴레옹 3세가 룩셈부르크를 획득하려다가 실패한 1867년 봄에 이미 독일과의 전쟁이 불가피한

답 : 나폴레옹입니다. 그가 황제인 동안 프랑스인들이 나의 적입니다.
문 : 그 밖에 네가 증오하는 적은 없니?
답 : 없습니다. (p.43)

1813년 반나폴레옹 해방전쟁의 격문에서 다음과 같이 기록되어 있다.

독일인들이여, 봉기를!
바이에른인들도 아니요, 브라운슈바이크인도 아니요, 하노버인도 아니요, 헤센인도 아니요, 홀슈타인인도 아니요, 메클렌부르크인도 아니요, 오스트리아인도 아니요, 팔츠인도 아니요, 프로이센인도 아니요 …… 독일적인 것이라고 불리어질 모든 것을 서로 대립되게 하지 마시오. 오히려 독일인들을 위한 독일인들이 될지어다! (p.43)

것으로 생각했다고 단정하고 있다. 나폴레옹 3세의 이러한 생각 뒤에는 국내의 반대자들을 굴복시키기 위해서는 대외적 승리가 필요하다는 판단이 있었다는 것이다. "이제 독일에 대한 전쟁에서 승리하는 길만이 자신을 구할 수 있을 것이라고 그는 판단했다(p.259)." 이 교과서는 남부 독일에 완충 지대를 형성하고자 하는 나폴레옹 3세의 의도를 오직 독일 통일을 반대하고 자기의 세력권을 확대하려는 부당한 행위로만 묘사하고 있다. 이러한 의미에서 프랑스인들은 '사도바(Sadowa)에 대한 복수'를 1866년부터 준비했다고 이 교과서는 단정적으로 평가한다. 또한 '프랑스의 전쟁광기(Kriegstreiberei)', '파렴치한(unverschämt) 프랑스인' 등의 감정 섞인 용어를 사용하고 있다. 이것이 바로 「1951년 합의안」이 시정하고자 했던 적대적 역사의식인 것이다. 반면에 이 교과서는 비스마르크에 대해서는 대단히 우호적으로 표현하고 있다. 즉, 비스마르크에 대해서는 통일을 위해서 불가피하다면 전쟁을 감행하겠지만, 본래 전쟁에 대한 의지는 없었다는 것이다.

2) 1950년대

『Kletts IV, 1956』은 더 이상 프랑스인들을 비방하는 용어들을 사용하지 않는다. 이 교과서는 남독일 지역에 완충 지대를 형성하고자 하는 나폴레옹 3세의 정책과 룩셈부르크를 획득하고자 하는 그의 정책을 상세히 묘사하거나 프랑스의 입장에서는 이 정책들이 정당하다고 적극적으로 평가하지는 않았지만, 그렇다고 부당하다고 평가하지도 않았다. 이 점에서 이 교과서는 「1951년 합의안」을 부분적으로 반영했다. 그러나 알사스-로렌의 합병에 관한 다음과 같은 서술 부분은 1951년의 권고안을 완전히 반영한 부분이다.

> 독일인 대다수는 프랑스의 세 주(州)를 독일제국에 합병하는 것을 승전의 당

> 연한 결과라고 생각한다. 그러나 엘자스인들과 로트링엔인들은 그들의 국회의원들을 통해 프랑스 국민의회에서, 자신들은 전리품으로서 가축의 무리처럼 승자에게 건네졌다고 항의했다. 프랑스의 민족 감정은 일부 영토의 상실로 깊은 상처를 입었다. (p. 44)

『Erbe des Abendlandes III, 1955』는 알사스-로렌 지역 병합 문제에 대해 다음과 같은 상세한 서술도 위의 교과서보다 더 적극적으로 「1951년 합의안」을 반영한 것이라고 평가할 수 있다.

> 엘자스와 로트링엔의 국회의원들은 이 병합에 항의했다. …… 이 두 지역에 대한 독일의 권리 주장은 물론 역사적인 이유와 인종적, 언어적 동질성이라는 이유에 근거하고 있다. …… 엘자스-로트링엔은 프랑스의 일부분으로서 자신의 근대사를 만들어갔다. 1770년 괴테가 체험했던 이 지역은 아직도 독일적 성격이 강했지만, 프랑스대혁명과 나폴레옹 1세 때의 이곳 주민 대부분은 자신을 프랑스인이라고 생각했다. 1814/15년에 독일이 이 지역을 '되찾았'다면, 그렇게 어렵지 않았을 것이다. 그러나 이제 이 '되찾는' 행위는 이곳 주민들의 강한 반발을 유발시켰다. 주민들이 국민투표를 통해 자신들의 미래의 국가 귀족을 결정하는 것이 옳았을 것이다. (p. 82)

『Grundzüge, 1956』은 위에서 소개한 것과 거의 유사한 내용을 담고 있다.

3) 1970년대

『Spiegel der Zeiten 3, 1970』은 나폴레옹 3세의 의도를 상세히 설명하고 있다.

> 나폴레옹은 이탈리아 민족뿐 아니라 독일 민족이 민족적 통일을 이루고자 하는 노력에 대해서 어느 정도 우호적이었다. 그러나 그는, 프로이센이 프

> 랑스의 동부 국경에까지 그 영토를 확장하고 있는 것에 두려움을 느끼고 있었다. 이를 대처하기 위해 라인 강 좌안에 완충 지역을 만들고자 했다. 그는 또한 남부 독일 국가들이 북부 독일연방에 가입하는 것은 가능하면 오랫동안 저지하고 싶었다. 대부분의 독일인들은 이러한 프랑스의 정책을 독일 통일을 방해하는 참을 수 없는 일이라고 생각했다. (p.191)

이 교과서는 알사스-로렌 문제를 다루지 않아서 아쉽지만, 위의 인용 부분은 「1951년 합의안」(나폴레옹 3세의 의도에 대한 프랑스 측의 요구)을 대단히 충실히 반영한 것이라고 평가할 수 있다.

『Menschen in ihrer Zeit 3, 1974』는 보편사적 지향을 가지고 만들어졌기 때문에 독일 통일 과정을 이전의 교과서에서보다는 적게 다루었다. 비스마르크의 의도나 나폴레옹 3세의 의도에 대한 서술이 상당히 생략되었다. 19세기 중반 이후부터 '여론'이 정치에 미치는 영향력이 증가되는 현상을 이 책은 "'여론'의 힘"이라는 제목의 절을 따로 분리하여 집중적으로 다루었다. 그 실례로서 프랑스 여론이 미친 나폴레옹 3세의 대외정책을 다루었다.

> 프랑스에서 나폴레옹 3세의 인기는 떨어졌다. 경제적 삶은 정체되었고 노동자들은 불만으로 가득 찼으며, 국가는 부채로 허덕였다. …… 시민들은 황제의 독재에 점점 더 강력하게 반대했다. …… 더욱 위협적이었던 것은 점점 강력해지고 있던 공화파 야당이었다. 황제의 대외정책의 성공에 대한 신뢰도 점점 사라졌다. 나폴레옹 3세가 1966년 프로이센의 승리를 저지하고 프로이센이 강대국으로 부상하지 못하도록 했어야만 했단 말인가? 그러다 당시의 많은 프랑스인들이 이렇게 믿고 있다. 이 때문에 그들은 사도바(Sadowa)에서의 프로이센의 승리를 '사도바의 수치(Schmach von Sadowa)'라고 부른다. 1869년 선거에서 황제의 지지자들은 간신히 다수의 위치를 차지할 수 있었다. 나폴레옹 3세는 이를 계기로 개혁을 하기로 결심하고 정부 내에 자유주의 정치가들을 임명했다. (p.154)

이 교과서는 보불전쟁을 설명하면서 비스마르크의 여론정치, 독일에 민족주의적 여론에 대한 프랑스의 반독 여론의 급등, 그리고 이것의 악순환으로 보불전쟁을 설명하고 있다. 이러한 설명 방식은 「1951년 합의안」(나폴레옹 3세의 국내 정치 상황과 외정의 관계, "황제에게는 이러한 정책(남부 독일이 북부 독일연방에 편입되는 것을 저지하는 정책 : 필자)이 프랑스인들 사이에서 도전받고 있는 자신의 권위를 지키기 위해서 필요한 것으로 보였다." 「1951년 합의안」 제7조 A. 4)을 단지 부분적으로 반영한 것으로 평가된다. 왜냐하면 권고안은 프랑스의 이러한 위기의식, 나폴레옹 3세의 위기의식이 정당한 것이라는 표현을 독일 교과서에 명기할 것을 권고하고 있는데, 이러한 표현은 이 교과서에 찾아볼 수 없기 때문이다.

4) 1990년대

『Entdecken und Verstehen 3, 2000』, 『Das waren Zeiten 3, 1998』, 『Wir machen Geschichte 3, 1997』은 독일 통일 과정에서 프랑스와의 적대 관계를 상세히 다루지 않았다.

위의 분석을 종합적으로 평가할 때, 1930년대 나치 시기 역사교과서의 내용은 양국의 교과서 협의 활동이 시정하고자 하는 내용들을 많이 담고 있었다. 그러나 1950년대, 1970년대, 1990년대의 역사교과서들은 나폴레옹 3세의 의도에 대한, 그리고 알사스 합병에 대한 「1951년 합의안」을 어느 정도 충실히(물론 명기 안 된 사항도 있지만) 반영하고 있다고 평가된다.

3. 제1차 세계대전–전쟁 책임 문제

1) 1930년대

『Geschichte des Deutschen Volkes 3, 1937』은 목차부터 이 교과서가 나치 이데올로기에 깊이 물들어 있다는 것을 보여준다. 예컨대 제1차 세계대전 패전 이후의 독일을 다룬 제6장 '쇠사슬에 묶인 독일(Deutschland in Ketten)' 제4절 '독일, 세계의 노예(Deutschland, der Sklave der Welt)', 제7장 민족사회주의의 투쟁시기 제1절 '아돌프 히틀러', 나치체제 성립 과정을 다룬 제8장 독일 제3제국 제1절 '민족사회주의 혁명(Die nationalsozialistische Revolution)' 등등. 재미있는 것은 오스트리아 황태자 페르디난트(Ferdinand)가 자국 내에 살고 있는 슬라브족, 특히 체코인과 세르비아인들의 자치권 요구를 수용하여 헝가리인들 다음의 제3의 시민으로 그들을 승격시키고자 했을 때, 나치 독일의 시각에서 보면, 이러한 정책은 '비독일적(undeutsch)' 정책이라고 이 교과서가 학생들에게 가르치고 있다는 사실이다. '비독일적' 임에도 불구하고 오스트리아 지역의 독일인들이 당한 굴욕을 만회해주고 그들을 위험에서 구제하기로 결정한 것은 강한 독일인들의 형제애 때문이라고 이 교과서는 서술하고 있다. 또한 전쟁의 책임이 전적으로 협상국(Entente)에게 있고 독일은 평화를 지키기 위해 끝까지 노력했다고 쓰고 있다.

> 오스트리아[38]의 황태자가 암살당하고 발칸 반도에 전운이 감돌자, 러시아는 곧 세르비아를 돕고자 나섰다. 러시아는, 자신의 동맹국들은 굴욕 당하

38) 나치 시기의 역사교과서에서 '오스트리아-헝가리 이중 왕국'이라는 공식 국가 명칭을 사용하지 않고 오직 '오스트리아' 또는 '합스부르크'라고만 불렀다. 여기서도 나치의 민족적, 인종적 편견이 확인된다.

> 지 말아야 한다고 선언했다. 러시아는 당연히 자신을 먼저 생각했다. 오스트리아가 승리한다면, 오스트리아가 발칸을 지배할 것이고, 그렇게 되면 러시아는 자신의 범슬라브주의의 지역과 콘스탄티노플에 대한 자신의 소망을 상실할 수 있다고 생각했다. 그래서 러시아는 전쟁을 원했다. 이미 일 년 전부터 러시아는 군을 시베리아 지역으로부터 서부전선으로 이동 배치시켰다. 러시아 뒤에 프랑스가 있다. …… 프랑스는 러시아를 무조건 지원하겠다는 약속을 러시아에게 계속했다. 그래서 복수심에 불타는 푸왕카레에게 세르비아가 중요했던 것이다! 독일이 자신의 동맹국을 돕지 않는다면 이제 오스트리아는 분쇄될 것임에 분명하고 그 다음 차례는 독일이 될 것이다. 어쨌든 이제 거대한 전쟁이 발발할 것이었다. 러시아인과 프랑스인들은 영국의 지원을 염두에 두었다. (p. 300)

『Geschichte des Deutschen Volkes, Teubner, 1935』는 위에 소개한 교과서보다는 덜 격정적인 표현을 사용하고 있지만, 마찬가지로 독일에게 전쟁 책임을 부과하는 것은 부당하다고 항변하고 있다.

> 전쟁 발발 이후 지속적으로 전쟁 책임 문제가 거론되고 있다. 아마 영국의 로이드 조지(Lloyd George)가 종전 이후 다음과 같이 말했을 때 가장 진실에 가까웠을 것이다. 그에 따르면, 유럽의 정치가들은 "전쟁에 말려들었다"는 것이다. 독일 정부를 비난할 수 있다면, 그것은 독일이 오스트리아와 세르비아 간의 분쟁의 파장력을 명확히 예측하지 못했고 그래서 오스트리아로 하여금 그가 입안한 극단적인 조치를 실행하지 못하도록 할 만큼 결연하지 못했다는 점이다. 그래서 오스트리아 정부가 세르비아에 최후통첩을 작성할 때 오스트리아는 자유로웠다. 그러나 오늘날 아직도 협상국들이 그렇게 하는 것처럼 독일에게 전쟁 발발의 책임을 돌린다면, 그것은 아주 부당한 짓이다. 협상국들의 정부들은 오직 전쟁을 통해서만 실현될 수 있는 목적들을 부분적으로 세워놓았던 데 반해 독일 정부와 독일의 인민들은 평화의 유지를 전제 조건으로 하는 목적들을 추구한 것이다. (p. 129)

이러한 내용들은 양국이 교과서 협의 활동을 통해 시정하고자 하는 것에 해당한다.

2) 1950년대

『Erbe des Abendlandes IV, 1954』는 유럽 국가들이 '협상국(Entente)'과 '동맹국(Allianz)'으로 갈라져 긴장 관계가 가속화되었지만, 독일은 전쟁을 의도했다기보다는 발칸 분쟁이 확전되는 것을 막기 위해 대단한 노력을 한 것으로 서술했다. 전쟁에 임박하면서 독일은 러시아와 프랑스의 위협을 점점 더 느끼게 되었고 급기야 전쟁에 돌입하게 되었다는 것이다. 독일의 실수는 세르비아에 대한 오스트리아-헝가리 이중 왕국의 최후통첩의 가혹성을 사전에 완화시키지 못했다는 점이라고 서술하고 있다. 그래서 1914년 7월 후반 시기의 평화 중재 노력은 성공할 가능성이 점점 줄어들었다는 것이다. "이 실수는 …… 자신의(평화 중재 노력을 위한 독일의 : 필자) 운신의 폭을 협소하게 만듦으로써 결정적인 복수를 했다(p. 138)." 이 교과서는 프랑스에 대한 어떤 부당한 판단을 하지 않지만, 위에서 소개한 점을 비추어 보았을 때, 독일의 평화 의지를 전쟁에 대한 의지보다 더욱 강조하였고 국제적인 긴장 관계의 급진적 진전이라는 정황을 진지하게 고려하지 않았다. 이 점에서 이 교과서는 1951년의 권고안을 깊이 고려하지 않았다고 평가할 수 있다. 그리고 대부분의 인민들과 정치가 및 군인의 구분(「1951년 합의안」 제19조 2항) 또한 전혀 고려하지 않았다.

『Kletts IV, 1956』은 오스트리아-헝가리 이중 왕국과 세르비아의 긴장 관계를 상세히 묘사하였고, 이것이 세계대전으로 확산되는 원인을 당시 유럽 강대국들 간의 상호 불신과 적대의식의 급진적 전개에서 찾고 있다.

발칸 분쟁이 발칸 지역을 넘어 전 유럽으로 확전되지 않기를 바랐던 빈 정부의 희망과 달리 사건은 전개되었다. 강대국들의 상호 불신은 해를 거듭할수록 깊어져갔다. 강대국들의 정부 모두는, 자신이 이 분쟁에서 한 걸음 물러선다면 동맹국을 잃을 것이라는 두려움을 갖고 있었다. 또한 수십 년 전부터 점증해가고 있던 민족주의적 열정은 이 분쟁을 전쟁으로 몰고 갔다. 모든 강대국들이 동맹관계로 서로 얽혀 있었기 때문에, 전쟁의 불꽃은 다 한 번의 자극으로 전 유럽으로 확산되고 말았다. (p. 98)

이러한 서술은 「1951년 합의안」을 충실히 반영한 것으로 평가될 수 있지만, 이 교과서도 『Erbe des Abendlandes IV, 1954』와 마찬가지로 대다수의 인민과 군부 및 정치가들을 구분하지 않았다는 측면을 고려할 때, 전체적으로 「1951년의 권고안」을 부분적으로만 반영했다고 볼 수 있다.

3) 1970년대

『Spiegel der Zeiten 3, 1970』은 물론 발칸 지역을 둘러싼 오스트리아-헝가리 제국과 러시아 제국의 적대 관계가 제1차 세계대전의 직접적인 계기를 마련해준 것으로 평가하고 있지만, 그 지역 분쟁이 세계대전으로 확전된 원인에 대해 다음과 같은 종합적인 평가를 내리고 있다.

지속적인(국제적 : 필자) 긴장 관계로 인해서 모든 유럽의 강대국들은 동맹관계를 재조정했다. 상호 불신으로 인해 서로에 대한 요구 사항은 더욱 상대방이 받아들이기 어려운 정도로 높아졌고, 선의를 가진다는 것이 점점 어려워졌다. 큰 충돌이 불가피하고 전쟁이 '반드시' 발발할 것이라고 많은 사람들이 생각했다. 정치는 더 이상 평화 질서를 구축하기 위한 도구로서가 아니라 그 안에서 군사적 사고가 더 우위를 차지한 권력 투쟁의 수단으로 받아들여졌다. 심지어 전쟁에 가장 좋은 시기를 조성하고자 하는 정치가들도 있었다. (p. 233)

이러한 서술은 어느 한쪽에 책임을 전가하는 것 대신에 당시 서로 간의 불신의 상황을 제1차 세계대전의 원인으로 보자는 「1951년의 권고안」을 충실히 반영한 것이라고 볼 수 있다. 그러나 전쟁 의지가 없었던 대다수의 일반 국민들과 전쟁을 특정한 상황에서는 감내할 준비가 되어 있던 정치가들, 정치가들보다 더 전쟁을 감내할 준비가 되어 있던 군부의 구분에 대한 권고 사항, 독일 군부가 프랑스 군부보다는 더 전쟁에 대한 준비가 되어 있었다는 권고 사항은 깊이 고려되지 않았다.

『Menschen in ihrer Zeit 4, 1976』도 『Spiegel der Zeiten 3, 1970』과 같이 당시 국가 간 상호 불신을 제1차 세계대전의 원인으로 설명하고 있다. 특이한 것은 일반 국민들도 다른 국민들에 대한 깊은 적대 감정을 가지고 있었다는 서술이다. 일반 독일인들은 당시 프랑스인들을 '숙적 프랑스(Erbfeind Frankreich)', 영국인들은 '신실하지 않은 영국(treuloses England)', 프랑스인들은 독일인들을 '독일놈(boche)', 영국인들은 독일인들을 '야만인(Hunnen)'이라고 비난했다(p.33)고 이 교과서는 설명하고 있다. 즉, 제1차 세계대전 전야의 민족 간 상호 불신은 정부 차원에서뿐 아니라 일반인 차원에서도 널리 퍼져 있었다는 것이다. 이 설명은 전쟁 의지가 없었던 대다수의 일반 국민들과 전쟁을 특정한 상황에서는 감내할 준비가 되어 있던 정치가들, 정치가들보다 더 전쟁을 감내할 준비가 되어 있던 군부의 구분에 대한 권고 사항과 정반대되는 서술이다.

『Geschichtliche Weltkunde 2, 1975』는 전쟁의 원인에 대해서 전통적인 동맹 관계만으로 설명하고 있어서 권고안의 세밀한 분석적 서술에 대한 권고 사항이 거의 반영되지 않았다. 그러나 특별히 프랑스에 대한 적대 의식을 자극하는 서술은 하지 않았다.

4) 1990년대

『Entdecken und Verstehen 3, 2000』은 제1차 세계대전 발발에 어느 특정 국가의 책임을 강조하기보다는 점증하고 있던 서로의 적대감으로 전쟁의 원인을 설명하고 있다. 이 책의 특징은 제1차 세계대전 전에 활발하게 활동했던 국제 평화운동을 상세히 소개하고 있다는 점이다. 특히 주트너(Bertha von Suttner)의 연설문 "평화는 아직 구제할 수 있는가?(1909)" 를 발췌 소개하고 있다.

> 군비 경쟁이라는 악순환의 고리를 움직이고 있는 요소들은 무엇입니까? 인민들이 그것을 요구하는 겁니까? 결코 아닙니다! 그것은 언제나 전쟁부(Kriegsministerium)에서 옵니다. 다른 나라의 전쟁부서들이 우리들보다 앞서가고 있고 우리들은 적들의 위협에 포위되어 있다는 것이 그들이 내세우는 이유들입니다. 이러한 선전은 인민들로 하여금 외국의 적들에 대한 두려움을 갖게 하고, 바로 이런 이유 때문에 조국을 방위하기 위해 전쟁을 받아들이고 이에 참전하고자 하는 자발성이 인민들 사이에서 성장하게 되는 것입니다. 누가 이런 두려움을 전파합니까? 바로 군부입니다. 그들은 항상 '불가피한 전쟁' 이 '내년 초에 발생할 것' 이라고 떠들고 다닙니다. 전쟁을 준비하는 무리들은 모든 나라에 다 있습니다. 이들이 말하는 것을 다른 나라의 전쟁 도배들은 우리 전체 인민들의 전쟁 의지라고 해석합니다. 이러한 과정으로 인해 발생하는, 서로에 대한 두려움과 증오심이 군비 경쟁이라는 악순환의 고리를 움직이는 힘입니다. (p. 164)

이 교과서는 이 인용에 이어서 유럽 전체적인 차원에서 전개되었던 평화운동을 상세히 소개하고, 그 다음으로 1914년 8월 각국의 젊은이들이 얼마나 열광적으로 조국 방위전쟁에 자발적으로 참여했는가를 사진을 통해서 보여주고 있다. 이것은 전쟁에 대한 입장에 있어서 대다수의 인민들과 소수의 정치가 및 군인들이 다른 입장을 갖고 있었다는 점, 그러나 결국 대부분의 인민들도 민족전쟁에 열광하게 되었다는 점을 보여주는 대목이라고 할 수 있다. 이것은 「1951년 합의안」, 즉 전쟁 의지가 없었던 대다수의 일반 국민들과 전쟁을 특정한 상황에서는 감내할 준비가 되어 있던 정치가들, 정치가들보다 더 전쟁을 감내할 준비가 되어 있던 군부의 구분에 대한 권고사항을 반영하고 노력한 흔적이 엿보이는 부분이다.

『Das waren Zeiten 3, 1998』은 "정치는 실패하고 전쟁은 시작되었다" 라는 제목의 장에서 제1차 세계대전의 원인을 분석했다. 여기서도 프랑스에게 특별한 전쟁 책임이 있다는 식의 서술은 찾아볼 수 없다. 이 교과서는 세르비아가 오스트리아-헝가리 이중 왕국에게 제시한 조건을 수용했음에도 불구하고 전쟁을 감행했다는 점, 그리고 독일이 오스트리아-헝가리 이중 왕국에게 제공해준 '백지수표' 로 인해 전쟁의 발발에 책임을 져야 한다는 점을 서술한 것으로 볼 때, 독일에 대해서 객관적인 입장을 견지하고 있다고 볼 수 있다. 이와 아울러 이 교과서는 궁극적으로 당시 강대국 간의 상호 불신과 적대의식의 급진화에 제1차 세계대전의 원인을 돌리고 있다. '정치와 외교의 실패' 라는 제목의 절에서 독일의 정부와 군부가 전쟁에 반대하고 있었던 독일 사회민주당의 지지를 받기 위해서 어떻게 러시아의 음모와 전쟁 의지를 악용하였는지에 대해 상세히 설명되어 있다. 그리고 전쟁이 임박한 마지막 시점인 1914년 7월 29일에 황제 빌헬름 2세와 제국수상 홀벡(Bethmann Hollweg)이 오스트리아-헝가리와 러시아 간의 중재 노력을 하였지만, 이미 그들의 운신의 폭은 국가 간 적대적 관계의 급진화와 군부 세력의 영향력 강화로 인하여 매우 제한되어 있었다는 평가를 이 교과서는 내리고 있다(p.120). 이것은 군부 세력과 정치 세력의 구분에 대한 「1951년 합의안」을 어느 정도 반영한 것으로 판단된다. 그러나 다른 국가의 평화적 해결 노력에 대해서는 전혀 언급하고 있지 않다는 점에서 균형을 잃었다고 볼 수 있다. 그 밖에 전쟁의 참화에 대해 대단히 상세하게 묘사하고 있다는 점이 이 교과서의 특징이기도 하다.

『Wir machen Geschichte 3, 1997』은 '전쟁 책임 문제' 라는 절에서 특별히 1960년대의 독일의 역사가 피셔(Ernst Fischer)의 테제를 소개하고 있다. 이에 따르면, 독일은 유럽과 세계의 헤게모니적 지위를 탈환하기 위해서 1912년부터 전쟁 준비를 체계적으로 했으며 발칸 위기를 전쟁 개시를 위한 계기로 활용했다는 것이다. 이 논리를 따르면, 독일이 제1차 세계대전 발발에 대해 가장 큰 책임을 져야 한다는 것이다. 이는 독일이 그동안 방어하고자 했던 독일적 입장을 완전히 뒤엎는 주장이기 때문에, 이에 대한 지지와 비판 양측 간에 격론('피셔 논쟁')이 벌어졌다. 그런데 특이한 것은 피셔 테제의 비판자들 중에 상당히 많은 수가 외국의 학자들이라는 점이다. 이들의 주장은 당시에 강대국들 모두가 비슷한 전쟁 목적과 비슷한 정도의 전쟁 준비를 했다는 것이다. 이 단락은 당시 전쟁 당사국 모두 이 '거대한 전쟁' 의 결과를 예측할 수 없었다는 평가로 결론을 맺고 있다. 이 논쟁에 대한 소개는 이 교과서가 학문 연구의 성과를 충실히 반영하고 있는 예라고 볼 수 있으며, 「1951년 합의안」의 정신에도 부합한다. 그리고 '새로운 시각-새로운 통찰' 이라는 절에서는 1970년대 이후의 일상사적 연구의 성과들이 상세히 소개되었다. 예컨대 '전사한 대학생들의 편지' 와 '우편엽서에 나타난 전쟁에 대한 이미지' 라는 단락에서 이에 관한 사료들(편지들과 우편엽서들)이 소개되었다. 학생들은 이를 통해 '선전된 전쟁' 과 '구체적으로 체험된 전쟁' 의 차이를 인식할 수 있으며, 현재도 존재하는 이러한 괴리 현상을 통찰할 수 있는 시각을 학습하게 된다.

『Anno 3, 1996』에서 프랑스에 관한 부분은 위에 분석된 1990년대의 교과서와 큰 차이가 확인되지 않는다. 이 교과서는 위에 소개된 교과서들보다 정치외교사와 사건사에 더 많이 치중하고 있다.

이상의 분석을 종합해볼 때, 나폴레옹 1세와 나폴레옹 3세에 대한 권고안보다 제1차 세계대전 책임에 대한 권고안이 독일 역사교과서에 더 불충분하게 반영되었다는 점이 확인된다. 앞선 두 주제에 있어서는 1950년대 교과서에서부터 권고안의 대부분이 반영되었는데, 이 주제에 대한 권고안의 반영 시기는 더 늦다. 특히 대다수의 인민들과 군부의 구분이라는 측면에서는 1990년대에 들어서야 서서히 반영되기 시작했다.

4. 제2차 세계대전-나치의 유럽 점령과 프랑스 비시 정권

이 주제를 1930년대, 1950년대, 1970년대 역사교과서들에서는 다룰 수 없었거나 간략하게만 다루었기 때문에, 그리고 이에 대한 권고안이 1988년에 작성되었기 때문에, 여기서는 1990년대의 역사교과서만을 분석했다.

『Menschen in ihrer Zeit 4, 1976』은 프랑스가 1940년 6월 점령됐다는 사실 이외에 프랑스에 대한 아무런 설명을 하지 않고 있다. 그러나 물론 유대인 학살과 외국인 강제노동에 대해서는 어느 정도 다루고 있다. 그리고 독일의 저항운동에 대해서만 소개되었고, 다른 지역에서의 저항운동은 거의 소개되지 않았다.

『Anno 4, 2000』은 프랑스에 저항운동이 있었다는 사실만 지적할 뿐 그 이상은 서술하지 않았다. 이에 비해 독일의 저항운동은 상당히 상세하게 기록했다. 흥미로운 것은 독일 이외 지역에서의 저항운동은 그 지역 인민들의 지지를 받았던 '인민과 함께 한 저항(Widerstand mit Volk)'이라고 표시되고 독일인들의 저항은 '인민의 지지 없는 저항(Widerstand ohne Volk)'이라고 표시되었다. 그 밖에 『Anno 4, 2000』은 비시 정권이나 드골의 항독 전쟁에 대해서는 전혀 언급하지 않았다.

『Wir machen Geschichte 4, 1998』은 『Anno 4, 2000』보다는 프랑스 점령과 비시 정권에 대해 조금 상세하게 다루었다. 나치 독일에 패배한 "프랑스는 네 개 지역으로 분할되었다. 알사스-로트링엔은 나치 독일에 병합되었고, 프랑스 북부 산업지대는 벨기에 나치군 점령 당국의 관할지역으로 편입되었으며, 중부 프랑스와 서부 해안지대는 프랑스 나치군 점령 당국의 지배 아래 놓이게 되었다. 그러나 남부 지역은 점령되지 않았다. 여기에 페탱 장군의 통치 아래 한 권위적인 프랑스인 정권이 들어섰다. …… 이 정권은 공식적으로는 독립적이었지만, 비공식적으로는 살아남기 위해서 독일인들과 협력해야 했다(p.138)." 그러나 이것만으로 1988년의 권고안이 충실히 반영되었다고는 전혀 볼 수 없다.

『Das waren Zeiten 4, 1999』는 앞의 1990년대 교과서들에 비해 조금 상세히 프랑스를 다루었다.

> 패전 후, 프랑스는 점령 지역과 비점령 지역으로 분할되었다. 페탱의 새로운 프랑스 정부는 독일과의 협력을 선언했다. …… 페탱이 독일인들과 협력하였던 반면, 드골 장군은 런던에서 망명정부를 수립하고 프랑스인들에게 저항할 것을 호소했다. (p. 104)

흥미로운 것은 보통 독일인들과 나치의 유대인 학살의 관계에 대한 미국 나치 연구가 브라우닝(Christopher R. Browning)의 연구(『보통 독일인, 101 경찰예비연대와 폴란드에서의 나치 인종학살(Ganz normale Männer, Das Reserve-Polizeibataillon 101 und die Endlösung in Polen, Hamburg 1993)』)가 상대적으로 빨리 이 교과서에 상세하게 소개되었다(p. 107). 또한 이 교과서는 점령지역 통치 방식을 서부 지역이나 동부 지역과 구분하여 대비하면서 상대적으로 상세히 소개했다. 통치와 이에 따른 착취가 서유럽 점령지역에서는 기존의 정권이나 새로운 정권과의 협력의 형태로 이루어졌지만, 동유럽 점령지역에서는 기존의 정권은 모두 해체시키고 거의 직접 통치했다. 그리고 서유럽의 협력 정권 중 파시즘적 경향의 정권을 예(벨기에의 Vlaamsch National Verbond 등)로 들면서 프랑스의 비시 정권을 여기서 예시하지 않았다(필자는 이 이유를 잘 알 수 없다). 그들 협력의 목적은 독일 점령군의 극단적 착취를 완화시키기 위한 것으로서 이 책은 서술하고 있다. 이 책은 저항(Resistance) 문제를 다루기는 하였으나 「1987년 권고안」이 완전히 반영되지는 않았다. 즉, 독일 점령 당국의 의도가 명확해지면서 관망하던 많은 사람들이 저항 그룹에서 활동하게 되었다는 서술이 있지만, 이 저항 그룹들이 특별히 비시 정권과 어떠한 관계를 맺었는지에 대해서는 다루고 있지 않다(p. 112). 반면, 다른 교과서들과 마찬가지로 이 책도 독일의 저항운동을 상세히 다루었다(pp. 124~127).

『Entdecken und Verstehen 4, 1999』는 프랑스의 점령 상태에 대해 소개하지 않고 있다. 저항(Widerstand) 부분도 독일의 저항 세력만을 상세하게 소개하고 있다.

『Spiegel der Zeiten 4, 1971』은 프랑스의 점령 상태나 프랑스의 저항운동에 대해서 전혀 설명하지 않았다.

독일 역사교과서는 나치 시기를 상당히 자세하게 다루는 데 비해 프랑스의 점령 상태에 대해서는 거의 다루고 있지 않다. 즉, 「1987년 권고안」은 독일 역사교과서에서 대단히 미진하게 반영되었다. 이것은 프랑스대혁명이 당시에 시대를 대표하는 사건이었듯이, 20세기 1930/40년대는 파시즘이 대표하는 시대였기 때문에, 이를 자세하게 다루었다는 이유로 설명될 수 있을 것이다.

프랑스와 독일의 역사교과서 분석을 통해 다음과 같은 일반적인 사실을 확인할 수 있다. 「1951년 합의안」은 양국 간 역사교과서 협의 활동의 기본 정신이자 최소 목적인 타자에 대한 편향적 역사인식을 비판한 것이다. 「1987년 권고안」은 이와 달리 양국 간 역사교과서 협의 활동의 최대 목적인 타자에 대한 정확한 이해, 이를 통한 양국 관계 강화를 지향한다. 「1951년 합의안」은 시간이 대체적으로 충실하게 반영된 반면, 「1987년 권고안」은 이에 비해 상대적으로 적게 반영되었다. 이는 타자에 대한 편향적인 역사 인식 문제는 대체적으로 해결된 반면, 타자에 대한 정확한 이해라는 최대 목적은 대체적으로 성취되지 못했다. 이러한 상황을 타개하기 위해 2006년 독 · 프 공동 역사교과서가 편찬되었다.

이 책 맨 앞의 '책머리에' 로 돌아가 보자. 라인 강을 사이에 두고 마주한 독일과 프랑스의 서로에 대한 인식이 도데의 소설 『마지막 수업』과 아르테 방송의 알사스 드라마 사이에서 눈에 띄게 달라진 이유를 물었다. 1930년대부터 독일과 프랑스는 지난 역사의 앙금을 씻기 위해 실로 끈질기고 집요한 노력을 기울였다. 여러 차례 만남을 통해 권고안들을 도출해냈으며, 이렇게 만들어진 권고안은 두 나라의 역사교과서 편찬에 커다란 영향을 미쳤다. 두 나라 역사가와 교육자들이 지난 반세기 동안 나눈 만남과 대화는 공식적으로 1935년, 1951년, 1987년, 1999년 등 모두 네 차례의 합의안을 도출해냈으며, 이에 맞추어 두 나라의 역사교과서 내용도 많이 달라졌다. 적어도 서로에 대한 인식의 변화라는 점에서 볼 때, 1930년대 이전의 두 나라 역사교과서 내용과 1980년대 이후의 역사교과서 내용 사이의 차이는 도데의 『마지막 수업』과 아르테 방송의 알사스 드라마 사이의 차이만큼이나 크다. 역사교과서 개선을 위한 지난 반세기 동안의 노력은 급기야 독일과 프랑스 두 나라가 고등학교용 역사교과서를 공동으로 집필하고 출판하는 실로 놀라운 결실을 맺기에 이르렀다. 이미 2006년 가을 신학기에 첫 권이 출간되었으며, 나머지 두 권도 2009년까지 완간될 예정이다.

양국의 정치가들이 주도한 화해정책과 유럽 통합이 민족주의 역사학과 역사교육을 비판적으로 성찰할 수 있는 계기를 제공했다면, 이 기회를 실제로 활용하고 결실을 맺게 된 것은 양국 갈등의 뿌리에 바로 배타적인 민족주의에 입각한 역사교육이 있었다는 문제의식을 공유한 역사학자와 역사 교사들의 공로라 할 수 있을 것이다. 프랑스의 조르주 라피에르와 쥘 이삭 그리고 독일의 게오르크 에케르트 등은 나치즘에 희생되거나 이에 저항했던 경험을 공유한 인사들이다. 이들의 불굴의 열의와 적극적인 협력이 없었다면 오늘날과 같은 화합과 공영의 역사교육은 애당초 불가능했을 것이다. 그렇다면 협력 작업에서 이들이 가장 중요하게 여긴 원리는 무엇인가?

그것은 1930년대에 쥘 이삭이 처음으로 선보인 소위 '두 가지 시각(deux points de vue)'의 방식이다. 그는 두 나라 사이에 상충된 해석과 분쟁의 소지를 안고 있는 사건들을 서술할 때 같은 페이지의 밑단에 해당 사건에 대한 독일 교과서의 서술 내용을 발췌해 실음으로써 "독일 학생들은 이 문제에 대해 어떻게 생각하는가"를 보여주고자 했다. 이것은 독일인을 '적'으로서가 아니라 대등한 '상대방'으로, 더 나아가 함께 할 '이웃'으로 받아들일 때 비로소 가능할 수 있는 서술양식이며, 거꾸로 독일인에게도 프랑스인과 프랑스 역사를 이와 마찬가지로 대접해주도록 요청하는 것이다. 상충되는 서로의 입장과 주장을 교차시키며 역사의 진실을 가려내려는 이러한 접근 태도를 방법론적으로 체계화한 것이 바로 오늘날 서구 역사학계에서 널리 각광받고 있는 소위 '교차 접근(approche croisée)' 또는 '교차 역사(histoire croisée)'라고 할 수 있다. 교차 역사는 자신의 주장이나 상대방의 주장을 일방적으로 따르는 것이 아니라 대립되는 시각을 확인하며 그 원인을 탐구하는 데서 출발한다. 여기서 지향하는 것은 대립의 봉합이 아니다. 오히려 상충된 시각과 주장을 있는 그대로 드러내어 상대방의 입장을 이해하는 것이다. 이렇게 할 때 대립은 분쟁으로 비화될 가능성보다 해소될 가능성이 높아진다. 교차 역사가 역사 분쟁에 대한 효과적인 해결책의 하나가 될 수 있는 까닭이 바로 여기에 있다. 알사스-로렌과 같은 국경을 마주한 분쟁 지역의 역사, 보불전쟁과 제1차 세계대전의 역사와 같이 당사국들 사이에 역사해석과 정치논리가 첨예하게 맞서는 사안들의 경우라면 이러한 교차적 역사의 안목을 도입해볼 필요가 있을 것이다.

독 · 프 역사교과서 협의 활동은 크게 두 국면으로 나누어볼 수 있다. 1930~1970년대의 활동이 첫 국면이요, 그 이후의 활동이 두 번째 국면이다. 「1935년 합의안」과 「1951년 합의안」을 도출해 낸 첫 번째 국면에서는 두 나라가 자민족 중심의 역사인식과 역사교육을 자성하고 수정하는 데 역점을 두었다. 「1987년 권고안」과 「2004년 편찬 지침」으로 결실을 맺은 두 번째 국면에서는 두 나라 청소년들 사이의 상호이해와 교류를 돈독히 하기 위해 상대방에 대한 더욱 정확한 지식을 제공하는 데 역점을 두었다. 2006년 하반기에 출판된 독일-프랑스 공동 역사 교과서 『역사(Histoire/Geschichte)』는 두 번째 국면의 결정판이라 할 수 있다. 공동 역사교과서는 독일 학생과 프랑스 학생이 각각 자국의 역사교과서에서 배우기 쉽지 않은 상대국의 역사—예컨대 독일의 나치 과거 극복, 프랑스의 비시 신드롬, 동독의 역사 및 독일 분단의 역사, 프랑스 제4공화국과 제5공화국의 역사 등—에 상당한 지면을 할애하고 있다. 여기서도 교차적 시각은 가장 중요한 원칙으로 견지된다. 모두 5부로 구성된 『역사』 제3권은 각 부의 끝자락에 사건에 대한 두 나라의 견해 차이를 설명하는 '독일과 프랑스의 교차된 시선(Regards croisée franco-allemands/deutsch-französischer Perspektivenwechsel)' 이라는 항목을 별도로 두고 있다.

예컨대 두 나라 사이에 가장 큰 견해 차이를 보인 미국에 대한 평가를 살펴보자. 프랑스의 드골 정부는 독 · 프 우호조약인 엘리제 조약(1963)을 통해 미국과의 경쟁에서 서독의 지원을 기대했다. 하지만 서독은 프랑스 정부와의 협약 없이 엘리제 조약 비준안에 위와 같은 단서를 달았다. 이 단서는 미국과 서독의 기존 관계가 엘리제 조약에 의해 침해받지 않는다는 선언이다. 이를 통해 드골은 미국과의 대결에서 서독의 지원을 받는다는 목적을 달성할 수 없었지만 독일과의 화친이라는 다른 목적은 큰 진전을 보게 되었다. 『역사』는 '독일과 프랑스의 교차된 시선' 항목에서 미국에 대한 양국의 입장 차이를 설명하고, 서독 하원의 엘리제 조약 비준동의안 서문을 자료로 제시한 후 이에 대한 다양한 질문을 던진다.

미국과의 관계

유럽과 미국의 관계에 대해서도 두 나라는 다르게 인식한다. 두 동맹 진영으로 유럽이 분단되는 것을 몸소 체험한 서독에게 미국은 서유럽을 지원하고(마셜플랜) 지켜주는(나토) 세력이었다. 그러나 프랑스인 대부분은 드골 장군의 자립정책의 영향으로 미국을 제국주의 세력으로, '대서양주의(atlantisme)'를 미국의 헤게모니로 이해한다. 독일에서는 '대서양주의(Atlantizimus)' 라는 용어보다 '서방통합(Westintegration)' 이라는 말이 더 자주 사용된다.[1)]

자료 3. 독일연방공화국 연방하원의 엘리제 조약 비준동의안 서문 (1963. 6. 15)

독일 연방하원은 프랑스 정부와 협의하지 않고 비준동의안에 다음과 같은 서문을 집어넣었다.

1963년 1월 22일에 독일연방공화국과 프랑스공화국 사이에 맺은 조약이 양국 국민들의 화해와 우정을 더욱 깊게 할 것이라는 확신과, 이 조약이 독일이 맺은 다른 다자간 조약에서 비롯된 권리와 의무를 손상시키지 않는다는 점을 확인하며, 독일연방공화국이 이전부터 추진해왔던 …… 정책 목표들을 본 조약의 실행을 통해 촉진하겠다는 의지를 가지고 …… 즉, 자유 국민들 사이의 연대의 유지와 강화, 특히 유럽과 미국의 긴밀한 협력 관계의 유지와 강화 …… 나토를 중심으로 한 공동 방위, 나토 회원국의 군대통합,

1) Peter Geiss et. al.(2006), *Histoire / Geschichte. L'Europe et le monde depuis 1945 / Europa und die Welt seit 1945,* Nathan / Klett, p. 127.

유럽공동체 창설로 시작된 유럽의 통합(통합 유럽에 영국이 참여해야 한다)을 본 조약의 실행을 통해 촉진하겠다는 의지를 가지고 연방하원은 비준동의안을 가결한다.

(비준동의안이 뒤를 잇는다)

자율학습의 길잡이

3. 독일과 프랑스가 직면한 대외적 상황을 감안하여 독 · 프 조약 비준동의안 서문을 설명하시오. (자료 3)
4. 1963년 맺은 독 · 프 간 특별한 동맹에 대한 우려가 정당하다고 봅니까?
5. 독일–프랑스 협력 관계와 대서양 관계(미국–프랑스, 미국–독일)가 오늘날 어떻게 서로 연관되어 있다고 생각합니까?[2)]

학생들이 이 질문들에 대해 어떤 답을 할지 매우 궁금하다. 『역사』는 필요한 자료와 설명 그리고 적절한 질문을 통해 학생들이 스스로 탐구하고 상대방의 입장과 자신의 입장을 교차해 볼 기회를 제공한다.[3)] 양국의 시각 차이를 회피하여 서술 대상에서 제외하거나 무리하게 통합하려 하지 않고 있는 그대로 드러내는 이러한 방식이 공동 역사교과서 제작을 방해했다기보다 그것을 가능하게 했다고 생각한다. 회피할 경우 공동 역사교과서는 화친정책을 추구

2) Peter Geiss et. al.(2006), p. 299.

3) 하지만 독 · 프 공동 역사교과서 제3권은 여러 가지 점에서 비판적으로 바라보아야 한다. 첫째, 독일과 프랑스 이외의 유럽사는 조금 소홀하게 다루어졌다. 유럽사가 독일과 프랑스의 역사로 너무 축소되었다. 둘째, 일본에 대한 평가가 편향적이다. 도쿄 재판에서 '반인도주의 범죄(crime against humanity)'가 적용되었다(p. 14)는 진술은 틀렸다. 이를 적용하려 했지만 결국 범죄 구성요건 항목에서 제외되었다. 일본도 독일만큼 철저한 심판을 받은 것처럼 기술되어 있지만, 실상은 그렇지 않았다. 1995년 무라야마 총리의 과거사 사죄 발언 내용을 자료란에 게재하고 일본의 과거 극복 노력을 생각해 보라는 질문을 달았다(p. 33). 이것만 보아서는 일본도 독일만큼 과거 극복 노력을 한 것처럼 보인다. 하지만 이는 대단히 왜곡된 인상을 전해준다.

하는 양국 정부의 선전책자가 되기 쉽고, 무리하게 통합하려 할 때 공동 교과서 제작은 진척되기 힘들 것이기 때문이다. 이와 같은 시각의 비교와 전환 및 고정관념의 상대화는 이 책의 가장 큰 장점에 속하며, 지난 세기 꾸준하게 이어져온 양국 역사교과서 협력 활동의 정신을 실현하는 방편이다.

독 · 프 역사교과서 협력의 역사가 우리에게 무엇을 시사하는지 생각해 볼 때다. 유럽이 동아시아와 다르다는 점은 명확하다. 그러므로 이것을 동아시아 상황에 그대로 적용할 수 없음도 당연하다. 하지만 인류사에서 소중한 협력의 역사를 지역적 특수성을 근거로 무시하는 입장도 그렇게 바람직하지 않아 보인다. 그렇다고 동아시아사에 전문적인 식견을 갖고 있지 못한 저자들이 이에 대한 명확한 답을 제시하는 것도 주제 넘는 자세인 것 같다. 오히려 동아시아 전문가들이 본서를 어떻게 읽을지 궁금하다. 하지만 독 · 프 역사교과서 협력 활동의 기본 정신인 역지사지(易地思之)의 자세가 민족간의 역사분쟁을 해소하는 시발점이어야 한다는 점은 분명하다. '함께 쓰는 역사' 란 단순한 물리적 협력을 넘어 상대방의 입장을 깊이 고려하는 '교차적 접근' 을 통해서만 가능하며 바람직한 역사 공유의 장을 확대할 수 있다는 점 또한 우리가 주목해야 할 대목이다.

끝으로 짚고 넘어갈 것이 하나 더 있다. 독 · 프 역사교과서 협의 활동은 자발적인 시민사회의 주도로 추진되었다. 이를 시민사회의 '자발성 원칙' 이라 부를 수 있다. 교육에 대한 국가의 간섭 정도가 높은 국가일수록 국가가 앞장서서 교과서 내용이나 수업 내용을 뒤바꾸려 하는 경향이 있다. 하지만 이는 매우 위험한 발상이다. 교육 현장에서 일선 교사의 권한이 강하며 자유발행제에 가까운 교과서 검정제도를 시행하고 있는 유럽에서는 이런 발상은 통하기 어렵다. 더구나 민족주의 교육을 추진한 주체인 국가가 이를 스스로 해체한다고 나선다면, 이는 또 다른 종류의 국가주의의 원리가 작동하고 있지는 않은 가라는 의혹을 사기에 충분하다. 국가주의 원리에 충실한 폴란드 측 대표단과 교과서 협의를 할 때, 서독이 봉착한 경우가 바로 이것이었다. 독일과 폴란드 사이의 역사교과서 협의가 성공했다고 평가할 수 있다면, 그것은 시민사회의 자발성을 강조한 서독의 입장이 관철될 수 있었기 때문이라 할 수 있다.[4] 국가는 다만 후원자 역할을 하거나 최소한 시민사회의 자발적인 협력을 방해하지 않는 것으로 충분한 역할을 할 수 있다.

4) 이에 대해 다음을 참조하시오. 김승렬(2007), 「'두 개의 시선'으로 바라본 관계사 : 독일-폴란드 역사교과서 대화」, 『역사교육』, 제101집, 97~124쪽 ; 한운석(2002), 「역사교과서 수정을 통한 독일-폴란드간의 화해노력」, 『서양사론』 제75권, 203~236쪽.

부 록

독일-프랑스 역사교과서 권고안 번역

독일-프랑스 관계사 연표

독일-프랑스 역사교과서 권고안 번역

I. 「1935년 합의안」

「프랑스와 독일의 역사교과서(Les manuels scolaires d'histoire en France et en Allemagne)」

1935년 11월 25일에서 1935년 12월 1일까지 독일 역사가들* 과 프랑스 역사가들** 은 두 나라 교과서들에 마땅히 실게 될 수정 내용들이 학문 연구의 결과들과 부합하는

---

* 헤레(P. Herre) : 라이프치히 대학 교수, 제국문서고 소장.
라이만(A. Reimann) : 철학 박사, 베를린 시립 교육청 위원, 중등교육 심의관, 베를린역사협회와 독일역사교원협의회 회장.

** 모리제(P. Morizet) : 역사교원협회 회장.
이삭(J. Isaac) : 대학의 교수자격시험 통과 교원, 현재 교육부 심의관.
망투(P. Mantoux) : 예술기예연구소 교수, 제네바 소재 국제 고등연구소 교수.
페제스(G. Pagès) : 연구소 위원, 파리 문과대학 교수.
르누뱅(P. Renouvin) : 파리 문과대학 교수.
베일 레날(Weill Raynal) : 대학의 교수자격시험 통과 교원.
독일어 교수자격시험 통과 교원이자 공교육고등위원회 위원인 푸레(Fouret)가 통역자로 참석했다.

지 검토하기 위해 회합을 가졌다.

독일 측 참가자들은 독일 역사교원협회(Verband deutscher Geschichtslehrer)와 베를린 역사협회(Historische Gesellschaft vom Berlin)를 대표하고 있으며 독일 정부와의 합의 아래 활동하고 있다고 밝혔다.

프랑스 측 참가자들은 자신들이 프랑스 역사교원협회(Société française des Professeurs d'histoire)에서만 위임을 받았다고 밝혔다. 프랑스 측 참가자들은 초등교육 분야의 주요 대표자 한 명을 동반했다.*** 1937년 4월에 프랑스 측 참가자들은 자신들의 발의 내용에 대해 프랑스 교육부에 통보했다.

프랑스 측 참가자들과 독일 측 참가자들이 합의를 이끌어낸 사항들과 견해를 달리한 사항들은 다음과 같다.

제1조

위원회는 다음과 같은 사항에 합의한다. 프랑스 국왕들이 1789년 이전에는 유달리 라인 강 방면으로 향한 '자연국경' 정책을 추진한 것은 아니었다. '자연국경' 정책은 프랑스대혁명 이전에는 몇몇 정치 이론가들이 만들어낸 개념에 지나지 않는다. 프랑스 국왕들은 모든 방면으로 영토 팽창 정책을 추진했다. 이러한 정책은 당시 모든 국가에서 모든 군주들이 취하던 관행과 부합되는 것이었다. 민족성(nationalité)의 이념은 통치자들의 정책에서 적극적인 역할을 수행하지 않았다.

독일 교원들과 프랑스 교원들 사이에 존재하는 견해차는 검토 기간에 민족성이라는 본능 또는 의식이 떠맡은 역할에 대해 서로 인식을 달리하는 데서 나온다.

예를 들자면 독일 측 참가자들은 프리드리히 2세[1]의 정복이 독일 민족의 영토 위에서 펼쳐졌으며 따라서 루이 14세[2]의 정복과는 다른 성격을 지닌다고 주장했다.

프랑스 측 참가자들은 이러한 구별이 역사적인 관점에 토대를 두고 있지 않다고 생각

*** 라피에르(G. Lapierre) : 프랑스 전국교원노동조합 및 교원단체 국제 연맹의 부서기장.

1) 프리드리히 2세(Friedrich II, 1712~1786) : 프로이센 왕. 프로이센의 부국강병을 도모하였으며, 거듭된 대외 전쟁을 통해 독일 남부와 폴란드 지역으로 영토를 넓혔다.

2) 루이 14세(Louis XIV, 1638~1715) : 프랑스 왕. 자연국경설을 내세우며 여러 차례 정복전쟁을 벌여 프랑스 영토를 넓혔다. 태양왕 루이 14세는 절대주의 시대 프랑스의 영광과 번영을 상징한다.

한다.

제2조

독일 측 참가자들은 구체제 시기 프랑스 군주정이 취한 정책의 마지막 중요한 표현이라고 할 수 있는 베르젠느[3]의 유럽 평화정책(루이 16세 통치기)이 독일 교과서들에 언급되어 있지 않다는 프랑스 측 참가자들의 주장을 타당한 것으로 받아들인다.

제3조

위원회는 프랑스대혁명 동안 프랑스의 정책이 다음과 같은 세 단계를 거쳤다는 점에 합의한다.

① 혁명 이념을 전파하려는 욕구(사례 : 아비뇽 병합[4])로 가득 찬 매우 짧은 시기

② 벨기에와 라인 강 좌안을 점령한 시기. 프랑스 정치가들은 이를 '자연국경선' 이론으로 정당화하고자 함

③ 소위 자연국경선을 훌쩍 넘어서서 일개인의 정책이 되어 버린 보나파르트(Bonaparte)의 정책

마찬가지로 위원회는 프랑스대혁명이 실제적으로 그 적용 양태가 어떠했든 간에 하나의 새로운 원리, 즉 민족자결권(주민투표제plébiscites/Volksabstimmung)의 원리를 가져다주었다는 점을 확인한다.

제4조

위원회는 1815년에서 1859년 이탈리아 전쟁에 이르기까지 프랑스 정부와 독일 정부 사이의 관계에 전반적으로 평화 분위기가 넘쳤다는 점에 대해 합의한다. 그리고 1840년의 위기는 본질적으로 양측 모두에서 확인되는 여론의 움직임이었다는 점에 대해 합의한다.

---

3) 베르젠느(Charles Vergennes, 1719~1787) : 프랑스 정치인, 외교관. 루이 16세 치세에 외무장관을 맡았다.

4) 프랑스 남부 도시 아비뇽(Avignon)은 14세기 교회의 대분열 시대에 로마 교황과 맞서는 프랑스 교황청의 소재지였다. 이때부터 아비뇽을 포함한 콩타브나생(comtat Venaissin) 지역은 교황의 영유지가 되었다. 프랑스대혁명 발생 이후 1791년에 주민투표를 거쳐 프랑스로 귀속되었다.

제5조

위원회 참가자들은 다음과 같은 사항에 합의한다. 알사스는 중세와 종교개혁 시기에는 게르만의 언어와 문화를 지닌 땅이었으나 1648년 이후부터는 언어의 독자성과 심지어 문화의 독자성을 유지했다. 그러나 1789년 프랑스대혁명은 알사스를 프랑스 민족공동체에 완전히 편입시켰다.

위원회 참가자들은 교과서에서 알사스-로렌 문제를 취급하는 방식을 수정할 필요가 있다는 점에 대해 합의한다.

다음과 같은 사항들이 요구된다.

① 독일의 역사교육은 학생들에게 독일의 관점과 동시에 프랑스의 관점을 지적해야 하며, 알사스-로렌을 순수한 독일 땅(rein deutsche Gebiete ; territoires purement allemandes)이라고 칭하지 않아야 하고, 오랜 저항 운동으로 확인된 1871년의 알사스-로렌 의원들의 항의를 언급해야 한다.

② 한편 프랑스 교과서들은 전략적인 이유로 병합했다고 독일인들 스스로 인정한 프랑스 언어권 로렌 지역을 제외한 알사스-로렌의 병합을 독일인들이 정당한 행위로 간주하는 이유들을 지적해야 한다.

제6조

위원회 참가자들은 다음과 같은 점에 합의한다. 흔히 비스마르크가 했다고 여겨지는 "힘이 법에 앞선다(*la Force prime le Droit* ; *Macht geht vor Recht*)" 라는 유명한 말은 그 자신이 직접 한 말이 아니라 행정부와 입법부 사이의 갈등 관계에 대해 국내 정치 분야에서 비스마르크가 개진한 이론을 그의 정적이 요약한 말이다.

그렇기는 하지만, 비스마르크가 1862년에 권좌에 오르면서 독일 문제에 대해 "오늘날의 주요 문제들은 연설과 다수결로 해결되지 않으며—1838년과 1849년의 실책이 바로 이것이다—철과 피로 해결된다" 라고 말했다는 것은 거론할 수 있다.

나아가 위원회 참가자들은 비스마르크가 통일 독일의 형성에 방해가 될 수 있는 장애물들을 제거하는 데 필요하다고 생각되는 경우에만 전쟁에 호소하고자 했다는 점에 대해 합의한다.

제7조

위원회 참가자들은 공국들(Duchés)의 문제에 대해서 비스마르크의 정책이 주민 대다수가 덴마크인이 아니라 독일인으로 구성된 지역들을 프로이센에 병합시키는 결과를 가져왔다는 점에 대해 합의한다.
그러나 위원회 참가자들은 다음과 같은 점에 대해서는 합의할 수 없다. 독일 측 참가자들은 북부 슐레스비히(Slesvig)에서 주민투표를 치르지 않았다면 그것은 단지 덴마크가 이를 위해 필요한 사전 조건들을 이행하려 하지 않았기 때문이라는 점을 확인한다.
프랑스 측 참가자들은 독일 측 참가자들이 참조한 문헌을 알지 못하는 까닭에 이 문제에 대해 의견을 내놓을 수 없다.

제8조

나폴레옹 3세의 정책의 해석에 대해 위원회 참가자들은 이 정책에 대해 할러[5]의 책(『독 · 프 관계 천 년(Tausend Jahre deutsch-französiche Beziehungen)』,1930, 124쪽)에 서술되어 있는 다음과 같은 내용을 수용한다.
"독일에 대한 나폴레옹 3세의 정책에서 어떤 면밀한 계획을 찾는다거나 아니면 나폴레옹 3세의 정책을 어떤 숨겨진 계획으로 설명한다는 것은 무의미한 일이다. 그의 계획은 독일의 통일을 촉진하려는 것도 방해하려는 것도 아니었다."
위원회 참가자들은 나폴레옹 3세가 비스마르크의 계획안을 염려할 만한 것으로 받아들였으며 비스마르크 역시 프랑스 정부의 태도를 염려할 만한 것으로 받아들였다는 점을 지적하는 데 합의한다. 이러한 상호 불신은 양국의 교과서들이 고려해야만 하는 중요한 사실로 보인다.
1870년 전쟁의 직접적인 기원에 관해 위원회는 다음과 같은 사항에 합의한다. 프랑스 측의 보장 요구, 엠스(Ems) 전신(電信)[6] 등등 개전에 앞선 며칠 동안 나폴레옹 3세와

---

5) 할러(Johannes Haller, 1865～1947) : 독일 역사가, 베를린 대학, 하이델베르크 대학 교수 역임.

6) 엠스 전신 사건 : 1868년 에스파냐에서 혁명 정부는 이사벨라 여왕을 내쫓고 프로이센 왕가의 레오폴트 공작을 왕으로 추대하려 했다. 그러나 프랑스의 강력한 반대로 레오폴트는 왕위를 사양했으나, 프랑스 대사는 이에 만족하지 않고 독일 남부 엠스 온천장에서 휴양 중인 빌헬름 황제를 방문해서 공식적인 다짐을 받으려 했다. 빌헬름은 이를 단호하게 거절하고 그 전말을 비스마르크에게 전신으로 알렸다(1870). 엠스 전신을 받은 비스마르크는 독일 국민에게는 프랑스 대사가 프로이센 왕에게 무례한 짓을 범했다고, 프랑스 국민에게는 프랑스 대사가 모욕을 당한 인상을 주도록 전신 내용의 앞뒤를 잘라

비스마르크가 주도한 조치들(조치들은 전쟁이 발발한 다음에야 명확하고 완벽하게 알려졌다)에 의해서 독일 국민과 프랑스 국민은 자신들이 도발을 당했다고 확신하면서 서로에 맞서 전쟁에 나섰다.

유보

하지만 다음과 같은 사항들에서는 위원회 참가자들 사이에 줄곧 합의가 이루어지지 않는다.

① 독일 측 참가자들은 프랑스 정부가 취한 조치는 프로이센 정부가 취한 조치보다 "정당화되기 힘들다" 라고 확신한다. 이는 그들에 따르자면 비스마르크의 정책이 단지 독일의 통일, 즉 그 자체로 나무랄 데 없이 정당한 목적을 실현하고자 했을 따름이기 때문이다.

② 나아가 독일 측 참가자들은 다음과 같은 유보를 내놓는다. 1863년에서 1870년까지의 기간은 하나의 전체로 다루어져야 한다. 이 기간에 비스마르크는, 프랑스의 영향권 안에 있는 제3의 남부 독일을 세우려 하고 프로이센에 맞선 동맹망을 구성하려는 나폴레옹의 시도로 인해 행동의 제약을 받았다. 따라서 비스마르크는 수세적 위치에 있다고 느낄 수밖에 없었다.

반면에 프랑스 측 참가자들은 다음과 같이 평가한다.

① 1868년부터 알사스에 대한 독일의 요구가 확연하게 드러났다는 점에서 프로이센의 정책은 프랑스에 대한 위협이 되었다.

② 나폴레옹 3세는 남부 독일을 프랑스의 영향권 안에 두려고 한 것이 아니라 필연적으로 오스트리아에 의존하게 될 제3의 독일을 세우려 했다.

③ 프랑스의 동맹 결성 정책은 러시아와의 협약을 목적으로 프로이센이 취한 정책과 마찬가지로 정당한 행위였다.

제9조

1871년에서 1890년에 이르는 시기의 독일-프랑스 관계에 대해서 위원회 참가자들은 다음과 같은 사항에 합의한다.

① 이 기간에 비스마르크는 독일 제국에 기존 상황의 유지를 확보해주려는 목적을 가

발표했다. 그 결과 두 나라 사이에 민족 감정이 폭발했으며, 전쟁의 도화선이 되었다.

졌으며 새로운 갈등을 불러일으키려 하지 않았다. 독일 언론이 벌인 몇몇 선전전에 의해 프랑스에서 불안감이 일기는 했지만, 1875년과 1887년에 비스마르크가 전쟁을 원했었다는 증거는 없다.

② 이 기간 프랑스의 대외정책을 책임진 정치인들은 줄곧 평화를 유지할 목적으로 움직였다. 불랑제 장군[7]의 선동은 독일의 경각심을 불러일으키기는 했지만 프랑스 여론의 일부만을 움직였을 뿐이다. 불랑제 장군의 태도는, 그가 내각의 일원이었음에도 불구하고 외무부 장관과 공화국 대통령의 지지를 얻지 못했다. 게다가 1887~1889년의 사건들은 불랑제파의 준동이 완전히 실패했음을 명확하게 보여준다.

따라서 위원회 참가자들은 다음과 같은 권고(voeu)를 표명한다.

① 독일 제국이 '유럽 전역에 대한 지배권을 강요하고자' 했다거나 '세계의 지배'를 꿈꾸었다는 식의 언급은 몇몇 프랑스 교과서들에서 삭제한다.

② 독일 교과서들은 불랑제파의 준동이 정작 프랑스에서 직면한 저항과 그것의 완전한 실패를 언급한다.

③ 두 나라의 교과서들은 상대방의 전쟁 위협에 대해 언급하지 않는다. 문제가 된 것은 차라리 전쟁에 대해 서로 느끼는 불안감이었을 따름이다.

제10조

위원회 참가자들은 다음과 같은 사항에 합의한다.

① 프랑스 교과서들은 종종 범게르만주의(pangermanisme) 운동의 중요성을 과장하고 있다. 모든 활동적인 소수파들이 그러하듯이 범게르만주의 단체도 여러 상황에서 여론에 영향력을 행사할 수 있었다. 그러나 범게르만주의 단체는 정치인들의 정책에 지속적인 영향력을 행사하지 못했다.

② 독일 교과서들은 프랑스에서 '복수의 관념(idée de revanche)'이 갖는 영향력을 과장하고 있다. 이 복수의 관념은 1870년 전쟁 직후 몇 년 동안 여론의 일부분에서 존재했다. 그러나 몇몇 지식인 집단에서 민족주의 이념이 존속했음에도 불구하고, 복수의 관념은 1890년 이후 줄곧 쇠퇴했으며 그때부터 더 이상 이렇다 할 역할을

7) 불랑제 장군(Georges Boulanger, 1837~1891) : 프랑스 국방장관. 불랑제 장군은 보불전쟁 이후 독일에 대한 복수를 주장하며 선동 정치를 일삼았다. 1889년 군사 쿠데타를 모의했으나 실패하고 자살했다.

수행하지 못했다.

제11조

프–러 동맹에 대해서 위원회 참가자들은 이 동맹이 (독–오 동맹과 마찬가지로) 순전히 방어적인 성격을 가지고 있었다는 점, 하지만 상호 규약들의 범위가 다음과 같이 변화했다는 점에 대해 합의한다.

① 1891년과 1892년에 조인된 조약은 한편으로 알사스 문제와 다른 한편으로 해협(Détroits) 문제[8)]에 대해 직접적이든 간접적이든 어떤 언급도 담고 있지 않다. 더구나 1894년에서 1896년에 이르는 동안의 동맹 관행은 이 두 문제 사이에 어떤 사실상의 관련이 없었다는 점을 보여준다.

② 델카세[9)]와 무라비에프[10)]가 1899년 8월에 주고받은 서신들은 '균형 유지'를 동맹의 목적으로 부여함으로써 앞선 규약들을 확장했다. 이 새로운 규약은 그 문구에서가 아니라 그 정신에서 볼 때, 프랑스 정부에게 발칸 문제에서 러시아의 이익을 지지하도록 할 수 있었으며, 러시아 정부에게 알사스–로렌 문제를 고려하도록 할 수 있었다.

제12조

위원회 참가자들은 다음과 같은 권고를 표명한다. 독일과 프랑스의 교과서가 양국 사이의 적대감이 표출된 사안들을 부각시키는 데 그치지 않고 두 나라 사이의 관계가 우호적이었던 시기들, 특히 1878년에서 1884년에 이르는 시기와 1894년에서 1898년에 이르는 시기 또한 서술해야 하며, 유럽 외부의 문제들에 대해서는 두 나라가 협조하는 경향이 있었다는 점을 언급해야 한다.

---

8) 유럽 지정학에서 해협(Détroits)이라는 표현은 흑해에서 지중해로 통하는 여러 물줄기들, 특히 다르다넬스(Dardanelles) 해협과 보스포러스(Bosporus) 해협을 함께 가리킨다.

9) 델카세(Théophile Delcassé, 1852～1923) : 프랑스 정치인. 1898년부터 1905년까지 외무장관 역임.

10) 무라비에프(Nicholai Mouravieff, 1845～1900) : 러시아 정치인, 외교관.

제13조

위원회 참가자들은 다음과 같은 사항에 동의한다.

① 1904년의 영-프 협약은 결코 동맹이 아니었다.

② 이 협약은 모로코에서의 독일의 경제적 이익을 해칠 수 있었다.

③ 델카세의 사임은 한편으로 내각 의장 루비에[11]가 원했으며, 다른 한편으로 독일 정부가 요구했다. 독일 정부는 이 문제에 대해 외교적인 조치를 취했다.

④ 모로코 문제에서 독일이 취한 정책은 프랑스에서 경각심을 불러일으키게 될 무모한 방식들을 사용했다.

독일 측 참가자들은 다음과 같이 덧붙였다. 러-일 전쟁으로 인해 상황이 독일 측에 유리하게 돌아갔지만 독일은 1905년에 전쟁을 벌이지 않았다. 독일 측 참가자들이 보기에, 독일 정부의 이러한 태도는 독일 정부의 두드러진 평화 의지를 보여주는 지표이다. 독일 정부의 이러한 태도는 심지어 몇몇 독일 저자들에 의해 독일 정부가 저지른 가장 큰 실책 중 하나로 평가되기도 한다.

프랑스 측 참가자들은 모로코 문제가 전쟁 위험을 수반하지 않고 해결될 수 있었으며 또 그래야만 했다고 언급한다.

제14조

1911년의 모로코 위기[12]에 대해 위원회 참가자들은 다음과 같은 사항에 합의한다.

① 프랑스 군대에 의한 페즈(Fez)의 점령은 모로코 문제에서 독일의 저항을 불러일으킬 수 있는 새로운 사실을 구성했다.

② 외교적 협상이 무르익을 즈음에 취해진 독일의 대응(건함 판테르[Panther]를 아가디르[Agadir] 항구에 파견한 일)은, 외무 차관 짐머만[13]의 말에 따르자면 실은 더 중요한 양보를 얻어내기 위한 담보 설정에 지나지 않았지만, 프랑스의 여론으로서

11) 루비에(Maurice Rouvier, 1842~1911) : 프랑스 공화파 정치인. 1905년 1월부터 1906년 3월까지 내각 의장을 맡았다.

12) 1911년 봄 모로코에서 내란이 발생했을 때 프랑스가 이를 진압하기 위해 군대를 파견하자 독일은 아가디르 항구에 건함을 파견하여 양국 간에 일촉즉발의 위기가 감돌았다. 영국이 프랑스를 지지하자 독일이 양보했으며 프랑스는 모로코를 보호령으로 삼았다. 1905년의 제1차 모로코 위기와 구별해서 제2차 모로코 위기라 불린다.

13) 짐머만(Arthur Zimmermann, 1864~1940) : 독일 정치인, 외교관.

는 위협적이라고 느낄 만한 형태를 취했다.

제15조

위원회 참가자들은 다음과 같은 사항에 합의한다.

① 프랑스의 모로코 정책은 원주민 부대의 충원을 목적으로 하지 않았다.

② 이러한 모로코 정책은 원주민 부대를 충원하는 결과를 가져왔다.

유보

프랑스 측 참가자들은 식민 정책이 '인종 간의 혼혈(un mélange de race)'을 가져올 것이라는 확언을 독일 교과서들에서 제거해야 한다고 요구한다. 프랑스 측 참가자들에 따르자면 인종 혼혈이란 존재하지 않는다.

독일 측 참가자들은 이 문제는 다음 기회에 검토하기를 원한다.

제16조

위원회 참가자들은 1907년의 영-러 조약에 대해 다음과 같은 사항에 합의한다.

① 이 협약은 정치적 협조를 위한 어떤 일반적인 언질도 포함하고 있지 않았으며, 특히 해협 문제에 대해 러시아에 어떤 언약도 주지 않았다. 더구나 이 협약은 아시아에서의 문제들이 타결됨에 따라 발칸 반도에서 더 많은 행동의 자유를 러시아 정부에 부여했다.

② 영국과 러시아의 접근은 독일에서 독일 제국에 맞서 꾸며진 봉쇄정책의 지표로 간주되었다.

제17조

1908년~1909년 및 1912년~1913년의 발칸 위기에 대해, 그리고 발칸 위기에 관한 몇몇 교과서의 내용에 대해, 위원회 참가자들은 다음과 같은 확인과 권고를 내놓는 데 합의한다.

① 1908년~1909년의 위기 동안, 한편으로 프랑스 정부가 평화 유지를 위해 러시아 측에 행사한 영향력에 대해 언급할 필요가 있으며, 다른 한편으로 독일 정부가 보스니아-헤르체고비나의 병합에 대한 러시아 측의 동의를 얻어내기 위해 1909년 3월 22일에 상트페테르부르크에서 벌인 조치에 대해 언급할 필요가 있다.

② 1912년~1913년의 위기 동안, 다음과 같은 사항을 언급할 필요가 있다.

- 독일 정부는 1912년 봄에 발칸 문제를 불러일으키려 하지 않았으며 제1차, 제2차 발칸 전쟁 동안에 전반적으로 평화 유지에 도움이 된 영향력을 오스트리아-헝가리에 행사했다. 독일 정부가 오스트리아-헝가리에게 행동에 나서도록 부추긴 것은 단지 1913년 10월에 세르비아-알바니아 분규에 관해서였다.
- 프랑스 정부는 러시아의 후견 아래 협상된 발칸 동맹의 체결에 가담하지 않았으며, 1912년 가을에 러시아를 전쟁으로 밀어붙이지 않았다. 프랑스 정부는 발칸 분규와 관련해서, 1909년의 유사한 상황에서 보여주었던 주저하는 태도를 넘어서서 '동맹 명분(casus foedaris)'을 이행하겠다고 선언했을 따름이다.

제17조 부칙

위원회 참가자들은 다음과 같은 사항을 입증한다. 1906년에서 1913년에 이르는 외교적 긴장의 여파로 유럽 강대국의 국민들은 서로에 대한 불신과 두려움의 감정을 경험했다. 전쟁을 피할 수 없다는 확신이 지도층 사이에 번지는 경향이 있었다. 이러한 감정과 확신은 갈등 국면들을 증대시켰다.

그러나 독일 측 참가자들은 대부분의 경우 이러한 상황을 프랑스 정부와 러시아 정부가 1912년부터 취한 정책의 탓으로 돌린다.

반면에 프랑스 측 참가자들은 여기에서 독일 정부가 앞선 위기들에서 취한 방책들의 결과를 본다.

제18조

위원회 참가자들은 다음과 같은 사항에 합의한다. 1913년의 프랑스 병역법(3년 복무법)은 1913년 3월에 프랑스 정부에 의해 단지 1913년 1월부터 독일 언론에 공표된 독일의 병역 법안에 대응하기 위해 만들어졌을 따름이다. 프랑스 국회에서의 법안 토론은 독일 제국의회에서의 법안 토론과 같은 시기에 이루어졌으며, 독일 정부가 병역 법안 투표를 앞당긴 것은 프랑스 측 법안을 염두에 두었기 때문이다.

독일과 프랑스의 교과서들은 이러한 사실 상황을 고려할 필요가 있다.

제19조

1914년 이전에 군사령부들이 체결한 군사 협정들(arrangements)에 대해 위원회 참가자들은 다음과 같은 사항을 확인한다.

① 1906년부터 영국과 프랑스의 군사령부 사이에 체결된 육 · 해군의 협정들은 결코 양국 정부들을 연결하는 동맹(alliance)도 규약(engagement)도 구성하지 않았다. 이러한 유보 사항은 항상 당시의 문헌들에 명시적으로 표현되어 있었다. 이렇게 확립된 세부 규정들은 양국 정부들이 공동 행동을 결의할 경우에 두 나라 군사력의 신속하고 효율적인 협조를 도모하는 것만을 목적으로 했다. 그러나 이러한 협정들이 존재한다는 사실 자체는 협정 서명자들에게 일종의 도덕적 의무를 구성할 수 있었으며, 그렇지만 영국의 여론과 의회는 언제든지 자유롭게 이 협정들을 거부할 수 있었다.

다른 한편, 러시아와 프랑스의 군사령부는 빈번히 견해를 주고받았으며, 이에 따라 군사력 동원에 필요한 기간을 자세히 명기한 의정서에 서명했다.

마침내 1914년 6월 현재 영-러 해군 협약(convention)이 입안되고 있었다. 그러나 1914년 7월에도 협상이 계속되었다는 사실은 어떤 문서에도 나타나 있지 않다.

② 독일과 이탈리아 군사령부 사이의 협정들은 1887년과 1913년에 군사 협약들의 조인을 가져왔으며, 1913년에 해군 협약의 조인으로 이어졌다. 오스트리아-헝가리와 독일 사이에는 1913년에 해군 협약이 조인되었다. 군사 작전들은 협약의 형식을 갖추지 않은 공동 규정들의 대상이 되었다.

제20조

위원회는 다음과 같은 사항에 합의한다.

① 문서들은 1914년에 벌어진 (유럽) 전쟁의 미리 계획된 의도를 양국 정부나 국민의 어느 한 편에 전가하는 것을 허용하지 않는다.

② 여러 국가들에 호전적인 정파들이 있었다.

불신이 극에 달해 있었다는 점, 지도층 사이에는 전쟁이 불가피하다는 생각이 지배적이었다는 점, 양측 모두 도발 의사를 상대방에게 돌렸다는 점, 양측 모두 전쟁 위험을 받아들였다는 점 따위를 교과서에서 지적하는 정도로 그치는 것이 좋을 듯하다.

유보

① 프랑스 역사가들은 더 나아가 독일과 오스트리아 측 문서에 토대를 두고 다음과 같

은 점을 환기하고자 한다.

독일과 오스트리아-헝가리 측에서는, 상황이 중부 제국들에게 불리하게 돌아가고 있으며, 따라서 승리 가능성이 그 이후보다는 1914년에 더 크다고 생각했다.

호전적 정파들은 프랑스보다 독일에서 더 강했으며, 1914년 선거는 독일 대사도 입증하고 있듯이 프랑스 국민들의 평화 의지를 잘 보여주고 있다.

② 독일 측 대표는 다음과 같은 견해를 갖는다.

푸앙카레[14)]와 이즈볼스키[15)]의 적극적인 정책은 유럽에서 전쟁 위험을 내포하는 상황을 창출했다. 독일 정부의 진지한 몰두, 의견 개진, 자세 표명은 이에 따른 자연스러운 결과였다. 더구나 1913~1914년 겨울부터 러시아는 유럽 전쟁을 촉발할 위험을 무릅쓰고 근동에서 자신의 역사적 사명을 이행하려는 결정을 내렸다.

③ 위원회는 교과서 집필자들이 논쟁적 서술로 인해 공연히 감정을 불러일으키지 않도록 평정심을 가지고 이 문제를 다루어줄 것을 희망하며, 상대방 정부와 국민에게 지나친 비난을 퍼붓는 일을 삼가기를 희망한다.

제21조

위원회는 다음과 같은 사항에 합의한다.

오스트리아와 세르비아 사이의 1914년 충돌은 1903년의 세르비아 혁명이 베오그라드에 카라게오르게비치(Karageorgevitch) 왕조를 세운 이후 명백해진 오랜 적대 관계의 종착점이다. 오스트리아는 여기서 발칸 반도 진출의 장애물을 보았으며, 다른 한편 세르비아 민족 운동으로 인해 오스트리아의 통일성에 위협이 되는 와해 행동을 걱정할 수 있었다. 오스트리아는 1913년에 발칸 반도에서 세르비아의 확대가 오스트리아뿐만 아니라 이탈리아에게 손실을 끼치는 방향으로 평형 상태를 바꾸어놓을 것으로 여길 수 있었다. 하지만 오스트리아의 연이은 군사 동원 조치들은 평화 유지 문제에서 불안감을 조성했으며 세르비아에게 자신이 위협받고 있다는 인상을 심어주었다.

---

14) 푸앙카레(Raymond Poincaré, 1860~1934) : 프랑스 정치인. 외무장관을 거쳐 1913년부터 공화국 대통령이 되었다. 영국, 러시아와 협조하여 독일에 대한 강경 정책을 펼쳤다.

15) 이즈볼스키(Alexandre Isvolsky, 1856~1919) : 러시아 정치인. 제1차 세계대전 직전에 외무장관과 주프랑스 러시아 대사직을 역임했다.

제22조

위원회는 프랑스와 독일의 역사교과서가 사라예보 음모에 대해 1914년에 알려진 것과 오늘날 알고 있는 것 사이를 구분해야 할 것이라는 점에 합의한다.

위원회는 독일 교과서가 베오그라드 정부의 책임을 과장하는 경향이 있는 반면, 프랑스 교과서가 세르비아의 연루를 축소 해석하려는 경향이 있음을 확인한다.

따라서 위원회는 다음과 같은 희망을 표명한다.

① 독일 교과서는 입증되지 않은 사실들을 당연한 것인 양 제시하지 않는다.

② 프랑스 교과서는 오스트리아와 세르비아의 충돌을 단지 오스트리아–헝가리의 행위로 말미암은 것인 양 제시하지 않는다.

제23조

위원회는 전면 전쟁을 결정했다는 어전회의(Kronrat)가 1914년 7월 5일 포츠담에서 개최된 적이 없다는 사실을 함께 확인한다. 이러한 전설적인 이야기는 프랑스의 학술서적들에서는 오래전부터 통용되지 않는다. 그러나 7월 5일과 6일에 포츠담과 베를린에서 독일과 오스트리아 사이에 비밀 회담이 열렸으며, 7월 7일에는 비엔나에서 각료회의가 열렸다.

회담 의사록을 담은 문헌들을 보면, 오스트리아–헝가리 정부가 필요한 경우 무력으로 세르비아 문제를 해결하자고 제안했으며 독일이 이를 수락했다는 사실을 알 수 있다. 그리고 빌헬름 2세와 독일 재상이 전면 전쟁의 위험을 무릅쓸 채비가 되어 있었지만 그들이 러시아가 전쟁을 치를 상태에 있지 않다고 평가한 점을 놓고 볼 때 그 시점에서 충돌을 국지화시킬 수 있다고 믿었다는 사실을 알 수 있다.

제24조

위원회는 1914년 7월 21일에서 23일까지 열린 상트페테르부르크 회담에 관해, 현재 알려진 문서들 속에는 이 회담에 대한 보고를 담은 프랑스 측의 어떤 공식 서류도 존재하지 않는다는 사실을 함께 확인한다.

위원회는 프랑스 공화국 대통령 푸앙카레가 상트페테르부르크 회담에서 프랑스 정부로서는 동맹 조약을 이행할 것이라고 러시아 정부에게 약속했다는 사실을 확인한다. 이것은 당시의 상황에서 만일 독일이 오스트리아와 러시아 사이의 충돌에 무력으로 개입한다면 프랑스가 전쟁에 가담하겠다고 수락했다는 것을 의미한다.

위원회의 독일 측 대표는 자신들의 견해에 따르자면 차후의 행동으로 미루어볼 때 상트페테르부르크 회담에서 푸앙카레가 제시한 보장책은 러시아에게 백지수표와 매한가지였다고 판단할 수 있다는 사실을 첨가한다.

제25조

위원회는 다음과 같은 사항을 함께 확인한다.

① 독일은 세르비아에게 보낸 최후통첩의 전반적인 의미를 제때에 통지받았으나 오스트리아–헝가리에 대해 어떤 중재적 영향력도 행사하고자 하지 않았다.

② 러시아는 세르비아의 회답서 작성에 일정한 영향력을 행사한 듯하다. 하지만 명확하게 어떤 영향력을 행사했는지는 아직 밝혀지지 않았다.

③ 최후통첩에 대한 세르비아의 회답은, 설사 러시아의 권유에 따라 수정을 거쳤다는 점을 인정하더라도, 외교적 해결책을 허용할 정도로 매우 타협적인 것이었다. 이 점에 대해서는 빌헬름 2세도 같은 의견이었다.

제26조

위원회는 다음과 같은 사항을 함께 확인한다.

① 세르비아에 대한 오스트리아–헝가리의 선전포고는 '오판'이었다. 이로 인해 오스트리아–헝가리가 즉각 군사 작전을 개시할 것이며 외교적 협상을 더 어렵게 만들 것이라는 생각을 심어주었다는 점에서 이 오판의 영향은 매우 컸다.

② 독일은 하루 전날 통보를 받았으나 선전포고를 막기 위한 어떤 조치도 취하지 않았다. 오스트리아–헝가리는 독일 지도층이 이전에 내놓은 언명들로 미루어보아 독일에게서 완전한 승인을 얻었다고 믿을 수 있었다.

유보

① 독일 측 참가자들은 독일 정부로서는 오스트리아–헝가리의 선전포고를 승인하면서 전쟁이 국지화될 수 있다고 믿었다는 사실을 확신한다.

② 프랑스 측 대표는 이 시점에서 충돌을 국지화할 수 있다고 믿는다는 것은 거의 불가능했다고 평가한다.

제27조

1911년 7월 24일부터 7월 30일까지 프랑스 정부와 독일 정부가 취한 태도에 대해 위원회 참가자들은 다음과 같은 사항을 확인한다.

① 독일 정부는 7월 26일에 회담을 열자는 영국 측 제안을 거부했다. 하지만 독일은 7월 28일부터 30일까지 타협안을 받아들이도록 오스트리아-헝가리 측에 점점 더 단호하게 충고했다.

② 프랑스 정부는 오스트리아-헝가리에 맞선 러시아의 부분적인 군사 동원을 자제하도록 러시아 측에 개입하지 않았다. 프랑스 정부는 7월 30일에 독일의 응수를 살 수 있는 어떤 조치도 취하지 말라고 충고했다. 하지만 프랑스 대사에 의해 전달된 이러한 훈령이 상트페테르부르크에서 해석된 방식은 아직도 논쟁의 여지가 있는 문제다.

유보

① 독일 측 참가자들은 다음과 같은 사실, 즉 비록 독일이 7월 24일에서 26일까지 중재 시도에 적극적으로 가담하지 않았다고 할지라도, 이 사실이 평화 유지를 바라는 독일의 진솔한 희망을 깎아내릴 수는 없으며 단지 독일로서는 결국 영국의 승인을 얻게 될 다른 수단들을 취했다는 것을 의미할 따름이라는 사실을 확인한다. 만일 독일이 오스트리아에 진지한 경고를 함으로써 오스트리아에 영향력을 행사하고자 하지 않았다는 것이 기정사실이라면, 이러한 확인은 말할 나위 없이 특히 러시아에 대한 프랑스와 영국의 태도에도 마찬가지로 적용된다. 독일 측 대표는 팔레올로그[16]의 태도가 러시아로 하여금 충돌을 더 첨예하게 만들도록 널리 부추겼다는 점을 기정사실로 받아들인다.

② 7월 23일에서 29일까지 정부 수반과 각의 의장이 러시아에서 프랑스로 돌아오는 뱃길에 있었다는 점에서 프랑스로서는 아주 예외적인 상황에 처해 있었다는 사실을 프랑스 측 대표는 주지시키고자 한다. 다른 한편 프랑스 측 대표는 독일 정부가 영국과 러시아 측의 27일자 제안을 승인하지 않은 채 단지 비엔나에 전달하는 데 그쳤다는 점과 그리고 독일이 오스트리아-헝가리에게 타협안을 받아들이라고 충

16) 팔레올로그(Maurice Paleologue, 1859~1944) : 프랑스 외교관. 1914년부터 1919년까지 러시아 주재 프랑스 대사직을 맡았다.

고한 것은 세르비아에 대한 선전포고가 이루어진 이후의 일이라는 점을 확인한다.

제28조

위원회는 다음과 같은 사항을 함께 확인한다.

① 7월 30일에 발효된 러시아의 총동원령은 새로운 사태를 초래했으며, 이는 독일의 총동원 결정으로 이어졌다.

② 러시아의 결정이 알려진 7월 31일에 오스트리아-헝가리는 자신의 강경 정책을 조금도 포기하지 않았다.

유보

① 독일 측 대표는 러시아가 총동원령을 내리지 않았다면 독일 정부가 이삼 일 안에 오스트리아의 입장을 수정할 수 있었을 것이라고 평가하며, 따라서 러시아의 총동원령이 그 자체만으로 전쟁을 불가피하게 만들었다고 생각한다.

② 프랑스 측 대표는 오스트리아 측 문헌을 볼 때 오스트리아-헝가리가 열강 중 가장 완강하게 외교적 해결책을 따르고자 하지 않았다고는 누구도 말할 수 없다는 점과 (7월 30일 밤에) 몰트케 장군이 행사한 압력이 오스트리아-헝가리의 강경 정책을 더 강화하게 되었다는 점을 확인한다.

프랑스 측 대표는 이러한 강경 정책이 아마도 러시아의 총동원령, 즉 준전쟁상태(Kriegsgefahrzustand, 군사총동원과 전쟁)와 동일한 효과를 가졌을 것으로 평가한다. 프랑스 측 대표는 또한 러시아의 결정을 평가하기 위해서는 7월 29일에 독일대사 푸르탈레스(Pourtalès)가 취한 행동을 고려해야만 한다고 생각한다.

제29조

위원회는 1914년 8월에 독일 군대가 벨기에 영토의 중립성을 침범하던 순간에 독일 정부로서는 벨기에 정부 측이 중립 의무를 위반했기 때문이라는 어떤 내용도 언급한 적이 없었다는 사실을 함께 확인한다. 따라서 1914년 8월에 벨기에를 침범하기로 결정한 것을 정당화하기 위해 이른바 벨기에의 중립성 여부를 거론하는 것은 부정확하다.

독일 측 유보

① 하지만 독일 측 대표는 (나중에 문서 조사에서 드러나는 것처럼) 벨기에가 1913년

이후로 '단합된 공동 행동' 을 목표로 영국과 새로운 군사 협정들—아마도 나중에 프랑스도 여기에 가담했다—을 체결했다는 의미에서 사실상 중립성 의무를 위반했다고 생각한다.

② 게다가 독일의 벨기에 침공은 전쟁 원인들과는 아무 관련이 없으며, 독일이 불가항력적으로 취하게 된 초기의 군사 작전이었다. 프랑스 군사 계획 제17조의 부수 조항은 프랑스 제5군단의 벨기에 진주를 전제로 하고 있으며 독일 측 경고가 브뤼셀에 전달되기 전에 실행에 옮겨졌는데, 이는 사실상 독일과 유사한 군사 행동이었다. 정치적 관점에서 볼 때, 독일에 의한 벨기에 중립성 침범은 연합국에 의한 그리스 중립성 침범과 정확하게 일치한다.

③ 독일에 의한 벨기에 중립성 침범은 영국 정부가 세계 전쟁에 가담하기로 결정하게 된 결정적인 요소가 아니었다. 그것은 결국 영국의 여론과 의회가 전쟁을 통한 해결책을 결단하는 데 필요한 증거품에 지나지 않았다. 영국 정치인들의 증언을 들어보면, 프랑스가 벨기에의 중립성을 침범했을 경우라면 영국 정부는 간단한 항의 성명으로 만족했을 것이라는 사실을 확신할 수 있다.

프랑스 측 유보

오늘날 알려져 있는 바와 같은 벨기에 정부의 태도에 관하여, 위원회의 프랑스 측 대표는 다음과 같은 사항을 주장해야만 한다.

① 문서들에 따르면 1914년 8월 이전의 영국-벨기에 군사 협정의 성격에 대해서는 의문의 여지가 없다.

② 선전포고 이전에 프랑스와 벨기에 사이에 회담이나 협정이 있었다는 어떤 흔적도 찾아볼 수 없다. 벨기에 주재 프랑스 대표단이 자국 정보와 나눈 서신은 그들 역시 이러한 회담이나 협정에 대해 전혀 모르고 있다는 사실을 입증해준다. 1914년 8월의 군사 작전도 그러한 회담이나 협정이 없었다는 사실을 보여줄 따름이다.

③ 군사계획 제17조의 부수 조항은 독일의 벨기에 침공과 '유사한 군사 행동' 으로 취급될 수 없다. 그것은 벨기에를 통한 독일의 침공을 염두에 두고 프랑스 영토 위에서 취해진 조치다.

④ 프랑스 측 참가자는 '군사적 긴급사태' 의 경우를 국제 협약 위반과 중립국 침범에 대한 정당화로서가 아니라 그에 대한 해명으로서만 인정할 수 있다. 독일의 벨기에 진주가 런던 정부로 하여금 여론을 등에 업고 전쟁을 개시하도록 해주는 구실이 아

니라 정부와 의회는 물론이거니와 그때까지 신중한 태도를 보이던 중요 정치인들까지를 포함해서 모든 이들을 불가항력적으로 끌고 들어간 사건이었다는 사실은 프랑스 측 참가자들이 보기에 의심할 여지가 없다.

⑤ 프로이센의 조인을 얻은 조약에 의해 보장된 벨기에 중립성을 침해한 것과 연합국의 테살로니카 점령 사이에는 실질적으로 어떤 유사성도 없다. 왜냐하면 당시 각의 의장이던 베니젤로스[17]가 연합국 정부들에게 겉으로는 반대한다고 알렸으면서도 사실상 점령을 허가해주었기 때문이다.

제30조

위원회는 다음과 같은 사항을 함께 인정한다.

① 러시아의 총동원령으로 인해 독일 국민들은 자신들이 도발당하고 있다고 믿었다.

② 잘못된 정보에 바탕을 둔 독일의 선전포고로 인해 프랑스 국민들은 자신들이 부당하게 공격받고 있다고 여겼다.

③ 독일이 러시아에 선전포고한 이후에 프랑스와 독일 사이의 전쟁은 불가피했으며 양측 정부들도 그렇게 받아들였다.

④ 따라서 국경의 침범은 어떤 결정적인 역할도 하지 않았으며 전쟁의 원인, 심지어 선전포고의 원인으로 간주될 수 없다.

제31조

위원회는 시간 부족으로 전쟁 자체에 대한 논의에는 이르지 않는다.

① 위원회는 프랑스와 독일의 교과서 집필자들이 위원회의 프랑스 측 대표의 보고서에서든 하인 박사(Dr. Hain)의 책에서든 제시되어 있는 준수 사항들을 가능한 한 폭넓게 고려하기를 희망한다.

② 위원회는 전쟁 선전의 잔재들을 책에서 빼버릴 것, 상대방에 대한 모욕적인 표현을 자제할 것, 그리고 양측 군인들이 보여준 용기와 애국적인 헌신을 공정하게 인정할

17) 베니젤로스(Alexandros Venizelos, 1864~1936) : 그리스 정치인. 제1차 세계대전에서 연합국에 우호적인 정책을 펼치다가 1915년 친독일파 국왕 콘스탄티누스 1세에 의해 해임당했다. 1916년 테살로니카 지방에서 발생한 봉기를 후원했으며, 프랑스군의 도움을 받아 콘스탄티누스 1세를 양위시키고 그리스를 연합군 측에 참전시켰다.

것을 집필자들에게 권고한다.

③ 위원회는 상대방의 잔학 행위—이로 인해 민간인도 희생되었다—에 대한 언급은 가능한 한 객관적으로 제시되어야 하며, 아니면 적어도 반대 증거나 사실을 제시하지 않은 채로 단언하는 일을 삼가야 한다고 확인한다.

예를 들자면, 독일 교과서는 반대 증거를 싣지 않은 채 벨기에와 프랑스(1914년)에서의 의용군 전쟁에 대해 언급해서는 안 된다.

이와 마찬가지로 프랑스 교과서는 독일군이 의용군 도당의 존재를 확신하고 있었으며 보복 조치를 취하겠다고 선언했다는 사실을 싣지 않은 채 독일군이 저지른 '잔학 행위'에 대해 언급해서는 안 된다.

제32조

위원회는 전쟁 후의 사건들이 지금까지 충분한 문건들에 토대를 둔 역사 연구의 대상이 될 수 없었다는 사실, 따라서 이 시기의 경우 앞선 시기들보다 주관적인 해석의 여지가 더 많다는 사실을 함께 확인한다. 그러므로 현재로서는 양측 모두 수용할 수 있는 사실들을 함께 도출하기 힘들다.

제33조

위원회는 교과서들이 다음과 같은 사항들을 고려해야 한다는 데 합의한다.

① 전쟁이 끝난 후, 프랑스의 점령 영토들은 한편으로 적군들의 군사 작전에 따른 파손으로 인해, 다른 한편으로 독일 당국의 명령에 따른 파괴(예컨대 탄광 파괴)와 압류로 인해 대부분 황폐화되었다. 황폐화된 지역은 특히 공업의 관점에서 볼 때 프랑스에서 가장 비옥한 지역들 중 하나였다.

② 전쟁이 독일 영토의 외부에서 치러진(1914년 가을에 동부 프로이센 지역이 입은 피해를 제외하면) 까닭에, 제국의 한복판에 있는 독일 수도는 파괴나 손실을 거의 입지 않았다. 독일 측 손실은 주로 강화조약에 명기된 영토 할양과 연합국 내에 있는 독일인 재산의 차압에 따른 것이다.

제34조

위원회는 다음과 같은 사항을 함께 확인한다.

물질적 파손에 대한 보상의 원리는 윌슨(Wilson) 대통령의 14개 조항과 일치하는 것으로서, 1918년 11월 5일자 미국의 의견서(note)에 의해 제기되었으며, 강화의 토대로 독일에 의해 수용되었다. 전쟁배상금의 원리는 14개 조항에 명백하게 나타나 있지 않다.

독일 측 참가자는 다음과 같이 선언한다.

① 베르사유 조약이 윌슨의 14개 조항에 의해, 1918년 11월 5일자 랜싱[18]의 의견서에 의해, 그리고 휴전 조건에 의해 확립된 강화 조건의 법적 토대를 독일 측에 불리하게 변조했다는 의미에서, 배상금은 독일 국민에게 공물(貢物, tribut)이 되어버렸다.

② 마찬가지 의미에서, 사전 조건들에 명기되어 있지 않은, 유럽과 식민지 영토의 양도는 독일 국민들에게 정의를 거스르는 무력적 방법으로 보였다.

프랑스 측 참가자는 다음과 같이 선언한다.

배상금에 관한 베르사유 조약의 조항이 군인 연금 항목을 덧붙임으로써 1918년 11월 5일자 미국의 의견서에 명기되어 있는 내용보다 더 많은 부담을 독일에게 부과했다고 주장하는 것은 물론 가능하다. 하지만 독일이 지불한 배상금 모두에 대해 '공물'이라는 용어를 적용하는 것은 다음과 같은 이유에서 잘못으로 보인다.

① 독일이 이행한 현물 납부는 일반적으로 전쟁으로 인한 물질적 손실에 대한 직접적 보상을 목적으로 한 것이었다.

② 독일이 배상금 명목으로 프랑스에 지불한 총액이 손실 재산에 대한 가장 낮은 산정치(제37조를 보라)의 3분의 1에도 훨씬 못 미친다는 점에서 볼 때, 이러한 지불금에 '공물' 이라는 용어를 적용할 수 없다.

위원회는 이 문제에 관한 프랑스 여론과 독일 여론을 양측 역사교과서에 언급할 것을 권고한다.

제35조

위원회는 다음과 같은 사항을 함께 인정한다.

예비 작업(이 작업은 아직도 완전하게 숙지되지는 않았지만 4인 협의회의 보고서가 위원회에서 낭독되었다)에 따르자면, 베르사유 조약 231조는 전쟁의 원인 문제에서 독일의 도덕적 책임에 대한 판단을 담고 있는 것이 아니라 민사적(de droit civil) 의미에서

---

18) 랜싱(Robert Lansing, 1864~1928) : 미국 정치인, 외교관. 1915~1920년에 윌슨 대통령 아래서 미국 국무성 자문관 직을 맡았다.

의 책임을 규정한 것이다. 그럼에도 불구하고 231조가 작성된 형식, 강화에 임한 독일 측 대표단의 항의에 대한 답변으로 작성된 1919년 6월 16일자 연합군 의견서에 독일의 책임에 대한 전면적 확언이 명기되어 있다는 점, 231조에 관한 이러한 해석을 연합군 정부들이 수용했다는 점 따위로 미루어볼 때, 다른 나라의 여론과 마찬가지로 독일 국민 역시 배상금 의무가 이러한 도덕적 책임의 확언과 연결되어 있다는 사실을 매우 당연하게 받아들였다.

유보

① 독일 측 참가자들은 승전국들이 공식적으로 231조를 철회하지 않았기 때문에 독일 교과서로서는 231조를 독일에 대한 도덕적 규탄을 담고 있는 중심 문서로 간주할 권리가 있다고 덧붙인다.

② 프랑스 측 참가자들은 독일 측의 관점이 정치적인 의도를 담고 있는 듯하며 그들이 보기에 231조에 관한 예비 작업에 대해 위에서 밝힌 주장과도 어긋나기 때문에 유보의 뜻을 표명한다.

제36조

위원회는 다음과 같은 사항을 함께 확인한다. 연합군 측의 확대된 요구사항들이 초기에 배상금 문제를 그르치고 오히려 지불을 어렵게 만들자, 파괴된 지역의 복구에 필요한 실제 비용만을 요구하자는 여론이 프랑스에서 조금씩 자리잡았다.

프랑스 측 참가자들은 이러한 축소 조치가 1922년 말부터 프랑스 정부에 의해 공식적으로 수용되었다는 점을 지적한다. 독일 측 참가자들은 프랑스에 의한 루르 지방 점령이 다시금 상황을 완전히 뒤바꾸어 놓았다고 언급한다.

제37조

독일의 지불금 가치에 대해서 위원회는 다음과 같이 평가한다. 프랑스와 독일의 교과서는 독일의 공식적인 평가액(635억 금화 마르크)뿐만 아니라 도스 안(plan Dawes)[19]의 시행이 만료될 때(1929년 8월 31일)까지 배상금위원회가 산정 업무를

19) 도스 안 : 제1차 세계대전 이후 독일의 배상금 지불과 경제 회복을 위해 미국 정치인 찰스 도스(Charles Dawes, 1865～1951)의 발의로 만들어진 경제 지원 계획안.

떠맡고 있던 분야에 대한 배상금위원회의 평가액(177억 금화 마르크)도 알려야 한다. 1930년~1931년 동안 영 안에 의한 지불금 액수(29억 금화 마르크)에 대해서는 이의를 제기할 여지가 없다.

유보

① 배상금위원회가 산정한 액수를 비록 절대적인 수치로서는 아니지만 적어도 정확한 산출 기준을 대표하는 것으로서 받아들인다는 전제 아래, 프랑스 측 참가자들은 다음과 같은 두 가지 사항을 부각시키고자 한다.

ⓐ 배상금위원회의 산정액은 이 문제에서 서로 이해를 달리하는 여러 연합국들이 제안한 평가액들 사이에서 균형점을 찾은 결과다. 독일에게서 지불금을 받은 국가는 그 산정액을 낮게 평가하고자 한 반면에 다른 연합국들은 그 산정액을 높게 평가하곤 했다.

ⓑ 자르 광산의 예는 이점에서 매우 특징적이다. 1924년에 독일은 그 가치를 10억 4,000만 금화 마르크로 산정했고, 프랑스는 2억 9,100만 금화 마르크로 산정한 반면, 배상금 위원회 재무국은 3억 5,300만 금화 마르크를 약간 웃도는 것으로 산정했다. 1935년 주민투표에 의해 자르 지역이 다시 독일에 반환되었을 때, 독일은 그 가치를 1억 5,000만 금화 마르크 정도로만 산정한다는 합의를 얻어냈다.

프랑스 측 참가자들은 다음과 같이 덧붙인다. 배상금위원회가 1929년까지 산정한 액수에 따른다면, 그리고 여기에 영 안에 따라 1930년과 1931년에 프랑스가 받은 지불금을 더하면, 배상금 명목으로 프랑스가 받은 지불금 총액(81억 5,000만 금화 마르크)은 분할 납부된 지불금의 '현행 가치'를 고려하지 않는다고 하더라도, 프랑스가 입은 물질적 손실을 가장 낮게 측정한 산정액(264억 금화 마르크)의 약 3분의 1에 지나지 않는다.

② 독일 측 참가자들은 당장으로서는 검토해볼 수 없는 모든 액수에 대해 유보의 뜻을 표명한다.

제38조

라인 강 좌안과 루르의 점령에 대하여

① 위원회의 프랑스 측 참가자들은 라인 강 좌안의 점령 사건이 독일 교과서에서 더 적

은 지면을 차지해야 하며 관련된 사실들은 엄정하게 입증되어야 하고 과도한 언어 구사 없이 서술되어야 할 것이라고 권고한다. 루르 점령 사건에 대해서도 마찬가지다. 루르 점령 사건의 원인은 그 계기가 되었던 부분적인 불이행에서뿐만 아니라 그에 앞서 발생한 배상금 문제에 관련된 분규에서도 찾아야 한다.

② 한편 독일 측 참가자들은 프랑스 교과서에서 다음과 같은 사실을 고려해야 할 것이라고 권고한다. 즉 종전 후 4년 동안의 루르 점령은 독일의 민족의식을 각성시키는 필연적인 결과를 낳았다.

제39조

위원회 참가자들은 가장 가까운 시기의 역사를 다루는 독일과 프랑스의 교과서들은 로카르노(Locarno) 조약[20]과 그 기원 및 영향력에 대해 명확하게 설명해야 할 것이며 조약에 입안된 언약과 보장의 쌍무적 성격을 지적해야 할 것이라는 권고를 내놓는 데 합의한다.

위원회 참가자들은 영토적 지위의 존중에 대해 독일과 프랑스 정부가 로카르노에서 맺은 상호 언약과 어긋나 보일 수 있는 어떤 내용도 교과서에 싣지 않는 것이 바람직하다고 생각한다.

최종 결의

위원회의 독일 측과 프랑스 측 참가자들은 다음과 같은 사항을 떠맡는다.

① 채택된 결의안들(유보 사항 포함)을 하나도 빠트리지 않고 가능한 한 빠른 시일 안에 출판하여, 그 내용을 교과서 집필자와 편집자들에게 전달할 수 있게 하고 교원들에게 널리 알린다.

② 결의안 내용이 교과서에서뿐만 아니라 일선 교육 자체에서 그리고 초등교육과 중등교육에 관련된 모든 출판물들에서 가장 널리 고려될 수 있도록 모든 영향력을 기울인다.

---

20) 1925년 10월에 독일 외상 스트레제만(Stresemann)의 제의에 따라 제1차 세계대전 참전국들 사이에 로카르노 평화조약이 맺어졌다. 독일과 프랑스는 베르사유 조약을 준수하고 모든 문제를 평화적으로 해결하기로 합의했다. 로카르노 조약 체결 후 다음 해에 독일은 국제연맹에 가입했다.

③ 교과서 개정과 자국의 역사교육 분야에서 일어날 개편 사항들(교과 내용 변화, 공식 지침, 새 교과서 출판 등)에 대한 유용한 정보들을 서로 교환한다.

(출전 : *Bulletin de la Société des Professeurs d'Histoire et de Géographie*, N.91bis(mai, 1937)

II. 「1951년 합의안」

「유럽사의 논쟁점들에 대한 독일-프랑스 합의안(Deutsch- französische Vereinbarung über strittige Fragen europäischer Geschichte/Accord franco-allemand de 1951)」

19~20세기에 독일과 프랑스를 서로 맞서게 한 갈등 때문에 두 나라 교과서는 사건들에 대한 공평한 평가를 내리기 어려웠다.

1935년에 독일인 교수 두 명이 현대사 분야 40개 조항을 프랑스 측 동료들과 함께 토론하기 위해 파리에 왔다. 24개 조항에 대해서는 합의가 이루어졌으나, 16개 조항에 대해서는 양측의 입장이 서로 달랐다. 더구나 나치 정부는 곧 양측 합의자들이 취한 입장을 받아들이지 않았다.

1951년에 합의안 도출을 위한 시도가 재개되었으며 뛰어난 자질을 갖춘 전문가들이 40개 조항에 대해 토론했다. 면밀한 토론을 거친 후 완벽한 합의가 이루어졌다. 오랫동안 적대 관계에 있던 두 나라 대표들 사이의 화합은 완전히 객관적으로 진행된 토론을 거쳐 역사적 진실이 확립될 수 있다는 사실을 보여주었다. 이에 따라 우리는 여기에 1951년의 40개조 '결의안(résolutions)'을 출판한다.

제1조

프랑스 국왕들은 1789년 이전에는 유달리 라인 강 방면을 향한 '자연국경' 정책을 추진하지 않았다. '자연국경' 이념은 프랑스대혁명 이전에는 몇몇 정치 이론가들에게서 나온 것이다.

프랑스 국왕들은 단순히 그들의 영토를 모든 방면으로 확장하려고 애썼다. 이러한 정책은 당시 모든 국가에서 모든 군주들이 취하던 관행과 부합되는 것이었다. 민족성(nationalité)의 이념은 아직은 통치자들의 정책에서 적극적인 역할을 수행하지 않았다.

제2조

평화의 구현을 촉진하는 사상들의 흐름(라이프니츠,[1] 생피에르 신부,[2] 칸트[3] 등)이 18세기에 존재했다는 사실을 교과서에 적시할 필요가 있다.

제3조

프랑스대혁명 동안의 프랑스의 대외 정책은 이전 시기의 대외 정책과는 확연히 구분된다. 우선, 이러한 정책은 프랑스의 혁명 이데올로기를 외국에 전파하겠다는 욕구에서 비롯된 것으로서, 신속한 영토 확장을 초래했다. 프랑스의 정치인들은 벨기에와 라인강 좌안의 점령을 위해 움직였는데, 그들은 이것을 새로운 '자연국경선' 이론으로 정당화했다. 마침내 보나파르트가 1795년 이후에 프랑스의 정책에 자신의 개인적 야망을 덧붙였다.

프랑스대혁명은 유럽에 실제적으로 그 적용 양태가 어떠했든 간에 하나의 새로운 원리, 즉 민족자결권(주민투표제[plébiscites/Volksabstimmung])의 원리를 가져다주었다.

제4조

1815년에서 1859년에 이르기까지 프랑스 정부와 독일 정부 사이에 오랜 평화의 시기가 펼쳐졌다는 사실을 강조할 필요가 있다. 독일 부르주아지의 상당 부분은 프랑스대혁명에서 나온 자유주의 이념에 대해 공감을 표명했으며, 이러한 공감은 특히 7월왕정 동안에 잘 나타났다. 그러나 이와 동시에 독일의 부르주아지는 프랑스의 영토 팽창에 대해 불안해했다. 이러한 잠재적 불안은 1840년과 1848년의 위기 동안 더욱 확대되었다.

제5조

프랑스대혁명 이후의 시기에 대해, 학생들에게 민족성에 대한 프랑스의 개념과 독일의 개념 사이의 차이점들을 적시해줄 필요가 있으며, 나아가 독일이든 프랑스든 어떤 한

---

1) 라이프니츠(Gottfried Wilhelm Leibniz, 1646～1716) : 독일의 철학자, 형이상학자, 수학자. 1672년 신성로마제국 선제후가 파견한 외교관 자격으로 프랑스를 방문하여 루이 14세에게 유럽 평화를 위해 독일을 침략하지 말고 차라리 이집트를 점령하라고 조언한 유명한 일화를 남겼다(이하에서 「1935년 합의안」과 중복되는 각주 내용은 생략한다).

2) 생피에르 신부(abbé Saint-Pierre, 1658～1743) : 프랑스 문필가, 외교관, 계몽철학자. 에스파냐계승전쟁(1710～1714)을 끝맺는 유트레히트 조약(1713)을 입안했으며, 이 경험을 살려 반전 평화사상을 담은 『영구 평화 계획』(1713)을 썼다.

3) 칸트(Emmanuel Kant, 1724～1804) : 독일 철학자. 유럽의 화합과 평화를 촉구하는 『영구 평화를 위하여』(1795)를 남겼다.

국민에게 '역사적 사명'이 주어져 있다고 조금이라도 암시하는 표현을 교과서에서 제거할 필요가 있다.

제6조

알사스는 중세와 종교개혁 시기에는 게르만의 언어와 문화를 지닌 땅이었으나 1648년 이후부터는 언어의 독자성과 심지어 문화의 독자성을 유지했다. 그러나 1789년 프랑스대혁명 이후부터 알사스는 프랑스 민족공동체에 속하겠다는 의지를 명확하게 표명했다.

따라서

① 독일 측은 역사 교육에서 독일의 관점과 동시에 프랑스의 관점을 학생들에게 이해시킬 필요가 있으며, 오랜 저항 운동으로 확인된 1871년의 알사스-로렌 의원들의 항의를 언급할 필요가 있다.

② 프랑스 측은 독일인들이 1871년에, 그들 스스로 인정했듯이 전략적인 이유에서 병합한 프랑스어권 로렌 지방을 예외로 하고, 알사스-로렌의 병합을 정당한 행위로 간주하게 된 까닭을 교과서에서 언급할 필요가 있다.

제7조

나폴레옹 3세의 태도

① 나폴레옹 3세의 정책은 전혀 다른 목적들 사이에서 오락가락했다는 점에서 아주 애매하며 이해하기 어렵다. 한편으로 나폴레옹 3세의 정책은 유럽 전역에서 프랑스의 열망을 촉진함으로써 프랑스의 위업을 증대시키려는 욕구, 특히 피에몬테-사르디니아(Piémonte-Sardaigne)의 민족 정책을 지지함으로써 피에몬테-사르디니아 왕국의 환심을 사려는 욕구, 그리고 프로이센과의 선린관계를 유지하려는 욕구에 의해 좌우되었다. 다른 한편으로 나폴레옹 황제는 독일과 이탈리아에서의 완벽한 통일이 프랑스에게 심각한 위험을 초래하지 않을지 염려했다. 그 결과 독일과 이탈리아 두 나라에서의 통일 운동을 어떤 시점까지는 지지하다가 중도에 저지하려는, 애초에 실패로 귀착될 시도들을 도모했다.

② 이따금 독일에서는 나폴레옹 3세의 정책의 최고 목적이 라인 강의 국경을 획득하는 것이라는 주장이 제기되곤 했다. 이러한 주장은 오늘날 독일 학자들에 의해서도 잘못된 것으로 간주된다. 사실상 프랑스의 외교는 베를린이나 빈이 프랑스 측에 독일

영토를 할양하는 것을 수용하거나 아니면 라인 강 연안 국가들 사이에 완충국을 수립하는 것을 수용하도록 하기 위해 1866년까지 몇 차례에 걸쳐 여러 시도들을 도모했다.

이러한 시도는 오스트리아와 프로이센 사이의 전쟁에서 프랑스가 중립을 지킨다는 언질에 대한 균형추 구실을 했음에 틀림이 없다. 요컨대 이러한 시도들은 결국 나폴레옹 황제의 정치 사상의 부차적 측면에 지나지 않았다. 이러한 시도들은 황제 자신의 욕구에 대한 응답이라기보다는 독일의 국력이 증대할 경우 동부 국경을 강화해야 한다는 프랑스 민족주의자들의 우려에 대한 응답이었다. 이러한 시도들은 황제 자신에 의해서보다는 몇몇 대신들에 의해서 더 열정적으로 추진되었다. 그도 그럴 것이 황제는 이러한 요구를 제기할 경우 독일 전체가 그에 맞서 일어나거나 아니면 심지어 프로이센과 오스트리아가 프랑스에 맞서 통일할 위험을 무릅쓰게 될 것이라는 사실을 잘 알고 있었기 때문이다.

③ 나폴레옹 황제는 한편으로 그가 1866년까지는 프로이센의 군사력을 심각하게 과소평가하고 있었던 까닭에 프로이센의 강국 정책을 부추김으로써, 다른 한편으로 마침내는 프로이센과 이탈리아 사이의 군사 동맹 체결을 부추김으로써, 오스트리아와 프로이센 사이의 적대감을 의식적으로 조장했다. 두 주요 게르만 강국 사이의 무장 투쟁이 발생할 경우, 통일된 독일의 프랑스에 대한 우월권을 막아줄 평형 상태가 확립될 수 있을 것으로 기대한 듯하다.

④ 1866년 전장에서 프로이센이 거둔 결정적인 승리는 당연하게도 프랑스에서 나폴레옹 3세가 취한 정책의 가장 심각한 패배로 받아들여졌다. 적어도 남부 독일 국가들이 북독일연방(Norddeutscher Bund/Confédération du Nord)에 가입하지 못하게 하는 그의 노력, 심지어 가능하다면 오스트리아-헝가리와 이탈리아 사이의 동맹을 수립하려는 그의 노력은 프랑스의 정치적 이해관계라는 관점에서 이해될 수 있다. 이러한 노력은 마찬가지로 황제 자신에게 프랑스 국민들로부터 자신의 흔들리는 권위를 회복하기 위해서 필수불가결한 것으로 보였다. 그러나 당연하게도 이러한 노력은 독일에서 통일 운동 주창자들에 의해 부당한 간섭이자 일종의 위협으로 받아들여졌다.

민족적 이해관계의 이 비극적 충돌로부터 1870~1871년의 전쟁이 발발했다. 아주 오랫동안 두 당사국 국민들 사이의 선린관계를 해친 이 전쟁은 민족적 경쟁 관계 없이는 이해될 수 없는 것이었다.

비스마르크의 정책

독일 민족국가를 수립하려는 비스마르크의 노력은 지난 수세기 동안 서유럽 국가들이 추구해온 정책과 부합되는 것이었다. 따라서 비스마르크로서는 남부 독일 국가들의 병합 문제에서든 영토적 '보상(compensations)' 문제에서든 나폴레옹 황제의 정책을 독일의 사활적 이해관계에 대한 장애물로 간주할 만한 충분한 이유가 있었다. 물론 비스마르크는 전쟁을 자신의 민족 정책을 성취하기 위한 유일한 수단으로 간주하지는 않았지만, 필요하다면 전쟁에 호소해서라도 이러한 장애물을 제거하기로 결심했다.

비스마르크의 정책은 다음과 같이 요약될 수 있다.

① 1867년 룩셈부르크의 위기 동안에, 비스마르크는 당시 군부에서 그에게 제시한 구상, 즉 프랑스에 맞선 예방 전쟁이라는 구상을 단호하게 거부했다. 그러나 그는 이 문제에서 나폴레옹의 정책이 심각한 실패에 봉착하도록 모든 노력을 다했다. 진정으로 그의 원래 의도는 프랑스의 병합 계획을 좌초시키려는 것이 아니었다. 하지만 자신이 동원한 외교적 방책들로 인해 프랑스 정부 측 인사들의 불신과 역정을 불러일으켰다.

② 1867년부터 1869년까지 비스마르크가 취한 정책은 독일에서 점증하는 프랑스에 대한 적개심을 완화시키는 데 조금도 이바지하지 않았다. 그는 심지어 이러한 태도를 거부하기보다는 오히려 조장했다. 그의 행동은 독일 전체의 임박한 통일에 대해 프랑스인들이 느끼는 의구심을 더 강화시켰다.

③ 비스마르크는 나폴레옹 3세의 체제가 국내에서 봉착한 난국으로 인해 프랑스 정부로서는 독일의 통일이 평화적으로 완수되는 것을 지켜볼 수밖에 없을 것이라고 생각했다. 하지만 비스마르크는 사태가 이런 식으로 전개되지 않을 경우에 프랑스의 저항을 무력으로 분쇄할 결심을 굳혔다.

제8조

1870년 전쟁의 기원에 대해 공정하게 평가하려면, 독일과 프랑스 양측 모두가 기존의 긴장을 더 증대하는 데 기여했다는 사실을 강조해야 한다.

① 비스마르크는 나폴레옹 황제에게 올가미를 씌우고 제2제정 체제의 붕괴를 초래할 민감한 상황에 그를 몰아넣으려는 속셈으로, 호헨촐레른(Hohenzollern) 왕가의 인물을 에스파냐 왕위의 후보자로 비밀리에 내세웠다. 그는 또한 전쟁이 발발할 경우 피레네 산맥 지역에 전선을 설정함으로써 프랑스의 군사력을 약화시키려는 의

도를 지닌 듯하다.

② 나폴레옹 3세와 그의 내각은 7월 6일부터 외교적 · 정치적 반격을 강화했으며, 특히 국왕 빌헬름에게 보장 요구를 제시했다. 이러한 보장 요구는 유럽 국가들이 볼 때 프랑스 측에 잘못이 있다고 여기게 만들었다. 반면에 나폴레옹 황제와 대다수 장관들은 전쟁이 바람직하기보다는 두렵다고 생각했다.

③ 마침내 비스마르크는 엠스 전신을 우리가 알고 있는 바대로 축약해서 제시했다. 요약된 내용은 그 자체로는 물론 '위조(falsification/Verfälschung)' 가 아니지만, 프랑스가 심각한 외교적 패배를 감내하거나, 이를 굴욕으로 느껴 전쟁을 선포하도록 몰아붙일 의도로 빌헬름 황제와 프랑스 대사의 의견 불일치를 치명적인 대립으로 '격화한 것 (aggravation/Verschärfung)' 이었다.

독일 국민과 프랑스 국민 모두 외교적 상황을 정확하게 알지 못한 채 서로 자신들이 도발을 당했다고 진지하게 확신하면서 전쟁에 돌입했다는 사실은 인정해야만 한다. 당시 외교적 상황은 아주 뒤늦게야 명확하게 알려졌을 뿐이다.

제9조

1871년에서 1890년에 이르는 기간의 독일-프랑스 관계에 대해서 위원회 참가자들은 다음과 같은 사항에 합의한다.

① 이 기간에 비스마르크는 독일 제국에게 기존 상황의 유지를 확보해주려는 목적을 가졌으며 새로운 갈등을 불러일으키려 하지 않았다. 독일 언론이 벌인 몇몇 선전전에 의해 프랑스에서 불안감이 일기는 했지만, 1875년과 1887년에 비스마르크가 전쟁을 원했었다는 증거는 없다.

② 이 기간에 프랑스의 대외 정책을 책임진 정치인들은 줄곧 평화를 유지할 목적으로 움직였다. 불랑제 장군의 선동은 독일의 경각심을 불러일으키기는 했지만 프랑스 여론의 일부만을 움직였을 뿐이다. 불랑제 장군의 태도는 그가 내각의 일원이었음에도 불구하고, 외무부 장관과 공화국 대통령의 지지를 얻지 못했다. 게다가 1887~1889년의 사건들은 불랑제파의 준동이 완전히 실패했음을 명확하게 보여준다.

따라서 다음과 같은 점이 바람직하다.

① 독일 제국이 '유럽 전역에 대한 지배권을 강요하고자' 했다거나 '세계의 지배' 를 꿈꾸었다는 식의 언급은 몇몇 프랑스 교과서들에서 삭제한다.

② 독일 교과서들은 불랑제파의 준동이 정작 프랑스에서 직면한 저항과 불랑제파 준동의 완전한 실패였음을 언급한다.

제10조

프랑스 교과서들은 종종 범게르만주의 운동의 중요성을 과장하고 있다. 모든 활동적인 소수파들이 그러하듯이 범게르만주의 단체도 여러 상황에서 여론에 영향력을 행사할 수 있었다. 그러나 범게르만주의 단체는 정부의 정책에 결정적인 영향력을 행사하지 않았으며 민주주의 정당들(사회민주당, 중앙당)에 의해 타도되었다.

독일 교과서들은 프랑스에서 '복수의 관념(idée de revanche)'이 지닌 영향력을 과장하고 있다. 이 복수의 관념은 1870년 전쟁 직후 몇 년 동안 여론의 일부분에서 존재했다. 그러나 몇몇 지식인 집단들에서 민족주의 이념이 존속했음에도 불구하고, 복수의 관념은 1890년 이후 줄곧 쇠퇴했으며 그때부터 더 이상 이렇다 할 역할을 수행하지 못했다.

제11조

프-러 동맹에 대해서 위원회 참가자들은 이 동맹이(독-오 동맹과 마찬가지로) 순전히 방어적인 성격을 가지고 있었다는 점, 하지만 상호 규약들의 범위가 다음과 같이 변화했다는 점에 대해 합의한다.

① 1891년과 1892년에 조인된 조약은 한편으로 알사스 문제와 다른 한편으로 해협(Détroits) 문제에 대해 직접적이든 간접적이든 어떤 언급도 담고 있지 않다. 더구나 1894년에서 1896년에 이르는 동안의 동맹의 관행은 이 두 문제 사이에 어떤 사실상의 관련이 없었다는 점을 보여준다.

② 델카세와 무라비에프가 1899년 8월에 주고받은 서신들은 '균형 유지' 를 동맹의 목적으로 부여함으로써 앞선 규약들을 확장했다. 이 새로운 규약은 그 문구에서가 아니라 그 정신에서 볼 때, 프랑스 정부에게 발칸 문제에서 러시아의 이익을 지지하도록 할 수 있었으며 러시아 정부에게 알사스-로렌 문제를 고려하도록 할 수 있었다.

제12조

위원회는 다음과 같은 권고를 표명한다. 독일과 프랑스의 교과서가 양국 사이의 적대감이 표출된 사안들을 부각시키는 데 그치지 않고 두 나라 사이의 관계가 우호적이었던 시기들, 특히 1878년에서 1884년에 이르는 시기와 1894년에서 1898년에 이르는 시기 또한 서술해야 하며, 유럽 외부의 문제들에 대해서는 두 나라가 협조하는 경향이 있었다는 점을 언급해야 한다.

나아가 위원회는 앞으로 두 나라 사이의 문화적 · 경제적 관계에 더 많은 관심을 기울여야 한다는 권고를 표명한다.

제13조

위원회 참가자들은 다음과 같은 사항에 합의한다.

① 1904년의 영-프 협약은 결코 동맹이 아니었다.

② 이 협약은 모로코에서 독일의 경제적 이익을 해칠 수 있었다.

③ 델카세의 사임은 한편으로 내각 의장 루비에(Rouvier)가 원했으며, 다른 한편으로 독일 정부가 요구했다. 독일 정부는 이 문제에 대해 외교적인 조치를 취했다.

④ 모로코 문제에서 독일이 취한 정책은 프랑스에서 필연적으로 경각심을 불러일으키게 될 방식들을 사용했다.

제14조

1911년의 모로코 위기에 대해 위원회는 다음과 같은 사항에 합의한다.

① 프랑스 군대에 의한 페즈의 점령은 모로코 문제에서 독일의 저항을 불러일으킬 수 있는 새로운 사실을 구성했다.

② 외교적 협상이 무르익을 즈음에 취해진 독일의 대응(건함 판테르를 아가디르 항구에 파견한 일)은, 부총리 짐머만의 말에 따르자면 실은 더 중요한 양보를 얻어내기 위한 담보 설정에 지나지 않았지만, 프랑스 여론으로서는 위협적이라고 느낄 만한 형태를 취했다.

제15조

1907년의 영-러 조약은 정치적 협조를 위한 어떤 일반적인 언질도 포함하고 있지 않았다. 해협 문제에 대한 어떤 언약도 담겨 있지 않았음에도 불구하고, 이 조약은 아시아에서의 문제들이 타결됨에 따라 발칸 반도에서 더 많은 행동의 자유를 러시아 정부에게 부여했다.

영국과 러시아의 접근은 독일에서 독일 제국에 맞서 꾸며진 봉쇄정책의 지표로 간주되었다.

第16조

1913년의 프랑스 병역법(3년 복무법)은 1913년 3월에 프랑스 정부에 의해 단지 1913년 1월부터 독일 언론에 공표된 독일의 병역 법안에 대응하기 위해 만들어졌을 따름이다. 프랑스 국회에서의 법안 토론은 독일 제국의회에서의 법안 토론과 같은 시기에 이루어졌으며, 독일 정부가 병역 법안 투표를 앞당긴 것은 프랑스 측 법안을 염두에 두었기 때문이다.

독일과 프랑스의 교과서들은 이러한 사실 상황을 고려할 필요가 있다.

第17조

1914년 이전에 군사령부들이 체결한 군사 협정들에 대해 위원회는 다음과 같은 사항을 확인한다.

① 1906년부터 영국과 프랑스의 군사령부 사이에 체결된 육 · 해군의 협정들은 결코 양국 정부들을 연결하는 동맹도 규약도 구성하지 않았다. 이러한 유보 사항은 항상 당시의 문헌들에 명시적으로 표현되어 있었다. 이렇게 확립된 세부 규정들은 양국 정부들이 공동 행동을 결의할 경우에 두 나라 군사력의 신속하고 효율적인 협조를 도모하는 것만을 목적으로 했다. 그러나 이러한 협정들이 존재한다는 사실 자체는 협정 서명자들에게 일종의 도덕적 의무를 구성할 수 있었으며, 그렇지만 영국의 여론과 의회는 언제든지 자유롭게 이 협정들을 거부할 수 있었다.

다른 한편, 러시아와 프랑스의 군사령부는 빈번히 견해를 주고받았으며, 이에 따라 군사력 동원에 필요한 기간을 자세히 명기한 의정서에 서명했다.

마침내 1914년 6월 현재 영-러 해군 협약이 입안되고 있었다. 그러나 1914년 7월에도 협상이 계속되었다는 사실은 어떤 문서에도 나타나 있지 않다.

② 독일과 이탈리아 군사령부 사이의 협정들은 1887년과 1913년에 군사 협약들의 조인을 가져왔으며, 1913년에 해군 협약의 조인으로 이어졌다. 오스트리아-헝가리와 독일 사이에는 1913년에 해군 협약이 조인되었다. 군사 작전들은 협약의 형식을 갖추지 않은 공동 규정들의 대상이 되었다.

제18조

문서들은 1914년에 벌어진 유럽 전쟁의 미리 계획된 의도를 어떤 정부나 어떤 국민에게 지우는 것을 허용하지 않는다. 불신이 극에 달해 있었으며 지도층 사이에는 전쟁이 불가피하다는 생각이 지배적이었다. 누구나 도발 의사를 상대방에게 돌렸다. 누구나 전쟁 위험을 받아들였으며 동맹 체제와 군비 증강을 통해 자신의 안전을 도모하려 했다.

제19조

① 독일 참모부 중 일부는 독일의 승리 가능성이 그 이후보다는 1914년에 더 크다고 생각했다. 하지만 이로부터 독일 정부의 정책이 이러한 고려에 의해 결정되었다고 추론할 수는 없다.

② 독일과 프랑스의 국민 대다수는 전쟁을 원하지 않았다. 그러나 독일, 특히 군 진영은 프랑스보다 기꺼이 종국적으로 전쟁을 받아들이려 했다.
이러한 성향은 독일 사회에서 군대가 차지하는 지위와 관련이 있다. 더구나 독일은 지리적으로 유럽 중심부에 위치했던 까닭에 가능한 적성국들 사이의 동맹에 의해 특히 위협받는다고 항상 느끼고 있었다.

③ 푸앙카레가 전쟁을 유인하는 정책을 썼다는 오랜 견해는 이제 독일 역사가들에 의해서도 받아들여지지 않는다. 하지만 동맹 체제가 유럽에서 이러한 상황을 조성했기 때문에 프-러 협조는 독일 측에게 직접적인 위협으로 받아들여졌다.

제20조

오스트리아-헝가리 제국과 세르비아 사이의 1914년 충돌은 카라게오르게비치가 1903년에 권좌에 오른 이후 명백해진 오랜 적대 관계의 종착점이다. 이것은 국가에 대한 민족주의적 개념과 오스트리아-헝가리 다민족 국가의 역사적 전통 사이의 충돌이다. 오스트리아-헝가리는 존재 자체의 위협을 느꼈으며, 세르비아는 민족적 이상의 실현을 포기할 수 없었다. 민족성의 문제는 비엔나 정부에 의해 이중 왕국의 틀 안에서 해결될 수 없었으며 유럽에 걸친 영향력을 끼쳤다. 따라서 비엔나 정부와 베를린 정부가 전쟁을 국지화하기 위해 (1914년) 7월의 위기 초에 추진했던 정책은 실패로 돌아갔다.

제21조

사라예보 암살 계획에서 세르비아 정부의 책임이라는 논쟁적인 문제에 대해 위원회는 다음과 같은 사항에 합의한다.

① 살해자와 범세르비아 운동 사이의 관련은 의심할 나위가 없다.

② 암살 계획에 세르비아 정부가 직접 개입했다는 주장은 비록 정부 내 몇몇 인사들이 그 계획을 인지하고 있었다고 하더라도 입증되지 않는다.

제22조

오스트리아–헝가리의 세르비아에 대한 선전포고는 군사적으로 잘 준비되지 못했으며 정치적 관점에서 파탄을 가져왔다. 비엔나 정부는 세르비아를 붕괴시킨 후 세르비아 문제를 처리할 해결책에 대해 명확한 견해를 가지고 있지 않았다. 그리고 세르비아의 회답에 대한 거친 거절—베를린조차도 놀란 거친 거절—은 유럽의 주요 열강들을 오판에 빠트렸다. 오스트리아–헝가리 정부는 무력에 호소함으로써 열강의 외교적 개입을 차단하고자 했으며 따라서 유럽 위기에 대한 평화적 해결을 매우 어렵게 만들었다.

제23조

① 러시아는 1914년 7월에 관례와 이해관계에 따라 오스트리아–헝가리에 맞서 세르비아를 지원해야만 한다고 믿었다.

② 사조노프[4]는 개인적으로 전쟁을 우려했지만 1909년과 1913년에 발칸 지역에서 러시아 정책이 겪은 실패가 반복되는 것을 피하고자 했으며, 더구나 그의 결정 재량권은 러시아의 내부 문제로 인해 제한되어 있었다.

③ 러시아 정부는 오스트리아–헝가리에 맞선 부분적 군사동원을 비엔나 정부로 하여금 정책을 수정하도록 유인하는 긴요한 수단으로 여겼다. 러시아가 이 부분적 군사동원에서 정치적 · 군사적 위험을 모두 감수하면서 전면적 군사동원으로 넘어갔다면, 그것은 기본적으로 참모부의 개입에 의해 정치적 고려보다 군사적 고려가 우선시되었기 때문이다.

제24조

① 1914년 7월에 영국 정부는 진지하게 평화 유지를 원했으며 이를 위해 여러 차례 중재를 도모했다.

4) 사조노프(Sazonof) : 러시아 외무부 장관.

② 하지만 어떤 경우에라도 영국은 독일이 프랑스를 공격하도록 놔두려 하지 않았다. 1907년 러시아와 맺은 협상의 결과에 만족하여 영국은 세계적 규모로 영국과 러시아 사이의 적대감이 재연되는 것을 피하고자 했다.

③ 에드워드 그레이 경[5)]이 충돌이 발생할 경우 영국은 프랑스와 러시아의 편에 설 것이라고 적절한 시기에 명확하게 독일에게 밝히지 않았다면, 그것은 영국 내각의 주저뿐만 아니라 섣부르고 단호한 입장 표명으로 인해 러시아의 침략 정책을 부추기지 않으려는 바람 때문이었다.

④ 독일이 벨기에의 중립을 침해하지만 않았다면, 에드워드 그레이 경은 아마도 영국 내각과 의회가 즉각 전쟁에 개입하도록 하는 데 성공하지 못했을 것이다.

제25조

제1차 모로코 위기 때에 영국과 벨기에 참모부 사이에 군 관련 회담이 오고가긴 했지만, 전쟁 직전 몇 해 동안 벨기에가 엄격한 중립 정책을 취했다는 것은 의심할 나위가 없는 사실이다.

제26조

① 1914년에 프랑스의 정책은 독일에 복수전을 치르겠다는 의도에 따라 결정된 것이 아니라 독일의 위력에 대한 필수불가결한 균형추로 여겨진 러시아와의 동맹을 유지하려는 염려에 의해 결정되었다. 이러한 우려는 푸앙카레 대통령이 7월 23일 상트페테르부르크를 방문했을 때 프랑스 정부는 동맹 조약을 준수할 것이라는 언질을 주도록 이끌었다. 위기의 상황에서 이러한 선언은 만일 오스트리아와 러시아 사이의 충돌에 독일이 군사적으로 개입한다면 프랑스가 전쟁에 참여할 것이라는 사실을 의미했다.

② 프랑스 정부는 오스트리아에 맞선 러시아의 부분적인 군사동원을 막을 수 있었다. 그러나 프랑스 정부는 7월 30일에 독일의 반응을 불러일으킬 수 있는 어떤 조치도 취하지 말라고 러시아에게 권고했다. 프랑스 대사가 이러한 정부의 훈령을 완벽하게 실행하지 못한 것은 사실이다.

---

5) 에드워드 그레이(Edward Grey, 1862~1933) : 영국 정치인, 제1차 세계대전 기간에 영국 외교정책을 전담했다.

제27조

1914년에 독일의 정계는 유럽 전쟁을 도모하려는 것이 아니었다. 하지만 독일 정계의 행보는 무엇보다도 오스트리아-헝가리와 맺은 의무 사항에 달려 있었다. 위협이 될 수밖에 없는, 오스트리아-헝가리의 붕괴를 막기 위해서 베를린 정부는 비엔나 정부에게 백지수표에 가까운 보장을 주었다. 베를린 정부는 세르비아와의 충돌을 1908~1909년 때와 마찬가지로 국지화시킬 수 있을 것이라는 생각을 강하게 갖고 있었다. 하지만 베를린 정부는 필요할 경우 유럽 전쟁을 감수할 채비가 되어 있었다. 따라서 베를린 정부는 적절한 시기에 오스트리아의 정책에 대한 중재 행동을 취하는 것을 게을리했다. 베트만홀베크[6]가 이러한 방향으로 조취를 취한 것은 단지 7월 28일부터였다. 반면에 유럽 전쟁이 불가피하다고 확신한 몰트케[7]는 7월 30일에 독일 총사령관으로서 순전히 군사적 이유에서 오스트리아-헝가리에서의 총동원령 공포를 앞당길 것을 주장했다.

7월 30일에 발효된 러시아의 총동원령은 필연적으로 독일 정부가 총동원을 결정하게 만들었다. 7월 31일부터 독일의 태도는 다른 열강의 태도와 마찬가지로 정치적인 고려보다 군사적인 고려에 의해 결정되었다. 독일 정부의 결정은 독일과 러시아 사이에 전쟁이 일어날 경우 프랑스가 결코 중립을 지키지 않을 것이며 두 전선에서 전쟁이 벌어진다면 프랑스군을 신속하게 포위하고 섬멸하기 위해 벨기에를 침공해야만 승리를 거둘 수 있을 것이라는 단호한 확신에서 나왔다.

이러한 군사적 고려는 도처에서 군사동원령을 유발하고, 독일의 경우 최후통첩과 전쟁선포를 앞당기는 치명적인 결과를 초래했다.

제28조

제1차 세계대전에 관해서, 프랑스와 독일에서 현재 사용되고 있는 교과서들은 일반적으로 '전쟁의 잔학성'에 대한 선전을 부추기는 모든 영향에서 벗어나 있다. 독일의 경우, 벨기에와 프랑스에서의 '의용군 전쟁'에 대해 여전히 남아 있는 오류는 비정규적으로 동원된 의용군을 벨기에의 '민병대'와 혼동하는 데서 생긴 것이다. 프랑스 교과서의 경우,

---

6) 베트만홀베크(Theobald von Bethmann-Hollweg, 1856~1921) : 독일 정치인, 1919년부터 1917년까지 독일 제국의 총리 역임.

7) 몰트케(Helmut von Moltke, 1848~1916) : 독일의 군인, 제1차 세계대전 당시 독일군 참모총장 직을 맡았다.

벨기에와 프랑스에서 보여준 독일군의 행위는 객관적이고 공정하게 다루어져야 한다.

제29조

베르사유 조약의 업적을 공평하게 평가하기 위해서는 그와 같은 엄청난 충돌을 겪은 후에 나온 해결책에 수반되는 많은 어려움을 고려해야만 한다.

① 각국의 정치인들은 전쟁에서 생긴 앙금으로 하늘 높이 격앙된 여론의 압력 아래서 협상을 벌였다.

② 민족자결권의 적용과 초국가적 기구의 수립은 실제적인 커다란 어려움에 부딪혔다. 특히 동유럽과 다뉴브 강 유역 지방에 민족성의 원칙을 도입한다는 것은 필연적으로 강력한 긴장을 초래할 어려움을 불러일으켰다.

③ 더구나 프랑스와 독일 사이의 열망의 근본적인 차이는 항구적인 평화를 수립하는 데 특히 심각한 장애가 되었다. 프랑스는 무엇보다도 안전 보장을 강화하길 원했다. 반면에 독일 국민은 국력의 물질적 토대를 가능한 한 많이 보존하고자 했으며, 따라서 처음부터 베르사유 조약의 조항에 강력하게 반발했다.

베르사유 조약의 여러 조항에 대해서, 위원회는 독일과 프랑스의 관계를 악화시키는 데 가장 널리 기여한 요소들만 연구하는 것으로 그친다.

제30조

① 독일에서 베르사유 조약 231조는 강압에 따른 일방적인 범죄 자백으로 간주되었으며, 따라서 심각한 반감을 불러일으켰다.

② 조약 231조는 그 작성자의 의도로 볼 때, 전쟁으로 입은 손실에 대한 독일의 법적 책임을 확립한 것이다. 그것은 도덕적 유죄의 자백을 포함하지 않았다. 이러한 도덕적 유죄라는 관념은 베르사유 회담의 부속위원회가 채택한 결의안들에 나타났다. 그러나 이 결의안들은 평화 조약에 포함되지 않았다.

③ 그럼에도 불구하고 1919년 6월 16일자 연합군 의견서 서문에서 언급된 바와 같은 독일의 책임에 대한 일반적 확언뿐만 아니라 강화 조건을 독일 대표단에게 통첩하는 데 뒤따른 여러 상황들이 독일에서 도덕적 규탄이라는 인상을 강화시켰다.

연합군 측은 배상금 명목으로 독일에게 요구할 액수에 대해 합의할 수 없었다. 이 조약에 대한 독일 국민의 저항과 격앙은 배상금 지급 의무의 불명확성과 이 문제에 대해 끊임없이 협상을 재개해야 할 필요성에 의해 줄곧 유지되었다.

다른 한편, 독일의 불충분한 배상금 지불에 따른 반복된 실망은 마찬가지로 프랑스에서 더욱 더 많은 반감을 불러일으켰다. 프랑스는 프랑스대로 미국에 상당한 상환금을 보내야만 했기 때문이다.

제31조

베르사유 조약을 검토해보고 나온 많은 문제들 중에서 가장 논쟁을 불러일으킨 것은 이 조약 내용이 과연 평화 협상을 준비하기 위해 휴전했을 때 독일 정부가 받아들인 윌슨(Wilson) 대통령의 14개 조항에 부합하는가의 문제였다.

① 윌슨의 강화 조항은 부정확하게 작성된 탓에 필연적으로 심각한 이견을 낳을 수 있었으며, 따라서 연합국 측은 자신들의 의도와 잘 맞아떨어지는 하우스 대령[8]의 해석을 고집할 수 있었다. 특히 민족자결권의 적용은 필연적으로 여러 민족이 함께 섞여 사는 지역들에서는 어려움에 봉착할 수 있었다.

② 마찬가지로 독일은 모든 식민지를 빼앗기고 특히 동부에서 일부 영토를 빼앗긴 것은 14개 조항의 위반으로 간주했다(알사스-로렌을 프랑스에 양도하는 것은 윌슨의 14개 조항에서 명백하게 예견된다).

③ 독일 제국에 의한 '독일령 오스트리아'의 합병이 오스트리아 의회에서 이미 의결된 사항임에도 불구하고 이를 금지한 것은 마찬가지로 14개 조항의 위반으로 보인다.

④ 연합국이 요구한 손해 배상금에 군인 연금을 포함하는 점은 윌슨이 원래 제시한 조건과 상충된다는 것은 의심할 여지가 없다. 하지만 포함하도록 요구한 측은 애초에 프랑스가 아니었다.

⑤ 프랑스가 독일 제국에 의한 '독일령 오스트리아'의 합병에 반대했다면, 그것은 프랑스의 안전 보장을 위한 것이었으며 독일의 국력이 지나치게 증대하는 것을 염려했기 때문이다.

제32조

독일 국민이 가장 분개한 것은 동부 영토의 상실이다. (교과서) 위원회는 폴란드의 부활은 민족자결권에서 나온 것이라는 점에 만장일치로 동의한다. 독일은 폴란드의 존재

---

8) 하우스 대령(Edwards House, 1858~1938) : 미국 정치인, 외교관. 제1차 세계대전 당시 윌슨 대통령의 정치자문관으로 활약했다.

가 동부 지역에 세워진 완충국들과 마찬가지로 궁극적으로 볼셰비키 러시아에 대한 보호 장치였다는 것을 항상 이해하고 있지는 않았다. 따라서 독일은 이 신생 국가들에 의한 영역 설정을 일종의 부당한 행위로 느꼈으며 이에 대해 많은 반감을 가졌다.

제33조

라인란트 문제와 독일의 무장해제 문제에 대한 프랑스의 정책은 프랑스의 안전을 보장하려는 염려에 따라 결정되었다. 프랑스는 인구나 생산력의 측면에서 독일보다 열등한 상태에 놓여 있었다. 이러한 염려는 미국과 영국이 1919년에 맺은 보장 조약에 대한 조인을 거부하자 더욱 커졌다.

제34조

국제연맹은 그 설립 당시에는 베르사유 조약 이후 나타난 적대 감정의 고조를 누그러트리기에 적절해 보였다. 그러나 처음부터 국제연맹은 러시아의 불참과 미국의 거부로 어려움에 처했다. 이때부터 패전국들은 이 조직을 강화조약으로 실현된 세력 관계를 항구화하기 위한 수단으로 여겼다.

제35조

독일과 프랑스의 교과서는 배상금 지불에 대한 평가에서 커다란 견해차가 있다는 사실을 명시해야 한다. 이 차이는 평가 방법의 다양성과 실제로 지불된 액수를 산정하는 데서 오는 어려움으로 인한 것이다. 정확한 수치에 대해 합의하기는 거의 불가능해 보인다. 그러나 프랑스가 받은 액수가 실제로 프랑스가 입은 피해에 훨씬 못 미친다는 것은 확실하다.

제36조

라인 강 좌안의 점령은 프랑스의 안전 보장을 위해 취해진 것이다. 라인란트 분리주의 운동이 점령지역에서 프랑스의 몇몇 민간 당국과 군사 당국에 의해 부추겨졌다. 1918~1919년에 이 운동을 외면하던 프랑스 정부는 1923년에는 사건의 추이를 방치했다. 루르 지방의 점령은 프랑스 정부가 독일에게 배상금 지불을 이행하도록 강요하기 위해 일종의 담보 조치로 취해진 것이다. 종전 후 4년이 지나 취해진 루르 점령은 독일의 민족적 동요를 불러일으키는 필연적인 결과를 초래했다.

제37조

군비축소에 대해 교과서들은 이 문제를 다루는 한, 독일과 프랑스에서의 여론 동향을 지적해야 한다. 한편으로, 독일에서는 군비축소가 특히 폴란드 지역에서 현저한 불안감을 고조시켰으며 자신들이 부당한 차별 조치의 대상이 되었다는 인상을 심어주었다. 그러나 다른 한편 프랑스의 여론은 다음과 같은 점을 염려했다.

① 독일 공화국에서 군부가 여전히 발휘하는 영향력

② 독일에서 준군사조직들의 존재

③ 독일-소련 외교 협정들

제38조

바이마르 공화국에 대한 서술에서 독일과 프랑스의 교과서는 다음과 같은 관점을 고려해야만 한다.

바이마르에서 확립된 민주주의는 단지 1918년의 군사적 패배와 군주제 기구의 붕괴로 인해 독일 국민들에게 주어진 정치 체제가 아니다. 바이마르 공화국의 하원 선거와 헌법 기초 작업은 주요 민주주의 세력들이 처음부터 존재했음을 입증해준다. 하지만 바이마르 체제는 1919년부터 1923년까지 항구적인 위기 상태에 봉착했다. 정치적, 경제적 난국에서뿐만 아니라 외정의 부담에서 기인하는 이 위기는 루르 탄전 지대에서의 충돌로 절정에 달했다. 이러한 난국은 신생 공화국의 생존에서 무력과 인습이 예기치 않은 중요한 역할을 했다는 사실을 설명해준다.

더구나 1920년의 군주제주의자들의 무장 폭동은 어떠한 희망도 가져다주지 못했다. 그리고 1923년 이전에는 어떤 정부도 대처할 능력이 없었던 인플레이션의 급속한 악화는 치명적인 영향력을 발휘했다. 중간 계급의 경제적 와해는 상당수 부르주아 계층들이 극단적인 정치적 해결책으로 치닫게 만드는 상황을 조성했다. 공화국의 공고화가 가능해진 것은 외국 차관의 유입과 1924년의 국제 관계 긴장 완화로 인해 경제적 안정이 회복되고 난 이후였다. 공화국의 공고화는 1929년까지 유지되었다.

힌덴부르크[9]가 제국의 대통령으로 선출된 것은 의심할 나위 없이 우파의 확고한 득세의 징후로 보였다. 그러나 1928년의 제국의회(Reichstag) 선거는 입헌적 지반 위에 위

9) 힌덴부르크(Paul von Hindenbourg, 1847～1934) : 독일 정치인, 군사령관. 1925년과 1932년 두 차례 대통령에 당선되었다.

치한 정당들, 예컨대 사회민주당과 온건 부르주아 정당들(중앙당, 민주당, 독일 인민당)이 독일에서 다수파를 장악했다는 점을 보여주었다.

제39조

① 1925년 독일에서 공화주의 체제의 공고화와 프랑스에서 의회 다수당의 새로운 동향은 독일과 프랑스의 화해에 유리한 분위기를 조성했다.

② 브리앙[10]과 스트레제만[11]의 정책은 특히 로카르노 조약의 힘을 얻어, 독일과 프랑스의 화해 분위기가 눈에 띄게 진전하도록 해주었다.

③ 이 두 정치인의 정책은 만일 지속적으로 추진되기만 했다면, 유럽 국가들에게 진지한 화해 가능성들을 제공해주었을 것이다. 그러나 양측 모두 내정에 대한 불가피한 고려로 좌절을 겪었으며 따라서 완벽한 성공을 거둘 수 없었다.

제40조

1929~1932년의 바이마르 공화국의 붕괴를 이해하기 위해서는 다음과 같은 관점을 고려해야만 한다.

① 바이마르 공화국에서 비례대표제의 채택은 제국의회에서 다수당의 형성을 어렵게 함으로써 정부의 권위를 약화시켰다. 의회 정파들 사이의 연합에 달려 있었던 내각의 안정성은 따라서 줄곧 위협을 받았다. 이러한 위기 상황을 타개하기 위해 갈수록 칙령(décret-lois)에 더 호소하지 않을 수 없었으며, 이는 결국 민주주의 체제에서 그 요체를 앗아가 버렸다.

② 참을성을 잃은 독일 국민은 라인란트에서 프랑스군 철수의 지연, 배상금과 관련된 협상의 교착상태, 오스트리아와의 관세동맹 계획 실패 따위를 민주주의 정부들의 태만 탓으로 돌렸다.

그리고 라인란트에서 마침내 철수하고, 배상금 지불이 정지되었으며, 군사 분야에

---

10) 브리앙(Aristide Briand, 1862~1932) : 프랑스 정치인. 제1차 세계대전 후 국제 평화운동을 주창했으며, 로카르노 조약을 주도하고 국제연맹의 창설에 기여했다. 1926년에 독일 외상 스트레제만과 함께 노벨 평화상을 받았다.

11) 스트레제만(Gustav Stresemann, 1878~1929) : 독일 정치인. 1923~1929년에 독일 외상 직을 맡았으며, 베르사유 조약의 개정과 로카르노 조약 체결 등 국제 평화 운동에 기여했다.

서의 법적인 평등이 원칙적으로 용인되었을 때조차도, 1931~1932년 동안 독일에서 불붙은 정치적 긴장의 분위기 탓에 어떤 현저한 변화도 이루어질 수 없었다.

③ 마침내 세계 경제공황이 독일에서 결정적인 영향력을 발휘했다. 상당수 노동자들(7백만 명)을 강타한 실업은 극좌파와 극우파 정당들에게 힘을 실어주었다. 이러한 상황 전개를 가져온 또 다른 중요한 요인은 공산주의에 대한 부르주아 계급의 두려움이었다. 선거에서 공산주의의 득세는 국내에서 소요가 재현될 것이라는 공포를 불러일으켰던 것이다. 이러한 염려로 인해 우익(후겐베르크),[12] 대기업, 거대 금융권 등의 거물급 인사들은 민족사회주의 운동이 그들의 영향력을 보존해줄 것이라는 희망 아래 민족사회주의를 지지했다.

④ 이러한 상황에서 독일 국민 상당수는 민족사회주의에 합류했다. 하지만 민족사회주의는 자유선거가 이루어지는 한 결코 절대 다수를 획득할 수 없었다. 독일 국민의 상당수는 소위 '바이마르 체제' 라 불리는 것에 대한 가장 신랄한 경멸을 설파하는 과도한 선전에 의해 오도되었다. 하지만 다른 한편 그들은 히틀러를 국내의 해묵은 대립들을 해소하고 새로운 기반 위에서 독일의 국력을 신장시킬 자로 보았다. 즉 진정한 민족 의지를 실현할 자로 보았다. 히틀러는 1923년의 실패한 쿠데타를 다시 도모하려 하지 않았으며 1933년 1월에 연립 정부의 수반 자격으로 '합법적인' 방식으로 재상 직에 올랐기 때문에, 국민의 눈앞에서 자신의 궁극적 의도를 숨길 수 있었다. 권위주의 체제 수립을 기대하며 히틀러를 찍은 유권자 대다수는 그가 막강한 독재 체제를 수립하고 입헌 국가를 파괴하기 위해 권위주의 체제를 이용할 것이라는 위험성을 너무 늦게 깨달았다. 알았다 하더라도 이를 너무 과소평가했다. 히틀러의 내각에 참여하기로 결정함으로써 그가 합법성의 틀을 깨지 않게 할 수 있다고 믿었던 것은 우익 부르주아 정당들이 저지른 또 하나의 실책이었다.

(출전 : *Bulletin de la Société des Professeurs d'Histoire et de Géographie*, N.130bis(mars 1952))

12) 후겐베르크(Alfred Hugenberg, 1865~1951) : 독일의 실업가, 정치인. 대기업 총수이자 보수적인 독일민족당 간부로 히틀러의 집권에 물질적인 도움을 제공했다.

III. 「1987년 권고안」

「프랑스와 독일 : 지리적 공간과 현대사(La France et l'Allemagne. Espace et Histoire Contemporaine/Deutschland und Frankreich. Raum und Zeitgeschichte)」

서문[1]

여기에 소개한 역사 · 지리교과서 권고안은 1981년부터 1987년까지 독일–프랑스 교과서협의회가 공동으로 작업한 결과다. 역사 권고안은 20세기 독일–프랑스 관계사 및 상대국에 대한 양국 인식에 대한 서술을 대상으로 했다. 지리 교과 권고안은 양국의 도시와 농촌에 대한 서술을 다루었다. 교과서 저자, 출판업자, 교육 과정 책임자, 교사 그리고 학생에게 도움이 되도록 권고안이 작성되었다.

독일–프랑스 역사교과서 협의의 역사는 길다. 전간기[2]부터 시작되었다. 독일 역사교사협회(deutsche Geschichtslehrerverbände) 회원과 프랑스 역사 · 지리교사협회(Société des Professeurs d' Histoire et de Géographie) 회원이 1935년 파리에서 만나 1789년부터 1933년까지의 독일–프랑스 관계사 중 중요한 테마들에—당시로서는 특히 주목 받던 문제들—대해 의견을 나누었다. 이 회의의 결과는 40개의 항목으로 구성된 권고안에 요약되어 있다. 독일어판 권고안 제목은 '독일과 프랑스의 역사 교사가 교과서 개선을 위해 합의한 의무 사항(Verpflichtender Wortlaut der Einigung der deutschen und französischen Geschichtslehrer über die Entgiftung der Lehrbücher)' 이다. 프랑스는 일찌감치 독일의 국제 교과서 협의의 대상국이 되었다. 이것은 역사교육에서 양국 관계사가 차지하는 특별한 의미와 깊은 관계 때문이다. 스칸디나비아 국가들을 제외하면 프랑스는 전간기 교과서 개선을 위해 가장 많은 노력을 한 나라다. 쉬데코프(Otto-Ernst Schüddekopf)는 프랑스 교사들이, 특히 프랑스 전

1) 원문은 지리 교과 권고안도 포함되어 있으나 본 번역에서는 이를 제외했다. 하지만 서문의 지리 교과 관련 내용은 그대로 번역했다.

2) 제1차 세계대전과 제2차 세계대전 사이의 기간을 말한다.

국교원노조(Syndicat National des Instituteurs) 서기장을 오래 역임한 라피에르가 국제 교과서 개선 활동에 기여한 공로를 치하했다. "프랑스는 교과서 문제에 직접적으로 관련된 교사들이 교과서가 좋지 않아 개선되어야 한다는 확신을 갖게 될 때 무엇이 성취될 수 있는가를 1933년 이전에 이미 보여주었다. 민족들 간에 평화가 정착되어야 한다는 확신을 갖고 교과서 개선을 위해 노력했던 선구자들 중 한 사람 라피에르를 먼저 생각하지 않을 수 없다. 그는 수년 동안 프랑스 전국교원노조의 서기장과 교원노조 기관지 『해방학교(L'Ecole liberatrice)』의 편집장을 역임했다. 그는 1919년부터 각국의 역사교과서에서 다른 민족을 폄하하고 증오하는 내용의 서술을 비판하여 왔다. 그는 1926년 프랑스 교사노조 연례총회에서 보고서를—이것은 후에 유명해졌다—발표했다. 이 보고서에서 그는 전쟁을 칭송하고 과거와 미래의 적국들에 대한 증오를 가르치고 있는 26개의 역사교과서와 독본을 분석했다."

프랑스는 제2차 세계대전 이후에도 독일의 국제 교과서 협의 파트너가 되었다. 1940년대 말에 이미 첫 접촉이 있었다. 프랑스와 독일의 역사 교사들은 1950년에 프라이부르크(Freiburg i. Br.)에서 만남을 가졌다. 독일에서 은밀하게 출판됐던 「1935년 합의안」이 1951년 『역사교육국제연보(Internationales Jahrbuch für Geschichtsunterricht)』(제1권)를 통해 다시 출판되었다. 이 과정에서 프랑스 역사·지리교사협회는 「1935년 합의안」에 대한 개정작업을 제안했다. 1951년에 개최된 두 번의 회의(파리 회의, 마인츠 회의)에서 개정작업이 진행되었다. 다시 한 번 양국의 역사 교사와 역사학자들이 마주 앉았다. "양국의 외교 관계를 다룰 때 문화적, 경제적 관계를 깊이 고려해야 한다"는 데 양측이 합의했다. 회의 참석자들은 1919년부터 1939년까지의 기간에 특별한 관심을 표명했고, 이 기간을 다루기 위한 회의를 별도로 개최할 필요성에도 합의했다. 「1935년 합의안」에서 중요하게 다루어졌던 제1차 세계대전의 문제들은 이제 그만큼 주목받지 못했다. 왜냐하면 "1935년 이전 이 문제들에 부여되었던 중요도가 떨어졌기 때문이다." 그 결과 전간기 독일과 프랑스의 관계사에 대해 상세히 다루어졌다. 그 밖에 「1935년 합의안」이 개정되었다. 두 번의 회의 결과 『유럽사의 논쟁점들에 대한 독일과 프랑스의 합의(Deutsch-französische Vereinbarung über strittige Fragen europäischer Geschichte/accord franco-allemand sur les questions litigieuses de l'histoire européenne)』가 도출되었고, 이것이 1953년 『역사교육국제연보』에 공개되었다. 이 합의는 국제 교과서 개선 활동의 모범적 결과였다. 이 권고안은 우선 관계사의 여러 문제들을 다룸으로써 외교사에 역점을 두었다. 하지만 여러 군데에서 내정에 대한 사회사적이며 구조사적인 시각이 엿보인다. 바이마르 공화국 시기에 독일인들이 처해 있던 상황에 대한 설명(제38항)이나 바이마르 공화국 붕괴 과정(1929~1932)에 대한 설명(제40항)이 바로 그 예다. 야이스만(Karl-Ernst Jeismann)이 지적한 것처럼, 독일-프랑스 교과서 협의는 "제2차 세계대전 이후 전개된 국제 교과서 협의 중 가장 주목받고 환영받은 사례"였다. 근대 시기 독일-프랑스 관계는 매우 어렵고 복잡했는데, 독일-프랑스 교과서협의회는 이를 제대로 다루지 못했다. 참가자들 모두는 이 사실을 알고 있었다. 이런 사정으로 「1951년 합의안」 출간 이후 1967년 쾨닉스빈터(Königswinter) 회의에 이르기까지 총 17차례에 걸쳐 독일-프랑스 역사교과서 회의가 개최되었다. 일련의 회의가 진행되는 동안 「1935/1951년 합의안」은 꾸준하게 개선되었다. 역사학자는 1951년 회의에서 소수에 불과했지만, 이후 회의에서는 점점 많은 비중을 차지했으며, 교과서 진술에 대한 평가에서 학문적 평가가 더 중요하게 취급되었다. 하지만 이 후속 회의는 기존의 교과서 협의 방식을 바꾼 것은 아니었다. 여기서도 양국 관계사가 가장 중요하게 다루어졌다. 이를 보충하기 위해 양국의 교육제도, 18세기 이후 사학사(고슬라[Goslar] 회의 1959), 민족사회주의에 대한 역사교육 방법론(파리 회의, 1961 ; 브라운슈바이크 회의, 1962) 등이 다루어졌다.

프랑스와 독일의 역사가와 역사 교사가 정기적으로 개최하는 회의는 여론에 영향을 주었다는 점에서 그 자체가 의미 있는 일이었다. 하지만 교과서 협의의 성과에 따라 교과서를 개선하기 위해 1967년 이후 양국 교과서 회의는 일시 중단되었다. 1981년 독일-프랑스 교과서협의회는 다시 활동을 시작했다. 이때의 상황은 그 이전 시기에 비해 상당히 많이 달라졌다. 곳곳에서 새로운 교육과정이 실행되고 있었고, 새로운 교과서로 배운 세대가 성장했으며, 20세기사가 이미 역사학의 핵심 연구 대상이 되었다. 이것은 역사교과서 협의 활동에서 20세기사가 상세히 다루어지는 계기가 되었다. 새로운 교과서들에서 가장 문제되는 것은 더 이상 상대방 역사에 대한 진술 내용이 아니었다. 자료와 진술 선정 기준, 생략 및 공백, 강조 사항 선정, 시대 개관에 들어갈 내용 선정에 따르는 문제들이었다. 역사 수업 시간이 짧아질수록 이러한 요소들은 중요해진다. 독일 역사교과서에서는 절대주의와 프랑스대혁명에 비해서 프랑스 제3공화국이 형편없이 무시되고 있다. 그러나 프랑스 역사와 정치를 제대로 이해하려는 사람은 제3공화국의 중요한 사건들을 알고 프랑스인의 역사의식에서 제3공화국이 차지하는 의미를 고려해야만 한다. 조사 결과에 따르면, 프랑스 역사교과서는 현재 서독인들의 정체성 형성에 대해 중대한 의미를 지닌 바이마르 공화국 역사를 너무 짧고 피상적으로 다루고 있다. 프랑스 역사교육이 바이마르 공화국 시기를 상세히 다루기를 바라는 희망을 포기하더라도, 바이마르 공화국을 민족사회주의의 전단계로 오해하고 그렇게만 다룬다는 점을 알면 독일인들은 불쾌감을 감출 수 없다. 야이스만은 1984년 본 권고안을 작성하면서 서문에 다음과 같이 말했다. "최초의 독일공화국의 상황과 과정, 공화국의 내부 긴장, 민주주의 발전의 가능성과 기회, 바이마르 공화국이 의지할 수 있었고—실패하긴 했지만—발전시킬 수 있었던 전통, 이러한 바이마르 역사에 대해 프랑스 학생들은 자신들의 교과서로는 이해할 수 없다. 서독 정체성의 본질적 토대인 이러한 역사적 경험과 의미는 그들에게 완전히 은폐되어 있는 셈이다."

결함이 발견된 곳은 역사교과서만이 아니었다. 지리교과서에서도 그렇다. 교육과정과 교과서를 분석해보니, 1970년대 말/1980년대 초 이웃 국가는 지리교육 개혁의 희생물이 되었다. 프랑스의 지리교육에서도 그렇고 독일의 지리교육에서도 그렇다. 양국의 지리교육은 문제 중심 교육으로 변했다. 토질과 지형은 그것이 지리 교과가 취급하는 문제와 관계 있을 경우에 한해서 다루어질 수 있었다. 특히 독일 각주의 지리교과서는 이웃 국가인 프랑스를 전혀 다루지 않거나 일부분만을 다루었다. 프랑스에서도 독일은 '유럽' 항목에서 반드시 다루어야 하는 나라 군에서 제외되었다. 독일을 다루는 것은 교사들의 재량에 맡겨진 셈이다. 그러므로 양국의 지리교과서는 이웃 국가에 대한 일방적이고 낡아빠진 이미지를 전달했다. 독일의 지리교과서가 파리 이외의 프랑스 지역은 농업문제를 다루는 부분에서 취급하고, 프랑스의 지리교과서가 산업문제를 다루는 부분에서 독일을 취급하는 경우가 바로 그것이다.

역사교육과 지리교육에서 확인된 이와 같은 문제들을 해결하려는 노력은 1981년에 결실을 맺었다. 독일의 게오르크-에케르트 연구소와 프랑스의 역사 · 지리교사협회의 협력으로 새로운 작업이 시작되었다. 역사교육에서는 현재까지의 20세기 역사를 다루기로 했다. 지리교육에서는 지난 수십 년 동안 도시의 영향으로 양국의 촌락에 나타난 다양한 기능적 · 구조적 변화 과정을, 그리고 도시의 역사적 발전 과정 및 새로운 기능적 · 구조적 변화를 다루기로 했다.

1981년부터 1987년까지 총 8번의 회의가 개최되었다. 역사 분야와 지리 분야를 분리하여 회의를 진행했고, 총회에서는 양분과가 함께 모여 논의했다. 양국의 교과서 분석, 교육체제에 대한 정보 교환, 학문적 논의로 회의가 진행되었다. 의미 있는 회의 결과가 나올 경우, 이것은 권고안의 기초적 자료가 되었다. 실무팀이 다듬은 기초적 권고안은 총회에서 의견 수렴을 거쳐 최종 권고안으로 확정되었다.

권고안은 분석 대상 시기에 대한 광범위한 서술을 시도한 것이 아니다. 역사학자, 교육학자, 교사가 볼 때 양국의 교과서 서술에 중요하며 상호 이해 증진에 기여할 것이라고 판단된 중요한 사항들을 오늘날의 학문연구 수준에 근거해서 종합한 것이다.

권고안은 장기간 변함없는 규범적 서술이 아니다. 구체적 내용을 보면 알겠지만 대상에 따라, 전공에 따라, 작업 밀도에 따라, 그리고 무엇보다 편집진의 선호에 따라 권고안이 작성되었다. 1981년 이래 매년 공동으로 작업했던 독일과 프랑스의 교과서협의회 구성원들은 진술의 길이와 논리구조에 대해 합의할 수 없었다. 프랑스 측이 가장 핵심적인 사항을 단문으로 되도록 짧게 작성된 권고안을 선호한 반면, 독일 측은 사건을 상세히 묘사하고, 배경을 설명하며, 현재 연구 상황에 대한 정보를 제공하는 데 큰 가치를 부여했다. 이런 차이는 서로 다른 과거의 유산에 기인한다. 이런 차이에도 불구하고 대부분의 회의는 호의적 분위기 아래 진행되었다. 양측은 무리하게 통일을 달성하기보다 차이를 있는 그대로 드러내는 데 합의했다. 지리교육 권고안은 촌락과 도시로 나뉘어 있는데, 각각의 권고안이 시작되기 전에 양국 촌락과 도시의 공통점과 차이점을 설명하는 장이 별도로 마련되어 있다. 여기서 도시에 대한 프랑스와 독일의 접근방식을 비교할 수 있다.

본 권고안은 7년 동안의 작업 결과다. 이 작업에 참여한 사람 모두는 이 권고안이 양국의 교과서와 수업에 좋은 영향을 미치기를 바란다.

알랭(Jean-Claude Allain/Paris)

힌릭스(Ernst Hinrichs/Braunschweig)

[문헌 정보]

독 · 프 교과서협의회 회의에서 발표된 보고서는 프랑스에서는 『역사가와 지리학자(Historiens et Géographes)』에 수록되어 있다. 독일에서는 게오르크-에케르트 연구소의 국제교과서연구 시리즈 중 다음 3권으로 출판되었다.

Jürgen Nebel, Alfred Pletsch (Hrsg.)(1985), *Der Ländliche Raum in Frankreich und in der Bundesrepublik Deutschland* (Bd. 41, Braunschweig)

Jürgen Klasen, Jürgen Nebel, Alfred Pletsch (Hrsg.)(1987), *Der Städtische Raum in Frankreich und in der Bundesrepublik Deutschland* (Bd. 50,

Braunschweig)
Andrea Hofmeister-Hunger, Rainer Riemenschneider (Hrsg.)(1989), *Deutschland und Frankreich im 20. Jahrhundert. Ergebnisse der deutsch-französischen Schulbuchkonferenzen im Fach Geschichte* (Bd. 57, Frankfurt)

바이마르 공화국과 제3공화국

1. 프랑스 역사교과서의 바이마르 공화국 서술. 교과서 서술과 수업의 개선을 위한 권고

조사 결과 프랑스 중학교(1er cycle) 역사교과서는 바이마르 역사를 제2제국(제국 시기)과 나치 독재 사이에 낀 가벼운 에피소드나 또는 주로 민족사회주의[3]의 전사로 다루고 있다는 것이 밝혀졌다. 바이마르 공화국 시기의 민주–공화 세력이 갖는 의미가 간과되었다. 하지만 이전 시기 민주–공화 세력의 발전 상황과 연방공화국(서독)에서 이들의 발전에 대한 지식은 독일의 과거와 현재를 이해하는 데 필수적이다. 독일 최초의 의회–민주 공화국의 부침은 독일 정체성 이해에 대단히 중요한 역사적 사건이다.

독일–프랑스 교과서협의회는, 고등학교 역사교과서에서 중요한 구조적 조건과 정치적 결정들을 보여줌으로써 바이마르 공화국 역사를 보다 더 정확하게 서술할 것을 권고한다. 구체적 권고 사항은 다음과 같다.

바이마르 공화국은 독일인들에게 공화국이라는 국가 형태에 대한 최초의 경험이었으며, 이 경험은 19세기 민주적 전통과 맞닿아 있으면서 동시에 연방공화국(서독) 건국 당시 그 역사적 뿌리로서 기능했다는 점을 분명히 밝힐 필요가 있다. 이때 다음의 세 가지 사항이 포함되어야 한다.

- 민주주의에 대한 근본적 경험
- 공화주의적 자유와 사회적 발전
- 공화국의 취약한 기반과, 이와 깊이 연관된 공화국의 실패와 그 원인

3) Nationalsozialismus를 번역하면 민족사회주의다. 본 번역에서는 문맥에 따라 영어식 약자인 나치즘과 한국 번역어인 민족사회주의로 옮겼다.

1) 민주주의에 대한 근본적 경험

비스마르크 제국의 연방주의적 성격을 포함하고 있는 바이마르 공화국은 국가원수(대통령)의 강력한 권력과 민중적 요소를 겸비한 의회 민주제였다. 바이마르 공화국이 도입한 개혁 중 하나가 여성 선거권 도입이었다. 의회주의는 소비에트(노동자병사회) 체제와의 경쟁에서 승리했다. 소비에트 체제는 1918년 혁명 기간에 실험해본 바 있다.[4)] 바이마르 공화국은 사회주의 공화국의 길을 걷지 않으면서 사회적 민주주의를 선택했다. 각종 사회복지법 제정, 노동자의 부분적 경영 참여를 보장하는 종업원평의회(Betriebsräte) 제도 도입, 실업보험 도입 등에서 이를 확인할 수 있다. 이 점에서 바이마르 공화국은 3월 전기(Vormärz)[5)] 민주주의자들이 1848년 혁명 당시 요구했던 것과 같은 인민국가(Volksstaat)의 전통과 연결되어 있다. 공화국의 기초는 서로 다른 성격의 정치세력들 간의 협력이었다 : 사회민주당(SPD), 가톨릭 중앙당(Zentrum), 독일 민주당(DDP). 이 세 개의 정치 세력은 제국 시기에 형성된 것이며 각각 지방자치단체, 노동조합, 정치적 단체 등에서 지지자를 확보하고 있었다. 한 가지 첨가할 것은, 프로이센이 제국을 구성하는 주—제국은 연방국가였다—중에서 1918년 가장 강력한 민주주의의 보루였다는 사실이다.

처음에는 제헌의회 기능을 하게 될 국민의회(Nationalversammlung)를 베를린이 아니라 바이마르에서 소집한 것은 바이마르의 인문주의적 전통—괴테(Goethe)와 실러(Schiller)의 도시—때문만이 아니었다. 1919년 초 베를린의 불안정이라는 요소와도 깊은 관련이 있다.

2) 공화국 초기 국면의 여러 어려움 속에서도 유지된 민주주의에 대한 근본적 경험

바이마르 공화국은 공화국을 붕괴시키려는 여러 시도들 때문에 어려움을 겪어야 했다. 카프(Kapp) 폭동, 여러 번에 걸친 정치적 목적의 살인, 작센(Sachsen) 반란, 히틀러가 주도한 뮌헨 폭동 등이 그것이다.

---

4) 이 혁명은 러시아 볼셰비키 혁명으로 촉발된 독일 혁명을 가리킨다. 이때 소련의 모델을 모방한 노동자병사회와 서방의 민주주의 모델을 모방한 의회주의가 대립했었다. 노동자병사회를 러시아어로는 soviet, 독일어로 Rat, 불어로 conseil, 영어로 council이라 한다. 본문의 Räte(Rat의 복수)를 우리에게 익숙한 소비에트로 번역했다.

5) 1848년 3월 혁명 이전 시기를 가리킨다.

인플레이션 충격은 프랑스군과 벨기에군의 루르 지역 점령으로 격화되었지만, 극복할 수 있었다. 공화국은 그 이후 1924년부터 1928년까지 안정을 되찾았다. 이것은 내정에서뿐 아니라 베르사유 조약(특히 보상 문제)에 의해 구조화된 국제 관계에서도 그러했다.

3) 공화주의적 자유와 사회적 발전

성공적인 안정기는 독일인이 이전에 경험해보지 못한 자유의 분위기를 창조했으며 문화(문학, 연극, 영화, 미술)와 학문(노벨상을 수상한 독일 자연과학자와 의학자가 많았다)의 눈부신 발전에 기여했다. 이러한 발전 과정 속에서도 확실히 내적 모순은 존재했다. 독일 사회에 유대인을 통합하는 문제는 진전을 보였지만, 이와 아울러 반유대주의(Antisemitismus)가 강화되었다. 수도 베를린은 세계시민주의적 문화의 중심지로서 당시 독일 문화생활에서 가장 중심적인 역할을 했다.

4) 공화국의 취약한 기반과, 이와 깊이 연관된 공화국의 실패와 그 원인

바이마르 공화국의 좌절은 불가피했는가? 이것이 문제다. 해답이야 어쨌든 공화국은 붕괴되었다. 거리에서의 투쟁도 불사하는 폭력적인 대중운동, 반공화주의적 정치 세력, 공화국의 구조적 취약성, 이 모든 것이 한꺼번에 작용하여 공화국은 붕괴되었다.

(1) 취약성

① 경제적 취약성 : 1924년까지, 그리고 1928년 이후 시기의 나쁜 경제 상황 ; 외국 자본에 대한 의존 ; 급속한 근대화로 야기된 심각한 실업문제

② 사회구조의 취약성 : 중간층의 빈곤화 ; 행정, 사법, 군, 교육계의 구엘리트에 의한 공화국 거부 ; 공화국에 대한 농민들의 적대적 태도

③ 광범위하게 퍼져 있는 신민의식[6)]

6) 국민 대다수가 신분에 의해 부여된 전통적 권위를 큰 거부감 없이 받아들였다는 뜻이다. 필자는 이것을 '권위주의 심성구조'라고 부르고 싶다. '권위주의 심성구조'는 신분에 의해 통치되는 사회가 민주주의 사회로 전환되는 국면에서 일반적으로 나타난다. 이를 '민주적 심성구조'로 전화하는 것이 신생 민주주의 체제를 안정화하는 데 매우 중요하다.

④ 정치적 취약성 : 많은 소수 정당들의 난립을 가능하게 하며 안정된 다수당 정부 구성을 어렵게 하는 선거제도 ; 자유주의 정당의 붕괴와 극단주의적 정당들 간의 화해가 불가능한 상황 ; 노동운동 내부의 대립 ; 공화국으로부터 보수 정당들이 점점 더 멀어지는 현상

⑤ 제국헌법 제48조에 의거한 헌법의 남용[7)]

⑥ 베르사유 조약 규정(영토 할양, 군사력 제한, 전승국의 보상 요구)에 의해 위축된 독일의 국제적 위상 : 독일인들은 이를 굴욕으로 받아들였고, 이러한 굴욕에 대해 공화국에게 책임이 있다고 생각했다.

(2) 공화국 붕괴 과정

① 정당은 정부를 구성하고 경제정책과 사회정책에 합의를 도출하는 데 무능했다(특히 사회민주당의 영향력 상실, 이익단체들의 영향력 확대). 그 결과 대통령은 긴급조치권을—이것은 점점 더 빈번하게 사용되었다—남용하여 공화국의 의회제도를 무력하게 만들었다.

② 실업의 확대

③ 극단주의적 좌 · 우파 정당들의 영향력이 1930년 총선 이후 강화되었다. 이것은 세계 공황의 직접적 결과였다. 사회민주당과 공산당은 극복할 수 없을 정도로 대립했고, 민족사회주의 세력이 대두했다. 이러한 상황으로 정치적 투쟁은 점점 더 의회 밖에서 이루어졌고, 특히 거리의 난투극으로 나타났다. 준군사조직이 정치의 장을 지배하게 되었다

④ 정치 선전의 역할(베르사유의 기능)[8)]

7) 헌법 제48조는 대통령 긴급조치권에 대한 것이다. 힌덴부르크는 1925년 보수파의 지지로 바이마르 공화국 제2대 대통령에 당선, 헌법 제48조 대통령 긴급조치권을 자주 발동하여 권위주의적이며 반의회적인 대통령 중심제를 강화했다. 그는 1932년 히틀러를 총리에 임명하여 나치 체제의 길을 열어주었다는 평가를 받고 있다.

8) 공화국을 부정하는 정치세력들은 베르사유 조약을 독일에 대한 전승국의 '베르사유의 명령(Diktat von Versailles)'이라고 비판했다. 바이마르 공화국이 이 국제적 명령으로 탄생했으므로 '베르사유 명령'을 폐기하고 공화국을 붕괴시켜야 한다는 것이 이들 선전의 주요 내용이었다.

(3) 중대한 결정들

① 1930년 제국의회 해산

② 1932년 힌덴부르크의 대통령 재선. 이것은 히틀러가 대통령이 되는 것을 막으려는 민주적 표심의 결과였다.

③ 1932년의 '프로이센슐락(Preußenschlag)'[9)]

④ 1933년 1월 30일 히틀러는 정치적 음모를 통해 제국수상의 자리에 올랐다.

[학생이 알아야 할 인물]

에버트(Ebert), 슈트레제만, 힌덴부르크, 브뤼닝(Brüning), 히틀러, 후겐베르크(Hugenberg)

[설명이 필요한 정치 용어]

바이마르 연정(Weimar Koalition), 사회파시즘(Sozialfaschismus), 연방주의(Föderalismus), 대통령 중심의 내각(Präsidialkabinett), 사회국가(Sozialstaat)('인민국가[Volksstaat]'), 긴급조치(Notverordnung), 민족사회주의(Nationalsozialismus), '프로이센슐락(Preußenschlag).'

2. 독일 역사교과서의 프랑스 제3공화국 서술. 교과서 서술과 수업의 개선을 위한 권고

1) 머리말

① 조사 결과 프랑스 제3공화국은 독일 고등학교(Sekundarstufe I, II)의 역사교과서에서 거의 주목을 받지 못하고 있음이 밝혀졌다. 제3공화국 시기는 프랑스사의 독자적인 시기로 다루어지지 않았다.

독일의 역사교육에서 제3공화국의 국내 정치사와 사회사가 상세하게 다루어질 필요가 있고, 그렇게 되기를 기대하는 마음에서 다음과 같은 권고를 한다.

- 제3공화국 역사에 대한 지식 없이 오늘날의 프랑스 정치와 사회 상황을 이해하는 것은 불가능하다. 제3공화국 시기(70년)에 프랑스의 기본 구조가 형성되었

9) 이 표현은 제국 정부가 독일 민주주의의 보루인 프로이센을 무력화시켰다는 뜻이다.

다. 특히 공화주의, 교회와 국가의 분리(세속주의[laïcité]), 고유한 내적 긴장을 수반하는 정당제도(의회제도), 경제 질서, 장기간 지속된 산업화의 경제사회적 결과, 인구 변동, 독특한 국내적 동기와 결과(해외 프랑스 영토[La France d'outre-mer])를 수반하는 프랑스 식민주의와 제국주의

- 제3공화국 역사는 (매우 상세하게 다루어지는) 영국이나 독일의 산업화와 현격하게 다른, 독자적인 정치적 · 경제적 · 사회적 · 정신적 특징을 지닌 근대 산업사회의 발전을 보여준다. 이것은 역사적 비교 고찰에 도움이 된다. 이러한 비교 고찰은 고등학생의 역사적 이해를 심화하고 그들의 정치적 판단력을 키우는 데 큰 의미를 지닌다.

  예컨대 다음과 같은 점들이 비교 가능할 것이다.
  - 제3공화국의 탄생과 바이마르 공화국의 탄생
  - 제3공화국의 종말과 바이마르 공화국의 종말
  - 프랑스와 독일의 정당제도(의회제도)
  - 프랑스와 독일의 민족주의, 원파시즘(Protofaschismus), 파시즘 그리고 민족사회주의
  - 영국, 프랑스, 독일의 식민주의

② 제3공화국 70년사는 그 자체로 독자적인 하나의 시기이기 때문에—그러므로 제1차 세계대전은 시대를 구분하는 선이 되지 못한다—하나의 단위로 다루어져야 한다. 이것이 교육과정상 불가능하다면, 1871~1919년과 1919~1940년으로 나누어 고찰하는 것도 생각할 수 있을 것이다.

③ 학생들이 다음과 같은 두 가지 점을 명확히 학습하는 것이 제3공화국 역사 학습의 교육목표다.
- 공화주의 정신의 형성
- 정치적 민주주의가 의회제 내에서 발전하는 과정

④ 독 · 프 교과서협의회는 위와 같은 권장 사항을 반영하는 교재의 개발을 권한다. 제3공화국의 국내 정치사와 사회사를 다룰 때 다음과 같은 사항을 고려할 것을 권한다. 이 내용들은 학급 수준에 따라 보충되거나 심화되어야 한다.

2) 제3공화국 역사 중 명확히 설명해야 할 부분

① 공화국 초기의 어려움(1870년의 패배, 1871년 프랑크푸르트 강화조약,[10] 파리 코

뒨, 두 개의 왕당파 정당들의 경쟁, 1875년 타협에 의한 공화국 헌법 제정)

② '세속주의' 국가의 탄생(학교법, 가톨릭과의 화해정책, 드레퓌스Dreyfus 사건, 교회와 국가의 분리, 초등교육에 의한 애국주의의 발전, '급진' 이데올로기의 발전)

③ 경제발전과 노동조합 세력의 등장(독일과 영국의 산업화와 대비되는 프랑스 산업발전의 특성, 1884년 노동조합법 제정, 노동조합들의 설립과 노동총동맹CGT의 창설)

④ 1914년 이전 정계와 산업계에서의 사회주의 등장, 1920년, 1924년, 1936년 좌파연합의 문제

⑤ 1919년과 1939년 프랑스의 국제적 위상(국제 교역과 국제 금융계에서의 위상, 제국주의적 식민 세력, 유럽의 군사 대국)

⑥ 제3공화국의 쇠퇴와 종말(인구 성장의 정체, 금융 · 경제 위기, 1939/40년의 전쟁, 비시 체제의 성립)

다음과 같이 시기 구분 및 인물을 언급할 수 있다.

시기	주요 주제	인물
1870~1878	공화국 건국	티에르(Thiers), 막마옹(MacMahon), 강베타(Gambetta), 그레비(Grévy)
1878~1898	'온건' 공화국	페리(J. Ferry), 불랑제(Boulanger)
1889~1919	'급진' 공화국	클레망소(Clemenceau), 카요(Caillaux) 조레스(Jaurès), 델카세(Delcassé), 푸앙카레(Poincaré)
1919~1940	전간기	브리앙(Briand), 에리오(Herriot), 블룸(Blum), 달라디에(Daladier)

그 밖에 프랑스 국내 정치 상황에서 나온 다음과 같은 개념들은 좀 더 상세하게 설명할 필요가 있다.

- 보나파르티즘(Banapartisme), 교권주의/반교권주의(cléricalisme/anticléricalisme)
- 세속주의(laïcité), 급진주의(radicalisme), 인민전선(front populaire)

10) 보불전쟁 강화조약.

1. 독일 역사교과서의 비시 프랑스사 서술에 대한 권고

독–프 교과서협의회는 독일 교과서가 히틀러 체제에 의해 유럽이 지배된 시기(1940~1944)에 프랑스 역사를 거의 또는 전혀 다루지 않는다는 점을 확인했다.
독 · 프 교과서협의회는 제2차 세계대전 종결 이후 이 짧지만 중요한 시기에 대한 해석과 평가를 둘러싸고 곳곳에서 격렬한 논쟁이 전개되고 있음을 알고 있다. 하지만 독일 역사교과서가 최소한 이 시기에 발생한 사건들의 주요 특징은 설명할 것을 권한다. 주요 특징이란 다음과 같다.

① 1940년 프랑스가 군사적으로 패배하고 휴전을 선택한 결과 국토는 독일 점령지역과 비점령지역으로 나누어지고 '프랑스국(Etat Français)' 이 건설되었다. 영광스러운 경력을 소유한 페탱 원수가 수반이 되었다. 그는 권위주의적 체제를 도입했다.

② '프랑스국' 이 나치 독일과 협력한 이유는—특히 1940년 라발(Laval)의 영향 아래, 그리고 라발 정부 시기(1942~1944)에—전쟁 중에 있는 독일에게 처음부터 양보함으로써 프랑스가 미래의 유럽 안에서 특권적 지위를 누릴 수 있도록 하기 위함이었다. 하지만 1942년 이후 대독 협력은 나치 독일의 정치적 · 경제적 · 전술적 이익에 일방적으로 봉사하기만 했다.

③ 프랑스인들은 처음 페탱 원수를 신뢰했다. 그는 '프랑스의 방패' 가 되고자 했다는 것이다. 하지만 1941년부터 페탱에 대한 유보적인 자세를 취하기 시작했다. 대독 협력(Collaboration)은 성공적이지 못했다. 국민은 이에 실망했다. 특히 생활수준의 저하와 포로의 귀환에 실망했다. 이 때문에 비시 체제에 등을 돌리는 프랑스인들이 점점 더 많아졌다. 이들 중 일부가 레지스탕스의 길을 선택했다.

④ 프랑스 레지스탕스는 패배를 인정하지 않고 국내외에서 독일 점령군에 맞서 싸웠다. 이들은 지하에서 미래의 프랑스의 국가 구조를 구상했고 해방 이후의 정권 인수를 위해 준비했다.

⑤ 드골은 1940년 6월 18일 런던에서의 '호소(Appel)' 이후 민족적 정통성의 이름으로 프랑스가 다시 전쟁을 수행할 것임을 선포했다. 그는 연합군으로부터 물질적 지원을 받고 '자유 프랑스(France Libre)' 및 '참전 프랑스(Combattante)' 가 3대 강대국의 파트너로 공식적으로 인정받는 데 성공했다. 그는 해방 정국에서 매우 광범

위한 대중적 인기를 누렸다.

다음 개념과 인물은 특별한 설명이 필요하다.

- 프랑스국(Etat Fraçais), 자유 프랑스(France Libre), 페탱, 라발, 드골

2. 프랑스 역사교과서의 민족사회주의 서술에 대한 권고

1) 머리말

조사 결과 프랑스 중학교 역사교과서(1er cycle)는 민족사회주의에 대해 매우 상세하고 광범위하게 다루고 있음이 밝혀졌다. 수많은 교과서가 나치 체제의 중요한 사회적·경제적·정치적 요소들을 명확히 설명함으로써 나치 시기 다양한 삶의 현실에 대한 풍부한 내용을 담고 있다. 수많은 시각 자료와 문서 및 그래프와 지도는 역사적으로 유의미한 사실들과 일상적 삶의 조건을 전달해준다.

이 시기에 대한 서술이 차지하는 높은 비중은 교육과정에 부합하는 것이다. 왜냐하면 중학교 4학년(class de Troisième : 우리의 경우 중학교 3학년)의 교육과정은 '나치 독일' 이라는 주제 아래 20세기 독일사를 배우는 것이기 때문이다.

사실 관계가 틀린 부분은 적다. 대부분 부정확한 공직 명칭, 번역상의 오류 또는 철자법 오류였다. 하지만 이것 때문에 잘못된 역사적 평가를 초래된 예는 없다.

'제3제국' 의 역사가 중4용 프랑스 역사교과서의 핵심적 내용이며, 보통 매우 상세하게 설명되어 있기 때문에, (바이마르 공화국이나 독일연방공화국(서독)의 경우처럼) 역사교육에서 대상을 다루는 전체적 틀에 대한 권고는 불필요하다.

그러므로 아래의 내용은 약간의 해석상 오류와 결함에 집중할 것이며, 해석이 필요한 역사적 과정들에 대한 좀 더 나은 분류와 평가를 위한 제안에 근거가 될 것이다. 이는 이 시기 독일사에 대한 적절하고 심화된 이해를 촉진하기 위해서다.

독일-프랑스 교과서협의회는, '제3제국' 역사를 다룰 때 다음과 같은 요소를 특별히 고려할 것을 권한다.

(1) 민족사회주의는 독일사의 필연적이며 불가피한 산물이 아니었다

민족사회주의는 또한 오직 독일사적 시각에서만 설명될 수 없다. 그렇기 때문에 민족사회주의가 출현하고 성공할 수 있었던 독일의 특수한 조건과 함께 유럽 전체의 상황을 고려해야 한다.

제1차 세계대전 이후 유럽 전체는 위기 상황에 처해 있었으며, 여러 나라에서 권위주의적 운동이 출현했다. 이러한 유럽적 상황을 도외시하고 나치 체제를 설명할 때, 민족사회주의는 독일적 현상으로서만 판단하게 된다. 그리고 민족사회주의는 잘못된 독일사로부터, 독일인의 특정한 민족성으로부터 충분히 설명할 수 있다는 생각을 갖게 된다. 그러나 다른 유럽 국가들에서도 전체주의적이며 파시스트적인 운동과 지배 체제의 출현을 가능하게 하는 정치적 · 사회적 · 경제적 조건이 존재했다는 사실에 주목해야 한다. 민족사회주의는 특정한 조건 아래에서 특정한 시점에서 출현했다는 점을 강조할 필요가 있다.

이런 조건 중 중요한 것을 열거하자면 다음과 같다.

- 자유민주주의의 위기
- 볼셰비즘에 대한 두려움
- 제1차 세계대전의 사회적, 경제적 결과와 세계 경제공황을 극복하는 데 의회제가 무능할 때
- 사회적 지위 하락에 대한 공포를 느끼는 중산층이 많을 때

하지만 유럽 파시즘의 특수한 현상 형태로서 민족사회주의를 볼 필요가 있다. 그리고 다른 파시즘과 구별되는 민족사회주의의 특성을 명확히 밝히기 위해서 '제3제국'을 분리하여 별도로 다룰 필요도 있다. 민족사회주의가 산업사회에 기초해 있고 기술적, 합리적 관료제의 원칙에 따라 작동했던 데 반해 다른 파시즘은 대규모의 농업경제와 소규모의 도시경제로 구성된 동유럽, 중유럽, 남유럽의 국가에서 출현했다는 점을 강조할 필요가 있다. 특히 민족사회주의는 다른 파시즘과 달리 자신의 독트린에 따라 철저하게 반유대주의적이었다는 점 또한 강조할 필요가 있다.

(2) 민족사회주의의 등장은 한 가지 원인으로 설명할 수 없다

민족사회주의독일노동자당(NSDAP)[11]이 대중정당으로 발전한 데는 여러 가지 원인이 존재한다. 이 원인들은 개별적으로 분리해서 파악해서는 안 되며 전체적 연관 속에서 이해해야 한다. 그렇지 않을 경우 이 당이 1930년 이후 선거에 거둔 대승(1932년 7월, 37.4%)의 원인을 설명할 수 없다.

---

11) 나치당의 공식 명칭.

- 정치적 이유 : 바이마르 공화국을 이끌던 세력과 그 정당들이 오랫동안 의회 다수파를 구성했다. 그러나 전통적인 이데올로기적 대립으로 인해 이들 사이의 협력은 원만하지 않았다. 다수의 국민이 민주주의의 장점을 확신할 수 있도록 하는 데 성공하지 못했다. 더욱이 바이마르 공화국은 1918년 패배와 그 결과(베르사유 조약, 영토 상실, 보상)에 대한 책임을 져야 한다고 다수의 국민이 생각했다. 많은 독일인들은 바이마르 공화국 속에서 자신의 국가 정체성을 찾으려 하지 않았다. 바이마르 공화국은 이들에게 민족적 굴욕과 허약의 원인이자 결과로 보였다.
- 사회적 원인 : 중산층과 노동계층에 속하는 많은 사람들이 세계 경제공황의 여파로 사회적 지위 하락을 감수해야 했다. 그들은 자신의 기왕의 사회적 지위를 유지할 수 있다는 희망을 갖게 해주는 정당을 지지했다. 그 밖에 많은 주요 직책은, 특히 군 · 사법 · 경제 영역의 주요 직책은, 그리고 적은 수이지만 행정 영역의 주요 직책도, 구엘리트이자 반공화국파의 대표들이 차지했다. 이들은 두루 퍼져 있던 전통적인 질서 관념에 부합하는 권위주의적 정치체제로 전환할 것을 주장했다.
- 경제적 원인 : 민족사회주의독일노동자당이 대중정당으로 발전한 것은 경제 상황과 결정적으로 연관되어 있다. 1920년대 중반 경제가 안정되었을 때 나치당으로 사람들이 몰려가지 않았다. 나치당으로 사람들이 몰려가는 현상은 특히 독일에게 치명적이던 세계 대공황을 겪으면서부터 돌연 나타났다. 경제적 위기는 나치 선전이 영향력을 발휘하기 좋은 토양이었다. 하지만 이것은 위에서 제시한 다른 요인들과 결합했을 때 비로소 민족사회주의의 부상에 결정적 요소로 작용했다. 히틀러에 대한 선택은 이 상황에서 많은 독일인들에게 일종의 정치적 저항 행위였다. 사회적 지위를 유지하거나 개선하고, 경제적 상황을 개선하며 1918년 이후 훼손된 민족적 자존심을 회복하려는 소망이 바로 이 저항 행위의 근저에 놓여 있었다.

(3) 민족사회주의자들의 권력 장악은 당시 정치 상황의 필연적 결과가 아니었다

다수의 교과서는 바이마르 공화국을 독자적인 자유민주주의 국가로 보지 않는다. 바이마르 공화국의 종말을 강조함으로써 민족사회주의 독재의 전단계로만 본다. 이러한 서술 방식은 민족사회주의의 권력 장악이 장기적인 정치 과정의 결과이며 독일 국민 대다수의 정치적 의지에 따른 것이라는 가정을 만들어낸다. 하지만 이 가정은 잘못된 것이다.

그러므로 다음과 같은 점이 강조되어야 한다.

- 민족사회주의자들은 자유민주주의 선거에서 결코 다수를 확보할 수 없었다.
- 나치당은 1932년 11월 마지막 제국의회 선거에서 지지자 수의 심각한 상실을 감내해야 했다.
- 그럼에도 불구하고 히틀러가 제국 수상으로 임명되고 소수파 정부 구성이 가능했던 것은 정당들의 분열, 정부의 허약함, 그리고 나치당의 보수그룹 및 대자본가 계급과의 연합이라는 조건 때문이었다.
- 나치의 '권력 장악' 이후인 1933년 3월에 실시된 제국의회 선거에서도 나치당은 절대다수표를 얻지 못했다.

독재의 수립으로 독일사의 연속성이 단절되었다. 전통적인 행정구조의 붕괴와 법치국가성의 퇴보에서 이러한 점을 명확히 알 수 있다. 기존의 정치적, 사회적 다원구조가 테러와 여러 종류의 '획일화(Gleichschaltung)' 조치를 통해서 억압됐을 때, 민족사회주의의 목표 달성을 대대적으로 지원하는 동질적인 '민족공동체(Volksgemeinschaft)'의 이미지가 부각되었다.

(4) '민족공동체' 개념은 나치 체제의 신화다

한 명의 '총통(Führer)'에 신뢰를 보내고 복종하는 '민족공동체(Volksgemeinschaft)'의 형성은 나치 이데올로기의 가장 중요한 요소였다. 능수능란한 선전, 대중 집회 그리고 미디어 정치는 이러한 가공물이 실재라는 이미지를 창출했다. 이 신화는 역사교육에서 무비판적으로 소개되어서는 안 된다. 서로 다른 다양한 그룹들이 민족사회주의에 대해 취한 입장을 세분해서 소개해야 한다. 이미 어떤 교과서는 이러한 시도를 하고 있다. 입장의 다양함은 광적인 지지에서 확신에 찬 거부까지 광범위하게 펼쳐 있다. 기회주의, 협력, 수동적 포기, 국내외 망명 등 이 사이에 위치한 다양한 입장이 함께 고려되어야 한다. 이때 개인적 경력과 직업적 경력이 민족사회주의 운동에 적극 참여하게 된 결정적 원인이라는 점을 강조할 필요가 있다. 나치 국가에 대한 독일인의 태도를 서술할 때, 대중적 지지가 경제적, 외교적 성공과 긴밀하게 연관되어 있었고, '제3제국'의 다양한 국면에 따라 이 관계가 변화했다는 점을 분명히 밝힐 필요가 있다. 국가적 차원의 테러와 감시 체제 아래에서 체제 저항자들이 어떠한 형태의 저항을 할 수 있었고, 그 한계가 무엇인지에 대한 문제를 함께 설명해야 한다.

(5) 서유럽 강대국들의 대응은 히틀러의 팽창정책을 수월하게 만들었다

나치 외교정책의 목표는 팽창이었다. 군비 확충, 국방의무 도입(1935), 라인란트에 다시 군을 주둔시킨 일(1936),[12] 오스트리아 합병, 주데텐(Sudeten) 지역 합병[13] 등 '대독일제국(Großdeutsches Reich)' 달성을 위해 취한 팽창정책은 다양한 수준에서 베르사유 조약의 규정을 정면으로 위배하는 것이었다.

프랑스와 영국이 조기에 효과적으로 억제했다면 이 팽창정책은 그리 수월하게 전개될 수 없었다는 점 또한 분명히 할 필요가 있다. 히틀러 체제의 외교상 운신의 폭은 다른 강대국의 대응에 달려 있었다. 이들의 수동적이며 소극적 대응은 나치의 공격적 외교정책의 지속을 수월하게 했다.

(6) 독일인들의 저항운동과 제2차 세계대전 당시의 생활조건이 설명되어야 한다

거의 모든 프랑스 교과서가 민족사회주의의 성립과 작동방식에 대해 상세하게 묘사하고 있다. 이에 반해 1939년 이후 나치 체제의 발전, 그리고 전쟁 상황에 따라 변하는 국민의 입장은 거의 또는 전혀 서술되지 않았다. 주민 소개(疏開), 공중 폭격, 추방으로 일반 국민이 겪은 고통은 거의 언급되지 않았다. 독일인들은 '총력전' 아래 나치 체제의 비인간성을 직접 체험하고 늦어도 이 시점부터 나치 체제에 대한 충성은 사라지기 시작했다는 점을 강조할 필요가 있다. 그러나 나치의 폭력적 지배 방법과 목적에 대한 반대가 공개적인 저항으로 발전한 예는 매우 드물었다. 왜냐하면 나치는 저항 세력을 그 맹아적 형태에서부터 엄청난 테러를 통해 억압했기 때문이다. 저항 세력에게 목표와 방향을 줄 수 있는 정치적 대안은 오직 소수의 저항 그룹에만 존재했다.

프랑스 중4용 역사교과서는 히틀러에 대한 독일인들의 저항을 언급하지 않는다. 나치 체제에 대한 유럽인들의 저항을 상세히 설명하는 부분에서도 그렇다. 그러나 1933년 이후 나타난 노동자계급, 교회, 학생층의 저항운동과 '1944년 7월 20일 저항자들'[14]은 교과서에 언급되어야 한다. 이 저항 활동의 제한된 영향력과 이에 따르는

---

12) 베르사유 조약에 따르면 독일은 라인란트를 비무장지대로 유지해야 했다. 1936년의 라인란트 진군은 이 규정을 파기한 것이다.

13) 주데텐 지역은 독일인과 체코인이 섞여 살던 접경 지역이었다. 제1차 세계대전 후 오스트리아 제국과 독일 제국의 패망으로 체코슬로바키아라는 신생국가가 탄생했고, 주데텐 지역에 사는 독일인은 체코 영토에서 살게 되었다. 주데텐 합병은 제1차 세계대전 후 질서를 독일이 수정한 행위였다.

14) '7월 20일 저항자들'은 히틀러 체제에 저항했던 인물 중 전후 서독에서 가장 유명했

극도의 위협은 나치 체제의 잔혹성을 설명할 뿐 아니라, 독일에서도 인간적 가치를 위해 자신의 생명을 바치는 사람이 있었다는 것을 입증한다.

(7) 학살수용소의 잔혹 행위와 인종 말살은 부수적으로 다루어서는 안 된다

몇몇의 교과서는 나치 체제의 만행에 대해 상세하게 묘사하지 않았다. 하지만 학생들이 집단수용소와 학살수용소의 만행 정도에 대해 충분한 지식을 갖는 것은 반드시 필요하다. 이러한 서술을 통해 학생들은 비인간적인 전체주의 체제가 범한 범죄를 알 수 있다. 나치 체제는 자발적 실행자들의 행정적, 기술적 도움으로 자신의 비합리적인 인종 이데올로기를 인종 학살의 형태로 실행했다. 인종 학살의 대상은 일차적으로 유대인이었지만, 소수민족이나 사회적 소수자도 그 대상이 되었다.

유대인 학살에 관하여 일반 시민이 취한 태도는 세밀하게 구분하여 설명해야 한다. 유대인의 해방과 통합은 교양 시민계층인 상층 사회에서만의 현상이었다. 반유대주의는 특히 소부르주아지의 경제적 어려움이 독일로 새로 이주한 동유럽 유대인들과 유관하다는 추측에 의해 증폭되었다. 인종주의적 구호에 의해 더욱 격화되었다. 결국 유대인들의 경제적, 정치적 지위를 낮추어야 한다는 광범위한 국민적 공감대가 형성되었다. 유대인에 대한 폭력 행위는 인종 학살에 이르기까지 격화되었다. 그러나 인종 학살은 전쟁이라는 조건 속에서 가능했던 것이다. 종합적으로 보았을 때, 대부분의 독일인들은 전투적인 반유대주의를 주장하지 않았지만, 유대인들이 받은 대접과 그들의 운명에 대해 '동감' 했다. 핍박받는 자들을 숨기거나 그들의 탈출을 돕는 용기를 보여준 사

다. 제2차 세계대전의 전세가 독일에 불리하게 돌아가자 나치의 무모한 침략 전쟁에 대해 군부의 불만과 반발이 고조되었으며, 그 결과 무장친위대와 국방군 간 갈등이 발생하기도 했다. 이러한 일련의 사태가 7월 20일 저항운동의 주된 원인이었다. 슈타우펜베르크(Claus Schenk Graf von Stauffenberg ; 1907~1944) 대령은 군인을 중심으로 정치가 · 외교관 · 노동운동 지도자들과 쿠데타 계획을 추진하여 1944년 7월 시한폭탄이 든 서류가방을 히틀러의 회의장에 반입, 폭살을 기도했다. 폭탄이 터지는 것을 확인한 쿠데타 세력은 베를린에 계엄령을 선포했으나, 히틀러는 가벼운 상처만 입었고 쿠데타는 실패로 끝났다. 그 뒤 슈타우펜베르크는 총살되었고 7,000여 명이 체포되었으며 200여 명이 처형됐다. 이 사건으로 히틀러를 견제할 수 있는 세력은 전멸했다. 이들에 대해서는 요사이 재조명되고 있다. 즉, 이들은 양심의 소리에만 주목한 것이 아니라 군조직의 생존에도 지대한 관심이 있었고, 이들이 구상한 전후 독일은 매우 보수적인 체제였다.

람은 소수에 불과했다.

[설명해야 할 개념과 다루어야 할 인물]
총통(Führer), 총통원리(Führerprinzip), 인종적, 민족적(völkisch), 제3제국(Drittes Reich), 권력장악(Machtergreifung), 획일화(Gleichschaltung), 히틀러, 힘러(Himmler), 괴벨스(Goebbels), 슈타우펜베르크

1945년부터 현재까지－인식의 불균형과 결함

1. 프랑스 역사교과서의 1945년 이후 독일사 서술. 교과서 서술과 수업의 개선을 위한 권고

조사 결과 프랑스 중학교 역사교과서는 1945년 이후 독일사를 다룰 때 독일연방공화국(서독)과 독일민주공화국(동독) 건국의 중요한 토대와 발전 조건을 소홀히 했음이 밝혀졌다. 독일의 정치적 재구축 과정에서 점령 세력인 연합국들이 행한 서로 다른 역할과 의미가 충분히 설명되지 못했다. '독일' 이라는 용어는 종종 이후의 독일연방공화국과 같은 의미로 사용되었다. 연방공화국은 주로 '경제대국' 이라고 평가되었다. 민주화 과정의 특수한 조건 및 헌법과 정치제도의 특수성은 별로 서술되지 않았다.

이웃 국가에 대한 균형 잡힌 이해와 독일－프랑스 관계 증진을 위해서 연방공화국의 정치체제, 그 형성 과정과 작동방식 그리고 동 · 서독 관계에 대한 지식이 필요하다. 왜냐하면 이러한 지식은 이웃 국가의 정치적 결정과 태도에 대한 오해와 잘못된 판단을 회피하는 도움이 되기 때문이다.

독일－프랑스 교과서협의회는 프랑스 역사교과서가 독일의 전후 역사를 다음과 같은 주제들을 중심으로 상세하게 다룰 것을 권한다.

- 재건의 특수한 정치적, 경제적, 사회 · 인구적 조건들과 '이중의 국가 건설' 의 문제. 이것들은 주로 점령 당국자들의 결정에 의해 결정적 영향을 받았다.
- 독일연방공화국이 서방세계의 의회 민주주의 체제로 통합되었다. 의회 민주주의는 독일사의 중요한 전통과 맞닿아 있다.
- 분단 도시로서 베를린의 특수한 위치와 독일연방공화국에 대한 서베를린의 관계(서베를린과 서독을 잇는 교통로를 명확히 보여줄 수 있는 지도가 제시되면 좋다).

• 독일민주공화국은 동구의 사회주의 체제로 통합되었다. 동시에 경제적, 정치적으로 점점 더 많은 독자적 위상을 갖게 되었다.

1) 독일사, 1945~1949

(1) 점령 세력과 독일의 분단

연합국은(미국, 소련, 영국과 나중에 이에 합류한 프랑스) 독일 방위군의 무조건 항복으로(1945년 5월 7/8일) 독일의 통치권을 인수했다.

미국, 소련, 영국은 포츠담 회담(1945년 7/8월)에서 기본적인 독일 점령 통치 원칙에 합의했다. 오데르(Oder) 강과 나이세(Neiße) 강의 서쪽을 독일 영토로 하고, 다시 이것을 네 개의 점령지역으로 나누었다. 점령된 독일은 베를린에 위치한 '연합국 통제위원회(Alliierter Kontrollrat/Conseil de Contrôle allié)'에 의해 관리되었다. 오데르-나이세 강 동쪽의 독일 땅은 폴란드와 소련의 관리 아래 놓였다. 최종적인 국경선 설정은 평화회담에서 결정될 것이었다(하지만 평화회담은 오늘날까지 개최되지 않았다).[15] 처음에는 의도된 공동 조치들이 취해졌다. 그렇지만 점령군이 그들 단독 점령지역 내에서 포츠담 회담 합의(탈군국주의화, 탈나치화, 민주화, 보상과 군수 관련 산업 해체) 실현을 위해 실시한 정책은 서로 달랐다. 이것은 각 점령지역이 대립적인 진영으로 편입되고 두 개의 독일 국가가 건설되는 계기가 되었다.

'냉전'과 경제 복구의 필요성은 서방 점령지역의 통합을 촉진했다. 1947년 미국 점령지역과 영국 점령지역이 통합되었다. 1949년 서방 점령지역으로부터 독일연방공화국이, 이어서 소련 점령지역에서 독일민주공화국이 탄생했다.

(2) 인구 이동과 인구구조의 변화

제2차 세계대전은 대규모의 인구 변화를 초래했다. 전쟁이 끝날 즈음, 약 20개의 유럽 국가들에서 온 약 1,150만 명의 강제 동원 노동자들이 독일에서 일했다. 이들 모두 다시 본국으로 돌아가야 했다. 수백만의 독일인이 이미 전쟁 기간에 독일의 동부 지역으로부터 소개(疏開)되었거나 다가오는 소련군 때문에 큰 손실을 보며 도망쳤다.

---

15) 이것은 1987년 시점에서의 평가다. 불과 3년 후인 1990년 양독과 4대 연합국은 독일 관련 최종 해결에 관한 조약(소위 '2+4 조약')을 통해 오데르-나이세 국경을 공식적으로 확인했다.

이제 소련과 폴란드의 관리하에 있는 이 지역에 남아 있는 독일인들 대부분은, 그리고 체코슬로바키아, 헝가리 그리고 유고슬라비아에 남아 있던 독일인들 대부분은 '질서 정연하고 인간적인 이주'라는 원칙을 정한 포츠담 회담의 결정에 따라, 큰 희생을 치루면서 추방되었다. 독일 내에서 식량과 주택 부족 문제는 총 1,200만여 명의 난민과 피추방자로 격화되었다. 그럼에도 불구하고 이들의 서독 사회 통합은 성공적이었다. 이들로 인해 서독 인구의 교파 구성과 고향 분포에 큰 변화가 초래되었다.

(3) 서방 점령지역의 경제 재건과 정치 재조직

최우선 과제는 전쟁으로 인한 피해를 복구하는 것이었다. 경제 재건을 대기업의 사회화 및 경제계획과 연결하려는 계획은 실패했다. 이는 서방 점령국가들 간의 불협화음 때문이었다. 재건은 통화 개혁, 최적의 투자 기회(기업 세금 경감 등), 풍부한 노동력(특히 여성과 피추방자), 장기간의 낮은 임금, 마셜플랜(유럽 재건 프로그램), 끝으로 경제 회복에 유리한 세계 경제를 통해 촉진되었다.

정치 재조직은 먼저 지방자치단체 수준에서 단행되었다. 서방 점령 당국은 각 점령지역에서 새로운 주(州)를 만들었는데, 이것은 연방공화국의 연방주의적 재건의 기초가 되었다.

(4) 소련 점령지역의 특수한 전개

소련 점령정책은 다른 점령 당국의 정책보다 기존의 경제 · 사회 구조의 변혁에 더 강력하게 개입했다. 대기업의 탈사유화(국유화), 토지개혁(대지주 토지를 소농 토지로 바꾸거나 난민의 정착지로 만들었음), 1953년까지 지속된 대대적인 군수 관련 산업 해체가 그런 결과를 초래했다. 소련 점령 당국은 독일사회민주당(SPD)과 독일공산당(KPD)을 결합하여 독일통일사회당(SED)을 신설하기 위해 통일된 노동자당을 건설하려는 주민들의 노력을 이용했다. 다른 정당의 정치적 영향력은 보잘것없었다.

(5) 베를린 문제

미국, 소련, 영국 사이에 합의된 런던 의정서(1944년 9월)는 베를린을 3개국의 공동관리 지역으로 분할하도록 규정했다. 나중에 프랑스가 첨가되어, 베를린은 4개의 점령지역으로 나뉘었다. 4개국 공동관리는 1945년 7월에 시작했다. 그 이후 서방에서 베를린에 가려면 소련 점령지역과 동독을 통과하는 비행로와 육로를 통해야만 했다.

통화개혁이 단행되고 서독 국가 건설의 조짐이 명확해질 때 소련 군사정부는 1948년 베를린으로 연결되는 육로를 차단했다. 이로 인해 소련 점령 베를린과 서방 점령 베를린은 분리되었다. 서방 연합국들은 거의 1년 동안 서베를린의 물자를 공수했다(약 20만 회의 비행). 베를린 봉쇄는 이 때문에 실패했다. 서베를린은 의회 민주주의에 기초한 도시로 남아 있게 되었다.

4대 연합국은 베를린을 법적으로 연합국 전체의 공동 권한 아래 두었다. 서베를린은 경제적 · 재정적 · 법률적으로 서독에 속해 있었지만, 서독의 하원과 상원에 참관자의 자격으로만 참석하여 의견을 개진했다. 연방 하원이 제정한 법률은 베를린 하원의 동의를 얻어야 서베를린에서 발효될 수 있었다.

도시의 동부는 1955년 서방 점령 국가들의 저항에 대한 맞대응 차원에서 독일민주공화국(동독)의 수도로 선포되었다. 베를린이 오랫동안 국제정치와 독일정치의 위기 지역이었다. 4대 강대국은 1971년 9월 베를린 협정을 통해 서베를린의 위상 및 동베를린을 포함한 동독과 서독의 교통 문제를 해결했다.

(6) 프랑스의 점령정책

프랑스는 독일을 통일된 하나의 단위로 취급한다는 포츠담 회담의 결정에 대해 4대 점령 당국 중 가장 강한 회의를 품고 있었다. 프랑스의 점령정책은 이 때문에 때때로 영국과 미국의 점령정책과 마찰을 빚었다. 독일과 프랑스의 관계에 특히 부담으로 작용했던 것은 프랑스가 자르(Saar) 지역을 프랑스 점령지역에서 제외하고 프랑스 본토와 연관된 경제 · 관세 지역으로 만들려 한 사실이었다. 프랑스는 또한 안보상의 이유에서, 그리고 경제적 이유에서 루르 지역의 석탄 철강 산업에 대한 국제적 통제에 동등한 자격으로 참여하려 했다. 영국 점령지역과 미국 점령지역의 통합에 대한 프랑스의 동의, 독일연방공화국 창설에 대한 프랑스의 동의는 무엇보다 국제루르지역통제기구(Internationale Ruhrbehörde/Administration Internationale de la Ruhr) 창설과 깊은 연관이 있다. 국제루르지역통제기구 회원국은 미국, 영국, 프랑스, 베네룩스 3국 그리고 독일연방공화국이었다. 석탄과 철강의 생산뿐 아니라 서독과 서방 국가들 사이에 그 분배 문제도 결정할 권한이 이 기구에 부여되었다. 여기서 1952년 유럽석탄철강공동체(EGKS/CECA)가 탄생했다.[16]

16) 권고안은 국제루르통제기구가 유럽석탄철강공동체로 발전한 것처럼 서술하지만, 그

2) 독일연방공화국의 역사

(1) 일반적 발전 상황

독일연방공화국은 의회민주제를 도입함으로써 부분적으로 바이마르 공화국의 전통을 이어 받았으며 서방의 모범적 정치제도에 접목되었다. 연방공화국 헌법인 '기본법(Grundgesetz)' 은 1848년 이후의 독일 헌법 논쟁과 발전의 연방주의적, 자유주의적 전통과 연결되어 있다.

연방공화국의 역사가 시작할 때 존재했던 다수의 정당 중에서 3개만이 이후 지속적인 영향력을 행사했다('3당 체제'). 기독교민주당과 그 자매 정당인 기독교사회당(CDU/CSU), 사회민주당(SPD), 자유민주당(FDP)이 그것이다.

연방공화국의 역사는 기독교민주당이 집권하던 시기와 사회민주당/자유민주당이 집권하던 시기로 나눌 수 있다. 아데나워(Adenauer 1949~1963), 에어하르트(Erhard 1963~1966), 이상 기독교민주당 정부. 브란트(Brandt)와 슈미트(Schmidt 1969~1982), 이상 사회민주당/자유민주당 연립정부. 이 두 시기 사이에 기독교민주당/사회민주당 대연정(1966~1969)이 끼어 있다. 1982년 이후 기독교민주당/자유민주당 연정이 집권하고 있다.

(2) 주요한 헌법적 특성

기본법은 바이마르 헌법과 달리 개인의 기본권, 민주주의의 원리, 법치국가의 원리, 권력분립의 원리 그리고 연방주의를 변경할 수 없는 헌법 내용으로 정했다. 기본법은 의회 다수파에 책임지는 정부 수반(연방수상)의 권한을 강화했다. 이에 반해 국가수반(대통령)에게는 단지 의례적 대표 기능만을 허용했다. 대통령은 이제 국민의 직접투표로 선출되지 않는다. 이것을 '수상 민주주의(Kanzlerdemokratie)' 라고 부른다. 기본법을 수정한 것 중 중요한 것은 1956년 국민의 국방의무 도입과 1968년 긴급조치권 도입이었다.

기본법 서문은 특별한 의미를 지닌다. 서문은 헌법과 이에 근거한 연방공화국의 국가성을 모든 독일인이 통일될 때까지 유효한 과도기적인 것이라고 규정하고 통일을 위

렇지는 않다. 전자는 문제가 노정되자 해체되었고, 몇 년 후 후자가 창설되었다. 전자는 루르의 석탄과 철강만을 관장하지만, 후자는 회원국 모두의 석탄과 철강 문제를 다룬다.

해 노력해야 함을 천명했다.

연방헌법재판소는 기본법을 준수하고 그에 대한 해석 문제를 최종적으로 책임진다. 예컨대 정당의 헌법 일치 여부 판단의 경우에서 확인할 수 있다. 헌법재판소는 나치 전통을 이어받은 사회주의제국당(1952)과 독일공산당(1956)에 대해 헌법 불일치 판결을 내려 해체시켰다.

(3) 경제 · 사회체제

연방공화국의 초기 역사의 특징은 경제 부흥이다. 연방공화국의 안정은 이에 힘입은 바 크다. 즉, 연방공화국은 신속하게 전쟁 피해를 복구했고 난민들을 사회에 통합했으며, 생활수준을 서방의 주요 국가들의 수준으로 끌어올리는 데 성공했다. 1970년대 중반 이후 연방공화국은 다른 서방 산업 국가들이 겪는 구조적 문제(인플레이션, 스태그플레이션, 실업, 환경문제)에 직면했다.

경제성장은 '사회적 시장경제(Soziale Marktwirschaft)'의 원칙 아래 사회를 재구축하는 데 유리하게 작용했다. 노동자의 공동결정권, 임금자율주의, 단일노조 원칙 그리고 연금/실업보험/의료보험 제도와 사회부조가 연방공화국의 사회구조를 형성하는 기본 골격이다. 이 덕에 국민은 연방공화국의 국가체제, 사회체제, 경제체제에 대해 전폭적인 지지를 할 수 있었다('기본합의Grundkonsens').

(4) 정치의식의 변화

1960년대 후반/1970년대 학생/청년의 저항은 이러한 기본 합의에 의문을 던졌다. 이들은 복지와 경제성장만을 지향하는 사회에 대해 깊은 불만을 표출했다. 다양한 정치적 목표를 표방하는 운동이 1967년 이후 이에 동참했다. 학생운동을 중심으로 형성된 '원외 저항세력(Außerparlamentarische Opposition)'(좌파 경향), 여성운동, 평화운동 그리고 환경운동('녹색당Grüne')이 그것이다. 특히 환경운동은 후에 새로운 정당을 만들었다. 녹색당은 새로 만들어진 정당 중에서 총 투표수의 5% 이상(원내 정당의 최소 요건)을 얻는 데 성공한 유일한 정당이다. 연방하원과 지방하원 모두에서 그렇다.

(5) 외교관계의 기본 골격

연방공화국의 최초 국면의 특징은 서방 통합 정책이다(1949년 국제루르통제기구 가입, 서방 동맹 체제 내에서의 재군비 정책). 아데나워는 전독일적 지향을 표명한 정치

세력에 맞서 이 정책을 실시했다. 아데나워 정부는 서독을 서유럽의 경제체제와 방위체제로 통합함으로써 (유럽 통합은 미국의 후원 아래 진행되었다) 연방공화국의 외교상의 제한을 제거하고자 했다. 서방 통합은 유럽석탄철강공동체 창설부터 시작되었다. 연방공화국, 프랑스, 베네룩스 3국 그리고 이탈리아가 여기에 참여했다. 서독의 서방 통합은 1957년 '유럽경제공동체(EWG/CEE)' 창설로 그 절정에 도달했다.

프랑스는 1954년 유럽석탄철강공동체 회원국의 국방군 통합을 골자로 하는 '유럽방위공동체(EVG/CED)' 조약에 대한 비준을 거부함으로써 이를 좌절시켰다. 이러한 프랑스의 반대에도 불구하고 연방공화국은 1955년 서방의 군사동맹체제로 통합되었다. 즉, 서독의 독자적인 국방군이 재건되어 나토에 통합되었다. 1954년 파리 조약에 이어 1955년 '독일 조약(Deutschlandvertrag/Traité sur l'Allemagne)'과 '군 주둔 조약(Truppenvertrag/Traité sur (le stationnement) des forces armées)'이 발효했다. 이 조약들은 서독의 점령상태의 종결과 나토 가입과 함께 연방공화국의 국가주권의 근거가 되었다.

자르 지역이 독일에 다시 편입된 것은 연방공화국과 프랑스의 화해에 중요한 일보였다. 자르란트는 1956년 서독 총리 아데나워와 프랑스 총리 몰레(Mollet)가 체결한 자르 협정에 따라 1957년 연방공화국의 10번째 주가 되었다. 양국 간 화해는 양국 간 긴밀한 정치적, 문화적 관계를 위해 1963년 체결된 독 · 프 우호조약(엘리제 조약)에서 그 절정에 달했다.

연방공화국은 '할슈타인 독트린(Hallstein Doktrin)'에 근거하여—1955년 이래 소련과의 관계는 여기서 제외되었다—서독이 독일 전체를 단독으로 대표한다는 점을 인정하고 동독을 인정하지 않는 국가들과만 외교관계를 맺었다. 아데나워 시기 채택된 이 정책은 장기적인 시각에서는 연방공화국의 이익에 부합하지 않았다. 결국 대연정 시기 폐기되었다. 브란트의 사회자유 연립정부는 서방 국가들과의 공조 아래 새로운 '동방정책'을 실시했다. 모스크바 조약(1970)과 바르샤바 조약(1970)은 일방적으로 변경할 수 없는, 사실상 존재하는 국경선에 대한 인정으로부터 시작했다. 독일민주공화국과의 기본조약(Grundvertrag, 1972)은 특수한 동 · 서독 관계를 규정했다. 하지만 이것은 통일에 대한 독일인의 권리를 포기하지 않았다.

연방공화국의 동방정책은 미국과 소련의 긴장 완화 정책의 일환이기도 했다. 국제적 긴장 완화 정책은 1960년대 중반에 시작하여 1975년 유럽안보협력회의(KSZE/CSCE) 최종 의결서 선포로 그 절정에 이르렀다. 연방공화국은 이로부터 외교상 운신의 폭을 넓혔지만, 동구 국가들과의 관계 개선 문제는 여전히 양대 세계 강대국 관계에 종속되어 있었다.

(6) 독일민주공화국

소련 점령지역은 독일연방공화국 건국 이후 1949년 가을 독일민주공화국이라는 국가로 바뀌었다. 동독은 오직 공산주의 국가들에 의해서만 인정받았다. 동구 블록으로의 동독 통합은 제2차 세계대전 종결로 설정된 폴란드 및 체코슬로바키아와의 국경을 인정하는 조약을 통해 이루어졌다.

동독은 '인민민주주의(Volksdemokratie/Democratie Populaire)' 체제를 구축하면서, 1952년 이후 서독(서방)과 점점 멀어져갔다(동서독 경계 강화 조치). 이와 동시에 동독은 정치적, 군사적으로 동구 블록에 통합되었고(1950년 경제상호원조회의 COMECON 가입, 1955년 바르샤바 조약 가입, 1956년 독자적인 인민군 건군) 소련과 같은 정치 제도와 경제 제도를 도입했다(중앙집권, 계획경제).

이러한 발전의 초기 단계는 격렬한 내적 위기를 수반했다. 1953년 6월 17일의 노동자 봉기, 강제적 농업집단화 조치(1960년에 극에 달했다), 경제 상황에 대한 국민의 일반적 불만, 정치적 억압은 동독인들이 서베를린으로 탈출한 원인이었다. 탈동독자는 대략 350만 명에 이르렀다. 당시는 동베를린에서 서베를린으로 이동하는 것이 쉬웠다. 이 탈출 물결은 1961년 8월 베를린 장벽이 축조되면서 멈추었다. 그 이후 동독은 내적 위기를 좀 더 쉽게 극복할 수 있었다. 독일민주공화국은 동구 블록 안에서 가장 높은 생활수준을 갖게 되었다. 하지만 외국 여행 욕구와 탈동독 시도는 여전히 남아 있었다. 이것은 동독 정치 체제에 대한 동독 주민의 지지 수준이 낮다는 것을 보여주는 증거다.

독일민주공화국을 인정하는 국가가 1970년대 초 이후 점점 증가했다. 물론 서유럽 국가들과 미국도 이에 포함되었다. 동독은 1973년 서독과 함께 유엔에 가입했다. 동독은 처음으로 독일의(물론 사회주의적) 통일을 추구했고 이 전제로부터 모든 정책을 실시했다. 하지만 동독 수뇌부는 1974년부터, 이제부터 독일 땅에 '사회주의적 민족'과 '자본주의적 민족'이 존재한다는 입장을 취하기 시작했다.

서독의 입장에서 볼 때, 동 · 서독 관계는 특수하다. 외무부에 속하지 않는 상주대표부가 양 정부 관계를 조율한다. 동독은 '내독(innerdeutsche)' 통상을 통해 서독과 통상을 하고, 이를 계기로 '유럽공동체(EG/CE)'와 연결되었다. 1972년 기본 조약은 양독의 인적, 정치적, 경제적 관계의 기초를 놓았다.

[설명해야 할 개념]

무조건 항복(Bedingungslose Kapitulation), 연방국가(Bundesstaat), 기본법(Grundgesetz), 사회적 시장경제(Soziale Marktwirschaft), 임금자율주의(Tarifautonomie), 국시로서의 통일(Wiedervereinigungsgebot), 동방정책(Ostpolitik)

[다루어야 할 인물]

아데나워(Konrad Adenauer), 에어하르트(Ludwig Erhard), 슈트라우스(Franz-Josef Strauß), 브란트(Willy Brandt), 슈미트(Helmut Schmidt), 콜(Helmut Kohl), 울브리히트(Walter Ulbricht), 호네커(Erich Honecker)

2. 독일 역사교과서의 프랑스 4, 5공화국 서술. 교과서 서술과 수업의 개선을 위한 권고

1) 머리말

독일 역사교과서는 프랑스사의 경제적, 사회적 연속성을 보여주기 위해—물론 정치 체제는 변했지만—프랑스 제4, 5공화국을 전체적으로 서술하는 것이 요망된다. 학습목표는 학생들이 다음 세 가지 요점을 익히는 것이다.

- 민주적 제도의 지속과 자유권에 대한 중시
- 제2차 세계대전 이후 프랑스 사회의 근본적 혁신
- 프랑스가 국제관계에서 차지하는 특별한 위치

이러한 기본 틀 위에 양 공화국의 다음과 같은 측면의 서술이 필요하다.

① 1958년 개헌. 정치체제의 민주주의적 성격은 변하지 않았지만, 의회와 행정부의 관계가 변했다. 이와 함께 국가의 여러 제도가 바뀌었다.

② 정계와 노동계 조직에서는 큰 범위에서 변화가 없었다.

③ 프랑스 사회의 변화
- 인구 증가
- 취업 인구 분포의 변화
- 새로운 가치의 수용(성장 등)
- 1968년 사건의 특별한 의미

④ 1950년대부터 1970년대까지 지속된 경제성장은 산업 구조와 농업경제의 현대화와 쇄신, 그리고 세계 통상에서 차지하는 프랑스의 위상 덕이었다.

⑤ 프랑스와 그 이전 식민지의 관계가 새롭게 설정되었다(1946년 프랑스 연합[Union

français] 창설, 1958/60년 프랑스 공동체[Communauté] 창설, 식민지민의 자결주의 원칙 인정, 1960년 이후 상호협력 조약들). 인도차이나와 북아프리카의 식민지들이 독립하면서 프랑스는 점점 더 큰 어려움에 직면했다(특히 알제리 전쟁이 국내 정치에 미친 영향).

⑥ 서방 세계 안에서 정치 · 군사적으로 상대적 독자성을 확보하기 위한 노력(특히 1958년 이후). 프랑스가 주도적인 군사적 강대국 반열에 오르기 위한 핵 억지력 구축.

⑦ 국가주권 유지의 범위 내에서 통합된 유럽 건설에 참여. 이것은 특히 독일연방공화국과의 협력을 통해 이루어졌다.

2) 제4공화국과 제5공화국의 특수한 문제

(1) 제4공화국

다음과 같은 사항을 주목할 것을 권한다.

① 중요한 구조개혁(국유화)이 결정되고 미래의 체제에 대한 논의(헌법에 대한 국민투표)가 벌어졌던 '임시정부(1944~1946)' 기간.

② 3당 체제의 의미(1944~1947) : 공산주의자, 사회주의자(통합사회당, SFIO), 기독교민주주의자(인민공화운동, MRP).

③ 주로 선거제도 문제 때문에 발생한 정부의 불안정, 알제리 문제에 대한 해결 능력 부재(1958년 제4공화국이 붕괴했다).

(2) 제5공화국

① 1958년 개헌과 1962년 헌법 수정(대통령 직선제)에서 드골의 영향력의 결정적 중요성을 강조해야 한다. 대통령의 권한 강화와 같은 대통령 중심제의 특성을 과장해서는 안 된다. 이때에 의회제는 여전히 중요한 정치 원칙이었다. 예컨대, 총리는 국회에 대해 책임을 지고 있다.

② 1958년부터 절대다수제(scrutin majoritaire)[17]가 도입되어 정부가 안정되었다.

17) 1차 선거에서는 한 선거구당 절대다수를 차지한 한 명의 후보가 당선된다. 1차 선거에서 당선자가 없을 경우 2차 투표를 하게 되는데, 이때 단순(상대)다수를 확보한 후보가 당선된다. 이런 관계로 2차 투표제 또는 결선투표제라고 불리기도 한다. 이것은 의회의 안정적인 다수 형성에 도움이 되지만, 군소정당의 후보에게는 매우 불리한 제도다.

대통령은 국회를 해산할 수 있게 되었다.

③ 정당 개혁(드골파 정당 창당, 새로운 사회주의 정당 창당)과 연합정치의 전개

④ 1968년 사건(Les événements de1968). 학생운동, 사회 · 정치적 위기와 그 심리적 영향.

⑤ 지역주의 운동. 지역화 및 탈중앙화에 따르는 최근의 문제.

[언급해야 할 인물]

슈만(Robert Schuman), 드골(Charles de Gaulle), 지스카르 데스탱(Valéry Giscard d'Estaing), 모네(Jean Monnet), 퐁피두(Georges Pompidou), 미테랑(François Mitterand), 멘데스프랑스(Pierre Mendès-France)

[설명해야 할 개념]

국유화(Nationalisation), 경제계획(Planification), 지역화(Régionalisation), 드골주의(Gaullisme), 좌파연합(Union de la Gauche), 조국들의 유럽(Europe des Patries)

부록

1. 분석된 교과서

Erinnern und urteilen Bd. 3 (1980), 4 (1982). Stuttgart (Klett).

Fragen an die Geschichte Bd. 4 (1979), Lehrerbegleitband 4 (1984). Frankfurt/M. (Hirschgraben).

Geschichte Bd. 4 : *Neueste Zeit* (1984). Bamberg (Buchner).

Geschichte für morgen Bd. 3 : *Die Grundlagen unserer Gesellschaft* 1648~1919 (1979), Bd. 4 : *Zeitgeschichte* (1980). Frankfurt/M. (Hirschgraben).

Geschichtliche Weltkunde Bd. 2 : *Vom Zeitalter der Entdeckung bis zum Ende des 19. Jahrhunderts* (1975), Bd. 4 (1983). Frankfurt/M. (Diesterweg).

Geschichte kennen und verstehen Jahrgangs-Stufe 10 (1984). Donauwörth (Auer).

Grundriß der Geschichte Bd. 2 : *Die moderne Welt. Von den bürgerlichen Revolutionen bis zur Gegenwart* (1970). Stuttgart (Klett).

Grundzüge der Geschichte Bd. 3 : *Vom Westfälischen Frieden bis zum Jahre 1890* (1974), Bd. 4 : *Von 1890 bis zur Gegenwart* (1977/1981). Frankfurt/M. (Diesterweg).

Menschen in ihrer Zeit Bd. 4 bzw. 6 : *In unserer Zeit* (1978). Stuttgart (Klett).

Die Reise in die Vergangenheit Bd. 4 : *Geschichte und Politik in unserer Zeit* (1983). Braunschweig (Westermann).

Spiegel der Zeiten Ausg. B, Bd. 3 : *Vom Absolutismus bis zum Hochimperialismus* (1977), Bd. 4 : *Von der Russischen Revolution bis zur Gegenwart* (1978). Frankfurt/M. (Diesterweg).

Unser Weg durch die Geschichte Bd. 3 : *Vom Wiener Kongreß bis zur Gegenwart* (1977). Frankfurt/M. (Hirschgraben).

Weltgeschichte im Aufriß Arbeits-und Quellenbuch Bd. 3 : *Von der Französischen Revolution bis zur Gegenwart* (1973). Frankfurt/M. (Diesterweg).

Wir erleben die Geschichte Ausg. A, Bd. 2 (1973/76), 3 (1974/76). München (Bayerischer Schulbuchverlag).

Zeitaufnahme Bd. 3 : *Vom Ersten zum Zweiten Weltkrieg* (1982). Braunschweig (Westermann).

Zeiten und Menschen Ausg. B, Bd. 3 : *Das Werden der Mondernen Welt* 1648 ~1918 (1977), Bd. 4 : *Von der Oktoberrevolution bis zur Gegenwart* (1983) ; Ausg. G. Bd. 2 : *Die geschichtlichen Grundlagen der Gegenwart* : 1776 *bis heute*. Paderborn (Schöningh), Hannover (Schroedel).

Espaces & Civilisations 3e. Paris (Belin) 1980, Désiré/Lebrun_Zanghinelli.

Coll. M. Vincent(1980), *Histoire Géographie* 3e, Paris (Bordas).

Coll. Guigue(1984), *Histoire Géographie* 3e, Paris (Bordas).

Baleste, Blanchon, Pernet & Mathiex(1980),*Histoire Géographie* 3e, Paris (Colin/Hachette).

Coll. Aldebert&Kienast(1980), *Histoire Géographie* 3e, Paris (Delagrave).

Brière, Chambon, Guadin, Pouliquen & Wytteman(1980), *Histoire Géographie* 3e, Paris (Grell/Istra).

J. M. Lambin(1984), *Histoire Géographie* 3e, Paris (Hachette).
Brignon et al(1980/1984), *Histoire Géographie* 3e, Paris (Hatier).
Coll. J. et C. François(1980/1984), *Histoire Géographie* 3e, Paris (Nathan).
Bernard, Devavry & Roche(1981/1984), *Le Monde du XXe siècle* 3e, Paris (Magnard).

2. 독일-프랑스 역사교과서 협의 연표

① Braunschweig	1981. 11. 30~12. 2
② Paris	1982. 5. 3~5. 5
③ Braunschweig	1982. 12. 2~12. 4
④ Paris	1983. 11. 28~11. 30
⑤ Berlin	1984. 5. 6~5. 9
⑥ Paris	1985. 5. 10~5. 12
⑦ Lübeck	1986. 5. 8~5. 11
⑧ Paris	1987. 5. 1~5. 3

3. 참가자(이름 옆에 부가된 숫자는 참가한 회의 차수다)

StR Burkhard Abel, 프랑켄탈 카롤리넨 중등학교(Karolinen-Gymnasium Frankenthal) 교사, 1

Jacques Aldebert, 루이 르 그랑(Louis le Grand) 고등학교 교사, 2, 4, 6, 7, 8

Jean-Pierre Azéma, 파리 정치연구소(Institut d' Etudes Politiques de Paris) 교수, 6, 7, 8

Jean-Claude Allain, 멘 대학교(Université du Maine) 현대사 교수, 2, 3, 4, 5, 6, 7, 8

Jacques Bariéty, 파리 4 대학교(Université de Paris IV) 현대사 교수, 2, 4, 6, 7

Gérald Chaix, 괴팅엔 프랑스 연구소(Mission Historique Française en Allemagne, Göttingen) 연구원, 8

Dr. Karlheinz Deberke, 베를린 교육감(Oberschulrat beim Senator für Schulwesen), 3

Jean-Marie D' Hoop, 프랑스역사 · 지리교원협회(APHG) 명예회장, 2, 4, 6

Jacques Droz, 파리 1 대학교 현대사 교수, 1, 2, 3, 4, 5, 6, 7, 8

Prof. Dr. Michael Erbe, 자유베를린 대학교 사학과 교수, 3, 4, 5, 6, 7, 8

OStR Dr. Hildegard Ernst, 마인츠 구텐베르크 중등학교(Gutenberg-Gymnasium Mainz) /마인츠 대학교(Universität Mainz), 1, 2, 3, 4, 5, 6, 7, 8

Robert Fossier, 파리 1 대학교 중세사 교수, 4

Etienne François, 괴팅엔 프랑스 연구소 연구원/낭시 2 대학교(Universtié de Nancy II) 교수, 3, 4, 5

Raoul Graille, 튀렌 고등학교(Lycée Turenne) 교사, 1, 2, 3, 4, 5, 6, 7, 8

Alfred Grosser, 파리 정치연구소 교수, 6

Prof. Dr. Ernst Hinrichs, 브라운슈바이크 게오르크-에케르트연구소 소장, 6, 7, 8

Andrea Homeister-Hunger, 브라운슈바이크 게오르크-에케르트연구소 연구원, 6, 7, 8

Prof. Dr. Peter Hüttenberger, 뒤셀도르프 대학교(Universität Düsseldorf) 교수

Studielektor Hans A. Jacobsen, 덴마크 참관인, 3

Prof. Dr. Eberhard Jäckel, 슈투트가르트 대학교(Universität Stuttgart) 교수, 4, 5, 6, 7, 8

Pierre Jardin, 프랑스국립과학연구소(CNRS) 연구관, 4, 5, 6, 7, 8

Prof. Dr. Karl-Ernst Jeismann, 브라운슈바이크 게오르크-에케르트연구소 소장(1984년까지), 1, 2, 3, 4, 5

Stud. Dir. Dr. Klaus-Dieter Kaiser, 독일 역사교원협회(Verband der Geschichtslehrer Deutschlands) 베를린 지부(고등학교 교사), 2, 3, 4, 5, 6, 7, 8

Annette Kleszcz-Wagner, 파리 소재 고등학교 교사, 6

Otdette Lacueva, 파리 엘렌 부쉐(Hélène Boucher, Paris) 고등학교 교사, 4, 5, 6, 7, 8

André Laronde, 그레노블 2 대학교(Université des Sciences Sociales [Grenoble II]) 사학과 교수, 1, 3, 4, 5, 6, 8

Georges Muller, 룩셈부르크 역사교사협회(Association des Professeurs d' Histoire au Luxembourg)(고등학교 교사), 4

Jean Peyrot, 파리 정치연구소 교수/프랑스역사 · 지리교원협회 회장, 2, 4, 5, 6, 7, 8

Stud. Dir. Arnold Rauber, 독일 역사교원협회 자르란트 지부(고등학교 교사), 2, 3, 4, 5, 6

René Rémond, 파리 10 대학교 현대사 교수, 국립정치대학원(Fondation Nationale des Sciences Politiques) 학장, 4

Dr. Rainer Riemenschneider, 브라운슈바이크 게오르크-에케르트연구소 연구원)/파리 소재 독일사연구소(Deutsches Historisches Institut Paris) 연구원(1983~1987), 1, 2, 3, 4, 5, 6, 7, 8

Dr. Bernd Schönemann, 뮌스터 대학교(Universität Münster) 역사 · 정치 · 교육학 교수, 5

Stud. Dir. Dr. Gustav A. Süss, 독일 역사교원협회 회장(1980~1986), 1

Prof. Dr. Rudolf von Thadden, 괴팅엔 대학교 교수/게오르크-에케르트 연구소 학문자문단, 1, 3, 4

Priv.-Doz. Dr. Dieter Tiemann, 도르트문트 대학교 강사, 7, 8

Hubert Tison, 작크 드쿠르(Jacques Decour) 고등학교 교사/파리 정치연구소연구원, 1, 2, 3, 4, 5, 6, 7, 8

Prof. Dr. Hermann Weber, 마인츠 대학교 교수, 1

Prof. Dr. Karl Ferdinan Werner, 파리 소재 독일사연구소(Deutsches Historisches Institut Paris) 소장, 1, 2, 4, 6

OStR Rolf Wittenbrock, 자르브뤼켄 독 · 프 고등학교(Deutsch-Französisches Gymnasium Saarbrücken) 교사/독일 역사교원협회 자르(Saar) 지부

IV. 「1999년 권고안」

『독일/프랑스의 역사 · 지리 과목 교과서 권고안 : 산업화와 산업지대(Empfehlungen zur Behandlung des Themas Industrisierung und Industrieregionen in deutschen und frazösischen Schulbüchern für Geschichte und Geographie/Recommandations concernant le traitement du thème Industrialisation et régions industrielles dans les manuels d'histoire et de géographie français et allemands)』

1. 머리말

독 · 프 교과서위원회 역사상 처음으로 역사과와 지리과가 공동으로 권고안을 작성하였다. 위원회는 양 분과가 교육과정상 서로 깊은 연관을 맺고 있는 독일의 연방주들과 프랑스들의 상황을 고려하였다. 노르트라인-베스트팔렌(Nortrhein-Westfalen)과 니더작센(Niedersachsen)의 교육과정은 최근 이 두 과목의 연계를 더욱 강화했다. 독 · 프 교과서위원회는 여러 번의 회의에서—자르브뤼켄, 파리, 베를린, 툴루즈—'산업화와 산업지대'를 집중적으로 다루었다. 이 주제는 역사과와 지리과가 협력할 수 있는 최적의 영역이다. 왜냐하면 사회적, 경제적, 환경적, 공간적 문제가 이 두 교과목에서 뚜렷하게 중첩되기 때문이다.

다음의 권고안은 최근의 학문 연구 결과를 고려하여 독일과 프랑스의 교과서, 교육과정 그리고 기타 수업 교재를 분석한 결과다. 분석 결과 양국의 교재에서 부족한 부분들이 있음이 명확해졌다. 다음의 권고안은 부족한 부분을 보충하기 위한 것이다.

2. 권고 내용

① 주제 영역 '산업'에 종종 부정확하게 정의되거나 보다 더 상세한 설명이 필요한 개념들이 많이 등장한다. '산업혁명', '산업화', '오래된 산업화 지대(altindustrialisierte Räume/régions d'ancienne industrialisation)', '산업지대', '탈산업화', '산업구조전환(Rekonversion)' 등이 바로 그것이다. 산업화와 사회 변화(근대화, 민주화

등)의 관계를 분명히 밝혀야 한다.

② 위에서 언급된 주제들은 지금까지 다음과 같은 고정된 방식으로 다루어졌다.

- 프랑스 교과서에서는 루르 지역이 신화화되었고, 독일 교과서에서는 포스쉬르 메르(Fos-sur-Mer)가 과대평가되었다.
- 지방의 산업 성장을 너무 국가적 차원에서만 본다.
- 경제 변화와 사회 위기를 동일한 현상으로 취급했다(예컨대 생산성 향상과 실업률 증가. 이에 대해 부록을 보시오).

③ 석탄 철강 지역, 대단위 산업복합단지, 대규모 항구 등과 같은 산업 지역의 특수성에 따라 다양한 방식의 산업화가 진행되었음을 밝혀야 한다.

④ '산업'이라는 복합적 주제를 다룰 때는 다양한 산업(섬유산업, 광업, 금속가공업, 화학산업, 전력산업, 하이테크산업)에서 발생하는 사회 · 정치 · 문화 · 경제 · 공간 · 인구의 변화를 부각시켜야 한다. 산업화가 인간과 사회집단 그리고 그들의 삶의 방식(주거문화와 문화생활) 및 그들의 문학과 예술에 미친 영향을 함께 고려하는 것은 중요하다. 그러므로 지리, 역사, 일반사회라는 교과 과목을 포괄하는 수업이 바람직하다.

⑤ 교과서에 다룰 지역과 분야는 대표성을 띠어야 한다. 또한 이 예들은 다른 지역과 나라에서도 발견될 수 있는 상호작용에 의해 초래된 것임을 밝혀야 한다.

⑥ '산업지대(Industrielandschaft/paysages industriels)'의 특징은 기업과 분야들 간의 관계망이 점점 더 조밀해지고 있다는 데 있다. 이는 결국 복합적인 산업생산 시스템을 낳았다. 처음부터 산업화에 필요했던 교통망과 새로운 교류 수단이 점점 더 중요해지고 있다. 그러므로 하이테크 지역과 산업/기술 중심지의 발전 조건들을 지도와 그림 자료를 활용해 명확히 제시해야 한다.

최근의 발전으로 새로운 산업적 '공간유형들(Raumtypen/types spatiaux)'이 형성되었다. 이것은 새로운 작용방식에 따르며 상당한 정도로 국제적 관계망에 의존한다. 이러한 새로운 공간유형들에 대한 학문적 논의를 고려할 것이 요망된다.

⑦ 상품유통의 자유화(GATT, 유럽연합, 유럽자유무역지대[EFTA], 북아메리카자유무역지대[NAFTA])에 대한 최근의 시도는 오늘날에 비로소 나온 것이 아니다. 19세기에서부터 이러한 시도는 지속적으로 존재했다(독일의 관세동맹, 영국 주도의 자유무역, 라틴 통화동맹). 이러한 점이 분명히 부각되어야 한다.

국가가 인간, 자본, 상품의 자유 유통에 따르는 이점에 주목하기 전에 어떤 산업지대들은 이러한 이익을 취해왔다.

⑧ 정치적, 사회적 영향력을 지닌 산업화 과정이 산업 국가들에서 지속되었고, 세계화의 경향을 보이고 있다는 점이 또한 강조될 필요가 있다.

⑨ '오래된 산업화' 지역들을 재건하는 일은 많은 환경 문제(오래된 오염 상태의 결과와 새로운 환경오염의 위험)를 야기하며 이를 극복하기 위해 많은 비용이 소모된다는 점을 언급할 필요가 있다.

3. 부록

'산업혁명'과 연관하여 산업화의 기원과 영향을 설명하는 것은 산업구조전환(Rekonversion)과 같은 모호한 개념엔 탈산업화(Oeindustrialisierung/désindustrialialisation)의 기원과 영향을 설명하는 것보다 쉽다.

(과거의) 중공업 중심지로서 로렌은 공장과 광산의 폐쇄, 철 생산의 감소 그리고 도시의 황폐를 연상케 한다. 그러므로 프랑스 교과서들에서 중공업 지역의 사회적 위기는 중공업 자체의 위기로 등치된다. 특히 영국, 이탈리아 그리고 프랑스를 다룰 때 이러한 경향이 나타난다.

하지만 실제는 그렇지 않다. 미오슈(Philippe Mioche)의 연구에 의하면, 철강 산업은 질적 측면에서 위기에 처한 것이 아니라 근본적인 전환 국면을 맞이했다.[1] 철강 산업은 혁신을 단행하고, 생산 라인을 확장하며, 새로운 시장을—예컨대 독일에 새로운 시장을 발견한 로렌 연판(Bleche/tôles)—개척하고 있다. 이러한 상황은 교과서에서 전혀 언급되지 않고 있다. 교과서 저자들은 사회적 위기에 더 많은 관심을 표명하고 있다. 늦었지만 성공적인 철강 산업의 혁신과정은 전혀 주목받지 못한다.

예컨대 북프랑스에서 산업 중심지가 해안가로 이전하는 현상을 고찰할 수 있다. 남프랑스의 포스쉬르메르는 초반의 어려움을 극복하고 성공을 거두었다. 위지노(Usinor)[2]는 독일에 투자하고 왈론(Wallon) 공장을 매각하였다. 이러한 변화를 언급

1) Philippe Mioche(1994), "La sidérurgie française de 1973 à nos jours, dégénérescence et transformation," *Revue Vingtième Siècle*, 42, avri-juin, pp. 17~28.

2) 위지노는 프랑스의 대표적인 철강 회사다.

한다는 것이 이로 인해 큰 희생을 치러야 했던 사람들을 간과하는 것은 결코 아니다.

기술 변화는 지난 세기 산업 지대가 '도약(Take-Off)' 할 수 있었던 계기로 여겨졌다. 하지만 이 견해는 더 이상 적절하지 않다.

산업화 및 탈산업화를 사회적, 정치적 영향에 국한하여 다루는 것은 그것을 기술적, 경제적 변화에만 초점을 맞추어 고찰하는 것과 같이 적절하지 않다. 그러므로 최대한 구체적 실상을 묘사하고 장단점을 분석하는 노력을 기울여야 한다.

[참가자 명단]

Jean-Claude Allain, 파리 3 대학(소르본) 사학과 교수, 독 · 프 교과서협의회 프랑스 측 위원장

Beate Auner, Obertudienrätin, 브레멘(Bremen), 지리과

Ursula A. J. Becher, 게오르크-에케르트 연구소 소장

Christoph Bernhardt, 베를린 공대, 지역발전 · 구조연구소

Jean-Claude Boyer, 파리 8 대학(생드니) 지리과 교수

Albert Broder, 발 드 마른(Val de Marne) 대학교 사학과 교수

Wolfgang Brücher, 자르란트(Saarland) 대학교 지리학과 교수

Luc Delmas, 루이 아라공 중학교(Collège Louis Aragon à Jarny) 역사 · 지리과 교사

Ludwig Denne, 자르란트 교육체육국장, 게오르크-에케르트 국제교과서연구소 자문단 자르 란트 대표 역임

Roger Dirrig, 스트라스부르 고등사범학교(Ecole Normale) 역사 · 지리학과 교수

Michael Erbe, 만하임(Manheim) 대학교 사학과 교수

Dieter Ewald, 빌레펠트(Bielefeld) 대학교 지리학과 강사

Raoul Graille, 역사 · 지리과 교사

Werner Habicht, 자르브뤼켄(Saarbrücken) 대학교 지리학과 교수

Inge Hanslik, Oberstudienrätin, 이제르하겐 중등학교(Gymnasium Isernhagen)

Roderich Henrÿ, 게오르크-에케르트 국제교과서연구소 연구원, 지리학

Peter Hertner, 할레-비텐베르크(Halle-Wittenberg) 대학교 사학과 교수

Ernst Hinrichs, 올덴부르크(Oldenburg) 대학교 사학과 교수, 게오르크-에케르트 국제교과 서연구소 학문자문단 회원

Anja Hruschka, 자르브뤼켄-메스(Saarbrücken-Metz) 대학교 교수

Pierre Jardin, 프랑스국립과학연구소(CNRS) 연구원

Klaus-Dieter Kaiser, Oberstudienrat, 베를린 프랑스 중등학교, 독일교원연맹

Odette Lacueva, 엘렌 부쉐 중등학교(Lycée Hélène Boucher, Paris) 역사 · 지리과 교사, 프랑스 역사 · 지리교원협회

Robert Marconis, 툴루즈(Toulouse-Le Mirail) 대학교 지리학과 교수, 프랑스 역사 · 지리교원협회 회장

Ulrich Menzel, 브라운슈바이크(Braunschweig) 공대 정치학과 교수

Jean-Paul Moreau, 피카르디(Picardie) 대학교(아미엥Amiens) 지리학과 명예교수

Alexandre Pajon, 뷕 프랑스–독일 중등학교(Lycée Franco-Allemand de Buc) 역사 · 지리과 교사, 독일 뒤셀도르프(Düsseldorf) 소재 프랑스연구소 부소장

Laurent Petit, 뷕 프랑스–독일 중등학교 역사 · 지리과 교사

Jean Peyrot, 프랑스 역사 · 지리교사협회 전임 회장

Nicole Pietri, 스트라스부르(Strasbourg) 대학교 사학과 교수

Alfred Pletsch, 마르부르크(Marburg) 대학교 지리학과 교수, 게오르크–에케르트 국제교과서연구소 학문자문단 회원

Rainer Riemenschneider, 게오르크–에케르트 국제교과서연구소 연구원, 역사학

Christian Schulz, 쾰른(Köln) 대학교 지리학과

Hubert Tison, 파리 정치연구소(Institut d'Etudes Politiques de Paris) 강사, 파리 자크 드쿠르(Jacques Decour) 중학교 역사 · 지리 교사, 프랑스 역사지리교사협회(APHG) 총무

Rolf Wittenbrock, 자르브뤼켄(Saarbrücken) 독 · 프 중등학교 교장, 독일교원연맹

Nguyen Thua Hy, 하노이 대학교(베트남) 사학과 교수(피초청자 신분으로 참가)

V.「2004년 편찬 지침」

『독일-프랑스 고등학교 공동 역사교과서 편찬 지침 (Deutsch-Französisches Geschichtsbuch. Geschichtsbuch für die Klassenstufen 10/11, 11/12 und 12/13. Projektbeschreibung/Manuel d'histoire franco-allemand. Manuel d'histoire pour les classes de seconde, de première et terminale. Cahier des charges)』[1)]

[양국 편찬지침위원회 위원]

○ 독일

Stefan Krawielicki 외교부 독-프 협력조약 문화담당 전권위원 제1사무국

Christine Klos 외교부 독-프 협력조약 문화담당 전권위원 제2사무국

Andrea Schwermer 연방주 교육부장관 상설회의 사무국

Dr. Stefan Krimm 바이에른 주 교육부

Wilfried Burger 작센 주 교육부

Dr. Ursula Lange 프리드리히-에버트 김나지움(Bonn)

Prof. Dr. Dr. h.c. mult. Rudolf von Thadden 외교부 산하 독-프 사회협력 부문 자문위원/괴팅엔 대학교 사학과 교수

Prof. Dr. Dr. h.c. Horst Möller 현대사연구소 소장, 뮌헨 대학교 사학과 교수

Dr. Rainer Riemenschneider 게오르크-에케르트 국제교과서연구소

Dr. Rolf Wittenbrock 독일-프랑스 김나지움(Saarbrücken)

○ 프랑스

Jean-Louis Nembrini 교육감

Gérald Chaix 스트라스부르 대학구장

Prof. Etienne François 베를린 공과대학 프랑사연구소 소장

---

1) 이것은 비록 공동 교과서를 위한 일시적인 성격을 띠고 있지만, 역사교육 교육과정과 같은 문서다.

Prof. Pierre Monnet 베르사유 대학교 사학과 교수
Yves Poncelet 교육감
Marcel Spisser 스트라스부르 대학구 심의관
Jean Pierre 외교부
Yves Beauvois 교육부
Michel Tarpinian 교육부

머리말

1. 정치적 배경과 기본적 구상

독일–프랑스 청소년의회(Deutsch-Französisches Jugendparlament/parlement franco-allemand des jeunes)[2)]는 지난 2003년 1월 23일 베를린에서 서로에 대한 심층적 이해를 도모하기 위해 동일한 내용으로 구성된 독일–프랑스 공동 역사교과서 편찬 작업을 추진해 주도록 슈뢰더 독일 총리와 시라크 프랑스 대통령에게 요청하였다. 두 정상은 이 요청을 받아들였다. 이 계획은 독일 주총리 회의(베를린, 2003년 6월 26일)와 독일 주(Land)–프랑스 광역도(Region)[3)] 회의(푸아티에, 2003년 10월 27~28일)에서 구체적으로 확정되었다. 각 회의에 프랑스 총리 라파랭(Rafarin), 독일 총리 슈뢰더, 독·프 우호조약(엘리제 조약) 독일 측 문화 담당 전권대표이자 자르란트 주 총리 뮐러(Müller)가 참석했다. 독일 연방주 교육부장관 상설회의(2003년 11월 6일)는 이 공동 역사교과서 계획을 환영했으며, 이 계획의 정치적 중요도를 고려하여 교과서 인가 과정을 유연하게 진행시킬 것에 합의하였다.

공동 교과서 편찬 계획의 목적은 이를 통해서, 통합되어가는 유럽에서 성장하는 독일과 프랑스 학생이 공동의 역사의식을 함양할 수 있는 토대를 만드는 데 기여하는 것

2) 1963년 엘리제 조약(독·프 우호조약)에 의거 양국은 청소년 교류를 활성화했다. 2003년 엘리제 조약 40주년을 맞이하여 양국 청소년으로 구성된 일시적 의회기구가 발족해 토론회가 개최되었다.
3) 프랑스에는 우리의 도에 해당하는 지역으로 region과 département이 있다. region은 몇 개의 departement로 구성되어 있다. 전자를 '광역도'로, 후자를 '도'로 번역한다.

이다. 중요한 것은 양국 역사 발전의 비슷한 점과 차이점을 분명히 밝히고 역사를 바라보는 시각을 전환하는 훈련을 하는 것이다. 공동 교과서는 함께 성장하고 교류하며 협력한 시대뿐 아니라 분쟁의 시대에도 상당한 분량을 할애할 계획이다. 이는 역사적 유산의 중요성과 미래를 공동으로 건설할 필요성을 성장하는 젊은 세대에게 가르쳐주기 위함이다.

이 계획을 구체화하기 위해 '독일-프랑스 역사교과서' 양국 실무위원회가 발족됐다. 프랑스와 독일의 관계장관회의(파리, 2004년 5월 13일)는 이 계획의 실행을 다시 한 번 확인하고 실무위원회에게 구체적인 임무를 부여했다.

공동 교과서는 3권으로 구성될 것이다. 2006/2007학년도에 동일한 독일어판과 프랑스어판이 기타 일반 고등학교 교과서와 같이 정규 교과서로 활용될 수 있도록 할 계획이다. 이것은 독일-프랑스 관계사에 특화된 보조 교재가 아니다.

공동 역사교과서 독일어판은 김나지움 상급반(Oberstufe) 학생들을 대상으로 하며, 프랑스어판은 리세(Lycée), 즉 고등학교 과정(classes de seconde, première, terminale des lycées d'enseignement général et technologique) 학생들을 대상으로 한 수업에 사용될 예정이다.

독일어와 프랑스어가 동시에 들어가 있는 2개 국어 교과서는 발행되지 않을 것이다. 독일어판과 프랑스어판은 내용뿐 아니라 형식(표지, 내용 편제 방식, 자료, 화보 등)에서도 동일하다. 자료는 원문 자료나 번역된 자료로 또는 번역이 포함된 원문 자료 형식을 취할 것이다. 이는 자료 설명 부분에도 적용된다.

2. 역사교육학적 구상

공동 역사교과서는 교과서이자 자습서가 될 것이며 다음과 같은 특징을 지닌다.

- 본 교과서는 우선 유럽 역사를 중점적으로 다루되 유럽 이외 지역의 역사 가운데 비중 있는 사례들도 포함한다. 이때 다루어지는 테마는 양국의 입장에서 볼 때의 중요도를 기준으로, 즉 독일 및 프랑스의 역사교육이 전통적으로 다루던 테마를 중심으로 선정될 것이다. 그러므로 이 책은 양국 관계사에 관한 책이 아니다. 양국 관계는 유럽사에서 특별한 의미를 지닐 때에 한해서 관심 사항으로 부각될 것이다. 양국 관계사를 기술할 경우 중요한 범주는 다음과 같다. '유사한 것-상이한 것-상호영향관계', '보다 큰 틀에서의 위치 설정', '인지-수용-해석(Wahrnehmung-

Rezeption-Interpretation/Deutungsmuster, perception-interprétation-signification)'

- 본 교과서는 학생들의 자발적 학습을 유도할 목적으로 제작될 것이다. 학생들은 본문 내용과 자료 및 교사의 도움으로 학습과정을 스스로 결정할 수 있을 것이다.
- 3권의 내용과 목차는 '독일-프랑스 역사교과서' 실무위원회가 마련한 편찬 지침에 따른다. 장과 절의 편집과 형식은 동일하다. 각 권은 가능한 한 300쪽을 초과하지 않도록 한다. 예컨대 본문 250쪽, 목차, 서문, 부록, 색인 등이 30쪽 정도.
- 각 장의 처음 두 쪽은 학습 의욕을 북돋우는 개관으로 구성하되, 대형 사진, 필요하면 연표와 역사지도를 첨가할 수 있다. 장에서 다룰 각각의 주제에 대한 개관을 위해 또 다른 두 쪽짜리 도입부가 첨가된다.
- 각 절은 두 쪽짜리 도입으로 시작한다. 간략한 저자 본문, 핵심 질문들, 시각 자료로 짜여진다.
- 각 절은 약 네 쪽으로 구성된 주제군으로 나뉜다. 여기에는 저자 서술, 잘 알려지지 않았거나 어려운 개념에 대한 설명, 중요한 문서 자료, 그림 및 사진, 도표, 본문 내용 이해를 위한 질문이나 자율학습 과제(여기에는 추가적인 자료가 제시되며, 경우에 따라서는 저자 진술이 포함될 수 있다. 이때 저자 진술은 주제 이해를 심화시키며 보다 더 복잡한 질문과 자율학습 과제를 제시할 수 있다)로 꾸며진다.[4)]
- 저자가 작성한 본문은 전체 분량의 20~25%를 차지한다.
- 자료는 각 주제에 대한 대표성을 띤 것 중 독일과 프랑스의 핵심 자료인 것을 기준으로 선정된다. 핵심 자료는 학생들이 원문 자료를 직접 접할 수 있도록 원어 그대로 실릴 것이다.[5)]
- 특히 교육 권한이 각 주에 부여된 독일의 다양한 교육과정을 고려해야 한다. 저자 본문을 포함한 설명 부분과 자료 부분은 연대기적 접근과 동시에 주제별 접근도 할

---

4) 장과 절의 구성 형식은 집필 과정에서 변한 듯하다. 각장은 두 쪽짜리 도입부로 시작하지만, 모든 절은 두 쪽이며 필요할 경우 집중탐구(Dossier)와 보조 자료(Orientierung/reprères)가 첨가되었다. 각각의 집중탐구와 보조 자료도 모두 두 쪽으로 구성되었다.

5) 이것도 집필 과정에서 변경되었다. 문서 자료가 원문 그대로 실린 경우는, 독일어본이나 프랑스어본에 없다. 다만 출처를 밝혔다. 다만 사진 자료의 텍스트는 원문 그대로 실렸다.

수 있도록 구성되어야 한다.

- 학습방법만을 다루는 부분(각 주제는 두 쪽으로 구성된다)을 공동 교과서의 적절한 자리에 배치한다. 이 부분은 학생들이 습득한 지식을 연습할 때 도움이 되는 자습 지침을 포함한다.
- 각 장은 역사 소설, 영화, 박물관 등 본문 내용에 대한 보충 자료를 포함한다.
- 부록은 주제 색인과 인물 색인, 용어 설명, 그리고 관련 인터넷 주소(예컨대, http : //www.deuframat.de ; http : //www.cndp.fr)로 구성된다. 용어 설명 부분에서는 동의어처럼 보이는 개념들의 서로 다른 의미를 교과서 이용자에게 설명해야 한다(예컨대, féodalime-Feudalismus). 교사는 본 교과서 이외에 보조 자료를 활용할 수 있다.
- 공동 교과서의 판매가는 시중에서 유통되는 고등학교(Oberstufe, classes de lycée)용 역사교과서 값에 준한다.

편찬 지침

1. 고등학교 1학년(Klasse 10/11, classe de seconde)

제1~5단원은 각각 고등학교 1학년에 배정된 역사 수업 시간의 약 15%를 차지하며, 제6단원은 25% 비중을 차지해야 한다.

단원 1. 고대, 유럽사의 기초

- 전(前) 그리스도교 시대에서 유럽의 의미
- 고대(국가) 시민의 예로서 기원전 5세기 아테네 시민
- 로마와 제국(공화국의 기초, 국가조직 모델, 원수정과 그 정당성, 정치 개념과 문화)
- 그리스도교의 탄생과 전파
- 주변 지역의 로마화, 팍스 로마나 ; 켈트 문화, 로마 문화, 게르만 문화, 그리고 그리스도교의 만남과 상호 영향

그리스 도시들의, 특히 아테네의 지리적, 연대기적 한계에도 불구하고, 아테네 폴리스로 대표되는 (국가)시민사회 및 민주주의라는 개념은 유럽사의 전 시대를 거쳐 오늘날까지도 존속하고 있다. 표결에 의한 결정, 회의체를 통한 논의, 정치 문화, 종교적 특색

을 띤 공동체 생활, 문화, 스포츠, 예술이 이러한 유산에 해당한다. 하지만 이 같은 위업에도 불구하고, 고대 그리스 도시 문명의 한계는 명확하다. 그것은 그리스 세계를 넘지 못하고 이방인을 야만인이라 하여 배격했으며, 여성과 노예도 제외하였다. 또한 유럽 문화에 중요한 의미를 지니는 세계적 시각을 갖지 못했다. 유대인들이 세계적 시각을 대변했고, 이 시각으로부터 그리스도교가 탄생했다.

서로 명확히 달랐던 아테네와 로마는 권리와 의무를 지닌 사람들이 모여 사회를 구성한다는 사상을 공유했다. 그리스 도시국가들이 자신들의 국가모델을 전파하는 데 어려움을 겪은 반면, 로마는 공화국의 변천(처음 원수정으로, 다음은 제정으로)이라는 대가를 감수하면서까지 법과 무력을 동원하여 세계로 세력을 확장하였다. 로마화로 일컬어지는 이 과정에서 갈리아 지역 전부가 로마로 귀속되었으나, 게르만 지역의 경우 로마 제국 영토로 포함된 일부 지역만 로마화되었다. 도시 로마는 제국의 문화, 경제, 행정의 중심지로 발돋움하여 프랑스 및 독일의 도시들에도 영향을 주었다. 또한 중세 시기에도 확인되는 유산을 남겼다. 이처럼 확산 일로에 있던 '팍스 로마나'에서 기독교도 보급되었다. 주변 지역의 로마화와 서구의 기독교 확산 과정에서 켈트 및 게르만 문화와 충돌하였다는 것은 명확하다. 켈트 문화와 게르만 문화는 없어진 것이 아니라 로마 문화와 그리스도교 문화 속에 통합되고 변화했다.

프랑스와 독일의 고대 문화 수용 과정은 르네상스 이후 사상사에서 핵심적인 역할을 했다. 르네상스가 이 같은 유산에서 비롯된 것이라고 볼 수 있다면, 이는 그리스인과 로마인들이 세계와 사회에 대한 설명의 기초로 활용했던 이성과 로고스의 힘 때문이다. 시민으로 구성된 공동체라는 고대에 대한 관념은 계몽주의에서 프랑스 시민혁명에 이르기까지, 프랑스 제3공화국과 독일 빌헬름 제국 시기 내내 지속되었다. 한편, 고대에 대한 이와 같은 근대의 수용은 19세기 역사학이 학문 분과로서 성립되는 과정과 무관하지 않다. 그리고 이것은 프랑스와 독일이 서로를 전유하고 유사해지는 하나의 계기가 되었다.

유럽사의 토대인 아테네, 로마, 예루살렘은 지중해 연안에 위치해 있고, 그리스도교는 지중해 연안에서 발원하였다. 따라서 오늘날 유럽이 유럽의 경계를 지중해 지역으로 확대하는 문제에 대한 답을 해야 한다는 것은 놀랄 일이 아니다.

단원 2. 샤를마뉴/칼 대제의 제국

– 프랑크(Francs/Franken) 왕국 형성(선교와 그리스도교화)

– 카롤링(Caroling/Karoling) 왕조 체제, 샤를마뉴의 황제 등극, 유럽 국가들에 대한 영향
– 봉건사회의 형성과 기반 : 친족관계, 가신, 토지 소유, 봉건제도
– 프랑크 왕국의 붕괴, 서유럽 왕국들의 생성, 교구와 성당이 라인 강 동서부 지역에서 행한 역할
– 마호메트와 이슬람

샤를마뉴의 제국은 서구에 제국 이념을 다시 도입하였을 뿐 아니라 정치, 종교, 문화, 경제 분야의 통합을 시도하였다. 20세기에 이르기까지 이를 모방하려는 시도가 계속 있었으며, 이는 어느 정도 성과를 거두기도 했다. 당시 발원한 유럽 사상은 '그리스도교적 공화국(République chrétienne/Christliche Republik)'에 대한 약속과 비유럽적인 것에 대한 자각을 포함하였다. 그러므로 이것은 고대 시기의 사상이 아니라 중세 시기의 사상이다. 후대인들에게는 카롤링 왕조의 구조와 인물들보다 그 시대의 기억과 유산이 더 중요하였다. 이 사실은 카롤링 전설이 프랑스와 독일을 비롯한 유럽 전 지역을 혼란에 빠뜨린 이유를 설명해준다.

카롤링 왕조는 '야만인'의 유럽을 비잔틴 및 이슬람권과 동등한 새로운 문명권으로 발전시켰고, 서양의 무게중심을 북쪽과 동쪽으로 이동시켰다. 카롤링 왕조의 핵심 영토는 훗날 프랑스와 독일이 탄생하게 될 지역이었다. 제국의 수도는 아헨(Aachen/Aix-la-Chapelle)으로 정해졌다.[6] 이 제국은 동시에 로마의 유산과 게르만족 및 프랑크족의 전통을 융합하고자 했다. 이는 로마의 유산을 이어받는 것(translatio)뿐만 아니라 이를 새롭게 갱생시키는 것(renovatio)을 의미했다. 이러한 회복은 샤를마뉴 개인을 통해서 이루어졌다. 그는 로마가 약탈된 지 꼬박 400년 만에 로마와 교황을 구원하여 800년 로마에서 서로마 황제 대관식을 거행했다. 그리스도교는 번성하면서 로마제국과 게르만족의 이교도적 요소를 통합하였다. 교회 성직자들은 도시 및 지방 영토의 행정을 담당할 뿐 아니라 왕의 고문 역할을 수행하였다.

이 시대에 유럽 차원에서 공통점이 뚜렷하게 나타났다. 이는 왕궁, 도로, 교회 건물, 교회와 문자생활에서 라틴어 사용, 대규모 영지, 베네딕트 계율에 따르는 대수도원, 최초의 도시 르네상스, 도량 기준과 동전의 통일, 그리고 특히 문자 단일화 등에서

6) 아헨은 현재 독일 영토 안에 있다.

잘 나타났다. 하지만 차이점은 여전히 존속했고, 특히 훗날 프랑스 왕국과 독일 왕국(후에 신성로마제국Heiliges Römisches Reich이 됨)이 각각 탄생할 두 지역의 경우, 오히려 더욱 강화되었다. 언어(842년 스트라스부르 맹약serments de Strasbourg/Strasburger Eide),[7] 영토(9세기 분열), 법률에서 확인되는 차이가 그러하였다. 이 시기 말에 이르러 차이는 현격해졌고, 서프랑크 왕국과 동프랑크 왕국은 외부의 위협(각각 바이킹, 헝가리)에 동시에 직면하게 되었다. 물론 장기적인 관점에서 보면 그 결과는 상이했다.

단원 3. 10세기 이후 제국과 프랑스 왕국

- 제국의 파편화와 보편화(독일)
- 프랑스 왕국의 중앙집권화
- 12세기 기사도적 궁정문화의 개화
- 대수도회의 확산
- 세속 통치체제와 교황 : 서임권 분쟁, 십자군
- 그리스도교적 서양, 비잔틴, 이슬람 간의 교류 : 전쟁, 십자군, 통상, 문화 교류

이전 시대에는 공통점이 대세를 이루었다면, 지리적으로 다른 양 체제가 형성되는 시기에는 차이점이 대세를 이루었다.

962년 오토(Otto) 1세가 황제로 등극하던 시기는 독일 왕의 세력이 카롤링 왕조의 통치 지역인 독일, 이탈리아, 부르고뉴/부르군트(Bourgogne/Brugund), 로타랭기/로타링기엔(Lotharingie/Lotharingien) 지방 등 거의 대부분의 지역까지 확장된 때이기도 하다. 이 같은 오토 제국의 부흥기는 잘리에(Salier) 왕조 지배 체제하 12세기

7) 840년 샤를마뉴의 아들인 황제 경건왕 루이(Louis I)가 죽자 그 세 아들은 제국 영토를 셋으로 나누어 자기 왕국을 건설했다. 맏형인 로테르(Lothaire I/Lothar I)가 중앙을 차지하고 황제 칭호를 독차지하자, 서쪽 지역(오늘날의 프랑스에 속함)의 샤를르 2세(Charles II le Chauve/Karl der Kahle)와 동쪽 지역(오늘날 독일 지역에 속함)의 루드비히(Ludwig der Deutsche/Louis II de Germanie) 간에 반(反)로테르 동맹이 결성되었다. 841년 이 동맹이 로테르 세력을 물리치고, 842년 스트라스부르에서 동맹을 재차 확인하는 맹약을 결성한다. 그런데 이것은 두 개의 문자(고[古]프랑스어와 고[古]독일어)로 구성된 서약이었다. 이를 통해 이 당시에 이미 두 지역의 언어적 구분이 명확했음을 알 수 있는 것이다.

까지 지속되었다. 이때 제국은 전성기를 맞이했다. '로마의 왕'이라는 호칭으로도 잘 알려진 그는 독일, 이탈리아, 부르고뉴/부르군트 세 지역의 왕위를 통합한 왕으로서, 로마에서 교황에 의해 집행된 황제 대관식을 통해 제위에 올랐다. 그는 바이에른, 슈바벤, 프랑켄, 작센 등 대공국의 세력을 저지하고, 제국의 경계를 보헤미아 및 폴란드에 이르는 동부 지역까지 확장했다. 1100년에는 유럽에서 그 어느 것도, 그리고 프랑스 국왕을 포함하여 어느 누구도 오토 제국을 대적할 수 없었다.

987년 위그 카페(Hugues Capet)가 왕으로 선출되면서 서프랑크 왕국은 마침내 오토 제국과 결별하게 되었으나, 제국의 영향력이 완전히 없어지지는 않았다. 당시 사방에서 확산되기 시작한 봉건제도는 황제의 권력에는 별다른 영향을 주지 않았지만, 위그 카페 왕조에는 부정적인 영향을 미치는 것처럼 보였다. 일-드-프랑스(Ile-de-France) 지역에 국한된 카페 왕국은 여러 공국들의 원심력과, 이후 대륙에 세력을 확대한 영국의 영향력에 직면했다. 이 문제들은 프랑스 국왕들의 커다란 근심거리가 되었다. 이 때문에 프랑스 왕들은 제국의 문제에는 무관심하였다.

프랑스 왕국과 제국의 이러한 역 관계가 뒤바뀌는 현상은 12세기부터 조금씩 나타나다가 13세기에 들어와 뚜렷해졌다. 제국이 황제 선출을 둘러싼 대립으로 초래된 대공위시대(Interregnum)[8]에 직면하게 된 반면, 프랑스 왕국은 카페 가문 출신의 군주들이 이룩한 '기적'을 통해 수도 파리를 중심으로 한 중앙권력을 공고히 할 수 있었다. 하지만 이처럼 전도된 상황이 바로 양 대국 간 분쟁으로 이어지지는 않았다. 중세시대에는 프랑스와 독일의 장기적인 분쟁 사례가 없었으며, 이는 수세기 이후 나타나는 양국 관계와 달랐다. 분쟁은 오히려 다른 곳에서 일어났다. 곧, 카페 왕조는 플란타쥐니트(Plantagenet) 왕조[9]와의 기나긴 투쟁에서 승리했고(1214년 부빈[Bouvines] 전투), 황제는 독일의 군주들(벨펜[Welfen] 가문과 슈타우펜[Staufen] 가문의 대립) 및 교황(서임권 분쟁)과의 대립 상황에 전념해야 했다.

중세 말기에도 이 같은 부침 현상이 재현되었다. 양국 모두 (역병, 도시 근로 계층의 봉기, 교황권의 대분열, 전쟁 등의) 위기에 직면하였지만, 프랑스 왕국은 100년 전쟁과 부르고뉴 전쟁의 여파를 극복하고, 제국의 변방 지역을 넘보기 시작했다. 한편,

---

8) 공식적으로 인정되는 황제가 선출되지 못했던 시기를 가리킴.

9) 앙주(Anjou) 공작 가문이면서 영국 왕조인 플란타쥐니트 왕조는 중세 내내 파리의 프랑스 왕조와 권력 다툼을 벌였다.

제국에서는 1358년 금인칙서(Goldene Bulle)로 황제와 제국 간의 이원구조가 공식화되었고, 공국들의 세력도 인정되었으며, 제국이 독일인의 것이 되었다. 프리드리히(Friedrich) 3세가 최후의 로마 황제로 대관했다. 동부로 진출하려는 계획은 저항에 직면하게 되었고, 보헤미아 지방은 후스(J. Huss)로 촉발된 사태에 전념해야 했으며, 오스만 튀르크의 위협이 곧 제국을 뒤흔들게 될 것이었다.

중세 시대가 막을 내리면서 정치, 사회, 문화 발전의 두 가지 모델이 형성되었다. 하나는 프랑스 모델이고 또 다른 하나는 독일 모델이다. 근대로 이르는 프랑스의 길은 신성불가침한 군주와 권력의 중심인 수도를 지닌 군주제를 통해 이루어진 반면, 독일은 독일 민족의 신성로마제국(Heiliges Römisches Reich Deutscher Nation)을 거쳐 근대에 이르게 될 것이었다. 독일 민족의 신성로마제국 내에는 복수의(제후, 도시, 귀족 등) 사회적 신분이 존재했고, 지역적으로도 다양한 권력중심이 있었다.

단원 4. 중세 유럽의 네트워크 형성 : 교회, 도시, 대학 등

- 중세 후기 도시에서 형성된 시민사회와 그 문화적 표현
- 중세 시기 국제통상의 의미, 교통, 여행 그리고 통신
- 대학교, 유럽의 교육 이상의 실현 공간
- 수도원, 유럽 전체 차원의 관계망을 지닌 지역 중심지. 그리고 성지순례

두 가지 발전 모델이 서로 공존할 수 있었던 것은 사상이나 사람, 그리고 상품의 교류를 가능하게 한 구조가 오랜 세월에 걸쳐 형성되었기 때문이다.

이 과정에서 유구한 역사로 보나 상직적인 의미로 보나 이러한 역할을 했던 것으로 첫 번째로 꼽을 수 있는 것은 교회다. 교구 성당, 교회 묘지, 성지, 주교 등 교회 시설들은 인간과 공간을 안정시켰고, 수도사, 설교자, 선교사, 교회 유물 그리고 특히 성지순례자(이교도 또한)의 교류를 가능하게 하였다. 프랑스와 독일 내 종횡으로 뻗어 있던 복잡한 여행 길목에서 로마나 산티아고 데 콤포스텔라(Santiago de Compostela)로 향하는 길은 이정표나 다름없었다. 이와 동시에 수도원 연합조직들은 왕국의 국경이 별 의미가 없게 하는 데 기여했다. 라인 강 양안에서 신규 기사단이 창설되었다.

카롤링 왕조 통치 아래에서 사회가 안정되면서 라인 강 양안에서 도시들은 제1차 부흥기를 맞았다. 왕의 체류지인 왕궁, 대지주의 농경 생산품의 유통, 도시 행정을 담당하는 주교의 적극적인 정치 활동이 도시 발달에 기여하였다. 신설된 일부 도시들로 인해 프랑스 내 갈리아-로마 네트워크가 더욱 긴밀하게 연결되었다. 한편 오토 제국의

부흥, 지속된 선교 활동, 공국(Fürstentum)들의 대두, 독일인의 동부 이동 등으로 제국 내뿐 아니라 외부 지역에서도 도시화가 촉진되었다. 왜냐하면 슬라브 지역에서 독일법에 따라 도시가 건설되었기 때문이다. 도시들은 육로 및 수로를 통한 통신 네트워크가 개선되면서 서로 더욱 긴밀하게 연결되었으며, 정치적 · 경제적으로 자율적인 최초의 조직체들이 위치한 곳이 되었다. 프랑스와 독일의 차이점이 드러난 부분은 이 같은 조직체 형태라기보다는 영주 및 국왕에 의한 자유 및 특권의 인정 범위에서였다. 유럽의 상업 활동은 이러한 네트워크에 기초한 것이었고, 이로써 대규모 시장(샹파뉴[Champagne]) 및 한자(Hansa) 동맹이 탄생하였다. 특히 한자 동맹은 영국 및 러시아를 포함한 유럽 전역을 아우르는 최초의 경제통합체였다. 이 같은 역동적인 변화와 더불어 도시의 새로운 사회계층들이 생겨나고 그들의 공동생활 양상이 나타났다. 프랑스 및 독일 지역의 도시들이 중세 말기에 들이닥친 위기를 극복할 수 있었던 것은 바로 이 같은 연대 관계에 기인하는 바 크다고 볼 수 있다.

대학은—대학도 당초 성당 학교에서 비롯되었기 때문에 도시 시설 중 하나였다—유럽의 지식 및 교육 모델이 정착하는 데 기여하였다. 유럽의 지식 · 교육 모델은 또한 필사본이나 번역본, 알베르투스 마그누스(Albertus Magnus)와 같은 위대한 사상가들의 교류에 힘입은 바 크다. 대학들은 7개의 자유 과목과 4개의 전통적인 학과를 통해 획득할 수 있는 지식을 분류하고 서열화하였으며, 각 민족의 학생들을 한데 모았다. 유럽 전역에 전문화된 대학들이 출현하였다. 볼로냐(Bologna) 대학은 법학, 파리 대학은 신학, 살레르노(Salerno) 및 몽펠리에(Montpellier) 대학은 의학으로 각각 전문화하였다. 제국은 이 같은 학문 네트워크가 형성되는 과정에서 깊이 관여하지 않았다. 부여되는 지위가 동등하였음에도 불구하고 교수들의 이동이 학생들의 이동보다 더 잦은 편이었다. 최초의 '독일' 대학은 칼 4세 치하 1348년 파리를 본보기로 하여 프라하(Prag)에 만들어졌다. 특히 15세기에 들어서게 되면, 공국들도(Fürstentum) 대학을 창설하였다. 이것은 지식 중심지가 지역화하는 데 기여했고, 제국 내 관계를 반영한 것이었다.

약 천 년 동안의 중세사를 다루는 세 단원은 유럽의 주요한 역사를 독일과 프랑스의 관점에서 분석한다. 잠재된 통일성과 그 속에 존재하는 근본적 차이, 주민들의 유동성, 동부 경계의 불확정성, 문화의 통합력, 세계를 향한 점진적 개방, 그리고 개인적 차원에서 사적 영역과 사회적 연대 사이의 적절한 타협 모색. 중세는 이 모든 요소들로 인해 근대로 이르는 전 단계로 파악된다.

단원 5. 유럽의 인문주의, 르네상스, 종교개혁

- 중세에서 근대로 넘어가는 과도기에 나타난 새로운 세계관과 인간관, 유럽의 인쇄술 발명
- 르네상스
- 신대륙 발견과 진출
- 종교개혁과 분열 : 루터, 칼뱅, 대응 종교개혁/가톨릭개혁
- 초기자본주의적 경제 형태와 베버(Max Weber)의 프로테스탄트 윤리 이론

인문주의, 르네상스, 종교개혁 시대는 유럽사에서 후대에 가장 큰 영향을 미친 중요한 시대 중 하나다. 여기에서는 (역사적 영향에 관한) 영향사가 (역사적 사건에 관한) 사건사보다 더 큰 비중을 차지하고 있다. 하지만 당시와 거리를 둔 오늘날에는 당시의 논란에 대해 보다 균형 있는 판단을 내릴 수 있다.

초기에는 이탈리아 르네상스의 새로운 인간관 이외에 혁혁한 발명품(나침반, 인쇄술 등)이 등장하였으며, 이로써 대발견과 정신운동(아메리카 대륙 발견, 교육 보급 등)이 가능해졌다. 말기에는 유럽이 유럽 대륙을 넘어 확대되었으며, 이와 동시에 다극화되고 문화적으로도 다양하게 되었다. 뿐만 아니라 라틴 문화에 기반한 그리스도교의 단일성도 붕괴되었다.

독-프 관계는 이 시기 두 가지 점에서 변화했다. 첫째, 칼 5세 때 제국이 '세계 제국' 이라고 일컬어지던 스페인을 통합함으로써 프랑스는 위협을 느끼게 되고, 이로써 (이탈리아전쟁 등) 무력전쟁으로 치닫게 되었다. 둘째, 프랑스에서 칼뱅의 종교개혁이 제한적인 성공에 그친 데 반해 독일에서는 루터의 종교개혁이 대성공을 거둠으로써 국경을 맞대고 있는 양 민족 간 정신적, 문화적 대립으로 이어졌으며, 이는 오늘날까지도 그 여파를 느낄 수 있다(예컨대, 언어발달에 대한 영향).

종교개혁 운동으로 신앙이 교파별로 분열되고 종교적, 문화적 생활 전체의 교파화(Konfessionalisierung)가 초래되었을 뿐 아니라, 제국의 분열도 심화되기에 이르렀다. 프랑스는 신교도들을 국외로 추방하면서까지 국가의 통일성을 유지하고 강화하려 했다. 이와 달리 독일은 종교 전쟁으로 피폐해졌고, 이로써 제국이 계속 약화되었다(1648년 베스트팔렌 평화조약).

하지만 사상과 문화 분야에서는 종교개혁과 교파 분열은 근대의 세계관이 실현되는 데 기여하였다. (케플러, 라이프니츠 등) 자연 과학의 발전과 (베버의 프로테스탄트 윤리 이론 등) 초기자본주의 경제 형태의 대두는 결국 유럽이 중세 시대의 결박에서 헤어

나올 수 있도록 이끈 사상적 기반을 제공해 주었다.

단원 6. 계몽주의 시대부터 프랑스 대혁명 시대까지, 프랑스 대혁명 시대부터 낭만주의 시대까지

- 프랑스 절대주의, 중앙집권적 군주정의 전형 ; 고전파 예술과 바로크 예술
- 계몽주의 이론과 그 정치 · 사회적 영향
- 영국혁명과 미국혁명
- 프랑스 대혁명, 입헌군주제로부터 자코뱅 공화국까지
- 나폴레옹, 혁명의 상속 혹은 혁명의 종결
- 낭만주의, 정치운동과 문화운동

우리 시대의 역사는 계몽주의, 미국 혁명 및 프랑스 대혁명으로 시작되었다. 사상적, 문화적 측면에서뿐 아니라 정치적, 사회적 측면에서 새로운 유형의 인간 공동체가 도입되었으며, 유럽의 정치 판도도 변화했다. 이 시대는 전체적으로 보았을 때 새로운 역사로 진입하는 '말 안장의 시기(Sattelzeit/moment-charnière)'[10]로 평가되었다(코젤렉[Reinhart Koselleck]). 하지만 이 시기에 출현한 극단화 현상들은 오늘날 거의 사라졌다.

계몽주의는 사상사의 관점에서 보면 신앙과 이성 간에 새로운 관계를 정립했다. 계몽주의의 영향으로 프랑스에서는 양자 간 대립적 관계가 조성된 반면(예컨대 볼테르의 "더러운 것을 타파하라!"), 독일의 경우 그리스도교와 세속적 근대 세계의 융화가 가능해졌다. 융화의 모습은 그 이후의 과정에 의해 규정될 것이었다(칸트). 이러한 맥락에서 훗날 문화적 프로테스탄티즘(Kulturprotestantismus)과 같은 사조가 등장할 수 있었다.

계몽주의는 정치적, 사회적 측면에서 신분사회가 해체되는 데 밑거름이 되었다. 유럽에서 이 과정은 여러 다른 종류의 길을 통해서 전개되었다. 영국의 신분사회는 정치적 변혁기를 거치면서 의회제로 환골탈태했다. 유럽 전역에 빛나던 찬란한 프랑스의 구체제는 유례없는 급진적 혁명으로 종말을 고했다. 이에 반해 독일에서는 개혁을 지

10) Sattel이란 말 안장을 의미하기도 하고 급격히 변하는 포물선을 뜻하기도 한다. 코젤렉은 18세기 중반부터 19세기 중반까지의 시기를 말을 타고 달리는 시기, 즉 급격한 변동의 시기로 보았고, 이를 형상화하기 위해 이 표현을 만들었다.

향한 탈봉건화가 진행되었다. 이러한 현상이 가장 두드러지게 나타난 프로이센은 '위로부터의 개혁'을 추진하였다.

18~19세기 전환기에 유럽 전역에서 매우 중요한 의미를 갖는 인물인 나폴레옹이 등장했다. 나폴레옹은 프랑스에서는 극단적 혁명을 순화했지만 혁명의 성과를 보존한 인물로 평가된 반면, 독일에서는 구제국을 파괴한 인물이지만 동시에 새로운 시민사회의 선구자로 평가되고 있다(프랑스 민법전[Code Civil]). 나폴레옹 황제에 대한 인식은 양국 간 상이하다.

이외에도 나폴레옹 제국은 독일과 프랑스가 특히 집중적으로 만날 수 있는 시기였다. 여기에서 한 가지 주목할 점이 있다. 클라이스트(Heinrich von Kleist), 피히테(Johann Gottlieb Fichte) 등과 같은 독일 내 반나폴레옹파는 프랑스와의 관계를 단절할 것을 주장하였다. 이에 반해, 드 스탈(Madame de Staël), 콩스탕(Benjamin Constant) 등과 같은 프랑스의 나폴레옹 비판자들은 독일과 정신적으로 대화할 수 있는 통로를 열어두었다.

나폴레옹이 몰락한 이후 낭만주의가 양국에 다양한 양상으로 등장하였다. 마르크스의 평가에 따르면, 두 곳의 낭만주의는 모두 왕정복고라는 시대적 배경 속에서 등장했지만, 프랑스에서는 혁명에 대한 반작용으로서 나타난 반면, 독일에서는 혁명이 성공하지 못한 상황에서 그러하였다. 여기에서 제기되는 의문은 독일의 경우처럼 혁명이 성공하지 못한 경우에도 복고가 가능한지 여부다.

참고사항

제2, 3단원 주제는 프랑스 교육과정에 속하지 않는다. 이는 8~15세기에 대한 유럽사적 시각을 독-프 관계사의 측면에서 보충한 내용이다. 이와 반대로 '그리스도교의 확산'과 '12세기 지중해 세계'는 프랑스 교육과정에는 포함되지만 고등학교 1학년용인 본 교과서에서는 별도의 단원을 구성하여 상세하게 다루지 않았다. 교과서 저자들은 '그리스도교의 확산'과 '12세기 지중해 세계'라는 주제를 각각 제1단원과 제2단원에서 비중 있게 기술하도록 유의해야 할 것이다.

2. 고등학교 2학년(Klasse 11/12, classe de première)

제1, 6, 7단원은 고등학교 2학년 역사 수업 시간에서 각각 약 18% 비중을 차지하며,

제2, 4단원은 각각 약 15%, 그리고 제3, 5단원은 각각 약 10%를 차지한다.

단원 1. 기술 · 경제 · 사회의 변혁, 자유주의 운동

- 유럽 혁명과 미국 혁명의 여파–1789년의 유산 : 프랑스 대혁명과 공화국 이념, 독일의 개혁주의와 혁명
- 근대 세계의 특징인 산업혁명(영국, 독일, 프랑스) : 경제 변혁(핵심 기술 혁신, 공장과 대량생산, 성장), 사회 변혁(인구 증가와 그 원인, 공간적 · 사회적 유동성, 도시화, 가족의 변화), 학문의 발전(19세기 중반부터 1939년까지)
- 1815~1848, 유럽의 자유주의 세력과 민족주의 세력, 독일과 프랑스의 혁명과 실패
- 자유주의와 근대 시민사회 형성
- 사회 문제와 정치적 · 사회문화적 결과 : 노동운동, 민주화 과정과 세속화 과정
- 산업 지역과 농경 지역의 상이한 발달 과정

10여 년의 혁명기와 나폴레옹 정복 기간을 거쳐 혁명적 사고와 실천이 유럽 전역에 확산되면서 복고 세력뿐만 아니라 자유주의 세력과 민족주의 세력이 등장하였다. 19세기 전반기 유럽 여러 나라에서는 혁명적 경향에 편승하여 개혁 운동이 나타났다. 1848년 혁명의 해는 이 같은 경향의 정점을 의미하는 동시에 그 추세가 위기에 도달하였다는 신호였다. 프랑스에서는 1848년 노동운동 세력이 처음으로 정치적 요구를 하였다.

이와 같은 사회적, 정치적 변혁 과정은 유럽 대륙에서 산업혁명이 싹틀 수 있는 중요한 기초 여건을 형성하였다. 산업화는 사회 · 경제와 과학 · 기술 측면에서 특히 여건이 무르익은 영국에서 18세기에 시작되었다. 산업화 과정은 19세기에 들어 유럽 대륙과 북미 대륙(기술 이전)까지 연속으로 확대되었다.

산업화 과정은 전국 곳곳에서 동시에 일어난 현상은 아니었다. 지역적 거점을 중심으로 발생했다. 특정 지역이 '선구자' 의 역할을 통해 경제활동(발전)에 결정적인 영향을 미치고, 여타 다른 지역들을 낙후된 채 방치함으로써 양극화 현상을 초래했다.

프랑스와 독일의 산업화 및 도시화 과정은 특히 그 속도와 규모에서 서로 달랐다. 프랑스에서는 이 과정이 보다 더디게 진행되고 공화국 전통과 결부된 반면, 독일의 경우 산업화가 보다 과감하게 이루어졌으며, 이는 권위주의적 관헌국가체제와 연관된 것이었다. 이러한 차이는 기업가의 역할과 노동운동 및 노조운동의 역할에서 확인되는 양국의 차이가 형성되는 데도 영향을 미쳤다.

단원 2. 비스마르크 제국과 제3공화국

- 근대적 입헌국가에 이르는 서로 다른 길 : 전쟁을 통한 독일 통일, 프랑스 공화주의의 승리
- 1871년까지 독일 제국 창건의 기초와 과정
- 프랑스 제2공화국[11]부터 1879년까지 : 파리 코뮌과 그 정치적 의미
- 독일 제국 창건이 유럽 강대국 체제에 미친 영향
- 독일의 정치 : 정당들과 제국의회, 관헌국가(Obrigkeitsstaat), 문화투쟁
- 노동운동에 대한 독일과 프랑스의 대응 : 사회주의자법(독일)과 사회법(독일, 프랑스)
- 프랑스 제3공화국, 유럽의 위기에 대한 프랑스의 민족적 대응 : 헌법, 세속주의, 외교정책
- 프랑스와 독일의 민족주의

양국 간의 공통점과 차이점이 보다 잘 드러나도록 하기 위해 본 단원에서는 19세기 후반기 프랑스와 독일의 발전 과정을 서로 비교하며 서술하도록 한다.

보불전쟁(1870 ~ 1871)은 독일과 프랑스에 서로 다른 결과를 초래하였다. 양국의 집단기억의 중심을 차지한 것은 바로 이 전쟁이었다.

우선 독일 입장에서 보자면, 보불전쟁은 이에 앞선 덴마크 및 오스트리아와의 전쟁으로 시작된 상황을 종결지은 전쟁이었다. 이 전쟁은 독일 통일을 완성했을 뿐 아니라, 프로이센이 주도하는(제국 영토의 3분의 2를 차지함) 정치체제를 구축했다. 이 체제는 전통적인 요소(제국, 황제, 군주제, 연방제 등)에 기반을 두었지만, 선거에 의한 제국의회(Reichstag), 정당 등과 같은 근대적 국가체제를 갖춘 체제를 구축했다. 이 정치체제의 중심은 제국 수상이 차지했다.

프랑스는 전쟁 패배와 프랑크푸르트(Frankfurt) 조약(알사스-로렌/엘자스-로트링엔[Alsace-Lorraine/Elsaß-Lothringen] 지방의 할양과 50억 불에 달하는 전쟁보상금 지불), 그리고 파리 코뮌(Commune de Paris)으로 충격을 받았다. 1879년까지 프랑스는 혁명의 유산을 새로운 사회에 접목시킬 수 있는 제도를 모색하는 힘겨운 노력을 계속했다. 새로운 제도에서는 의회가 중요한 역할을 하였다. 또한 혁명에서 비롯된 가치와 개인의 자유를 실현하고자 하는 공화주의적 정치문화가 점점 확산되는 것 또한 새로운 제도의 또 하나의 특징이다. 이는 유럽에서 전례를 찾아볼 수 없는 과정이었다.

11) 1848년 혁명 이후 성립되어 나폴레옹 3세가 다시 제국을 건설한 1952년까지의 공화국.

1871~1914년 시기 양국의 정치 발전에 대해서는 다음과 같은 여러 가지 요소들을 연속적으로 설명할 수 있다 : 의회의 역할(제국의회 및 프랑스 국회), 정당제도의 정착, '관헌국가' 정치문화(독일)와 공화주의 정치문화(프랑스), 체제의 사회적 기반 구축[중산층(독일과 프랑스), 전통적 엘리트(독일), 새로운 공화주의 엘리트(프랑스)], 사회를 분열시킨 갈등['두 개의 프랑스' 사이의 분쟁, 드레퓌스 사건(프랑스), 문화투쟁 및 사회주의자법(독일)]과 이러한 갈등으로 인한 상이한 결과[세속주의(프랑스), 국가와 교회의 동반자 관계(독일)], 양국의 노동운동 발전(독일의 사회민주주의가 모델이었다), (독일을 시작으로 한) 양국 모두에서 추진된 새로운 사회(복지)정책.

양국 모두에서 강력한 내적 통합 과정이 전개되었다. 통합은 교육제도의 발달과 국방의무 도입, 군대에 대한 추앙, 일상적 정치행사(선거제도, 기념식 등), 애국주의 및 민족주의를 통해 이루어졌다. 유럽의 세력 균형이 1870년 전쟁을 거치면서 바뀐 이후 양국 모두 유럽 내에서, 그리고 세계 무대에서 자국의 입지를 강화하기 위해 노력하였다. 프랑스의 경우 식민정책, 프 · 영 화친조약(Entente Cordiale), 프 · 러 동맹 체결, 그리고 독일은 비스마르크 동맹체제와 그 이후에는 빌헬름 황제의 '세계정책(Weltpolitik)' 등에서 이를 엿볼 수 있다.

끝으로, 세 가지 주제를 구체적으로 서술함으로써 양국 관계를 설명하는 것이 적절할 것이다 : 독 · 프 긴장 관계의 중심으로서 알사스-로렌의 운명('제국의 영토 Reichsland', 상실 지역, 게르만화, 자치권 확보 추진, 실지회복운동), (비록 불신 속에서일지라도) 정치적, 문화적 경쟁과 상호 모방, 그리고 프랑스에 대한 '독일 모델'의 영향(교육체제, 칸트, 마르크스, 바그너).

단원 3. 유럽의 팽창과 식민주의

- 유럽과 비유럽 강대국들의 팽창 : 원인과 다양한 결과(경제, 정치, 문화 ……)
- 피식민지 민족에 대한 제국주의 정치의 영향
- 유럽의 세력 관계에 대한 제국주의의 반작용('화약고 발칸[Pulverfass Balkan/La poudrière des Balkans]')
- 20세기 후반기 탈식민지화의 시각에서 바라본 식민정책
- 서로 다른 독일과 프랑스 식민주의의 유형과 의미

유럽 강대국(특히 영국과 프랑스)과 비유럽권 강대국들(특히 미국과 일본)은 물론 몇 세기 이전부터 팽창정책을 취하기 시작했지만, 그것은 무엇보다 19세기 후반의 현상이

었다. 이 같은 팽창을 위한 분투는 당대에 특히 비약적으로 증가하여 세기말에 이르면 전 세계를 뒤덮는다. 여기에는 경제 · 통상의 확대, 신규 판매시장 확보, 세력 강화와 같은 공통 원인이 있다. 하지만 구체적인 형태에서는 매우 다른 양상을 보인다. 진정한 식민제국이라 할 수 있는 영국, 프랑스, 러시아를 한 축으로 하고, 라틴 아메리카와 중국 등 경제적 영향권을 다른 축으로 볼 수 있는 것이다. 식민지 구축 형태에서도 마찬가지 차이점을 찾아볼 수 있다. 이주 목적이나 영토 지배 목적, 식민지에 대한 직접 통치와 간접 통치, 본국 행정구역(departement)으로 편입하거나, 보호령(protectorat), 자치령(dominion) 등과 같은 별도의 통치 형태가 바로 그것이다.

피식민 지역 주민들의 삶의 조건은 이러한 팽창으로 세 가지 측면에서 근본적으로 변화했다. 그들은 착취당하고 유럽화되었으며, 토착 통치자들은 물러나야 했다. 다른 한편, 식민 본국도 해외 팽창으로 일상생활에 큰 변화를 겪었다(새로운 소비 유형, 이민, 문화적 영향 등).

해외 팽창으로 조성된 정치적, 경제적 현실은 일부 사례의 경우 분쟁을 평화적으로 해결하도록 하는 단초(베를린 회의)가 되기도 하였지만, 크림전쟁, 파쇼다 사건, 탕에르(Tanger) 및 아가디르(Agadir) 사태, 러 · 일 전쟁 등과 같이 강대국 간의 분쟁을 일으키는 불씨가 되기도 했다. 이는 제1차 세계대전 직전 고조된 국제적 긴장 관계가 더욱 악화되는 데 결정적인 역할을 하였다. 유럽 내에서는 오스만 제국의 일부였던 발칸 지역이 점차 유럽 강대국 간의 각축장으로 변질되고, 민족주의 운동이 상호 충돌하는 시험 무대가 되었다.

19세기가 대대적인 팽창으로 점철된 세기였다면, 20세기는 탈식민화의 시대였다. 이와 같은 변화의 원인으로는 저항운동, 민족 간 평등한 권리 쟁취 투쟁, 민족주의 해방운동 등 피식민지 내적 원인과 식민 본국 내부에서 제기된 식민주의에 대한 비판, 그리고 양차 세계대전과 같은 국제 정세의 변화에서 찾아볼 수 있다. 20세기 후반기에 접어들어서는 식민제국이 사라졌다. 이 과정에서 탈식민화가 평화적으로 이루어지기도 하였으나, 어떤 경우에는 신생독립국뿐만 아니라, 식민 본국까지도 위협하는 극적인 분쟁으로 이어지는 사례도 적지 않았다(인도 및 파키스탄의 독립 과정, 인도차이나 전쟁, 알제리 전쟁).

독 · 프 양국의 입장에서 양국의 차이점을 비교해보는 것도 흥미로운 일이 될 것이다. 우선 프랑스의 경우 식민주의 역사는 자신의 정치 · 경제 · 문화의 역사에서 중심적인 자리를 차지하고 있다. 이것은 20세기 후반기까지도 지속되었다('식민제국의 영예', 양차 대전에서 식민지 군대의 역할, '흑인예술Art nègre'). 아직까지도 그 실제적인 영향이 상당 부분 남아 있는 것을 볼 수 있다(이민 물결, 프랑스어권 사용 지역). 반면, 독일은 유서 깊은 (미국, 남미 대륙 등으로 떠나는) 이주 국가로서 일찍이 세계에 문호를 개방했다. 식민주의 역사도 짧을 뿐만 아니라 지리적으로도 일부에 국한되었다. 이와 같은 차이점은 양국이 이민 문제 및 세계화 문제에 대해 서로 다른 입장을 취하는 데 영향을 미치고 있다.

단원 4. 제1차 세계대전과 유럽인

- 제1차 세계대전, '20세기의 근원적 재앙'
- 전쟁의 원인 : 제국주의와 세계 강대국 정책
- 협상국과 중유럽 강대국 동맹의 전쟁 목적
- 전쟁 책임에 대한 학문적 논쟁
- 전쟁의 새로운 양상 : 전쟁의 공간적, 사회적 확대, 진지전/소모전, 기계화 무기, 선전(Propaganda)
- 전쟁의 분수령 : 미국 참전, 윌슨의 14개조, 러시아혁명
- 전쟁 종결, 평화 조약, 불안정한 전후 질서
- 제1차 세계대전의 유산과 국민적 '기억문화(Erinnerungskultur/mémoires)'

제1차 세계대전은 여러 면에서 '20세기 재앙의 근원'이라고 인식된다. 이 전쟁은 구유럽의 몰락을 초래했다. 이 전쟁은 당초 독일과 프랑스 간의 충돌로 시작되어 세계대전으로 끝났다. 양국 간의 집요한 이데올로기적 대립과 선전 활동도 동반되었다.

참전국들의 전쟁 목적은 당초부터 논란의 여지가 있었으며, 이는 전쟁책임론에 관한 국내외 후속 논의 과정에도 영향을 미쳤다.

전쟁은 장기화되고 지리적으로도 확대되면서 점차 새로운 양상을 띠게 되었다. 민간인들까지 전쟁에 깊이 말려들면서, 참전국의 사회정책도 전쟁의 영향을 받게 되었다. 1917년 미국이 참전하고 10월 혁명 이후 러시아가 전쟁에서 빠진 것은 이러한 맥락에서 특별한 의미를 갖는다.

휴전이 성립된 이후 양국의 정치적 상황은 엇갈리는 방향으로 전개가 된다. 프랑스는 협상국의 원조를 통해 독일을 비롯한 동맹국들의 세력을 장기적으로 약화시키기 위해 지나칠 정도로 자신의 승리를 이용하려 했다. 하지만 이것은 스스로 감당할 수 있는 정도를 넘어섰다. 이에 반해 독일은 패전을 굴욕적으로 여기며 이 상황을 수정하는 데

가장 큰 역점을 두었다. 이 때문에 바이마르 공화국의 기반을 공고하게 다지고, 전후 질서를 안정적으로 정착시키기가 매우 어려웠다.

프랑스와 독일의 차이점은 양국의 상이한 기억문화에서도 여실히 드러났다. 독일에서는 독일혁명의 날인 1918년 11월 9일이 정계의 논란거리가 된 반면, 프랑스에서는 (제1차 세계대전 종전일인) 1918년 11월 11일이 오늘날까지도 여전히 중요한 의미를 지니고 있다.

단원 5. 유럽의 문화 : '아름다운 시대'에서 황금의 20년대까지(von der Belle Epoque bis zu den goldenen zwanziger Jahren/de la Belle Époque aux années 20)

- 근대의 창조력과 위기 : '세기말(Fin de Siècle)' 에서 '중간층의 폭발(Explosion der Mitte/explosion du milieu)'
- 프랑스의 아방가르드와 부르주아 문화
- 독일의 '빌헬름주의(Wilhelminismus)' 와 문화적 반대운동(kulturelle Gegenbewegung)
- 건축, 회화, 문학, 음악의 사례로 본 유럽 문화양식(1890~1930) : 교류와 상호 영향
- 두 번째 산업적 · 기술적 진보와 자연과학의 승승장구
- '황금의 20년대(goldene zwanzig Jahre/années 20)'

고정관념과 현실 사이에서 독일과 프랑스는 19세기 말과 20세기 초 유럽 문화 발전에 참여하여, 문학, 회화, 철학, 심리학, 사회학, 그리고 기타 인문과학 분야에서 현저한 성과를 거두었다. 여기에 각국의 독자적인 특색이 각인되어 있긴 하지만, 이 문화는 국경을 초월한 유럽의 문화였다. 이와 같은 활발한 상호작용을 통해 자연과학의 발달과 기술 분야의 진보도 성취되었다. 이것은 산업화의 밑거름이 되었다. 독일의 자연과학자들은 1901~1914년 기간에 수여된 노벨상의 3분의 1을 수상하였다. 사회과학과 인문과학 분야는 프랑스, 독일, 영국, 네덜란드, 벨기에에서 독자적인 발전 양상을 보였으나, 회화 분야에서와 마찬가지로 서로 영향을 주고받는 가운데 풍성한 성과를 거두었다. 특히 독일과 프랑스에서는 이러한 사례가 많이 확인되고 있다.

제1차 세계대전으로 인해 유럽 문명의 연속성이 근본적으로 단절되었다. 이것은 1920년대와 1930년대 문화적 발전에 투영되었다. 하지만 문화사 및 예술사는 '세기말'에서 시작된 일정한 연속적 흐름을 보여주고 있다. 이는 1900년 무렵 빈, 베를린, 뮌

헨의 근대적 모습과 이와 유사한 파리의 근대적 모습을 통해서 알 수 있다. 1871년 프랑스의 패전, 1871년 소독일 제국의 건설, 그리고 1890년 이후 빌헬름주의는 각각 고유 결과물 남겼다. 예술계의 아방가르드 및 분리파(Sezession)들은 각각 주류 예술사조와 대립하였다. 1918년 이후 회화의 발달 과정은 1914년 이전의 인상주의, 표현주의, 입체주의의 토대가—물론 이것은 각국별로 상이하게, 때로는 상반되게 수용되었지만—있었기에 가능했다. 이미 전쟁이 발발하기도 전에 문학 및 회화 분야에서는 임박한 대재앙을 예감하였다.

대중문화, 급속한 기술 발달과 이로 인한 심리적 영향은 인구 증가, 사회적 변화, 정치적 변화, 급속한 도시화로 인해 1920년대 특히 주목을 받았지만, 이 주제들은 그 이전부터 다루어졌다. 19세기 현실주의 사회소설과 자연주의적 시대 비판은 파리, 런던, 베를린, 더블린 등 대도시를 주제로 한 소설과 극작품에 자주 등장하였다. '황금의 20년대'는 뉴욕과 런던에 이어 세계에서 세 번째로 큰 도시인 베를린의 문화적 발달을 의미하는 동의어가 되었다. 하지만 정치, 사회, 문화의 발달과 당시 문화의 유럽적 특색 사이에 존재하는 상호 영향 관계를 보면, 이 같은 상투적인 인식은 이 시대의 흐름에 대한, 그리고 유럽의 개별 국민국가의 고유한 특색에 대한 역사적 해석으로 충분하지 않다는 것을 알 수 있다.

단원 6. 유럽 민주주의의 위기와 전체주의 정권

- 제1차 세계대전 이후 유럽 민주주의 위기
- 전간기 프랑스 제3공화국과 위기(특히 안보정책과 평화정책, 내정의 위기)
- 바이마르 공화국의 종말 : 세계 경제공황, 대통령 중심제(Präsidialkabinette)
- 이탈리아 파시즘 : 총통 원리, 군국주의적 민족주의, 반사회주의, 반자유주의
- 독일 민족사회주의 : 인종주의와 반유대주의, 극단적 민족주의, 반공산주의, '민족공동체(Volksgemeinschaft)' 사상
- 소련 스탈린주의 : 중앙집권주의, 의지주의(Volontarismus), 교조주의, 억압, 공포
- 유럽의 전체주의 이데올로기와 체제의 비교 문제 : 1930년대의 전체주의 모델에서 '역사가 논쟁(Historikerstreit)' 까지

제1차 세계대전은 유럽 각국에 인구 감소뿐만 아니라 경제적, 사회적, 윤리적 측면에서 최악의 피해를 남긴 파국으로 끝났다. 사람들은 평화조약이 안정적인 국제 질서 건설에 기여하기를 기대했다. 하지만 베르사유 조약은 패전국들에게 큰 부담으로 작용하

였다. 전승국들에게도 그리 만족스러운 것은 아니었다. 오늘날에는 이 조약에 대해 보다 균형 잡힌 평가를 할 수 있지만, 당시 상당 부분의 영토 상실, 전쟁보상금 지불, 그리고 전쟁에 대한 '단독책임' 이라는 오명을 받아들일 수밖에 없었던 독일에게는 특히 베르사유 조약을 수정해야 한다는 목표 의식이 강했다. 프랑스 또한 독일과 마찬가지로 수많은 인명을 상실하고 자국 영토에서 최악의 물질적 피해를 입은 상황에서 독일에 대한 불신과 더불어 강력한 안보 체제의 필요성을 절감하였다.

다민족으로 구성된 국가의 기존 영토에 여러 신생국가를 건설함으로써 소수민족 문제를 해결하려던 노력은 실패로 돌아갔다. 강대국들은 상당 부분 해외 차관에 의존하여 전쟁을 치렀다. 이들은 재정, 경제, 사회, 정치에서 극심한 혼란 상태에 처하게 되었다. 이는 특히 독일에서 심각한 문제로 대두되었다. 또한 독일에서 좌우 극단주의가 세력이 싹트게 된 배경이었다. 기왕의 의회제도는 커다란 사회 변화로 대중 민주주의 기반 위에 서게 되었다. 이 체제는 심각한 경제적, 사회적 문제에 직면했다. 1918/19년 시기에 새롭게 건국된 국가나 혁명을 통해 민주적 공화국으로 발돋움한 국가들은 거의 예외 없이 심각한 위기에 직면했기 때문이다. 이러한 위기 상황을 해결할 수 있는 능력은 1918년 전쟁에서 승리함으로써 체제 변화를 전혀 겪지 않은 오래된 민주주의 체제의 프랑스와 영국, 그리고 소규모 민주주의 국가들에게 있어서는 상당히 커졌다.

대부분의 중동부 유럽 및 남부 유럽 국가들에서 1920년대와 1930년대 유럽의 민주주의 위기 상황에서 권위주의 운동이나 심지어는 전체주의 운동이 급부상하였다. 이탈리아에서는 1922년 이후 파시스트 독재 정권이 생겨났다. 독일에서는 1933년 이후 비교할 수 없이 급진적인 민족사회주의 독재체제가 들어섰다. 독일이 유럽의 민주주의 위기에서 탈출하는 과정은 다른 독재체제나 전체주의 정권과 비교할 때 극단적인 양상을 보였다. 당대 상황에 대한 역사적 해석은 오늘날까지도 논쟁적인 질문들로 가득 차 있다. 논쟁은 사실보다는 비교 평가에 대한 것이다.

- 독일은 '특수한 길(Sonderweg)' 을 갔는가? 프랑스 제3공화국이 1940년까지 '지속된' 이유는 무엇이며, 바이마르 공화국이 1933년에 '붕괴된' 이유는 무엇인가?
- 복수심에 불타는 민족주의, 정치적 소수자와 기타 소수자들에 대한 테러, 그리고 특히—거의 모든 유럽 국가에서 나타난—반유대주의가 유독 독일에서 과격하게 전개되어, 결국 수백만 명을 학살하고 동구권에서 인종 말살로 막을 내리게 된 이유는 무엇인가? 민족사회주의의 사회적 기반과 사상적 근원은 어디에 있었으며, 다른 나라(특히 프랑스)의 대규모 반파쇼 저항 세력의 기원은 어디에 있었는가?

- 나치 정권과 공산주의 독재정권, 그리고 1936~1938년 스탈린의 '계급 학살(Klassenmord/meurtre de classe)' 및 공산당의 내부 '청산(purges/Säuberung)'과 히틀러 및 그의 추종자들의 '인종 학살(Rassenmord/extermination raciste)'을 서로 비교할 수 있는 것인가? 독재체제의 (형식적인) 요소에 초점을 맞춘, 전간기에 등장한 전체주의 개념은 어떤 방식으로 사용할 수 있는가?

단원 7. 제2차 세계대전

- 민족사회주의 정책의 목적과 성격. 예컨대 자칭 '평화정책', 군비 확충, 생활터전(Lebensraum) 이념, 세계 강대국 추구, 뮌헨 협정, 히틀러-스탈린의 협약
- 전쟁의 상황과 문명의 파괴. 예컨대 전황 변경에 따른 국민들의 반응(열광적 참전, 적응, 체념 그리고 저항)
- 유대인에 대한 억압과 박해 그리고 살해 : 다른 소수자들(신티[Sinti]와 로마[Roma])[12]의 운명
- 비시(Vichy) 정부, 드골과 항독운동
- 민족사회주의 독일에 대한 연합국의 승리

본 단원은 우선 전쟁으로 치닫게 된 여러 국면을 다룬다. 여기에서는 특히 나치 정권의 정치적 목표(베르사유의 불명예 탈피, 전 독일인의 통일, 대독일 건설에 필요한 '생활터전' 확보, 유럽 및 세계에서 독일의 패권 추구)와 이를 실현하기 위한 수단(재무장, '평화정책'), 이탈리아 및 일본과의 성공적인 동맹, 그리고 유럽 강국들의 분열(베를린-로마-도쿄로 이어지는 추축국 동맹, 오스트리아 합병[Anschluß], 뮌헨 회의, 히틀러-스탈린 협약)을 포함하도록 한다.

다음 단계에서는 전쟁의 주요 국면을 재구성하는 데 초점을 맞추고, 특히 지도를 보조 자료로 활용하여 전쟁의 지리적 확대 상황을 제시한다. 여기에서는 특히 제2차 세계대전이 의미하는 세계 전쟁으로서의 특징과 총력전의 규모, 문명의 단절 내용(절멸전쟁, 특히 동부 전선에서의 절멸전쟁, 전쟁 범죄, 민간인 희생)에 주목하도록 하고, 이외에도 이 전쟁에 특징적으로 나타난 국민들의 상이한 입장, 그리고 전황 변경에 따른 국민들의 태도 변화 양상(광적인 참여, 적응, 체념, 저항)도 빠뜨리지 않도록 한다.

집단수용소 및 학살수용소 체제에 관한 내용과 조직적인 유대인 말살정책에 관한

12) 집시를 가리킴.

부분은 본 단원의 핵심적 위치를 차지한다. 이러한 정책이 과격해지는 과정('최종해결[Endlösung]'[13]에 이르는 단계, 베를린 반제[Wannsee] 회의)을 살펴보고, 이외에도 박해 과정에서 나치 독일의 동맹국 및 협력 세력들의 역할도 고찰하되, 각 국가별로 드러난 정도의 차이점도 조명한다. 기타 소수집단(집시, 동성애자 등)에 대한 억압과 박해 그리고 말살에 대해서도 자세히 짚어보도록 한다.

본 단원에서는 또한 프랑스의 참전과 초기 전황(독일의 프랑스 침공 이전, 1940년 프랑스의 몰락, 대량 탈출, 정전), 비시 정권의 수립과 국민의 동의 과정, 그리고 비시 정권의 초기 입장인 이중적 태도, '민족 혁명(révolution nationale)' 및 대독협력(collaboration) 정책에 관한 부분도 다룬다. 이외에 프랑스에 대한 독일의 점령 상황과 1942년 점령 확대 내용도 분석 대상으로 삼는다(남부 지역 점령, 근로봉사를 위한 동원, 유대인 색출을 위한 일대 급습, 프랑스 저항운동 및 반발에 대한 대응 내용).

레지스탕스 운동에 관한 부분은 특히 주목한다. 6 · 18 호소[14]와 프랑스 내외에서의 드골파 레지스탕스, 레지스탕스의 여러 구성 요소, 물랭(Jean Moulin)에 의한 저항운동 결집, 1942/3년 이후 레지스탕스에 대한 일반 프랑스인들의 지지 증가, 비시 정권 및 독일 점령군에 대한 레지스탕스 전투, 프랑스 해방 과정에서 레지스탕스가 행한 정치적, 군사적 역할이 주목해야 할 항목이다.

본 단원은 끝으로 나치 독일이 무조건 항복에 이르기까지 연합군의 주요한 승리 과정을 다룬다. 소련의 기여(스탈린그라드 전투), 서방 연합국의 기여(북부아프리카, 이탈리아, 프랑스 상륙작전), 그리고 레지스탕스의 기여가 갖는 의미를 평가하고, 전투 계획 조율 및 전후 질서 준비를 위한 연합군의 주요 회담(테헤란, 얄타, 포츠담)을 조명하며, 인적 · 물적 피해 및 사회 · 정치 · 경제 변동을 결산한다.

독 · 프 양국의 관점에서는 양국의 차이점을 우선 강조한다. 전쟁을 체험하고 기억하는 방식의 차이와 전쟁의 결과와 여파(서로 다른 전쟁사 연표, 서로 다른 강조점, 서로 다른 전쟁 결과. 예컨대 프랑스의 경우 인구의 1.5%가 전쟁으로 희생된 반면, 독일

13) 유대인에 대한 인종 말살을 당시 나치는 이렇게 명명했다. 이것은 유럽사의 골칫거리인 유대인 문제를 최종적으로 해결한다는 뜻을 갖고 있다. 오늘날 이를 보통 '홀로코스트(Holocaust)'라고 한다.

14) 드골은 프랑스와 독일의 휴전을 부정하며 1940년 6월 18일 런던에서 프랑스가 대독 전쟁을 계속한다는 선언을 하고 프랑스인들에게 이에 동조할 것을 호소하였다.

에서는 희생자가 12%에 달한다)를 중심으로 살펴본다. 더 나아가 전쟁의 이데올로기적 속성으로 인해 양국의 민족적 경계를 초월하는 혼합 현상(프랑스로 이주한 독일 난민, 프랑스 레지스탕스와 함께 투쟁에 나선 독일의 반파쇼 세력, 비시 정권의 협력정책, 반볼셰비즘 프랑스 의용대[15])을 다룬다. 끝으로 당시의 특징인 양국 관계, 교류, 영향(점령자와 피점령자의 관계, 자원 근로자 및 강제 노역자, 알사스-로렌 지방의 강제 징병자)과 이러한 일들이 훗날 양국 관계에 미친 영향에 대해 다룬다.

3. 고등학교 3학년(Klasse 12/13, classe de terminale)

각 단원은 고등학교 3학년 역사 수업 시간의 약 20%를 차지하지만, 제1, 2, 3단원은 조금 적게, 제4, 5단원은 조금 많이 다룬다.[16]

단원 1. 제2차 세계대전에 대한 기억. 1949년 이전의 불확실한 시기

- 제2차 세계대전의 결과와 영향
- 다양한 유럽 국가들의 제2차 세계대전에 대한 기억
- 냉전의 시작과 세계 정치 상황(1945~1949)
- 독일, 동서 갈등의 한복판 : 두 개의 독일 국가의 탄생

종전 직후 인적, 물적 피해, 열악한 생활 여건, 그리고 고향을 등지거나 고향을 상실한 이 모든 상황은, 그렇지 않아도 수많은 가족을 잃고 슬퍼하는 자들을 더욱 낙담케 했다. 종전에 대한 기쁨과 함께 미래에 대한 두려움도 존재했다. 이는 전쟁으로 윤리적 가치관이 현저하게 흔들리게 되고, 여러 나라에서 정치체제 및 행정조직이 와해되었기 때문이다.

제2차 세계대전에 대한 직접적인 기억은 제1차 세계대전에 대한 것과는 달랐다. 독

15) Légion des volontaires français contre la bolchévisme(LVF). 이것은 프랑스의 친독 협력자들에 의해 1941년 7월 8일 조직되어 나치의 대소 전쟁 '바르바로사 작전'에 참전했다.

16) 독 · 프 공동 역사교과서 제3권은 2006년 여름에 발간되었다. 이것은 전체적으로 편찬지침을 준수했지만, 순서가 약간 바뀌었다. 예컨대 편찬 지침의 제2단원은 교과서에서 제4단원이 되었다.

일과 프랑스 양국 간의 관계가 이로 인해 어떻게 변화하며, 또 유럽이 어떻게 바뀌어 가는지를 이해하기 위해서는 이러한 근본적 상황을 우선 제대로 인식할 필요가 있다. 제2차 세계대전 이후의 유럽은 1918/19년 평화조약으로 안정을 찾으려고 했던 당시와는 근본적으로 다르며, 주요 인물들 또한 베르사유 조약으로 대변되는 당시 평화조약이 실패로 돌아간 사례를 명심하고 있던 터였다. 그리고 독일과 프랑스 간 수백 년 동안 지속된 앙숙 감정이 급속하게 사라진 자리에 미래에 대한 공동의 비전이 들어서게 되었다. 1918~1919년에는 독일과 프랑스가 서로 다른 방식으로 미래를 기획했으나, 1945~1947년에는 이전 세대가 가지고 있던 "다시는 반복되어서는 안 된다(Nie Wieder/plus jamai ça)" 는 생각이 이러한 대립을 약화시키는 데 기여했다. 무엇보다도 야만성에 대항하여 끔찍한 전쟁을 치렀다는 생각이 점점 강렬하게 대두했다. 이와 함께 유럽인들은 점점 더 제2차 세계대전을 형제 간의 전쟁으로 기억하게 되었다.

유럽인들의 전쟁 기억에 대한 연구는 1947~1949년 상황으로부터 시작했지만, 곧 이 시기 이후의 기억 변화에 대해서도 추적하게 됐다. 제2차 세계대전과 같은 중요한 역사적 사건은 큰 자취를 남기기 때문에, 그것은 인구와 사물의 변화나 지정학적 변화만으로 포괄할 수 없다. 이는 각국이 간직하고 있는 기억에 따라 국가별로 상이하고, 따라서 그 나름의 역사를 가지고 있다. 예컨대 유대인이 희생된 인종 학살에 대한 기억, 그리고 나치 협력이나 항독 저항에 대한 기억은 지난 60여 년간 수차례 변화를 거듭했다.

독일의 경우 국민 대다수는 당장 먹고 사는 문제에 급급한 나머지 나치 시대를 잊으려 했고, 전범자들의 운명은 전승국의 손아귀에 맡겨졌다. 비로소 1960년대에 접어들면서 신세대들이 나치 전범에 대한 책임 문제를 강력하게 제기하였다. 이를 계기로 과거에 대한 기억 작업과 자아 성찰이 시작되었다. 언론과 사학자들의 연구는 이를 지원했다.

프랑스에서 이 과정은 종전 직후 나타난 중첩된 현상(청산épuration 작업과 레지스탕스에 대한 역사적 기억)과 연관되어 있다. 이 중첩된 현상은 유대인 추방에 대한 종전 직후의 기억과 밀접하게 관련되어 만들어졌고, 1950~1960년대에도 여전히 전쟁에 대한 집단기억의 핵심 요소로 작용하였다.

유럽의 '기억의 터(lieu de mémoire/Erinnerungsort)', 예컨대 도시, 수용소, 그리고 안네-프랑크의 집 등을 조사해보면, 기억의 특정 요소들은 국경을 초월한다는 것을 알 수 있다.

종전 후 세상은 소망하던 평화를 찾지 못했다. 이는 전승국들 간의 내분 때문이다. 이데올로기적으로 대립하는 양 진영이 형성되었다. 각 진영은 상대 진영의 희생으로 유럽을 비롯한 세계 곳곳에서 자신들의 영향력을 확대하려 하였다. 1947~1948년도는 냉전이라고 불리기 시작한 위기가 탄생한 해였다. 이외에도 당시 세계 상황은 탈식민화 과정이 시작되었다.

유럽은 세계의 양극화로 분열되었고, 각 진영은 상반되는 방향으로 표류하였다. 정반대의 이데올로기를 가진 서독과 동독이 생겨난 것은 바로 이 같은 대립구도의 결과다. 서독은 서구의 자유민주주의 진영으로 편입된 반면, 동독은 모스크바의 위성국가로 전락하였다. 베를린 봉쇄 사건은 냉전으로 인한 최초의 위기로서, 독일 문제가 국제적 상징이자 국제적 사안이 되었음을 보여주었다.

단원 2. 1945년 이후 기술 · 경제 · 사회 · 문화 변동

- 성장과 위기 사이의 국민경제들, 소비 · 서비스 사회로 가는 길, 노동의 국제적 분업과 불균형, 거대한 경제체제들
- 연구 혁신과 기술 혁신, 지식사회, 새로운 매체와 정보기술
- 인구구조와 사회구조의 변화
- 문화의 세계화는 무엇인가?

선진 산업국들은 1930년대의 위기와 같은 일이 재발하지 않도록 하는 제도적 장치를 구축하고 이를 수용함으로써 전례 없는 경제성장을 경험하였다. 산업화와 성장하는 서비스 산업은, 그 변화의 중심지가 복지국가에 기초한 소비 사회가 형성된 서구의 선진국들이고 아시아 및 아프리카의 대부분이 이러한 변화의 가장자리에 위치해 있었지만, '영광의 30년(dreißig gute Jahre/trente glorieuses)' 동안 세계적 특성이었다.

1974~1975년에는 이 같은 상황이 역전되었다. 성장 주기의 파괴, 실업 증가, 그리고 전례 없던 가격 상승이라는 삼중고로 대표되는 스태그플레이션 현상이 나타났다. 이러한 시장 교란현상은 1970년대 이전에 눈에 띄기 시작하였다. 이는 1973년 석유파동으로 악화되었고, 결국 브레튼우즈(Bretton Woods) 국제통화체제가 붕괴하는 계기가 되었다.

전후 경제 2단계는 이렇게 시작하였다. 경제성장은 지속되었지만(1973~1998년 동안 일본의 GDP는 80% 성장), 특히 프랑스에서는 높은 실업률이 지속되었다. 경제성장의 속도는 느려졌다. 세계적 차원에서 보면 경제성장 판도는 동구권의 빈곤과 제

3세계의 몰락이라는 두 가지 중요한 현상과 맞물려 있었다. 물론 제3세계 지역 가운데 일부는 급속한 경제성장을 경험했다. 또한 이미 오래전에 등장한 바 있는 세계화 현상이 새롭게 나타나고, 복지국가의 존재가 의문시되기에 이르렀다.

(각 문화와 시대에 따라 어느 정도 국가의 개입이 수반되던) 자유주의 시장경제체제와 사회주의 계획경제체제는 각 진영의 경제체제의 이념형적 모델과 준거틀의 역할을 하였다.

1945년 이후는 지식이 대폭 확대된 시기이자 지식의 기술적 응용이 발달한 시대였다.

이러한 변화는 인간의 생활방식과 더불어 시간과 공간에 대한 시각도 바꾸었다. 사람 · 상품 · 정보의 유통 부문의 변화는 지난 20세기의 마지막 4반세기에 등장한 정보기술 혁명과 더불어 이에 대한 생생한 예를 보여준다. 또한 청소년 교육은 매우 중요하게 되었다. 이는 전후 수학 기간이 늘어나고 중등교육 과정에서 학생 수가 증가한 데서 알 수 있다.

1960~2000년 사이에 세계 인구는 두 배로 증가하고, 모든 지역에서 이주 등으로 인한 유동 인구의 규모도 커졌으며, 도시화 현상이 가속화되었다. 이 같은 인구 상황과 인구 밀집 현상은 도처에서 주된 골칫거리로 등장하였다. 구체적 문제는 각 나라와 지역에 따라 차이가 났다. 예컨대 서구 선진국에서는 고령화와 이민 문제, 사하라 사막 이남의 아프리카에서는 영양 결핍 및 질병과의 전쟁, 아시아의 경제 강국들에서는 출산율 저하 문제가 그 골칫거리였다.

세계 일부 지역에서 나타나는 농촌 이탈, 거대 도시 등장, 노동시장의 변화, 종교적 · 정치적 관행의 쇠퇴는 전통적인 사회체제를 약화시키고 개인주의의 발달을 초래하였다. 서구 사회 전체가 동질화되었다고 할 수 있다. 이것은 여가생활뿐 아니라 교회, 노조, 가족 등 사회조직들의 영향력 후퇴에서도 확인된다. 모든 측면에서 남성과 동등한 권리를 주장하는 여성운동이 발전하였다. 나라마다 독특한 정치 · 사회 · 경제적으로 서로 다른 발전 양상을 보이지만, 여성운동 자체는 동일하게 나타났다.

교통수단이 발달하고 저렴한 통신시스템이 구축됨으로써 지식 유통과 상품 교류, 생활방식의 획일화가 촉진되었다. 라디오와 영화, TV, 그리고 최근에는 인터넷을 통해 시장은 공통의 가치 기준과 문화적 관행을 제공하였다. 이렇게 해서 세계 문화가 존재하게 되었는가? 그렇다면 (미국이라는) 유일한 모델을 통해 획일화된 문화가 생성된 것인가, 아니면 혼합되거나 융합된 세계 문화가 생겨나도록 한 것인가? 이에 대한 저항은 없었는가? 있었다면 어떤 형태였는가?

단원 3. 유럽, 미국과 소련 사이에서(1949~1989)

- 양극화된 세계 : 두 초강대국의 발전, 냉전에서 협력까지
- 유럽의 분단, 인민민주주의 국가들과 국제정치(나토[NATO/OTAN]와 바르샤바 조약)
- 식민제국의 종말
- 제2차 세계대전 이후 유럽 통합운동의 탄생과 목적
- 서유럽 통합의 단계들

1939년 전쟁 발발 이전까지 유럽 강대국들이 서로 대립하였다면, 20세기 후반기 국제 관계는 미국과 소련의 대립을 특징으로 하는 냉전을 중심으로 전개되었다.

냉전의 이데올로기적 토대는 유럽의 자유민주주의에 의존하는 바 컸다. 냉전이란 정치 · 경제적으로 서로 다른 양 체제의 대립이었다. 상대 진영에 대한 두려움이 냉전의 특징이었다. 이 두려움은 핵무기와 우주 선점을 둘러싼 경쟁을 촉진시키고 정당화했다. 냉전은 지리적으로 제한된 곳에서 발생했지만, 전 세계적인 현상이었으며, 탈식민주의 운동에 자극을 받았다.

- 우선 1947~1963년 시기는 각 진영 구축, 상대에 대한 극도의 두려움, 그리고 자칫 핵전쟁으로까지 비화될 수도 있었던 두 차례의 대치 상황(한국전쟁과 쿠바 미사일 위기)으로 특징지울 수 있다.
- 1960년대 후반부를 기점으로 상황이 다소 평화적으로 진전되어 긴장 완화로 이어졌다. 이는 헬싱키(Helsinki) 회의에서 정점을 이루었다. 양 초강대국이 군비 제한 조약을 이끌어낼 수 있었던 것은 핵 균형과 무력 충돌이 발생할 경우 공멸로 이어질 것이라는 확신 때문이었다.
- 1975년 이후에는 양 진영 모두 내부의 심각한 정치적, 경제적 문제들에 대응해야 했으며, 이는 양 초강대국의 지위에도 부정적인 영향을 미쳤다. 지역 분쟁이 증가하고, 제3세계 국가들의 집요한 요구 등을 배경으로 양 초강대국 간의 대립논리가 다시 전면으로 등장했다. 미국은 군비 경쟁을 재개하였다.
- 1985년 미하일 고르바초프는 소련 체제 내부의 위기 때문에 긴장 완화 정책을 다시 추진해야 했다. 이는 1987년 워싱턴 조약 및 군축 조약 체결로 이어지고, 여러 지역의 분쟁도 해결되는 계기가 되었다. 냉전 종식은 1989년 몰타(Malta)에서 공표되

었다. 베를린 장벽이 붕괴된 지 한 달여 만의 일이었다.

유럽 대륙에서는 철의 장막이 각 시기에 따라, 그리고 나라별로 상이하게 양 대립 진영을 갈라놓았다. 이러한 유럽 대륙의 분단 상황과 국제정치의 부침 현상은 베를린의 사례를 살펴보면 잘 드러난다.

인민민주주의 역사도 유럽사의 일부다. 이 역사의 주요 단계와 인민민주의 국가들의 공통점 및 차이점을 들여다보면 제2차 세계대전 종식 이후 1989년까지 특히 동독을 비롯한 동구권 국가의 국민들이 체험한 바를 이해할 수가 있다.

지난 16세기부터 건설된 대식민제국은 제2차 세계대전 종전 이후 약 30여 년이 지나는 동안 사라졌다. 탈식민화 과정은 제2차 세계대전의 중요한 결과로서 냉전과 더불어 20세기 국제관계에서 중요한 요소로 작용하였다. 이로 인해 유럽이 세계에서 차지하고 있는 지위도 재규정되었다. 탈식민화로 인해 생겨난 제3세계는 반둥(Bandung) 회의에서 비동맹운동에 이르기까지 양극화된 세계의 틈바구니에서 자체적인 체제를 구축하려고 추진하였으나, 성공하지는 못했다. 마지막으로, 식민주의 역사는 그 이후에도 구식민제국의 정책과 국제관계에 지속적인 영향을 미쳤다.

종전 직후 서유럽 국가들은 공산주의 및 소련에 대한 두려움에서, 그리고 세계 대전은 형제간의 전쟁이었다는 명확한 판단 아래 수렴 정책(Politik der Konvergenz/politique de convergence)을 채택하였다. 프랑스 및 영국과 같은 일부 국가들은 양 초강대국이 급부상하고 탈식민화 과정이 시작되었음에도 불구하고 여전히 중요한 역할을 수행하려는 의지를 가지고 있었다. 이 또한 수렴 정책의 동기로 작용했다.

윈스턴 처칠(취리히 연설)과 같은 비중 있는 인물들의 노력으로 이러한 시도들이 결집되었다. 1948년부터 1951년까지 유럽경제협력기구(OEEC/OECE), 유럽평의회(Europarat/Conseil de l'Europe), 유럽석탄철강공동체(EGKS/CECA) 등 많은 유럽 기구들이 창설되었다. 유럽식 자유주의 모델은 미국식 모델의 변형으로서 복지국가의 토대에서 형성되었다. 6개국으로 구성된 유럽경제공동체(EWG/CEE)의 창설은 특히 주목해야 할 현상이다. 로마 조약을 통해 6개국 공동시장과 유럽원자력공동체(Euratom)가 창설되었다. 이것은 관세동맹, 경제 통합, 유럽 통합 기구를 창설하는 데 필요한 기반을 조성하였다. 이후 다른 국가들도 유럽경제공동체에 가입할 정도로 이 통합모델은 성공적이었다. 유럽경제공동체는 1973년 9개 회원국, 인구 2억 5,200만 명으로 세계에서 두 번째로 큰 경제공동체로 성장하였다. 1986년에는 12개 회원국으로 증가하였고, 역내 인구도 3억 1,500만 명으로 늘어났다(단일유럽의정서 SEA).

단원 4. 세계 속의 유럽, 1989~현재

- 인민민주주의 국가들의 몰락, 바르샤바 조약의 폐지 그리고 독일 통일
- 내부의 새로운 도전에 직면한 유럽
- 국제정치에서 유럽연합이 행하는 역할
- 유럽 사상과 유럽 정체성

동구권 인민민주주의 국가들은 소련의 고르바초프의 지원을 더 이상 기대할 수 없게 되고, 자국 내에서도 정치적, 경제적, 사회적 문제들에 직면하면서 결국 1989/90년에 붕괴하였다. 1990년 독일의 통일도 이 과정에서 산출된 중요한 부산물이었다.

고르바초프가 막다른 길목에 처한 소련을 구하기 위해 안간힘을 썼으나 그로부터 2년이 지난 1991년 말 소련은 해체되었다. 이후 미국은 세계에서 경쟁 상대가 없는 역사상 최초의 세계적 강국으로 발돋움하였다.

이러한 대변혁으로 유럽 대륙의 상황도 상당히 변화하였다. 민족주의와 영토 문제가 다시 고개를 들었다. 유럽은 지난 40년간 양극화 체제의 제약 속에서 평화를 누리다가 다시 전쟁을 경험하게 되었다.

안정과 발전의 요람이라 할 수 있는 유럽의 통합 노력도 이러한 변화에 영향을 받았다. 유럽 통합은 1990년대 전반에 더욱 발전하였다. 마스트리히트(Maastricht) 조약, 유럽연합(EU/UE) 창설, 회원국 확대(1995년)가 바로 그것이다. 유럽연합의 동구 확대는 공산주의 정권의 붕괴에 따른 직접적 결과였다. 이 때문에 유럽연합의 제도 개혁이 그 어느 때보다도 시급한 현안으로 대두되었다. 하지만 지리적으로 확대해가는 속도와 그 속성상 난해할 수밖에 없는 예산 및 헌법 문제 등으로 유럽 통합에 대한 회의적인 사고와 유럽연합 관료들에 대한 비판도 마찬가지로 증가하였다. 이는 최근 유럽의회 선거 결과에서도 잘 나타나고 있다. 따라서 오늘날 유럽연합 25개국이 내적으로 직면하고 있는 과제는 유럽연합이 하는 일에 대해서 보다 분명하게 설명하는 작업과 이를 위한 정치적 논의에 있다고 하겠다. 이런 의미에서 유럽 헌법에 관한 논의는 유럽 통합을 함께 고민할 수 있는 중요한 계기이며, 특히 유럽 시민들의 여론 수렴 과정을 통해 유럽연합의 민주적 정당성 결핍 문제에 정면으로 대응할 수 있는 기회를 제공한 셈이다.[17]

17) 이 편찬 지침은 2004년에 완성되었기 때문에 유럽 헌법 채택과 관련된 이후의 상황을 담아내지 못했다. 하지만 2006년에 출간된 독 · 프 공동 역사교과서는 유럽 헌법 불

독일과 프랑스의 협력은 유럽 통합 과정에서 결정적인 견인차 역할을 수행해왔다. 유로존(유로화 사용권)과 같이 통합이 보다 심화된 지역들은 유럽연합의 궁극적인 목표에 도달하는 데 촉진제가 되었다.

국제적 문제들에 대해 통일된 대응을 할 수 있는 능력 제고도 유럽연합의 중요한 과제로 대두되었다. 미국과의 효과적인 대화 채널 가동, 공동외교방위정책 시행, 이민정책 추진, 환경 개선 및 지속 가능한 발전에 대한 기여가 이러한 의제에 속한다.

유럽연합은 앞으로 어떤 정체성을 가지고 어떤 형태로 발전할 것인가를 놓고 숙고 중이다. 국민국가가 자신의 주권을 유럽연합에 어느 정도나 양도할 수 있을 것인가? 유럽연합의 경계를 어디에 설정할 것인가(예컨대 터키의 회원국 가입 문제)? 이러한 문제들은 유럽 통합 과정에서 각 단계마다 제기되어왔기에 새삼스럽지 않지만, 유럽연합이 확대를 거듭할수록 더욱 복잡한 문제가 될 것이다. 유럽 통합체는 자발적으로 주권의 일부를 공유하기로 결정한 국민국가들의 통합체라는 점에서 창설 당시뿐만 아니라 지금까지도 유례가 없는 것이다. 따라서 발전 과정마다 인내심 있는 창의적인 준비 작업이 필요하다.

단원 5. 독일과 프랑스, 1945년 이후

- 프랑스, 1945~현재 : 정치적, 경제적 발전
- 독일, 1945~현재 : 독일연방공화국(서독)과 독일민주공화국(동독)의 정치적, 경제적 발전, 통일의 성공과 문제점
- 독일과 프랑스의 사회적, 경제적 문제 : 도전과 해법의 비교
- 독일과 프랑스의 협력의 장과 협력의 진전 : 양국 사회의 수렴 현상과 차이
- 정치적 지도자가 독일과 프랑스의 협력에서 행한 역할(드골-아데나워 ; 지르카르 데스탱-헬무트 슈미트 ; 미테랑-콜 ; 시라크-슈뢰더)

이 단원은 양국의 정규 역사교육 과정에 없는 새로운 것으로서, 독 · 프 공동 역사교과서의 마지막 부분을 차지한다. 따라서 양국의 기존 수업과 비교할 때 독 · 프 공동역사교과서의 명확한 장점이 되겠다. 본 단원은 중등 과정을 마치려는 학생들에게 양국 역사에 관한 지식을 더욱 촉진시킬 기회를 제공해야 한다. 본 단원은 이를 위해 고등학교 1, 2학년용 독 · 프 공동 교과서의 특정 내용을 다시 언급할 것이다.

채택과 이에 대한 평가를 기술하였다.

제2차 세계대전 후 독일과 프랑스의 관계에서 가장 중요한 사건은 1963년 독 · 프 우호조약, 즉 엘리제 조약(traite de Élysée/Elysee-Vertrag)이다. 하지만 이 조약이 있기까지는 오랫동안 양국의 숙적관계라는 전사가 있었다. 드골과 아데나워의 관계 정상화 추진 과정은 깊은 역사적 동기를 갖고 있다. 이 역사적 동기 또한 언급되어야 한다.

이외에도 1989년 이전 양국 관계의 대부분은 프랑스와 서독의 관계이지만, 동독을 빠뜨려서는 안 되겠다. 40년에 걸친 동독의 특수한 역사적 상황은 국제적 차원의 위기나 베를린 장벽 붕괴에 대한 환희에만 국한되지 않기 때문이다.

이를 염두에 두고 다루어야 할 세 가지 측면을 강조하자면 다음과 같다.

- 분명하게 드러나는 역사적 흐름을 중심으로 1945년 이후 양국의 국내 역사를 살펴본다.
- 경제 및 사회 분야에서 독일과 프랑스의 여건, 도전 과제, 해법을 비교해본다. 이때 유럽 및 세계의 커다란 경제 행위자인 프랑스와 독일의 유사성과 특수성을 고려한다.
- 전후 양국 협력의 동기, 중단기 목표, 결과를 살펴본다.

오늘날 프랑스와 독일은, 비록 그 정도와 배경에서는 차이가 나지만, 비슷한 수많은 사회적, 경제적 문제들에 직면해 있다 : 사회보장제도 개혁, 실업 대책, 이민가정의 사회통합, 무역 자유화, 통신망 구축. 이 모든 사례는 양국의 문제와 해결 방안이 서로 유사하다는 것을 보여준다.

독일과 프랑스의 경제정책의 상호 의존도는 점차 심화되고 있으며, 양국은 서로에게 가장 중요한 교역 상대국이 되었다.

1963년 우호조약이 체결된 이후 자매결연한 양국 도시들의 숫자는 급속히 증가했고, 양국 국민 간 국제결혼도 늘어났다. 이와 동시에 독 · 프 합작 방송국인 아르테가 창설되었고, 연구 및 대학교육 분야에서도 협력이 강화되었다(독 · 프 대학교 Deutsch-Französische Hochschule/Université franco-allemande). 또한 독 · 프 중고등학교도 양국의 상호 이해를 도모하는 데 많은 기여를 하였다.

하지만 행정조직, 교육제도, 국방정책 등의 분야에서는 아직까지도 상당한 차이점이 있다.

양국 협력은 실용적이면서도 상징적인 결정을 통해 이루어지고 있으며, 이 결정들은 서로 다른 정치적 배경에도 불구하고 공동의 미래관을 간직한 인사들에 의해 실천되었다. 이들이 양국 협력 관계에서 중요한 역할을 하였다(예컨대 발레리 지스카르 데

스탱, 헬무트 슈미트). 여러 차례에 걸친 우호적인 선언과 회동을 통해 역사에 대한 책임을 지고, 잘못된 역사를 극복하려는 의지를 엿볼 수 있다. 이는 1984년 9월 22일 프랑수아 미테랑 대통령과 헬무트 콜 총리의 베르됭 회동이라든지, 2004년 6월 6일 캉(Caen) 평화기념비 앞에서 시라크 대통령과 슈뢰더 총리가 포옹하는 장면에서도 잘 나타난다.

양국 국민 간의 화해를 공식 문서화한 엘리제 조약은 양국 정상이 정기적으로 회동하도록 명시하고 있다. 양국 간의 협력은 수많은 분야로 확대되었으며, 지속적인 접촉을 통해 효과적이면서도 우호적인 네트워크가 형성되었다. 이러한 정치적 의지는 지난 2003년 1월 22일 엘리제 조약 체결 40주년을 기념한 양국의 공동 선언에서 재확인된 바 있다.

독일-프랑스 관계사 연표

769~814	샤를마뉴 황제의 치세
800	샤를마뉴 황제의 대관식
843	베르됭 조약, 샤를마뉴 제국이 동 · 서 프랑크 및 로타랭기아로 삼분됨
870	메르센 조약, 동 · 서 프랑크가 로타랭기아를 분할 점령. 알사스-로렌 분쟁의 씨앗
911~918	콘라트 1세, 최초의 독일 국왕으로 즉위
962	오토 1세, 독일 황제로 즉위, 로타랭기아를 차지. 신성로마제국 건설
978	오토 2세, 서프랑크 침입, 파리 점령
987~996	위그 카페 즉위, 카페 왕조 시작. 프랑스 왕국 탄생
1214	부빈 전투, 독일 · 영국 연합군에 대한 프랑스의 승리
1618~1648	30년전쟁. 프랑스와 독일의 가톨릭 연방의 대립
1648	베스트팔렌 조약. 프랑스가 메스, 투울, 베르됭을 영유하고 알사스 지방을 획득
1681	스트라스부르 지방, 프랑스에 병합
1685	낭트 칙령 폐기. 30만 프랑스 신교도, 해외, 특히 프로이센으로 이주

1789	프랑스 대혁명 발발. 오스트리아와 프로이센의 대프랑스 간섭전쟁
1806	나폴레옹의 독일 원정. 신성로마제국 해체
1813~1814	나폴레옹의 침략에 맞선 독일 국민 '해방전쟁' 전개
1840	라인 강 위기, 프랑스의 라인 강 유역 영토 요구
1870~1871	보불전쟁, 프랑스의 패배, 프로이센의 승리. 알사스-로렌 지방을 독일에 양도하고 배상금 50억 금화 프랑 지불
1871	프로이센 왕 빌헬름 1세가 통일 독일제국 초대 황제에 취임
1905~1912	제1차, 제2차 모로코 위기, 독일과 프랑스 사이에 위기 고조
1914~1918	제1차 세계대전. 독일의 프랑스 침공. 베르됭 전투(양국 병사 80만 명 사망)
1919	베르사유 조약. 패전국 독일의 전쟁 책임, 알사스-로렌 지방 프랑스에 병합, 프랑스가 라인란트 지역 일부를 점령
1923	독일의 배상금 지불 불이행을 이유로 프랑스군이 루르 탄전 지역 점령. 독일은 '수동적 저항' 으로 대응
1924~1929	프랑스와 독일 사이의 일시적 화해 분위기 조성
1925	로카르노 조약 체결. 프랑스 외상 브리앙과 독일 외상 스트레제만의 만남
1933	독일 제3제국 탄생, 히틀러의 전권 장악, 국제적 긴장 고조
1940~1945	제2차 세계대전. 프랑스의 항복, 독일군이 프랑스 일부 지역 점령, 알사스-로렌 지방 다시 독일에 병합
1945	제2차 세계대전 종전, 프랑스의 해방. 알사스-로렌 지방 다시 프랑스에 귀속
1945~1949	독일이 동독 · 서독으로 양분됨. 프랑스군, 독일 영토에 진주
1949	알사스 지방의 수도, 스트라스부르에서 유럽평의회 개최. 알사스 지방, 독 · 프 화해와 유럽 평화의 상징으로 등장
1951	독일 총리 아데나워가 최초로 프랑스를 공식 방문. 유럽석탄철강공동

	체 조약 체결
1952~1954	유럽방위공동체 조약이 체결되었으나 프랑스 국회의 비준 반대로 무산됨
1957	로마 조약 체결, 유럽경제공동체 탄생
1962	독일 총리 아데나워의 프랑스 공식 방문, 프랑스 대통령 드골의 독일 공식 방문
1963	독 · 프 우호조약('엘리제 조약') 체결. 독 · 프 청소년 교류원 창설
1984	프랑스 대통령 미테랑과 독일 총리 콜이 제1차 세계대전의 전적지 베르됭을 함께 방문
1987	파리-베를린 화친조약 체결
1988	독 · 프 여단 창립
1990	독일 통일 조약('2+4 조약') 체결. 프랑스 동의는 국제법상 독일 통일에 필수적인 것이었음.
1991	유럽문화채널 아르테(ARTE)에 관한 독 · 프 협약
1992	유럽연합 창설을 위한 마스트리히트 조약 체결
2002~2003	미국의 대 이라크 군사 개입에 대한 독일과 프랑스 정부의 반대
2003	'엘리제 조약' 40주년 기념식, 양국 간 공동 국적 인정 및 각료 교환 합의
2005	'독일-프랑스의 날'(1월 22일) 선포, 역사교과서 공동 출판 합의
2006	최초의 독 · 프 공동 역사교과서 양국에서 동시 출판

1. 권고안

"Les manuels scolaires d'histoire en France et en Allemagne," *Bulletin de la Société des professeurs d' histoire et de géographie*, N. 91bis(mai 1937).

"Accord franco-allemand de 1951," *Bulletin de la Société des professeurs d' histoire et de géographie*, N. 130bis(mars 1952).

Deutsch-französische Vereinbarung über strittige Fragen europäischer Geschichte, (Sonderdruck aus dem Internationalen Jahrbuch für Geschichtsunterricht 1953), Albert Limbache Verlag-Braunschweig, 1958.

La France et l' Allemagne, Espace et histoire contemporaine : *Deutschland und Frankreich, Raum und Zeitgeschichte*, Braunschweig/Paris, 1988.

"Empfehlungen zur Behandlung des Themas Industrisierung und Industrieregionen in deutschen und frazösischen Schulbüchern für Geschichte und Geographie/Recommandations concerant le traitement du thème Industrialisation et régions industrielles dans les manuels d' histoire et de géographie français et allemands," Riemenschneider, Rainer (ed.), *Industrialisierung und Industrieregionen. Ergebnisse der deutsch-französischen Schulbuchkonferenzen in Geschichte und Geographie*, Hannover, 1999.

Deutsch-Französisches Geschichtsbuch, Geschichtsbuch für die Klassenstufen 10/11, 11/12 und 12/13, Projektbeschreibung/Manuel d' histoire franco-allemand, Manuel d' histoire pour les classes de seconde, de première et terminale, Cahier des charges, 2004.

2. 분석된 역사교과서

1) 프랑스

(1) 고등학교용 (2e Cycle, enseignement du 2e degré)

A. Malet & J. Isaac(1929), *Histoire contemporaine depuis le milieu du XIXe siècle*, Hachette.

J. Isaac, A. Alba & A. Bonifacio(1955), *Histoire contemporaine 1852-1939, Classes Terminales*, cours d' histoire Malet-Isaac, Hachette.

A. Malet & J. Isaac(1922), *Histoire de France et notions d' histoire générale de 1852 à 1920*, Hachette.

Ch. Aimond(1928), *Histoire, cours supérieur, 1852 à nos jours*, J. de Gigord.

A. Alba(1940), *Histoire contemporaine, Classe de Troisième*, Hachette.

J. Sentou & Ch. O. Carbonell(1962), *Le Monde contemporaine, cours d' histoire, Classe de Terminale*, Delgrave.

J. Marseille(dir.)(1998), *Histoire Terminale*, Nathan.

L. Bourquin(dir.)(2004), *Histoire Terminale*, Belin.

H. Bernard(dir.)(2000), *Histoire Terminale*, Magnard.

P. Milza(dir.)(1983), *Histoire Terminale*, Hatier.

M.-H. Baylac(dir.)(1998), *Histoire Terminale*, Bordas.

J. M. Lambin(dir.)(1998), *Histoire Terminale*, Hachette.

S. Berstein & P. Milza(dir.)(1998), *Histoire Terminale*, Hatier.

P. Wagret(dir.)(1989), *Histoire Terminale*, Istra.

R. Frank(dir.)(1995), *Histoire Terminale*, Belin.

V. Zanghellini(dir.)(1999), *Histoire Terminale*, Belin.

J. Marseille(dir.)(1997), *Histoire Première*, Nathan.

L. Bourquin(dir.)(2003), *Histoire Première*, Belin.

J. Marseille(dir.)(2001), *Histoire Seconde*, Nathan.

L. Bourquin(dir.)(2006), *Histoire Seconde*, Belin.

(2) 중학교용 (1er Cycle, enseignement du 2e degré)
E. Lavisse(1920), *Histoire de France*, cours moyen, Armand Coiln.
V. Tapié(1959), *Les temps modernes*, Hatier.
M. & S. Chaulanges(1968), *Histoire de France*, cours moyen, classes de 7e et 6e, Delgrave.
R. Knafou(dir.)(1993), *Histoire-Géographie*, Troisième, Belin.
R. Knafou & V. Zanghellini(dir.)(1995), *Histoire-Géographie*, Troisième, Belin,
J. Marseille(dir.)(1999), *Histoire Géographie*, Troisième, Nathan.

(3) 초등학교용 (enseignement du 1e degré)
E. Lavisse(1913), *Histoire de France*, cours élémentaire, 'Petit Lavisse', Armand Colin.
L.-E. Rouie & P. Despiques(1916), *Histoire de la France et de ses institutions et notions sommaires d'histoire générale*, nouveau cours d'enseignement primaire, Rieder.
A. Bonifacio & P. Maréchal(1962), *Histoire de France*, cours moyen, Hachette.
Gauthier-Deschamps(Mlle Miallier Souvigny)(1923), *Cours d'histoire de France*, cours moyen, Hachette.
D. Blanchet & J. Toutain(1928), *L'Histoire de France à l'Ecole*, cours du certificat d'études primaires et cours supérieur, Belin.

2) 독일

Dr. Wilhelm Süßler(1934), *Geschichte des Deutschen Volkes für die deutsche Schuljugend. 2. Teil von Luther bis zum Weltkrieg*, Verlag Emil.
Dr. Wilhelm Süßler(1937), *Geschichte des Deutschen Volkes für die deutsche Schuljugend. 3. Teil von Weltkrieg bis zur Gegenwart*, Verlag Emil.
Geubners Geschichtliches Unterrichtswerk. Ergänzungsbogen zu Band III des Lehrbuchs der Geschichte von Pinnow-Buch, 1935.
Dr. Bernhard Kumsteller(1935), *Geschichtsbuch für die deutsche Jugend*,

Verlag von Duelle & Messer.
Dr. Hermann Pinnow(1935) *Geschichte des deutschen Volkes von 1648 bis zur Gegenwart*, Verlag von B. G. Geubner.
Vom Fürstenstaat zur Bürgerfreiheit, Kletts Geschichtliches Unterrichtswerk für die Mittelklaasen III, Ernst Klett Verlag, 1955.
Um Volksstaat und Völkergemeinschaft, Kletts Geschichtliches Unterrichtswerk für die Mittelklaasen IV, Ernst Klett Verlag, 1955.
Erbe des Abdnelandes. Lehrbuch der Geschichte für höhere Schulen. Mittelstufe Teil III. Die Neuzeit (I). Vom Zeitalter der Entdeckungen bis zum Wiener Kongreß, Pädagogischer Verlag Schwann, 1955.
Erbe des Abdnelandes. Lehrbuch der Geschichte für höhere Schulen. Mittelstufe Teil III. Die Neuzeit (II). Vom Wiener Kongreß bis zur Bundesrepublik, Pädagogischer Verlag Schwann, 1954.
Grundzüge der Geschichte. Band 3. Vom Westfälischen Frieden bis zum Jahre 1850, herausgegeben von einer Arbeitsgemeinschaft von Gschichtslehrern, Verlag Moritz Diesterweg, 1956.
Grundzüge der Geschichte. Band 4. Vom Wiener Kongreß bis zur Gegenwart, herausgegeben von einer Arbeitsgemeinschaft von Gschichtslehrern, Verlag Moritz Diesterweg, 1957.
Spiegel der Zeiten. Band 3. Vom Absolutismus bis zum Imperialismus, herausgegeben von einer Arbeitsgemeinschaft von Gschichtslehrern, Verlag Moritz Diesterweg, 1970.
Spiegel der Zeiten. Band 4. Von der Russischen Revolution bis zur Gegenwart, herausgegeben von einer Arbeitsgemeinschaft von Gschichtslehrern, Verlag Moritz Diesterweg, 1971.
Joist Grolle et al(1974), *Menschen in ihrer Zeit, Band 3, In der Neuzeit*. Ernst Klett Verlag.
Friedrich J. Jucas et al(1976), *Menschen in ihrer Zeit, Band 4, In unserer Zeit*. Ernst Klett Verlag.
Geschichtliche Weltkunde. Band 2. Vom Zeitalter der Entdeckungen bis zum

Ende des 19. Jahrhunderts, Verlag Moritz Diesterweg, 1976.
Geschichtliche Weltkunde. Band 3. Von der Zeit des Imperialismus bis zur Gegenwart, Verlag Moritz Diesterweg, 1976.
Bernhard Askani et al(1996), *Anno 4. Band 3. Von der Französischen Revolution bis zum Ersten Weltkrieg*, Westermann Schulbuchverlag.
Bernhard Askani et al(2000), *Anno 4. Band 4. Das 20. Jahrhundert*, Westermann Schulbuchverlag.
Ernst Hinrichs et al(1997), *Wir machen Geschichte. Band 3. Vom Absolutismus bis zum Imperialismus*, Verlag Moritz Diesterweg.
Ernst Hinrichs et al(1998), *Wir machen Geschichte. Band 4. Vom Ende des Ersten Welktkriegs bis zur Gegenwart*, Verlag Moritz Diesterweg.
C. C. Buchner(1998), *Das waren Zeiten. Geschichte 2 Sekundarstufe I.*
C. C. Buchner(1998), *Das waren Zeiten. Geschichte 3 Sekundarstufe I.*
C. C. Buchner(1999), *Das waren Zeiten. Geschichte 4 Sekundarstufe I.*
Cornelsen(1999), *Fragen an die Geschichte. Das 20. Jahrhundert.*
Cornelsen(2000), *Entdecken und Verstehen. Geschichtsbuch für Realschulen und Gesamtschulen, Band 3.*
Cornelsen(1999), *Entdecken und Verstehen. Geschichtsbuch für Realschulen und Gesamtschulen, Band 4.*

3. 한국 문헌

고재백(1993), 「독일의 특수한 길(Sonderweg) : 논쟁과 그 이후」, 『서양사연구』 제14권.
곤도 다카히로 저 · 박경희 역(2006), 『역사교과서의 대화』, 역사비평사.
구승회(1993), 『논쟁. 나치즘의 역사화? 독일현대사 논쟁의 중가결산과 비판』, 온누리.
김병훈(2006), 『역사를 왜곡하는 한국인, 엉터리 국사교과서를 비판한다』, 반디출판사.
김승렬 외(2005), 『분단의 두 얼굴 : 테마로 읽는 독일과 한반도 비교사』, 역사비평사.
김승렬(2000), 「드골주의자들은 초민족적 유럽 통합의 찬성자인가 반대자인가?–드골주의자들과 유럽 군사 정치 통합, 1950～1954」, 『역사학보』 제66집.

김승렬(2001), 「초기단계(1945～1957) 유럽 통합사의 연구 방법론들과 쟁점들에 대한 고찰」, 『독일연구』 제2권.
김승렬(2002a), 「제2차 세계대전 이후 미국의 유럽 통합정책 : 유럽석탄철강공동체를 중심으로(1945～1951)」, 『사총』 제55권.
김승렬(2002b), 「평화와 공동번영을 위한 '생산의 연대'? 프랑스의 유럽석탄철강공동체 계획(슈만플랜)의 기원과 의미(1945～1950)」, 『프랑스사연구』 제6호.
김승렬(2003a), 「숙적관계에서 협력관계로 : 독일-프랑스 역사교과서 협의」, 『역사와 경계』 제49집.
김승렬(2003b), 「슈만플랜(유럽석탄철강공동체 계획)과 영국 : 영국 불참의 경제적 동기」, 『경상사학』 제19권.
김승렬(2004a), 「다양성 속의 통일 : 통합 유럽 문화사 연구 시론」, 김수업 외, 『인문학의 새길을 찾기 위한 반성과 실천』, 박이정.
김승렬(2004b), 「대중에 대한 독재 또는 대중에 의한 독재? 나치 독재의 대중적 기반」, 김용우 · 임지현, 『대중독재』, 책세상.
김승렬(2004c), 「유럽 역사 분쟁지 : 알사스로렌」, 『내일을 여는 역사』 제15권.
김승렬(2005), 「1955 메시나 회의, 유럽 통합의 재도약(Relance européenne)? 유럽경제공동체 협상의 초기 조건들에 대한 새로운 해석」, 『역사문화연구』 제22집.
김승렬(2007), 「'두 개의 시선'으로 바라본 관계사 : 독일-폴란드 역사교과서 대화」, 『역사교육』 제101집.
김용우(2005), 『호모 파시스투스. 프랑스 파시즘과 반혁명의 문화혁명』, 책세상.
김유경(2002), 「국민국가의 집단기억과 역사교육 · 역사교과서」, 『창작과 비평』 통권 115호.
김유경(2002), 「기억을 둘러싼 갈등과 화해 : 독일 · 프랑스 및 폴란드의 역사교과서 협의」, 『역사비평』 통권 69호.
김정인(2007), 「동아시아 공동 역사교재 개발, 그 경험의 공유와 도약을 위한 모색」, 『역사교육』 제101집.
김한종 외(2005), 『역사교육과 역사인식』, 책과함께.
김한종(2006), 『역사교육과정과 교과서 연구』, 선인.
나카무라 사토루 편(2006), 『동아시아 역사교과서는 어떻게 쓰여 있을까?』, 에디터.
니시가와 마사오(西川正雄)(1987), 「역사교과서 개선의 국제협력, 서독-폴란드 교과서

회의」, 이광주 · 오주환 편, 『역사이론』, 문학과지성사.

박용희(2008), 「'분쟁' 의 역사학에서 '공존' 의 역사학으로」, 김승렬 편, 『유럽의 영토 분쟁과 역사 분쟁』 (근간).

박재영(2006), 「교과서 협의를 통한 독일의 과거 극복」, 『사회과교육』 제45권 3호.

박재영(2006), 「한중일 삼국의 역사교과서 협의의 제문제 : 유럽의 교과서 협의와 비교하여」, 『백산학보』 제75집.

박지현(2005), 「민족 교육에서 유럽 통합 교육으로?, 프랑스 역사교과서를 중심으로」, 『프랑스사 연구』 제13집.

벨(Bell, P.)(1995), 「히틀러의 전쟁? 유럽에서의 2차대전의 기원들」, 『유럽 현대사의 제문제 1890~1945』, 명경.

볼프룸, 에드가(Wolfrum, Edgar) 저 · 이병련 · 김승렬 역(2007), 『무기가 된 역사. 독일사로 읽는 역사전쟁』, 역사비평사.

성백용(2005), 「샤를마뉴. 열두 세기에 걸친 황제의 전설」, 『역사비평』 제72권.

성백용(2007), 「샤를마뉴에 대한 중세 독일과 프랑스에서의 엇갈리는 기억」, 『프랑스사 연구』 제17집.

쉬데코프, 오토 에른스트(Schüddekopf, Otto-Ernst) 외 저, 김승렬 역(2003), 『미래를 건설하는 역사교육. 1945~1965 유럽 역사교과서 개선활동』, 역사비평사.

신행선(2004), 「비시 프랑스 : 민족혁명의 이상과 현실」, 김용우 · 임지현 편, 『대중독재 : 강제와 동의 사이에서』, 책세상.

아라이 신이치 저 · 김태웅 역(2006), 『역사 화해는 가능한가』, 미래M&B.

안병직(2006), 「국제화해와 역사교육-독일의 사례를 중심으로」, 『역사교육』 제98집.

역사문제연구소 편(2002), 『화해와 반성을 위한 동아시아 역사인식』, 역사비평사.

이대헌(1996), 「소개의 글」, 한스-울리히 벨러 저 · 이대헌 역, 『독일 제2제국』, 신서원.

이민호(1982), 『현대사회와 역사이론-서독 사회사론의 전개』, 문학과지성사.

이민호(1990), 「역사가 논쟁」, 『독일, 독일민족, 독일사』, 느티나무.

이민호(1990), 『독일, 독일민족, 독일사. 분단독일의 역사의식』, 느티나무.

이민호 · 김승렬(2002), 『국제이해를 위한 교과서 개선 활동에 관한 연구』, 교육개발원 연구보고서.

이성재(2006), 「프랑스 역사교육의 평가와 동향」, 『역사와 역사교육』 제12집.

이시와타 노부오 · 고시다 다카시 편 · 양억관 역(2005), 『세계의 역사교과서』, 작가정신.

이용재(2003), 「기억의 의무와 역사교육」, 『서양사론』 제77호.

이용재(2004), 「피에르 노라와 '기억의 터전' : 프랑스 국민정체성의 역사 다시 쓰기」, 『역사비평』 제66권.

이용재(2006), 「'알제리전쟁'을 어떻게 가르칠 것인가 : 프랑스 식민유제 청산과 역사교육」, 『한국프랑스학논집』 제53권.

이용재(2006), 샤를 드골, 현대 대중사회에서의 영웅의 탄생」, 『이화사학연구』 제33집.

이용재(2007), 「갈등의 역사에서 화합의 역사로 : 프랑스 · 독일 역사교과서 합의와 제1차 세계대전의 문제」, 『프랑스사연구』 제17호.

이진모(1998), 「나치의 유대인 대학살과 평범한 독일인들의 책임 : 골드하겐 테제를 둘러싼 논쟁」, 『역사비평』 제42권.

전진성(2005), 『역사가 기억을 말하다 : 이론과 실천을 위한 기억의 문화사』, 휴머니스트.

주경철(2007), 「에르네스트 라비스와 프랑스의 호전적 민족주의 : 『아동용 프랑스사(Petit Lavisse)』 분석」, 『역사비평』 제79호.

한국학중앙연구원 편(2006), 『민족주의와 역사교과서』, 에디터.

한운석(2002), 「역사교과서 수정을 통한 독일-폴란드간의 화해노력」, 『서양사론』 제75권.

한운석(2006), 「독일의 지리 및 역사교과서의 한국관련 기술의 문제점과 개선 방안 모색」, 『역사교육』 제100집.

한중일3국공동역사편찬위원회(2005), 『미래를 여는 역사 : 한중일이 함께 만드는 동아시아 근현대사』, 한겨레출판사.

4. 서양 문헌

Allan, Jean-Claude(1999), "Manuels d'histoire et réconciliation franco-allemande," Cl. Carpentier, dir., *Identité nationale et enseignement de l'histoire*, L'Harmattan.

Bariéty, J. & Bloch, C.(1968), "Une tentative de réconciliation franco-allemande 1932-1934," *Revue d'histoire moderne et contemporaine*, t.15(juillet-septembre).

Bauvois-Cauchepin, Jeannie(2002), *Enseignement de l'histoire et mythologie nationale, Allemagne-France du début du XXe siècle aux années 1950*, Peter Lang.

Bauvois, J.(1996), "Pérennisation ou evolution du mythe national?, l'histoire enseignée dans les lycées allemandes et français des années 1920 aux années 1950," *Internationale Schulbuchforschung*, Vol. 3.

Bauvois, J.(1999), "Images comparée de la Grande Guerre dans les manuels d'histoire allemands et français de la première moitié du XXe siècle," *Internationale Schulbuchforschung*, Vol. 21.

Bauvois, J.(2000), "Images comparées de la Grande Guerre dans les manuels allemands et français," *Internationale Schulbuchforschung*, Vol. 22.

Bendick, Rainer(2000), "Die Schulbücher der Feinde. Wahrnehmung und Wirkung in Deutschland und Frankreich vor und nach 1918," *Internationale Schulbuchforschung*, Vol. 22.

Bendick, Rainer & Riemenschneider, R.(2000), "La Première Guerre mondiale dans l'enseignement de l'histoire en Allemagne," *Historiens et Géographes*, N. 369(février), Numéro spécial pour 〈Enseigner la Première Guerre mondiale〉.

Bioche, J.(1996), *Histoire des relations franco-allemandes de 1789 à nos jours*, Armand Colin.

Cahiers d'histoire, revue d'histoire critique, N.100(janvier-mars 2007), "La réconciliation franco-allemande, les oublis de la mémoire," numéro spécial.

Centre Européen de la Dotation Carnegie(1923), *Enquête sur les livres scolaires d'après-guerre*, Vol. I(France, Belgique, Allemagne, Autriche, Grande-Bretagne, Italie, Bulgarie).

Choppin, A.(1991), *Le Manuel scolaire en cent références*, INRP.

Choppin, A.(1992), *Les Manuels scolaires: Histoire et actualité*, Paris, Hachette.

Choppin, A.& Clinkspoor, Martine(1993), *Les Manuels scolaires en France, Textes officiels 1791-1992*, Publications de la Sorbonne.

Claparède, J.-L.(1931), *L'Enseignement de l'histoire et l'esprit international*, Les Presses universitaires.

Council of Europe(1995), *Against bias and prejudice-The Council of Europe's Work on History Teaching and History Textbooks*, Council for Cultural Cooperation, Strasbourg.

Dalongeville, A.(1995), *Enseigner l'histoire à l'école, Cycle 3*, Hachette.

D'Hoop, Jean Marie(1980), "Les aspects des relations intellectuelles franco-allemandes contemporaines : la coopération dans la recherche et l'enseignement de l'histoire," *Historiens et Géographes*, N. 280.

Dossier d'actualité de l'Histoire, N.15(juin-juillet 2007), "Les Conflits franco-allemands," numéro spécial.

Eckert, Georg(1952), "Geschichtsunterricht und Völkerverständigung. Zum Problem der internationalen Schulbuchverbesserung," *Geschichtsunterricht in unserer Zeit*, Vol. 2.

Ferro, M.(1992), *Comment on raconte l'histoire aux enfants*, Payot.

François, Etienne(2007), "Le manuel franco-allemand dhistoire : une entreprise inédite," *Vingtième Siècle. Revue d'histoire*, Vol. 94(avril-juin).

Garcia, Patrick & Leduc, Jean(2003), *L'Enseignement de l'histoire en France de l'Ancien Régime à nos jours*, Armand Colin.

Geisman, H. C.(1994), "The Enemy Concept in Franco_German Relations 1870-1914," *History of European Ideas*, Vol. 19.

Geiss, Peter et. al.(2006), *Histoire/Geschichte. L'Europe et le monde depuis 1945/Europa und die Welt seit 1945*, Nathan/Klett.

Girault, Jacques(1984), "Instituteurs syndiqués et enseignement de l'Histoire," *Revue d'Histoire moderne et contemporaine*, hors série 1984, Colloque,

Cent Ans d'enseignement de l'Histoire 1881-1991.

Gérard, A.(1970), "La représentation de l'histoire contemporaine dans les manuels d'enseignement secondaire 1902-1914," *Bulletin de la société d'histoire moderne*, 14e série.

Hery, E.(1999), *Un siècle de leçons d'histoire, l'histoire enseigné au lycée 1870-1979*, Presses universitaires de Rennes.

Isaac, Jules(1933), *Un débat historique, le problème des origines de la guerre*, Rieder Editeurs.

Isaac, Jules(1938), "Une tentative d'accord franco-allemand au sujet des manuels d'histoire," *Revue d' histoire de la Guerre mondiale* (avril).

Isaac, Jules(1961), "Regards sur le passé," *Bulletin de la Société des Professeurs d'Histoire et de Géographie*, Numéro spécial 173(novembre).

Jardin, Pierre(1994), "La 〈Légende du coup de poignard〉 dans les manuels scolaires allemands des années 1920," Becker, Jean-Jacques et al., *Guerre et Cultures 1914~ 1918*, Armand Coiln.

Jardin, Pierre & Kimmel, Adolf(2001), *Les relations franco-allemandes depuis 1963*, La Documentation Française.

Jeismann, Karl-Ernst(2000), "Who is Europe? Von der internationalen zur interkulturellen Schulbuchforschung," Ursula A. J. Becher/Rainer Riemenschneider (eds.), *Internationale Verständigung. 25 Jahre Georg-Eckert-Institut für internationale Schulbuchforschung in Braunschweig*, Hannover.

Jeismann, M.(1997), *La Patrie de l'ennemi, la notion d'ennemi national et la représentation de la nation en Allemagne et en France de 1792 à 1918*, CNRS Editions.

Kaspi, André(2002), *Jules Isaac*, Plon.

Kellermann H.(1981), "Le Programme de réorientation d'apres-guerre," Heinemann H.(dir.), *Umerziehung und Wiederaufbau, Die Bildungspolitik der Besatzungsmächte in Deutschland und Österreich*, Stuttgart.

Kondo, Takahiro(2000), "Internationale Zusammenarbeit über Geschichtsbücher in Europa : Ein Vorbild für Ostasien?," Ursula A. J. Becher et al. eds, *Internationale Verständigung. 25 Jahre Georg-Eckert-Institut für internationale Schulbuchforschung in Braunschweig*, Hannover.

Krapoth, S.(2004), "Visions comparées des manuels scolaires en France et en Allemagne," *Cahiers d'Histoire, revue d'histoire critique*, N. 93(octobre-décembre).

Krapoth, St.(2005), *France-Allemagne, du duel au duo, de Napoléon à nos jours*, Privat.

Laville, C.(1984), "Le manuel d'histoire, pour en finir avec la version de l'équipe gagnante," Moniot H.(présenté), *Enseigner l'histoire, des manuels à la mémoire*, Peter Lang.

Lavisse, Ernst(1913), *Histoire de France, cours élémentaire*, Armand Colin.

Lavisse, Ernst(1920), *Histoire de France, cours moyen*, Armand Colin.

Leenhardt, Jacques & Picht, Robert(dir.)(1990), *Au jardin des malentendus*, Actes Sud.

L'Huillier, F.(1971), *Dialogues franco-allemands 1925-1933*, Publications de l'Université de Strasbourg.

Lipgens, Walter(1985), "Die Bedeutung des EVG-Projekts für die politische europäische Einigungsbewegung," Volkmann, H.-E. et al. (eds.), *Die europäische Verteidigungsgemeinschaft*, Boppard am Rhein.

Loth, Wilfried(1999), "Franco-German Relations and European Security, 1957~1963," Deighton/Milward (eds.), *Widening, Deepening and Acceleration : The European Economic Community 1957~ 1963*, Bruxelles.

Luntinen, Pertti(1988/89), "School history textbook revision by and under the auspices of UNESCO," *Internationale Schulbuchforschung*, GEI, Braunschweig, 1988~4, 1989~1.

Léon, A.(1999), *Histoire de l'enseignement en France*, PUF, QSJ.

Magazine littéraire, N. 359(novembre 1997), "Deux siècles de passions intellectuelles France-Allemagne, l'amour et la haine."

Maingueneau, D.(1979), *Les Livres d'écoles de la République 1870~ 1914, discours et idéologie*, Le Sycomore.

Masson, M.(1996), *Comment enseigner l'Europe de l'école au lycée?*, Armand Colin.

Meyer, Michel(1979), *Le Mal franco-allemand*, Denoël.

Moniot, H.(dir.)(1984), *Enseigner l'Histoire, des manuels à la mémoire*, Peter Lang.

Morizet, Jacques & Möller, Horst(dir.)(1995), *Allemagne France, lieux et mémoire d'une histoire commune*, Albin Michel.

Ménudier, Henri(dir.)(1993), *Le couple franco-allemand en Europe*, Publications de l'Institut d'Allemand.

Müller, Horst(2005), "Allemagne, la mémoire disputée de la Grande Guerre," *L'Histoire*, N. 303(novembre).

Neubauer, F.(1910), *Lehrbuch der Geschichte für höhere Lehranstalten. Teil V, Vom westfälischen Frieden bis auf unsere Zeit*, Halle.

Nordman, D.(1988) *Frontières de France, de l'espace au territoire XVIe-XIXe siècle*, Galliamrd.

Pavković, Aleksandar(1999), "What is Common European Heritage? The Debates in the First Consultative Assembly of the Council of Europe, 1949," *Journal of European Integration History*, Vol. 5 No. 2.

Pingel, Falk(1999), *UNESCO Guidebook on Textbook Research and Textbook Revision*, Unesco, Paris.

Pingel, Falk(2000), *The European Home : representations of 20th century Europe in History Textbooks*, Council of Europe Publishing.

Poidevin, Raymond(1986), "Le facteur Europe dans la politique allemande de Robert Schuman (été 1948-printemps 1949)," R. Poidevin (ed.), *Histoire des dbuts de la construction Europenne(mars 1948-mai 1950)*, Bruxelle.

Quillet, Pierre & Nicolas(2003), *Regards européens sur l'histoire franco-allemande*, Gualino Editeur.

Renouvin, Pierre(1925), *Les Origines immédiates de la guerre*, Alfred Costes.

Riemenschneider Rainer(1984), "La confrontation internationale des manuels. Contribution au problème des rapports entre manuels d'histoire et mémoire collective," H. Moniot (dir.), *Enseigner l'histoire, des manuels à la mémoire*, Peter Lang.

Riemenschneider Rainer(1987), "L'enseignement de l'histoire sous la IIIe Reich," *Francia*, Vol. 7.

Riemenschneider, Rainer(ed.)(1999), *Industrialisierung und Industrieregionen. Ergebnisse der deutsch-französischen Schulbuchkonferenzen in Geschichte und Geographie*, Hannover.

Rousseau, Frédéric(1999), "Ecrire et enseigner la Grande Guerre, toute la Grande Guerre," *Internationale Schulbuchforschung*, Vol. 21.

Rousso, F.(2000), "Ecrire et enseigner la Grande Guerre," *Internationale Schulbuchforschung*, Vol. 22.

Savolainen, Kaisa(2000), "Das Georg-Eckert-Institut für internationale Schulbuchforschung und die UNESCO," Becher/Riemenschneider (eds.), *Internationale Verständigung. 25 Jahre Georg-Eckert-Institut für internationale Schulbuchforschung in Braunschweig*, Hannover.

Schnabel, Franz(1925), *Grundriß der Geschichte für die Oberstufe höherer Lehranstalten. Teil IV. Neueste Zeit (bis 1919)*, Leipzig/Berlin.

Schüddekopf, Otto-Ernst (ed.)(1967), *History Teaching and History Textbook Revision*, Strasbourg, Council for Cultural Cooperation of the Council of Europe.

Seignobos, Ch.(1933), *Histoire sincère de la nation française*, P.U.F.

Sieburg, Friedrich(1991), *Dieu est-il Français?*, Grasset.

Slater, J.(1995), *Teaching History in the New Europe*, Cassell.

Soutou, Georges-Henri(1999), "Le général de Gaulle et le plan Fouchet d'Union politique européenne : un projet stratégique," Deighton/Milward (eds.), *Widening, Deepening and Acceleration*, Bruxelles.

Steinert, Marlis G.(1975), "Un saut dans l'inconnu. La République fédérale d'Allemagne face au plan Schuman, de la déclaration du 9 mai 1950 à la signature du 18 avril 1951," *Relations internationales*.

Stobart, Maitland(1992), "Fifty years of European cooperation on history textbooks : The role and contribution of the Council of Europe," *Internationale Schulbuchforschung*, Vol. 21, No. 2.

Stradling, R.(2001), *Enseigner l'histoire de l'Europe du 20e siècle*, Editions du Conseil de l'Europe.

Tison, Hubert(1994), "La mémoire de la guerre 14~18 dans les manuels scolaires français d'histoire 1920~1990," Becker, Jean-Jacques et al., *Guerre et Cultures 1914~ 1918*, Armand Coiln.

Tison, Hubert(2000), "Regards pluriels sur l'enseignement de la Première Guerre mondiale," *Historiens et Géographes*, N. 369(février 2000), Numéro spécial pour 〈Enseigner la Première Guerre mondiale〉.

Toulemon, R(1994), *La Construction européenne, histoire, aeguis, perspectives*, Le Livre de Poche.

Toutain, J.(1921), *Histoire de la Grande Guerre 1914~1918, Ses causes, ses péripéties, son caractère, ses résultats*, Armand Colin.

UNESCO(1949), *A Handbook for the Improvement of Textbooks and Teaching Materials as Aids to International Understanding*, Paris.

Uthmann, Jörg(1984), *Le diable est-il allemand?*, Denoël.

Wittenbrock, Rolf(2006), "Deutsch-französische Schulbuchgespräche im 20. Jahrhundert", 동아시아 상호인식과 역사교육, BK21 고려대학교 한국사학교육 연구단 제1회 국제학술심포지엄(2006. 11. 27~28) 발표문.

Wittenbrock, Rolf(2006), "Ein deutsch-französisches Geschichtsbuch : Ziele und Inhalte", 역사 대화의 경험 공유와 동아시아 협력모델 찾기, 아시아평화와 역사교육연대 주체 국제학술대회(2006. 11. 25) 발표문.

Zeller, G.(1932), *La France et L'Allemagne depuis dix siècles*, Armand Colin.

Zimmermann, C.(2005), *Die Aufbauphase der deutsch-französischen und der deutsch-polnischen Schulbuchgespraeche 1950~ 1967 bzw. 1972~ 1976. Versuch eines Vergleichs*, Diplomarbeit.

• 찾아보기

〈ㅎ〉

동북아역사재단 기획연구 13

함께 쓰는 역사
독일과 프랑스의 화해와 역사교과서 개선 활동

초판 1쇄 인쇄 2008년 4월 19일
초판 1쇄 발행 2008년 4월 25일

지은이 김승렬 · 이용재
펴낸이 김용덕
펴낸곳 동북아역사재단

등록 제312-2004-050호(2004년 10월 18일)
주소 서울시 서대문구 의주로 77 임광빌딩
전화 02-2012-6065
팩스 02-2012-6175
e-mail book@historyfoundation.or.kr

ISBN 978-89-6187-046-7-93920